大方文库

创业

向孔子学什么

刘克苏 著

吉林出版集团有限责任公司

总 策 划：崔文辉
责任编辑：奚春玲
装帧设计：SDDoffice

图书在版编目(CIP)数据

创业向孔子学什么 / 刘克苏著. — 长春:吉林出
版集团有限责任公司, 2010.1
(大方文库)
ISBN 978-7-5463-1627-7

I. 1创... II. 1刘... III. 1儒家-哲学思想-应用
-企业管理-研究 IV. 1F270

中国版本图书馆CIP数据核字(2009)第229852号

书 名：创业向孔子学什么
著 者：刘克苏
出 版：吉林出版集团有限责任公司
地 址：长春市人民大街4646号(130021)
印 刷：北京君升印刷有限公司
开 本：720mm×980mm 1/16
印 张：27.5
版 次：2010年1月第1版
印 次：2019年4月第2次印刷
发 行：北京吉版图书有限责任公司
地 址：北京市宣武区椿树园15-18栋底商A222号(100052)
电 话：010-63106240(发行部)
书 号：ISBN 978-7-5463-1627-7
定 价：68.00元

目 录

"孔家店"开办两千五百多年了，还没有倒。它时兴时衰，兴的时候多。衰也是衰而不亡，气脉总是通的⋯⋯这种经久不衰的奥秘，记载在《论语》里面，因此古来就有"半部《论语》治天下"的说法。

儒家的国民经济学，这里讲了几条大原则。第一，"民无信不立"（12.7），老百姓不信任政府，政府就站不稳。信用靠行动，靠办事认真，靠敬业。第二，节约官府开销，就有更多财力惠及百姓。节约不是抠，不是吝啬，而是仁厚，是爱护人。第三，要给百姓充分的自由时间去干他们想干的事情。

常有人担心，学孔夫子会不会变得拘谨？礼尚往来，唯唯诺诺的。这个担心，只消孔夫子四个字就打发了："君子不器。"（2.12）不器是大器，大器是道⋯⋯不读孔子的原著，容易发生一个误会，以为孔夫子是个保守派，不主张革新图变。读了这一段（2.23），误会该化除了。

有人甚至用"差不多先生"来称呼中国人。可是，中国古人的《礼记·大学》，一开头就要求"止于至善"，这里（3.25）孔夫子又极力称赞《韶》乐"尽善尽美"。又听说中国古代修城墙，官府把每个工匠的名字编号打在每个砖块上，哪块砖头出了问题，找那个人算账。这种数字化管理，是对尽善尽美的追求和过程监测，中国古来就有。

孔子说："朝闻道，夕死可矣。"（4.8）求道、修道要有这种精神，才可以最后证道、得道。创业之道、守业之道大概也这样……向别人学习，"见贤思齐焉"；跟自己竞争，"内自省也"；最终向自己学习，"明明德"（《礼记·大学》）也。明我的明德，得大自在。

怕丢生意，想左右逢源，一身"儒商"气。该说的不说，签字后又后悔，执行协议就不得力，最后失去信用。儒商的名气搞坏了，就因为很多儒商气很重的人太唯唯诺诺了，太面善了。我们读《论语》，要把儒商气抖搂掉，才是正道。儒商气太重，不是君子儒，而是小人儒，让人觉得畏畏缩缩。

孔子对子夏说："你要做君子儒，不要做小人儒。"（6.12）这两种儒者，一个抓根本，一个重细节；一个重实质，一个看名头；一个看行动，一个抠书本……干什么都马马虎虎，那不是中庸（6.28），是没出息。如果孔子的书也不读，就说孔子的中庸是马马虎虎，那的确也太马虎了。

很多人正是因为不愿意为五斗米折腰，放下大财不发，到桃花源去了。这是清高之士。孔夫子没有这么清高，可以当执鞭之士（"富而可求也，虽执鞭之士，吾亦为之。"（7.11）。特别是国家开明富庶，你还是那么穷，那么贱，就可耻了，证明你不努力（8.13）。

孔子自己是危邦也入，乱邦也居，天下大乱他也不隐居，也出来做事，无可无不可（8.13）……秩序乱时，常听人说："现在秩序太坏，生意没法做。"秩序好时，也常听人说："现在什么都正规了，充分竞争，微利时代，生意不好做啊。"没秩序，生意不好做；有秩序，生意也不好做。总之是不好做，有一万条理由来证明。这便是"失败的逻辑"。

子贡说："有块美玉在这里，是装进柜子藏起来呢？还是找个识货的卖掉？"孔子说："卖掉！卖掉！我等着识货的呢。"（9.13）……子贡是可以和孔子谈《诗》的，举一反三，"告诸往而知来者"（1.15），善于用譬喻。这里又打个比方，夫子话头接得也快："卖掉！卖掉！"赏识之情溢于言表。子贡会做生意，就用生意来譬喻。可见子贡不是守财奴，他懂得钱财越用越多、越放越少的商道。

孔子的举手投足、音容笑貌都在这一篇，儒商的礼仪从这里大得启发。温故而知新，可以当现代儒商礼仪之师……无论怎样的行为，怎样的礼数，都要切合时机，不是死的。不但要懂得怎样做，还要懂得之所以这样做的道理，才能够做得到位，善于根据时机变通。

形式和实质两全其美最好；如果非要二择一，孔子就选实质，宁肯舍弃形式。质胜文则野，野就野，比文要好。最高的实质，可以随意选择形式的，真所谓"从心所欲"，立处皆真，是处皆美。

儒家商学院的教学像是游学（12.21），散步学派，一散步就谈出了经商三要：第一，先种瓜，后吃瓜；吃苦抢先一点，享受落后一点；服务勤快一点，收银迟钝一点，是经商的美德；第二，只挑自家的不足，不看人家的不是，是经商的内功，主修自强不息，不搞恶性竞争，不搞同行相忌。第三，不意气用事，沉得住气，赚了不喜，亏了不忧，得市不张狂，失市不恼怒，掌稳了船舵，看准了方向，径直航去。

孔子的话，似乎从一人兴邦、一人丧邦转到一言兴邦、一言丧邦。一个人是谁？是君主，是老板，是一把手。一个老板兴隆一个企业，一个老板搞垮一个企业。"人存政举，人亡政息"（《礼记·中庸》），好像是人治，不是法治，不怎么符合潮流。但是最好的制度是什么呢？是好习惯。最坏的制度是什么呢？是坏习惯。可见最好和最坏的制度都是人的习惯，外面的条文都形成习惯了，那真叫制度。

子路问如何把正事做正、好事做好，孔子告诉他："自己先做个样子，然后让别人做。"自己怎么做？肯定得拣自己擅长的最有潜能的做，否则会弄巧成拙，会砸锅的。擅长的事情做好了，不擅长的事情请教别人，请教擅长的人。擅长的人就会高高兴兴地发挥他的一技之长，就会"劳而无怨"。这就叫爱人。仁者爱人，就是让每个人做自己最擅长的事。

　　孔子说："大家讨厌的，一定要考察；大家喜欢的，一定要考察。"（15.28）舆论有局限，投票有局限，需要慎重，需要多多考察，多多验证。道理有时候在少数人手里，少数人的权力要多加保护，少数人的意见要多加留意。市场也有舆论，消费者不一定都正确，常常随风倒。不看多数，不看少数，只看事实，只认真理。

　　儒学是生活的学问，实践的功夫。如今要开这样的学堂，那一定是非常"超前"，非常"后现代"，非常新颖的"先进文化"……孔子说："君子有九个问题要想到：一看，就想到要看清楚；一听，就想到要听真切；一动脸色，就想到要温和；一举手一投足，就想到要谦恭；一开口，就想到要实话实说；一做事，就想到要敬业；一有疑惑，就想到虚心请教；一冲动，就想到后患无穷；一见到名利，就想到道义在我心中。"（16.10）这是一套极好的老板行为修炼方法，员工行为训练方法，围棋九段。

　　孔子说："我不想说话了。"（17.19）……生活是无字天书，不言之教。生活本身是大慈大悲的，完全公平的，只要我们把一切看做因果，看做锻炼，看做磨炼，看做课程，看做学校，看做老师，看做菩萨，看做医师，看做经典，看做作业，看做书籍——无字天书。明白这一点，创业精神就出来了。

　　二饭三饭四饭乐师跑了，元气大伤。太师跑了，简直要命。没戏看，日子过着还有什么意思！很多人赚钱，发财，都是图一乐，拿着大把钞票去找乐子。如果有乐师在旁边，奏着小夜曲，我们像奶牛一样吃草，也能产出好奶来。因为工作就变成乐事了。乐师不能走啊！

小道通大道。君子并不是不通小道，而是不靠小道，不迷小道，不死在小道上。君子不器，器就是小道。一切小道都通了，就是大道。大道无形，在一切小道之中。

君子求诸己，天下为己任。整部《论语》，就在"尧曰"一章，就在"万方有罪，罪在朕躬"八个字，在"百姓有过，在我一人"八个字。"天下兴亡，匹夫有责"，这种天下己任的责任感，要在"万方有罪，罪在朕躬"的自省中，才能真正到位。

序言

靠孔门《论语》，办千年老店

谈创业，谈企业管理，必须把世界五百强搬出来。但是五百强中，百年老店不多。多数撑不了多久，也就十几年、几十年时间。最让人神往的还是百年老店，一时风光并不算什么。要是有人说现在有一家千年老店，是不会有多少人相信的。

"孔家店"开办两千五百多年了，还没有倒。它时兴时衰，兴的时候多。衰也是衰而不亡，气脉总是通的，没有真正断过。现在又有复兴的气象了。比方"和而不同"四个字，作为中国的基本外交国策，还在用。很多企业也在用，作为基本的管理理念，对内、对外都用。就是说，对内、对外都寻求共识，讲究共赢，也保护个性，鼓励出新。这样就比较经久，不容易落伍。

这种经久不衰的奥秘，记载在《论语》里面，因此古来就有"半部《论语》治天下"的说法。大到天下、国家，小到组织、企业、个人，《论语》都可以派上用场。为什么呢？因为《论语》从个人学习修炼讲起，一直讲到天下的治理，有一整套办法，可以称为"通典"。

世界上的通典，都不容易落伍。不但不落伍，往往还是未来的指针。譬如西方国家最流行的《圣经》，就是通典。在知识经济中，知识更新越来越快，好多书印出来没几年就淘汰了，但是《圣经》一直长销不衰，人手一册、人手几册的情况很多。这本书好比是一家知识企业千年老店，或者说是一种"知本"——知识的老本。西方人天天吃这个老本，开许多新业。在中国，这样的老本也有，黄金三部曲[1]就是，《论语》就是。由此可见企业文化的力量了：董事长不在，总

---

[1] 黄金三部曲，指《论语》、《老子》、《金刚经》。

经理换人，店子照样开，使命照样传承，一千年、几千年往下传。《礼记·学记》最后总结说："大德不官，大道不器，大信不约，大时不齐。"就是这种"通"的境界，不在乎硬要一个店面，一个经理名头，一个老板印章，一份合同，一笔业务，才可以运转，而是怎么都可以转。比如市场经济中，每个人都是自己的老板，他推辞不掉开发自我、设计自我、经营自我、管理自我、推销自我等个人理财业务。当然他也是自己这个"一人店"的打工者。记者是无冕之王，市场经济中的一个公民，也是一个无名之商。"道也者，不可须臾离也，可离非道也。"（《礼记·中庸》）商道无所不在，《论语》到处可用。

《论语》是通典，好比交通干线网，"四通八达"。专典则好比支线网，说句玩笑话是"一通两达"。干线网总是不容易动的，老是动，会伤元气。支线网多动一些关系不大。特别是微循环的支线，变动就比较多。干线网旁边的企业、组织换来换去，今天成立了，明天取消了，但是干线网总是在那里。要想富，先修路，最先修干线，是定大盘子的。大盘子定了，再定中盘子、小盘子。一个企业也是一样，先定大盘子。大盘子不要轻易动。今天造飞机，明天不造飞机了，改造饮料，后天饮料不造了，改造电脑，这样的企业创新，折腾几下就没命了。

通典管大盘子，管总体创新，管方向，管骨髓，管命根。这就是为什么通典不容易淘汰的缘由。百年老店，贵在于通。常通常新，不通不新。通典不可不读。孔子去世后，他的弟子以及弟子的门徒，把孔子的话集中起来，做成一本书，就是《论语》这部通典，里面也有一些话是弟子说的。

为什么取名《论语》呢？说法就多了。汉英对照的《大中华文库》里头收了英国人韦利（Arthur Waley）翻译的《论语》，英文名采用The Analects，是"文选"、"论集"的意思。

杨逢彬先生为《大中华文库·论语》作前言说，《论语》被译成几十种文字，世界上除《圣经》外，印数最多的就是《论语》了。2002年11月国际儒商大会上发表的《上海诚信宣言》，基本精神都是取自《论语》。大概可以这么说：孔家店即使找不到，按照《论语》精神开办企业，却为社会所必需，所欢迎。企业精神是一个企业最重要的财富，至于这个企业姓孔还是姓别的还在其次。这样说的话，孔家店可能就多了，而且越多越好。也可以把孔家店当做经办企业的"标准店"，一个模范企业，一个设想，一个蓝图。

现在就来看看这张蓝图的设计思想。

但进入之前，还想顺便老实交代本书的体例——对于《论语》每一节，末学都按照"试译"、"试注"、"体会"三层来展开，都不是定论，而是学习过程的阶段性汇报，以求孔子在天之灵明察。子曰："不患人之不己知，患不知人也。"我扪心自问：我明白孔子吗？虽说心向往之，但自己眼下还没有变成孔子，怎么能知道孔子的深意呢？怎么知道孔子说这话时的想法呢？所以，只能试译、试注，谈点体会罢了，连"心得"也谈不上，实在不敢说有所"得"。

本书中，引文后凡有（1.1）、（14.5）之类，都分别表示《论语》章节，比如《学而第一》的第一节、《宪问第十四》的第五节，其余可以类推。凡"五章"、"六章"之类，都表示《老子》一书的章数。《金刚经》的引文，则标明为"法会因由分第一"、"离相寂灭分第十四"等等。

学而第一

1.1 子曰："学而时习之，不亦说﹙悦﹚乎？有朋自远方来，不亦乐乎？人不知而不愠﹙yùn﹚，不亦君子乎？"

试译 孔子说："一边效法圣贤如何做人做事，一边适时实习诵习，不也高兴吗？朋友同学远道而来，不也快乐吗？人家不理解自己，心里却不怪人家，不也算个君子吗？"

试注 "学而"做篇名，是选择这篇开首一句的两个字。后面十九篇都这样处理，选开头一句的两三个关键字做篇名。

"子"那时候是对男子的通称。但"子曰"的子，是指孔子（公元前551～公元前479）。孔子，名丘，字仲尼，鲁国陬邑（今山东曲阜东南）人，在中国春秋末期开私人讲学风气，成为思想家、教育家、儒家创始人。幼年生活贫困，"多能鄙事"（9.6），学会了好多技艺。相传曾向老子学习礼仪。50岁的时候担任鲁国司寇，掌管司法和纠察。后来带学生周游列国，不被当权人重用。晚年整理《诗》、《书》、《礼》、《乐》、《易》、《春秋》，讲学授徒，有弟子3000人，著名的有72人。

"曰"是说。学，主要指"大学"，也就是像圣贤那样，学会如何做一个真正的人，把自己的光明智慧、善良本性发挥出来。这个大学之道，是个大学问，简单说就是效法圣贤、效法自己本具的明德。学，就是效法。如何效法？《礼记·大学》开宗明义："大学之道，在明明德，在亲民，在止于至善。"明德是真我，是每个人都有的真善美潜能。学的古字，原来是"斆"，像双手构木为屋形。后来作声符，加"子"为义符。斅，就是孩子、弟子效法圣贤、效法真我如何做人。

"习"是实习，古人讲究学以致用，在做人做事中"习练"，修炼，锻炼；"习"也是诵习，古人读书要求滚瓜烂熟，经典要背得出来。"说"字通"悦"，属于通假字、通借字。把"悦"字放在"说"字右下方，表示这个"说"就是"悦"，这是本书处理通假字的一个通例。"朋"是朋友、同学。

"君子"是有德之人。"乎"是语气词，相当于"吗"，表示反问。

"知"，知道，了解，理解。

体会 开篇就讲学习，对我们目前这个学习化社会很有用的。

学习有一个状态问题。小朋友背着书包，沉甸甸的，心里琢磨着今天怎么对付考试呢；大学生想着如何考研，如何拿到文凭好就业啊；经理老总们忙于听讲座，进夜校，读MBA、EMBA；员工们担心考级晋升；教师着急进修、读博士……总之是全民讲学习，求知的气氛很浓。可惜很多人状态不好，学得愁眉苦脸，心情沉重。像孔夫子这样学得高兴，与人同乐，也自得其乐，实在值得羡慕。孔夫子为什么学得这么高兴？有什么秘诀？下文孔夫子"古之学者为己，今之学者为人"（14.24）这句话也许就是答案，它解决学习的目的问题。端正了目的，就不会学习怎么蒙人，学习如何巧取豪夺了。有些人学做好事不高兴，学蒙人却快活，但是蒙人的终究不会快活的。你蒙我，我蒙你，大家倒霉，大家都无法"为己"，如何快活得起来！因此目的很重要。同学"尔虞我诈"的，不会感到"有朋自远方来，不亦乐乎"，坑人的秘诀怎么可以与人共享呢？要保密。不保密，别人会要我的命。"有学坑人的从远方来，不亦忧乎？"因此学尔虞我诈的难以同学，必须偷偷学，关起门来学，否则脑袋难保。"独学而无友，则孤陋而寡闻"（《礼记·学记》）。总是学些害人害己的招，如何学得好呢？

"习"作"诵习"讲的时候，是读书的一大法门。诵习就是背个滚瓜烂熟。滚瓜烂熟，就变成自己的了。有人说，背书不好，背书把人背死了，人要有创造性才好。这个说法很有道理。很多背书的的确越背越死，可怜。但是一看，他们背些什么东西呢？背一些应试的东西，背一些考过就扔的东西，背一些永远用不上的东西。但是不背又不行，因为要考试。如果从实用考虑，就要背最有用的东西，那就是经典。为什么经典最有用呢？这个问题好像不用问的，这不是个问题，因为它是经典嘛。好比我们到商场去问为什么要买好货、要买名牌啊？也是不用问的。人人都知道名牌好，好货好。"好货好"，这话是多余的，不能说"好货坏"。

1.2 有子曰："其为人也孝弟_悌，而好犯上者，鲜矣；不好犯上，而好作乱者，未之有也。君子务本，本立而道生。孝弟_悌也者，其为仁之本与_欤！"

试译 有子说："一个人能够孝顺爹娘，敬重兄长，却喜好违犯上司，那是少有的；不喜欢违犯上司，却醉心于捣乱，这样的人从来不会有。君子抓根本，根本扎稳了，一切为人处世之道自然生发出来。孝敬父母，尊敬哥哥姐姐，这就是仁的根本吧！"

试注 有子是孔子的学生，姓有，名若，鲁国人。据《史记·仲尼弟子列传》说，有若比孔子小43岁，长得像孔子，有若孔子，但是若有若无。孔子去世后，弟子们想念先师，就把有若立为老师，当做先师孔子一样敬奉。"其为人"的其，是个代词，指"他（的）"、"他们（的）"。"为人"，这里指做人，指人的性格、特点、德行，对人的态度和方式等。"其为人也"的也，用在句中表示语气有所停顿。"孝"是孝敬父母，"悌"是弟弟敬重兄长，宽一点就是弟弟妹妹敬爱哥哥姐姐。"鲜矣"的鲜，是"少有"，矣是"啊"，表示语气，可以不翻译。"未之有也"是"未有之也"的倒装，"之"是代词，指这种事；"也"是助词，用在句尾表示"啊"，也可以不翻译。"务"是从事，致力于。"立"是确立。"其为仁"的其，也是代词，指这件事情。仁即人，是《礼记·中庸》的话："仁者，人也。""与"就是欤，是个文言助词，表示感叹。

体会 学而时习之，学个什么呢？学个君子，学个大人。什么是君子呢？孝是第一点，百善孝为先。学君子怎么学？第一步是学孝。学孝是第一所学校，学君子的孝道。孩子孝敬父母，一家人能不高兴吗？能不"学而时习之，不亦说乎"吗？孝是教育的第一步，孝字加个攵（pū）就是教，"攵"古代也写作"攴"。攵是手里拿着鞭子，轻轻地打，鞭打，有一些厉害，吓唬孩子的。《说文解字》说，"教，上所施，下所效也。从攴从孝。"上行下效，有教有学，一个"教"字包含了"学"字，教就是教学。因此古代的教也写作"斅"，左边是一个"學"，表示教学相长，师生互动，是活泼的，相互交流的，不是单向的，硬邦邦的，硬往里灌的。教和学好比阴阳鱼、太极图。教是什么？就是学，是敩，是效法。学什么？学孝。学孝的要进学校，学校是学孝的。学孝怎么学？学老师的孝道。孝，是"老"字加个"子"字。老是长辈、老师，子是孩子、弟子。因此孝也通效。老师孝敬长辈，学生跟着学。因此首先是长辈做人做得好，然后学生跟着老师学做人，学孝敬。学校中，读书不是第一的，做人才是第一。老师自己没做好，要学生做好，要学生背《孝经》，背不来就考不及格，罚站，那就是硬灌，不是"教"的本意。企业培训员工也是这个道理，靠上行下效。《十三经·孝经》中孔子有话："夫孝，德之本也，教之所由生也。"孝是德行的根本，教育是从学会孝行开始的。有天子之孝，诸侯之孝，卿、大夫之孝，士人之孝，庶民之孝，无所不备，因此孔子接着说：孝是天经地义，敬一个人，千万人都高兴。为什么？因为教人孝敬父母，就是孝敬天下为人父母的；教人敬爱老兄，就是敬爱天下为人兄长的；教人臣服君王，就是敬重天下为人君的。如果把孔子文化简称为孝文化，可以看到一个奇迹，就是孔家传宗接代的能力奇强。孝文化的一个效果就是传宗接代能力，人类的繁殖力、生产力，文化繁殖力、生殖力和血缘繁殖力生产力。孔子后辈一直传到现代，有七十多代了，这是孝文化在孔家的重要体现，世上少有。中华民族的繁殖力，是一大文化特色。现代有的企业搞招聘，要看这个人在家里孝敬不孝敬，就有百年千年老店代代相传的追求。

1.3　子曰："巧言令色，鲜矣仁！"

试译　孔子说："花言巧语，貌似善良，缺德啊！"

试注　"仁"指仁德。"矣"是句中的感叹词，相当于"啊"。

体会　这话要是译成："孔子说：'巧言令色，缺德啊！'"可能更好，因为巧言令色这个成语现在常用，意思大家都懂。这要感谢《论语》的流行。

上面刚讲了孝道，我们对人就要柔声细语，和颜悦色了，怎么突然又骂人巧言令色缺德呢？

原来，儒家的孝道，不是装样子的，是实心实意的，而且痛恨阿谀奉承。《孟子》讲了"不孝有三，无后为大"，下面就有赵氏作注说，第一个不孝就是阿谀曲从父母，使亲人做不仁不义的事情。一切由家长说了算，儿女唯命是从，搞家长制，这并不是中国孝道的本意。"五四运动"反对家长制，很多人的本意是好的，效果也很不错。运动过程中有一些过头的东西，冤枉了我们民族的老师孔子，今后不犯就可以了，孔夫子不会见怪的，"人不知而不愠，不亦君子乎？"（1.1）老师有这样的君子风度，师生关系就好处理，一些误会就容易化解。

这就要讲到《孝经》里的一个故事了。一天，大弟子曾参（shēn）问老师："像慈爱子女、恭敬父母、安养亲人、扬名后世，这都听老师教导过了。可弟子还有一个疑问，请老师指教，弟子拿不准的是：儿子遵从父命，就是孝吗？"孔子当即就予以否定说："什么话！什么话！从前，天子有诤臣七位，虽然他可能治天下无道，却不会丢掉天下。诸侯有诤臣五位，虽然他可能治国无道，却不会丢掉国家。大夫有诤臣三人，虽然他可能治家无道，却不会丢掉采邑。士有诤友，美名就总是跟着他。父有诤子，就不会做不义的事情。因此，假如遇到不义的事情，儿子就不可以不规劝父亲，臣子不可以不力谏君王。所以，遇到不义的事情就要规劝，这时候听从父命，又怎么算是孝呢？"

讲到孝道，家族企业的问题来了。这个问题一直有争议。很多企业家都看到，家族企业只要有孝道，有诤子，就没有什么不好。相反，不是家族企业，却干不义的事情，又没有诤臣，也要倒霉。不论是不是家族企业，只要帮助照顾好每个员工的家，鼓励每个员工照顾好自己的家，鼓励大家相互照顾各自的家，乃至念及顾客的家、竞争对手的家，就是把孝悌之道、慈爱之道用到管理中。办这样大家庭式的企业，是很好的。

1.4 曾子曰:"吾日三省吾身:为人谋而不忠乎?与朋友交而不信乎?传不习乎?"

试译 曾子说:"我每天在三件事上反省自己:给人办事、出主意,是不是尽心尽力?跟朋友交往,是不是守信用?老师传授的知识,是不是复习了、做到了?"

试注 曾子姓曾名参(shēn),字子舆,与父亲曾点都是孔子的弟子。曾参(公元前505~公元前435)是南武城人,比孔子小46岁。南武城旧址在今天山东平邑县附近。"三"是三件事:谋、交、传。"谋"有谋划、图谋、营求[1]的意思。谋划是出主意,营求就是做事情。也有人把"三"当做多,多次反省。"传不习"的习,跟"学而时习之"的习一样,是温习,练习,实习。

体会 孔子对每个学生的特点了如指掌,并且按照特点因材施教。《史记·仲尼弟子列传》引孔子的评价:"参也鲁",认为曾参的特点是"鲁"。鲁钝、鲁直、鲁拙,但是不鲁莽。鲁有很多好处,学得扎实,没有应付考试、猎取文凭、卖弄学问、光说不练的花架子。因此曾参能得真传,写出《礼记·大学》,收在《礼记》里面,成为千古名篇。

大学的精神,或许也可以一言以蔽之:自由。为什么自由呢?因为有知识。知识是解放人的,解放人的潜能。知识管理就是一句话:解放。相对于坑人害己的知识,这种解放人的知识就是善知识。小解放得初等知识,大解放得高等知识,完全解放得最高知识、至善知识。因此曾子在《礼记·大学》中开篇就点明主旨:"大学之道,在明明德,在亲民,在止于至善。"把目标定在至善上面,就是止。没有止的功夫不行。

没有止的功夫,老是晃来晃去,就没有大思路,没有方略。大思路,很多人叫做战略。但是战略有跟别人对着干的倾向,说大思路、方略,就中和一些。一个企业没有大思路,是最要命的。没有大思路等于没有脑袋,不知道往哪头奔,

---

[1] 营求:寻求、谋求、经营(编者注)

只好疲于奔命。一些企业说："我有大思路啊！"其实没有，因为它的大思路一年三变，一日九变，不是"吾道一以贯之"（4.15）。一二十年不变大思路的，比较少有，五十年不变的，有没有？百年不变的，更加难得了。不变不行，因为时代变了。这是对时代变化没有预见性，不变当然不行。大思路百年不变，企业与时俱进，这样的企业，止的功夫就高了，"止于百年"了，还在引领潮流。止于百年大计，天天都新鲜。止于至善，更了不起。这样给企业定位的，除了孔家店外，好像还没有过，所以办百年老店很难，千年老店更难。

曾子的话是办千年老店用的。因此他这里说的三省，每一省都很难。

1.5　子曰："道⁻ 千乘之国，敬事而信，节用而爱人，使民以时。"

试译　孔子说："领导一个有千辆兵车的公侯之国，就要兢兢业业工作，以取得信用；要节约官府开销，以爱养百姓；征用民力要注意天时。"

试注　"道"是治理、领导。古代计物以四为乘，比如四马一车，叫做一乘。后来也把一定数量的田赋、兵丁、封地合在一起，叫做"乘"，算法有很多，因为法规不断在变化。子路说："千乘之国，摄乎大国之间……"（11.26），可见那时候千乘之国不是大国。"以"相当于"依"，依据、按照。"使民以时"，比如到农闲时节，官府才征劳役，不要跟百姓的农耕、产业争时间。

体会　儒家的国民经济学，这里讲了几条大原则。第一，"民无信不立"（12.7），老百姓不信任政府，政府就站不稳。信用靠行动，靠办事认真，靠敬业。第二，节约官府开销，就有更多财力惠及百姓。节约不是抠，不是吝啬，而是仁厚，是爱护人。第三，要给百姓充分的自由时间去干他们想干的事情。要等百姓有空闲的时候，才让他们给官府做点事情。

1.6 子曰："弟子入则孝，出则弟_悌，谨而信，泛爱众，而亲仁。行有余力，则以学文。"

试译 孔子说："弟子在家里对父兄孝悌，在外面对公卿忠顺，恭谨老实，博爱众人，亲近仁者。这样子做好了，还有剩余精力，可以读点书。"

试注 弟子是学生，或者小孩子。"入"是回家应对父兄，"出"是出门在外应对公卿。孔子后面说："出则事公卿，入则事父兄。"（9.16）这里的"孝"，当"孝悌"讲；"悌"，当"忠顺"讲，都是推而广之的。正如《孝经》说："子曰：'君子之事亲孝，故忠可移于君；事兄悌，故顺可移于长；居家理，故治可移于官。"对父亲孝敬，这个孝敬心延伸到对君王，就是忠；对兄长恭敬，这个恭敬心延伸到对朝廷公卿，就是顺；把家管理好，这个理家之法延伸到官府，就是治。"文"是古之遗文，古代先王的书，如《诗》、《书》、《礼》、《乐》、《易》等就是。

体会 化是文化，教化，化民成俗，是做出来的。做出来的是文化，然后才有文化可学。所谓学文，也即读书、学文化，那是后来的事。先有文化，然后才有文化可学，有书可读。做人最要紧，其次才是读书学文化。

企业文化也该这样做。做得到，然后说出来，比较好。搜集一些企业管理格言，搞一些形象设计，固然不错，总不如内心油然而生的精神好。美容不如美化内在气质。

1.7 子夏曰："贤贤易色；事父母，能竭其力；事君，能致其身；与朋友交，言而有信。虽曰未学，吾必谓之学矣。"

试译 子夏说："尊敬贤人，连自己平时待人接物的态度也变好了；服侍父母，能竭尽全力；辅佐君长，能不惜生命；与朋友结交，说话算数。做到了这几点，即使说没读过书，我却敢断定他有学问。"

试注 子夏（公元前507~？）是孔子的弟子，姓卜，名商，字子夏，比孔子小44岁，卫国人。"贤贤"，第一个贤是动词，是"敬重"的意思；第二个贤是"贤人"。"易"是变化，"色"是颜色、脸色、神色、姿色、姿态、态度。"色"，还有一种解法说是"女色"，贤贤易色是"贤贤易好色"，用尊敬贤人之心，替换好色之心，因为孔子说过："吾未见好德如好色者也。"（9.18）君是君长，包括天子、国君、诸侯、公卿等。

体会 子夏这段话和孔子上面那段话是相应的。都主张人做好了，就有学问。尊敬贤人，自己先得好处。为什么呢？因为"贤贤易色"，因为尊敬贤人的同时，自己的态度气色也像贤人一样文雅了，高贵了，温和了。侍奉父母、辅佐上级、结交朋友，都会有好态度。这样，自己也会成为受人尊敬的贤人。敬人就是敬己。拜菩萨就是拜自己，拜出自己的本色来。念佛就是佛念，念出自己的本心来。这都是明明德，都要自修，都要通过生活来学习。石佳丽，非常活泼调皮的一个姑娘，自从扮演宋庆龄之后，气质为之大变，神态十分沉稳，举止无比雍容，好一副天生国母气派。这里面的奥妙，就在于六个字："我就是宋庆龄。"由尊敬一个贤人而效法她，乃至最终成为她，这就是贤贤易色的最大收获了。贤贤易色，就是整整一部表演艺术，就是孟子说的"穿尧的衣，说尧的话，做尧的事，那就是尧本人了"，就是整整一部"密宗修炼、即身成佛"大典。身口意三密修持是有奇效的，身行宋庆龄的举止，口出宋庆龄的话语，心存宋庆龄的理想和追求，三密合成一句话：宋庆龄就是我。如果"庆龄佛就是我"，那我的色身变成庆龄佛的模样，不是自然而然吗？贤贤易色，我们本来就有圣贤们的伟大本色，所以我们尊敬圣贤，我们贤贤，我们有成为儒商的无上密法，最后连"我"也忘掉，连"庆龄佛"也忘掉，佛我一如，完全打成一片。

1.8 子曰："君子不重（zhòng），则不威，学则不固。主忠信，无友不如己者，过则勿惮改。"

试译 孔子说："君子不自重，就没有威信，学问就不扎实。主要靠忠信处世，也没有哪个朋友是不如自己的，有了过错就不要怕改正。"

试注 "重"，自重，对内的；"威"，威望，对外的。"固"是坚固、牢固、扎实。固如果当做固执，这句话就是"爱学习，就不固执"。"无"是没有。"友"是朋友。"无友不如己者"，是说朋友总有比自己强的地方，总有值得自己学习的地方，这种态度也是对朋友高度忠信的表现。"勿"是不要。"惮"是害怕。

体会 "无友不如己者"，有很多解释。这里取南怀瑾先生的解释。另一种解释为"不要交不如自己的人做朋友"，这是把"无"当"毋"讲，毋是禁止、不要；这自然也就把"友"当动词讲，是"交朋友"的意思。这个解释，自古就有人不满意，认为会使人误会孔夫子怎么这样势利。人人都和比自己强的交朋友，最后剩下上帝，孤家寡人，没有朋友。还有，人人都和比自己强的交朋友，人人不跟比自己弱的人交朋友，这样的话，实际上等于人人都没有朋友。为什么呢？因为按照规定，虽然弱者要跟强者交朋友，但是强者却不跟弱者交朋友，一相情愿的事情做不成。

见贤思齐，交益友使人进步，交损友使人变坏。这不是势利，因为不是朋友却可以做老师，孔夫子说了："三人行，必有我师焉。择其善者而从之，其不善者而改之。"（7.21）这种态度很通达，很谦谨，不是势利的。这和老子"善人者，不善人之师；不善人者，善人之资"（二十七章）相通。因此"无友不如己者"也不能当"势利"解释。

交友的确是一件大事。不过看来看去，还是圣人的交友之道稳当一些。至于《金刚经》要求"无我相，无人相，无众生相，无寿者相"（第十四），那个境界就更高了，那就任何人力资源都不会浪费了，无论益友损友都会促进我们的事业、兴隆我们的生意了，无所谓益友损友了。释迦牟尼（如来）弘法四十年，总有一个大魔头跟着捣蛋。结果越捣蛋，释迦牟尼弘法就越有效。因为正法得到邪法的反作用推动后，越发显出正的威力了。这个大魔头，就是释迦牟尼的堂弟提婆达多。有一次，释迦牟尼进王舍城弘法，提婆达多就放出狂象冲过来，要加害释迦牟尼。结果，狂象遇到如来，服服帖帖，不再调皮了，佛法的慈悲力量得以大显。可见，佛法流行的"军功章"里，有释迦牟尼的一半，也有提婆达多的一半。

1.9 曾子曰："慎终追远，民德归厚矣。"

试译 曾子说："慎重料理父母丧事，诚心追祭历代祖宗，人心就复归忠厚了。"

试注 "终"，（父母）命终，丧礼。"追"，回想、追念、追怀、追祭。"远"，远祖。"归"是复归、回归。人心本厚，因此说"归"。民德即人心——在心为德，施之为行；直心为德，德也写作"悳"；直心行之为德，德是左"彳"右"悳"。

体会 慎终追远，宽说一些可以超出自家礼丧祭祖的孝道，而扩大到企业、社区、民族、国家，乃至人类的大孝大爱。像《礼记·礼运》所说："老吾老，以及人之老；幼吾幼，以及人之幼。"

1.10 子禽问于子贡曰："夫子至于是邦也，必闻其政。求之与欤？抑与之与欤？"子贡曰："夫子温、良、恭、俭、让以得之。夫子之求之也，其诸异乎人之求之与欤！"

试译 子禽问子贡说："老师每到一个国家，必定能听到这个国家的政事。这是老师主动打听的，还是别人自动告诉他的呢？"子贡说："老师是靠温和、善良、恭敬、俭朴、谦让，才得以了解的。老师了解国情的办法，也许跟别人的办法不同吧！"

试注 子禽（公元前511～？）是孔子的弟子，姓陈，名亢（gāng），字子禽，比孔子小40岁，陈国人。子贡（公元前520～？）也是孔子的弟子，姓端木，名赐，字子贡，卫国人，比孔子小31岁。夫子是对男子、学者、老师的尊称，这里特指孔子。"是邦"的"是"，表示概指，比如"是处有亲朋"，到处都有亲人朋友；"是人便知"，只要是个人就晓得，任何人都知道；"是邦"，任何一个国家。"求"，是要求，追求，这里指主动打听。"与"通欤，语气词，相当于"吗"。"抑"，是"抑或"，或者。"其诸"，也说"其者"，通"或者"，表示不肯定的语气。

体会 这里涉及信息情报学。察言观色，到处打听，甚至刺探，都是搜集信息的惯用法。市场调查也用到信息搜索技术。古来也有行商坐贾之分。行商到处跑，跑生意，也跑情报。坐贾就不同，坐在那里喝茶，生意一笔接一笔，情报一个接一个。坐贾的功夫高一些，生意自动找来，情报、消息自动过来。怎么做到自动化呢？靠内功，内心的功夫，靠温、良、恭、俭、让。待人温和，人家感到亲切，就愿意亲近你；善良，人家就相信你；恭敬别人，别人也就敬重你；俭朴，就不给人添麻烦；谦让众人，人家就主动提供帮助。

"When in Rome, do as the Romans do." 入国问禁，入乡随俗。孔夫子穷书生一个，没几个钱，"累累若丧家之狗"（《史记·孔子世家》），怎么搞情报研究所，办市场调查部？那么大个中国，一个老夫子，几个小徒弟，要做到情报足够多，足够准确，足够权威，那个投入太大，要国君的财力人力才做得来，要跨国公司、世界五百强才撑得起。可是孔夫子一个人，就靠五个字做到了。每到一个国家，国君、大夫、士人都向他介绍情况，向他请教。现在世界上还没有一门"温良恭俭让情报学"，孔夫子两千多年前就有了。这是一门很实用的技术。心里不厚道，有了情报也会左右为难："这个情况对不对啊？不是骗人的吧？"因为自己骗人骗惯了，骗自己骗惯了，心中老是狐疑。心里不厚道，假如不狐疑，也可能武断，结果有情报也没用，最终变成了假情报。情报是跟着心走的。情报情报，就看心中有没有真"情"，能不能温良恭俭让，能不能对别人、对自己都老老实实。情报情报，一份真情，得一份真报。这个报，是报告，也是报答。

1.11 子曰："父在，观其志；父没（mò），观其行；三年无改于父之道，可谓孝矣。"

试译 孔子说："父母在世，看子女的孝心；父母过世，看子女的孝行；父母过世多年，还是不改变父母的正道，就可以说做到孝了。"

试注 父，宽些说是父母。志是心志、孝心。没，是去世。行是孝行。道，当正道讲，因为这里是讲孝，而中国儒家的孝，是以至善为根基，治国平天下的正道，不可能子女跟着父母走邪门歪道。

体会 父字的甲骨文是右手拿着棍子，意思是教育子女守规矩。父亲最原始的职责就是教育子女。《三字经》说："养不教，父之过。"父慈子孝，父亲的最大慈爱表现在教育子女走正道。对子女而言，父母在世，即使心中不孝，表面上反对还比较难，容易做到外在行为的孝敬，所以着重"志"，着重看孝心的萌发、保持和增进。父母不在世，容易放逸，连外表的行为都可以不讲究了，因此主要看做得如何。

办公司的，把孔子的话变一下："人在，观其志；人不在，观其行。"是很好的。人，是领导，是客户，是同事。在，当做"在场"讲，比较好。比如，领导在场不在场。观察的重点就不一样。

1.12 有子曰："礼之用，和为贵。先王之道斯为美，小大由之，有所不行。知和而和，不以礼节之，亦不可行也。"

试译 有子说："礼的运用，贵在和气。先王的治国之道，就是这一点好，因为大事小事都用礼，还是有用不到的地方。不过，明白和气的好，因而总是一团和气，却不用礼加以节制，也是行不通的。"

试注 礼是礼节礼仪。斯是这个。

体会 儒家特别讲礼，中国是礼仪之邦，礼的作用巨大。往小处说，礼是节制行为的一套规矩；往大处讲，礼是天经地义，因此也用来调节人际关系。像长幼有序，恭敬谦让，都是礼。涉及生活的方方面面。

礼的运用有讲究，用得不好也不行，要恰到好处，不能一刀切，不能死板套用。有子在这里讲一个道理，就是和气，中和，随和，随缘，入乡随俗。本来礼是用来区分的，分高下尊卑，定先后次序。但是死板了，僵硬了，也不行。要能够变通，能够调和，随和，中和。礼多人不怪，礼多人也怪。礼多为什么不怪？用得恰到好处，多多益善。为什么怪？搞繁琐了，点头哈腰，虚头巴脑；用过分了，见外了；用死板了，不看具体情况；用主观了，不能入乡随俗。礼节礼节，大礼却可能不拘小节，拘小节反而见外，生分了。也不一定，小节也可能非常重要，细微处见精神，否则可能"简慢"了。不能说死。

1.13　有子曰："信近于义，言可复也。恭近于礼，远耻辱也。因不失其亲，亦可宗也。"

试译　有子说："守信接近于义，说到做到。内心谦恭接近于礼，可以免受耻辱。因为它们接近礼义，还是值得推崇的。"

试注　信是守信。近是接近，亲近。复是践言、实行。恭：内心谦恭。远是远离，避免。因是因为。其是代词，指"它们的"。亲是"亲近的、接近的德行"，这里指礼、义。宗是崇仰、仰敬。"因不失其亲，亦可宗也"这一段话，如果取宋代刘敞《七经小传·论语》的解释，则是：信和恭这两者，性质上一个接近义，一个接近于礼，也是值得推崇的。

体会　义是合宜、道义、正义，是应当坚持的，所谓义不容辞，舍生取义，没话讲。信是什么？信字一个人旁，一个言字：人言为信；说话不算数，就不是人话。言必信，这很像义，但是不等于义。古代有个人，名叫尾生，多次跟一位女子在梁下约会，从不食言。有一天又去梁下约会，结果女子还没来，大水却来了。尾生在那里死等，不肯走。大水越来越猛，尾生就紧抱柱子，最后淹死了。这是守信，接近于守义。但是如果真的守义，有些话就不一定照着做。孟子说过："大人者，言不必信，行不必果，惟义所在。"（《孟子·离娄下》）

《礼记·表记》中，孔子说："仁道难成气候，已经很久了，人人都不能如愿以偿。因此仁者的过失，很容易说明白。仁者恭而近礼，俭而近仁，信而近情，举止虔敬谦让。这样子做，虽然不圆满、有过失，也不是大过失。因为心恭敬，会少有闪失；因为近情义，则其人可信；因为能节俭，就容易相处，不会你来我往的破费太多，让人家为难。由于这样做而事与愿违的，不是很少吗？"

1.14 子曰："君子食无求饱，居无求安，敏于事而慎于言，就有道而正焉，可谓好学也已。"

试译 孔子说："君子吃饭不贪求饱足，居住不贪求安逸，办事勤快但说话慎重，向有道之士请教以修正自己，可以说是好学了。"

体会 做人做事是大学问，这是古人一贯的精神。现在仍然需要提倡，不要被功课压倒了，不要被名利待遇压倒了，为考试学，为名利学，学得很苦，效率也差，还说自己唯利是图，却早已丢了大利，丢了快乐，丢了主见。所以，企业培训不能搞形式主义，要和业务和工作结合起来，和效益结合起来，和幸福结合起来，培养顶天立地的精神。学习型组织应该这样，习很重要，学而时习之。

1.15 子贡曰："贫而无谄，富而无骄，何如？"子曰："可也。未若贫而乐，富而好礼者也。"子贡曰："《诗》云：'如切如磋，如琢如磨。'其斯之谓与欤？"子曰："赐也，始可与言《诗》已矣。告诸往而知来者。"

试译 子贡问："贫穷却不讨好人，有钱却不小看谁，怎么样？"孔子说："可以。不过比不上安贫乐道，富而好礼的。"子贡说："《诗经》上唱：'如切如磋，如琢如磨。'大概就是这个意思吧？"孔子叹道："赐啊，现在可以跟你聊《诗》了。告诉你一点，你就联想到别的东西。"

试注 子贡（公元前520～？），上面介绍了，是孔子的弟子，姓端木，名赐，字子贡，比孔子小31岁，卫国人。"如切如磋，如琢如磨"，取自《诗经·国风·卫风·淇澳》。古人的解释有多种。一种说法是：像精心加工玉石、象牙、骨器、角器一样，要经过切、磋、琢、磨几道工序。先是裁成大块，是切；再锉掉无用的部分，是磋；然后精雕细刻，是琢；最后打磨出光泽，是磨。也有人说：骨器加工是切，象牙加工是磋，玉器加工是琢，石器加工是磨。这两句诗早就是成语，不翻译更好。始是开始，方才。已矣，是个语气词，相当于"啊"，不翻译也可以。诸是"之"，是个代词，指"你"。往是过去，来是将来。者是"的（事情、道理）"。

体会　孔子的弟子中，子贡是个有钱人，生意做得好。贫时该怎样，富时该怎样，是他需要考虑的。也许他觉得贫穷时不巴结别人，富贵后不趾高气扬，是高境界，就向老师请教，问道："何如？"大概想得个称赞。孔子对此加以肯定，又指示了更高的境界。子贡立刻联想到《诗经》上的话，悟到学问道德，都需要切磋琢磨，步步提高。因而得到孔子进一步的夸奖。子贡是儒商，有企业家的品质，会举一反三，懂《诗经》。

《孔子家语·曲礼子贡问》讲了个故事：

南宫敬叔，是鲁孟僖子的儿子，发了财，却失了礼，因此得罪定公，慌乱之中只好弃财逃走。逃到卫国，卫侯不敢收留，请求他返回鲁国。敬叔回到鲁国，朝拜定公时就用车子装满财宝行贿。孔子听说后就评论道："要是这样使用财宝，丢掉职位还不如马上丢掉财富。"在旁伺候的子游不明白："想问夫子为什么这么说？"孔子答道："发了财却不好礼，是要倒霉的。敬叔就因为发财而丢掉了职位，丢了职位还不改，我担心他将来后患无穷。"敬叔听到这话，就去请教孔子，然后按照礼法散财于众人。

富而好礼，也有"礼不下庶人"（《礼记·曲礼》）的意思，因为好礼是需要花费的，不必把这个负担加在普通老百姓身上。富人好礼，那就对了。穷百姓，那就随便一些吧，礼数少没关系，不做规定。这个制度设计的本意，是体恤穷人。后来望文生义，以讹传讹，慢慢就变成"对老百姓不要讲礼"，都搞反了。

1.16 子曰："不患人之不己知，患不知人也。"

试译 孔子说："不怕别人不理解自己，只怕自己不理解别人。"

试注 患是担心，着急。不己知，是"不知己"的倒装。

体会 《论语·学而第一》开头就说："人不知而不愠，不亦君子乎？"这里除了开头的意思，除了别人不了解不理解我，我该如何，还讲了我不了解不理解别人我又该如何，首尾呼应。

别人不了解不理解自己，对自己的德能不会增加一点，也不会减少一点。没关系的，可以慢慢沟通。自己不了解不理解别人，就会出问题，会误解人家，会办错事。如果人人都有这种态度，机构内部沟通、外部沟通就都顺畅了。每个人都反躬自省，不怪别人，相互沟通的门窗就开了。

为政第二

2.1 子曰："为政以德，譬如北辰，居其所而众星共拱之。"

试译 孔子说："治理国政用道德，就好比北极星安住本位，群星围着它转。"

试注 为政就是为正。政就是正。正人正己，都是为政，也是治国。为政以德，也是治国以德，倒过来讲是以德养国。北辰是北极星，位于离北天极约1°处，这是地球自转轴现在与天球相交的点。北极星是一颗光谱型为晚型的F型高光度星，距离地球有1300光年，因此从地球上看基本不动，而其他星球围着它转。其所，是"它的本位"。共是拱，围绕、环抱。

体会 儒家重德养，法家重法治。老子的看法又不同。

《老子·三十八章》说："故失道而后德，失德而后仁，失仁而后义，失义而后礼。夫礼者，忠信之薄，而乱之首。"这里没有专门讲"法"，但是义和礼中有法。道、德、仁、义、礼，老子把道德放在首位。道和德，把道放在首位。《老子·五十七章》说："法令滋彰，盗贼多有。"法是往后排的。道、德、法，这个排序西方也有。譬如柏拉图构思《理想国》，是个德治之国。后来到了晚年，觉得理想国做不到，建第二等的国家也行。第二等国家是法治国家。至于老子所谓无为而治的国家，连德治也不需要，顺应天道就行了，是完全自动化的。

很多人觉得老子的理想太高，做不到。孔子的理想也高，也做不到。但是生活中却经常有教训。一个没道德的人，你用法治，固然不错。但是这个执法者有没有德？是个问题。没有德的人，相互监督，自然好。但是没有德，也可以相互庇护啊。只不过最后是相互坑害，因为无德的最终只顾自己，相互监督是为了搞垮别人，想尽办法栽赃。精通法律的人，钻法律空子也最在行，破坏法制也最里手，假如他缺德的话。法制发达的西方，这样的电视剧很多，大法官、警察局长无法无天。因此说，要搞法治，起码一点德是需要的。一点德没有，法治行不通的。你有你的天罗地网，我来我的鱼死网破，相互勾结，官官相护。大家都没有德，光有法律，不行的，防不胜防。但是假若大家德行好，法治就可以弱一些。大家德行圆满，法就多余了，可见光有德行是可以的，光有法律却不可以。这是关键的不同。

西方人也有这种认识：He is not fit to command others that cannot command himself.也就是正人先正己。

这个道理，孔子马上还要讲（2.3）。

2.2 子曰："《诗》三百，一言以蔽之，曰：'思无邪。'"

试译 孔子说："《诗经》选定三百篇，用其中的一句概括，就是：'心思不歪。'"

试注 《诗经》是后来的尊称，开始只叫《诗》。"思无邪"是《诗经·鲁颂·駉》里头的一句。《駉》篇写道："駉駉牡马，在坰之野。薄言駉者，有驈有皇，有骊有黄，以车袪袪。思无邪，思马斯徂。"大意是说：马儿强壮（駉，jiǒng），在田（坰，shǎng）野里。说马儿强壮，是因为有驈（yīn，黑白杂色马），有皇（xiá，红白杂色马），有骊（diàn，脊背黄色的黑马），有黄（两眼白色的马），让它们拉车，练健壮（袪袪，qū）了。牧马人不想别的（思无邪），只想着让马儿好好拉车（徂，cú）。薄言的薄，是个语助词，没什么意思。

体会 心思正，事情没有不成的。马儿养得好，国家治得好，都靠"思无邪"。这首诗是颂扬鲁国的僖公的。僖公遵行伯禽的法，节俭、爱民、重农、牧马，受到鲁国人的爱戴。于是季文子汇报到周的朝廷，得到允许后，让史克（鲁国的史官）写了这首《駉》，歌颂僖公"思无邪"。孔子删削整理古诗，选了三百零五篇，就是以"思无邪"这一句为标准。

思无邪很不容易，无思无邪很不容易。"子曰：……《易》，无思也，无为也，寂然不动，感而遂通天下之故。"（《周易·系辞》）无思解释为无私就很好，发音也一样，这是汉语的妙处。无私心态就正，心思就正。无私，不想是正的，想也是正的。不想叫做中，也可以；想叫做正。想的时候等于没想，因为没私心，不琢磨歪点子。然而"正复为奇，善复为妖"（五十八章），一味求善，反而办了坏事；一味求正，反而走上邪路。这类教训多得很，所以老子这样的圣人就提醒我们复归于自然，主观的想法尽量少一些，道法自然比较好。西汉初走黄老的路子，无为而治，社会上有些错误有些罪过也不急于追究，朝廷走得比较正，就可以了。结果天下大顺，心情舒畅。这个度不容易把握，搞得不好就变成纵容。纵容就歪了，思有邪了。有位老板对骂人的员工从不批评从不制止从不鼓励从不反应，只是听着，不说好，不说坏，不说不好不坏，总之是一句话不说，一点褒贬没有，一点反应没有，认真听着。员工有气，冲进老板办公室骂人。骂完了，老板照常布置工作，这位员工很诧异，但是不等细想就下意识接受了任务，而且圆满完成了。为什么诧异？因为他打定主意来吵架，就是等一个回骂，一个惩罚。但是老板毫无反应，只是照常倾听，照常工作，照常布置工作。这也许也是一种思无邪，更高境界上的思无邪，在佛家叫做观世音。观，不要评价。听，不要褒贬。后来那个员工再也不骂人了。

2.3　子曰："道_导之以政，齐之以刑，民免而无耻。道_导之以德，齐之以礼，有耻且格。"

试译　孔子说："用政令训导人，用刑法统治人，老百姓就力求免遭刑罚，却没有廉耻心。用道德教导人，用礼仪规范人，老百姓就会有廉耻心，还会主动匡正自己。"

试注　格是改邪归正，自愿归服。

体会　《礼记·缁衣》说："夫教之以德，齐之以礼，则民有格心。教之以政，齐之以刑，则民有遁心。"格心是归服，是主动跑来，心悦诚服。遁心是一门心思要逃脱，只要不被抓住，就谢天谢地了。上有政策，下有对策，"法令滋彰，盗贼多有。"（五十七章）看你拿我怎么样？对政策法规只有逃脱心、钻空子的心，没有尊敬心，自己也没有羞耻心。因此要"为政以德"（2.1）。这并不排斥使用法治："故礼以道其志，乐以和其声，政以一其行，刑以防其奸。礼、乐、刑、政，其极一也，所以同民心而出治道也。"（《礼记·乐记》）

搞企业的，要抓企业文化，才算抓住根本。抓企业文化，要抓住"企业伦理"、"企业道德"，才是抓住了灵魂。孔子这句话是管理学的总纲。这要求企业家、领导人自己先做好，先修德。"君子之德风，小人之德草。"（12.19）君子来了，好比风一样，别人都跟着学好样，学君子风度，立君子品，做有德人。"草上之风，必偃。"（12.19）风吹草伏，移风易俗。

如何才能"立君子品，做有德人"呢？要学习。

2.4 子曰："吾十有又五而志于学，三十而立，四十而不惑，五十而知天命，六十而耳顺，七十而从心所欲，不逾矩。"

试译 孔子说："我十五岁立志求学；三十岁能够自立；四十岁没什么迷惑；五十岁得知天命；六十岁耳根顺了；七十岁随心所欲，没有不合情合理的。"

试注 "十有五"的有，通"又"。"知天命"：有很多解释，当做"天地人生的规律"讲，是一种；这里我们把它当做"自己此生的历史使命"讲，但是并不排除"知道天地人生规律"的意思。《礼记·中庸》说"天命之谓性"，这个性是集天地精华的"人性"，人的天性。《礼记·大学》引用《尚书·商书·太甲》，讲"顾天之明命"，指的也是人本有的明德、天生的良知良能。这些都是天地人道合说。孔子五十岁得知天命的时候出任鲁国司寇，掌管司法和纠察，但是孔夫子的天命究竟何在，可能还是做万世师表，民族的精神导师。

体会 为政以德，以德养国，以德经商，需要有德之人。一个人要做到有德，需要终身学习。孔夫子说："我非生而知之者。"（7.19）他也是通过学习成为圣人的。他做的是大学问，走的是大学之道。"大学之道，在明明德，在亲民，在止于至善。"《礼记·大学》开篇就点明为学的主旨，就是学习做一个大人，大写的人，一个君子，一个有德之人，真正的人，"真人"。人人都学成了君子，这个国家、这个企业还需要治理什么呢？不需要了。学习、教化是一个国家一个企业最重要的事。对国家民族而言，它关乎国格、民族精神；对一个企业而言，则关乎企业精神。这需要终生熏陶，需要一些阶梯，一步一步走。孔子是学为圣人的典范。他的为学经历，经过了有志、而立、不惑、知天命、耳顺、从心所欲不逾矩这么几个阶梯……

古人十五岁入大学，孔子恰好也是这个年龄有志于大学之道。"不知礼，无以立也。"（20.3）

三十而立指的是知礼，有了立身做人的根本，开始招收弟子，开坛讲学，是"立身立业"。当然，孔门的学问重在做，知礼而不能行礼，知道很多礼节，生活中却不守礼节，那不是真知。行礼才算知礼，知礼行礼可以立身立业，这是三十。

到了四十，除"知命"外，其他各种困惑基本没有了。"智者不惑"（9.29），有理智，不感情用事，不至于"爱起来祈祷人家万寿无疆，恨起来诅咒人家早早归天"（12.10），不至于因为一丁点小事就拍案而起，"一怒之下，连性命也豁出去了，把亲人也连累了。"（12.21）

"不知命，无以为君子。"（20.3）这个要求很高。孔夫子大概认为自己五十岁才够得上一个君子。《礼记•中庸》称"天命之谓性"。性格决定命运，命运展示性格，到五十岁把握了这个钥匙，自己的使命、别人的命运、时代的气运，都心中有数。

"不知言，无以知人也。"（20.3）听话听声，锣鼓听音，能听出弦外之音、话外之声，而且好话坏话、对话错话都听得进去，左耳朵进，右耳朵出，听得清楚，不留痕迹，耳根顺了，知言是耳顺。

七十岁就天人合一了，心里想的都不出乎大道。……但是，十五岁以前怎么学？这里没有讲。孔子在别的地方回忆过："吾少也贱，故多能鄙事。"（9.6）小时候学过很多手艺、本事。但可能不是"有志"于此。

2.5　孟懿子问孝。子曰："无违。"樊迟御。子告之曰："孟孙问孝于我，我对曰，无违。"樊迟曰："何谓也？"子曰："生，事之以礼；死，葬之以礼，祭之以礼。"

试译　孟懿子问怎么行孝。孔子说："不要违背。"樊迟给孔子驾车，孔子在车上告诉樊迟说："孟孙问我怎么行孝，我回答说：不要违背。"樊迟问："什么意思？"孔子说："父母在世，如礼服侍；父母过世，如礼安葬，如礼祭祀。"

试注　孟懿子，鲁国大夫，姓仲孙，名何忌，懿是谥号。孟孙就是仲孙。《史记·孔子世家》记载：孟懿子的父亲孟僖子也当过鲁国大夫，临终前对孟懿子说："孩子啊，孔丘是圣人之后，你要跟他学习。我听说圣人的后代，虽然没有当朝做官，必定有明达之士。孔丘虽然年纪还小，但是懂礼节，大概就是明达之士吧。你一定要拜他为师。"孟僖子去世后，孟懿子就和一个叫南宫敬叔的鲁国贵族一起向孔子学礼去了。那时候，孔子年方十七。樊迟也是孔子的弟子，名须，字子迟，比孔子小四十六岁（或三十六岁）。《左传》说：南宫敬叔是孟懿子的弟弟。

体会　孔子回答孟懿子很简单，"无违"。无违什么？没有说，也许要他去悟一悟。由于孟懿子没有再问，孔子怕他不懂，就主动告诉樊迟，也许是让樊迟转告吧。据南怀瑾先生《论语别裁》说：孔子也没有对樊迟讲太多，讲了一点，点拨一下，让他传话，足以启发孟懿子深思了。因为孟懿子是做官的，孔子可能希望孟懿子能够通过孝敬自己的父母，来体会孝敬天下父母、爱护天下万民的大孝道。至于佛家的大孝，更是扩大到一切众生。但据邓新文博士的意思，孟懿子一点就通，也有可能；樊迟"迟"钝，所以需要老师掰开讲讲。

2.6　孟武伯问孝。子曰："父母唯其疾之忧。"

试译　孟武伯问什么是孝。孔子说："孝子最挂念的只有一件，就是希望父母身体好，不要得病。"

试注　孟武伯是孟懿子的儿子，叫仲孙彘。其，指父母。

体会　爷爷孟僖子有遗嘱，父亲孟懿子问孝，儿子也来问孝，爷爷、父子都爱学习，都尊敬孔子。不过孔子的回答可不一样。对父亲一套，对儿子又一套，搞"两面派"，也就是因材施教。可能是在提醒孟武伯吧：孝子最不放心的唯有父母得病这一件事。"其"字要是指子女，那又是另一种解释，意思是说，父母最挂念子女的身体。

《孝经》说："子曰：孝子之事亲也，居则致其敬，养则致其乐，疾则致其忧，丧则致其哀，祭则致其严。"儿女在外头打电话："爸爸妈妈，身体好吗？""你妈身体很好，我身体也可以，放心。"这是说得最多的。但，是不是说身体好就可以了？不是。还要敬、乐、哀、严。下文也涉及这个问题。

2.7　子游问孝。子曰："今之孝者，是谓能养。至于犬马，皆能有养。不敬，何以别乎？"

试译　子游问什么是孝。孔子说："如今行孝道的，只晓得说能够养爹妈。可是你看狗啊马啊，我们也都能把它们养起来。没有孝敬心，怎么区别这两种养呢？"

试注　子游姓言，名偃，字子游，吴国人，是孔子的弟子，比孔子小四十五岁。

体会　可见，光是把爹妈身体养好，还不行。《孝经》要求"养则致其乐"。如何致其乐？要有孝敬心。"居则致其敬。"给上级卖力工作，还不行，还要有恭敬心；给员工高薪，还不够，还要有爱心。也就是从养身提高到养心、养志。

2.8　子夏问孝。子曰："色难。有事，弟子服其劳；有酒食，先生馔（zhuàn），曾（céng）是以为孝乎？"

试译　子夏问什么是孝。孔子说："和颜悦色难以做到。父母有事，晚辈代劳；有酒食，长辈先用——这样子就可以称为孝吗？"

试注　子夏（公元前507~？）是孔子弟子，比孔子小四十四岁，姓卜，名商，字子夏，春秋末战国初的卫国人，一说晋国人。馔（zhuàn）是吃喝。曾（céng）的意思是竟也、竟然。酒食的食，如果读sì，那就是喝的意思。这样，"有酒食，先生馔"就该译为："有酒喝，长辈先饮。"《说苑·杂言》原文说"子夏有盖"，翻译成"子夏有伞"也许不准确，因为"盖"不一定是伞，那时候有没有伞，还不知道。

体会　子夏比较穷。《说苑·杂言》上有个故事。一次，孔子要外出，天正下雨，没有遮雨的。有弟子说："子夏有伞，可以借他的。"孔子说："卜商这个人，穷得很。我听说，跟人交往，要用其长处，避免用其短处，这样才可以长久。"孔子不愿意为难子夏。穷人如何孝敬长辈呢？孔夫子对穷学生子夏有特殊要求：尽管穷，有事给长辈卖力，酒饭让长辈先用，这些子夏可能都做到了，可是那并没有什么，严格讲还不能算是孝敬，还要加上一个好脸色，令父母欢喜。这个更难做到。这个"色难"，当然不是"巧言令色"难，而是"诚于中，形于外"的真心发露难。人穷心不穷，爱心不缺，孝心不减，脸色好看，别的就都好说了。因此说："色难。"这会不会是对子夏的告诫呢？办孔家店，一流文明企业，对客户，对员工，服务第一，腿脚勤快，先人后己，这好说，但也是色难。为什么色难？因为我心里明白：要是服务不好，客户不掏腰包，利润就成问题；要是照顾不好员工，留不住人，公司就要散伙。假如我不这么做，利润也有，人才也有，我何必赔笑脸，献殷勤呢？心不诚。心不诚，性子又直，还要我态度好，色难啊。真心微笑服务，是企业的高境界，比散财聚人还高。

2.9　子曰："吾与回言终日，不违，如愚。退而省其私，亦足以发，回也不愚。"

试译　孔子说："我和颜回说一整天，他从不反驳，好像笨笨的。后来我观察他的心思言谈举止，也是很能发挥的，颜回并不傻啊。"

试注　回，姓颜，名回，字子渊，孔子最得意的门生，鲁国人，比孔子小三十岁（或四十岁）。退，据藕益大师说，是孔子自己退回去。退到哪里？退到自己心里去省察。省（xǐng）是省察、观察；私是别人见不到的、心中所想的。藕益大师认为孔子心通，知道弟子心里想什么。"足以发"，发什么？发挥义理，发挥老师讲的道理。或者说发表自己的看法。

体会　老师的话一听就懂，没什么好说的，没什么好问的，心领神会。孔夫子弟子三千，贤者七十二，最中意的就是颜回了。不说话，不问话，看起来像个呆子，老子所谓大智若愚，大概带点这个味道。现在的硕士、博士，爱把自己的导师称作老板。老师做老板好啊，商业机构搞学习型组织才有前途，学校讲究效率也可以效法商业运作，不要像个书呆子读死书，死读书，对社会一点贡献也没有，浪费教育经费。孔子作为学习型组织的老板，如何知道下属不死板、员工不呆板呢？不但要看他们跟老板、经理在一起的表现，还要看他跟别人在一起的表现。这个"看"（省），要视、观、察一齐用，才能"看"仔细了——

2.10　子曰："视其所以，观其所由，察其所安，人焉廋（sōu）哉？人焉廋哉？"

试译　孔子说："先看看一个人做什么，再考察他怎么做，然后细细体察他最乐意什么。这样一来，他怎么藏得住呢？他怎么藏得住呢？"

试注　视是直视，直接看。直接看什么？看"其所以"。其是某某，是一个人，是他、他们。以是做，"所以"是"所做的事"。观是进一步看，多看几个方面，这里是看做事的方法。察，更仔细了，用心体察，心灵上要有沟通，体会到人家心里的喜好，人家乐意什么，什么最让他安心、安然、安泰，这个难以觉察。因为乐意的事不一定做，心里想想而已是常有的。为什么？人生在世，"不如意事常八九"，心想事不成，事与愿违，要么是外缘不具备，要么是自己的愿望不切实际，或者内因外缘都有问题。很多人为了谋生，总要做一件工作，这是"所以"；工作方法，是"所由"；谋生之外，还有自己最乐意的事情，是"所安"：譬如麻将、绘画、音乐、旅游、自由软件编程，因人而异。工作是酷刑，但是不得不做。下班后是天堂，可以随心所欲，做自己想做的，往往也成就最大。"焉"是"怎么能"、"如何能够"。廋（sōu）是隐藏。

体会　知人善任，这里讲"知人"，有三个办法，一层比一层深。老板选员工，员工选老板，都可以用这三个办法。但是要用好也不容易，心里还要有杆秤，懂得轻重，知道好坏。我们常常也察言观色，套人话头，猜测人心，最后都搞错了。为什么呢？因为自己的出发点不纯正，考虑自己多，考虑别人少。一句话，就是没能做到"思无邪"。思无邪而又加上孔子这三条，知人就容易了。甚至更进一步，像老子那样，"不出户，知天下。"（四十七章）为什么知天下人心？因为圣人心地纯净，不想别的，不想自己，"思无邪。"不想自己，心里只装着天下百姓，老百姓想什么、需要什么，一清二楚。这就是老子所谓"圣人无常心，以百姓心为心"（四十九章）。做百姓的朋友，做大家的知音。朋友之间最相知，相知莫过是知音。知人并没有什么诀窍，无非一个诚信而已："与朋友交而不信乎？"拿这个问题天天问自己，才好。做员工的知音，从"所安"着手安排工作，其"信"最大，关系最铁，效益最好。安排安排，不安不排，能安则排。这样安排之后，就不要管了，老板自己也"安"了。为什么？因为老板所安，应当没有别的，只是以员工的所安为"安"。《老子》讲"圣人无常心，以百姓心为心"。"儿子"讲"老板无常安，以员工安为安"。否则你排了工作，他心里又不安，你如何能安？

2.11 子曰："温故而知新，可以为师矣。"

试译 孔子说："温习旧学问而触发新感悟，就可以做老师了。"

体会 做老师不容易，要有创新精神、创新能力。光是记得很多东西，不行。因此《礼记·学记》里说："记问之学，不足以为人师。"怎么样才可以为人师呢？《学记》说："君子既知教之所由兴，又知教之所由废，然后可以为人师也。故君子之教喻也：道而弗牵，强而弗抑，开而弗达。"君子要懂得怎样教才有效，怎样教没有用，才可以做老师。所以说，君子要教人明理，就要做到这几点：指导方向而不死拽硬牵，强化潜能优势而不压抑本性，善加点拨而不提供结论。点拨一下，从旧知识里头会悟出新知识来。从已知推未知，继往而开来，推陈而出新，前后兼容，也是当今高新技术的创新法宝。德鲁克（Drucker）说："The process of innovation is prudent and relatively conservative.（创新过程是小心谨慎和相当保守的。）"为什么呢？原因很多。一个是因为创新有风险，成本高。比方说软件年年升级，软件商把创新成本转嫁出去，假如用户不堪重负，这个创新就不受欢迎。软件横空出世，跟现有的一切技术都不兼容，也不受欢迎。怎么办？要兼容过去的东西、已有的体系，不要轻易扔掉过去。

2.12 子曰："君子不器。"

试译 孔子说："君子不是器物。"

试注 器是器物，器具。一个碗，一个盆，一把钥匙，一个箩筐，宽一点讲，一门手艺，一套方法，一块地皮，一个字眼，都是器。这个器字，周围有很多口，像器具的口，当中一条犬。表示很多器具，有狗在中间守着。君字下面也有一个口。这个口不是器物，而是发布命令的口，是金口玉牙、一诺千金的口。君字上面是个尹，表示治理。尹的甲骨文，是一只手拿着笔，笔是中间往下的那一撇，上头那几笔表示手。君临一国，君临天下，用笔用口，正所谓君子动口也动手。动手不是拿家伙打人，而是拿笔签字，批阅文件，发布政令。

体会 常有人担心，学孔夫子会不会变得拘谨？礼尚往来，唯唯诺诺的。这个担心，只消孔夫子四个字就打发了："君子不器。"不器是大器，大器是道。君子是个"道士"，有道之士。器物是东西，"君子不是东西。"南怀瑾先生爱开玩笑，在《论语别裁》里引出这句怪话。这种怪话再往下讲，就是仿照《金刚经》的套路："所谓君子，即非君子，是名君子。所谓器，也不是器，这就叫做器。"想拿一个东西、一个框框"框住"君子，那不可能，君子洒脱得很。连君子都不是君子了，东西还是君子吗？想框住我，没门。君子风度一下没了。真人不露相，打灯笼找君子找不着。迎头碰上一个莽汉，一点君子风度也没有，大咧咧的，粗鲁鲁的，就小看了："嗨，小人一个。"眼珠子往下一转。不过，讲究礼让的孔夫子有话："至礼不让而天下治。"（《孔子家语·王言解》）当仁不让（15.36），不是唯唯诺诺的，叫人一眼就看出君子风度的。一个故事流传很久了，这里我们略去真实姓名。说的是北京大学一位大教授，世界有名。有些北大的学生不认得他。一次在北大校园里遇着了，学生很客气，说："老乡好，要帮忙吗？""啊，谢谢！"老教授回答，继续走路。也难怪，这位大教授穿着跟进城卖菜的老乡一样，神情也老实巴交的，脸上皱纹又多，看不出什么文采来。

企业经营是多元好还是一元好？这个问题可能没意思。君子不是一把专用钥匙，他是万能钥匙。万能钥匙还不行，因为还是一个器，君子比万能钥匙还通达，可以穿墙过壁。这样说就神了，开始跳大绳，"百鬼速出，急急如律令！"总的意思是不要小器，不要钻到牛角尖里出不来。要有把牛角尖钻穿的劲头。能进能出，才是君子。现在大学最推崇通才教育，跟孔子的话相通。古时候的君子，当代的大学生，大老板，都要做有道之士，要以道容器、以道制器、以道御器，又能以器通道、以器悟道、以器得道，才能游刃有余，把事业做大："举而错之天下之民谓之事业。"（《周易·系辞》）否则，光有器，光有一门专业一个产品，别的专业别的产品一窍不通，这一门专业这一个产品肯定不通，那是行不通的。通，就要上互联网，到处乱窜。

德鲁克（Drucker）被看做当代管理学之父。1946年他写了一本管理学开山之作：Concept of the Corporation（《公司的概念》）。一看书名，我们就明白：这是一本谈企业的书。但是德鲁克在1993年新版序言中开门见山："《公司的概念》并非一本'企业'论著。"为什么？因为它适用于一切组织，包括工商企业和非营利组织。第一章中，德鲁克直奔主题：自由企业体制不但要履行经济职能，还要承担重大的社会职责、政治职责。有点君子不器的度量，到底是大师。但是，企业界、管理学教学界、社会各界，有这种宽眼界的不多，他们把专业、行业分得很细，不敢越雷池，不许越雷池，所以总是不大器。

2.13　子贡问君子。子曰："先行其言，而后从之。"

试译　子贡问什么是君子，孔子回答说："想说的话他自己先做到，别人就会跟从他。"

试注　孔子这一句话的解释有好多种。一种是："要说的话先做到，然后再说。"一种是："自己说过的话他自己先做到，别人才会跟从他。"这都是告诫子贡的。一种是："君子先立言，后人才有可以遵从的准则。"

体会　君子金口玉牙，不随便说话。上天不说话，却成就一切。孔子因而感叹说："我不想说话了。天说了什么呢？四季运行，万物生长，天说了什么呢？"（17.19）子贡却不同，能言善辩，反应敏捷，连孔子也自认不如："赐之敏贤于丘也。"（《说苑》）不过说得过分了，也是毛病，《史记·仲尼弟子传》说："子贡利口巧辞，孔子常黜其辩。"训斥他多嘴，要他多做实事，做一个君子。子贡曾经问孔子："先生看我是哪号人？"孔子说："你啊，是个器。""什么器呢？""是个瑚琏。"（5.4）瑚琏是社稷宗庙的贵器。虽说"君子不器"，宗庙的大器还是有君子风度的。

2.14　子曰："君子周而不比，小人比而不周。"

试译　孔子说："君子心量广大，不跟人攀比；小人跟人攀比，心量狭窄。"

试注 周是周全、周到、周密。比是比对、计较、比斗、攀比、小恩小惠。

体会 有些父母习惯于拿自己孩子和别人的孩子比，训斥孩子说"谁谁的孩子如何孝敬如何好学哪像你这个蠢货这样"。也有些夫妻喜欢和别人的夫妻攀比，说谁的丈夫有事业、会赚钱啊，谁的妻子会持家、会体贴啊，言下之意是自己的丈夫不行，自己的妻子不乖。闹得家里鸡飞狗跳，四处冒烟。要不就比谁家买房子买车了啊，谁家的车子豪华啊，自己卖血也买辆车，奔驰，一年开两次，回老家探亲的那一次，来回也就百里。买了车，每天喝粥。老板也有这样的，看人家钱袋鼓起来，一打听，啊，是搞化肥的，我也搞化肥去吧，有机肥不搞了。结果刚一转行，化肥不吃香了，有机肥行情来了，又后悔。

比是器，周是不器。是个器，就要攀比哪个器大，哪个器小，计较哪个好，哪个次，比对哪个贵，哪个便宜。但是器外有器，每个器都有自己的局限性，比不完的。君子则不同，虚怀若谷，对所有这些器都能容，无论多少器都能安排它们，让它们各就各位，各得其所。要做到公平安排众器，自己就不要是一个器。或者说，自己要成为天下公器、不拘一格的大器。周恩来总理威信为什么高？心怀天下，恩泽四方，周而不比。要学周总理，不要小恩小惠，要团结大家，不要拉帮结伙，才可以总理天下，"总经理"公司。

2.15 子曰："学而不思，则罔；思而不学，则殆。"

试译 孔子说："光读书，不琢磨，就糊涂；瞎琢磨，不读书，就没用。"

试注 罔是迷惘，殆通"怠"，是怠惰、荒废、无用。

体会 孔夫子曾经做过试验，成天不吃不喝，通宵不睡，光想问题，结果一点用处也没有，不如读书学习有收获——子曰："吾尝终日不食，终夜不寝，以思；无益，不如学也。"（15.31）可见是经验之谈。

学了，思考了，还要做。《楞严经》介绍观世音菩萨的成长过程，是遵循观世音佛的教导："彼佛教我，从闻思修，入三摩地。"三摩地是定，是三昧。一个人没有定力，不"深得个中三昧"，什么事也做不成。闻是闻音、听闻正法，是学；思是思考法理；修是照着正法去做。闻、思、修，是三个阶梯，使人产生很大的定力。搞企业有很多诱惑。譬如中关村有些计算机公司，开初本也颇有名气，后来越来越萎缩。为什么呢？今天看见房地产赚钱，就随大流，一窝蜂搞房地产，以前的计算机业荒废了；明天又听说珠宝赚钱，又去搞珠宝，房地产又荒废了。没有定力，没有自己的市场定位。因此要学习，要思考，还要修炼内功，"从闻思修，入三摩地。"把定力练出来，让人一见，"啊，这个人气闲神定，不会变卦，跟他做生意靠得住。"马上签合同。《五佛顶三昧陀罗尼经》说："发菩提心，读诵受持，听闻思修，则获胜福，成就一切。"没有办不成的。如何才能坚持读经典、悟道理、练内功呢？最要紧的是"发菩提心"，也就是志气要高，"共同愿景"要远大，把"顾客是上帝、员工是父母、奉献是人生"的口号都落实了。不然的话，容易被各种诱惑牵引走，忘记了大目标，工作就没有积累效应，猴子摘包谷似的，摘一个扔一个。

2.16　子曰："攻乎异端，斯害也已。"

试译　孔子说："用各种极端磨炼自己，极端的害处就没了。"

试注　攻是治理。乎是于、从。端是头，异是不同。异端是极端的、偏激的东西。斯是代词，代指异端。已是消停、结束、完蛋。

体会　孔子整理的《诗经》，有一名句，在《诗经·小雅·鹤鸣》里面，就是大家熟悉的"他山之石，可以攻玉"。攻是磨，用石头磨玉。石头虽然拙朴，却可以磨打出美玉。异端虽有害处，但是君子却可以用它来砥砺自己，把害处变成好处。君子要和小人交往，才可以成长。孔子说："三人行，必有我师焉。择其善者而从之，其不善者而改之。"（7.21）跟人交往就是求学，求学要动脑筋："学而不思则罔。"（2.15）无论君子小人，都可以帮助我们思考，好的学经验，不好的汲取教训。思，就是要放下成见，不要固执己见，"毋意、毋必、毋固、毋我。"（9.4）结果是不思而得，不谋而当，异端不攻自破。这是"思"

的本意，"攻"的本意。否则，先入为主，不容纳各种意见、不分辨各种极端，就无法从中得出中正公道的看法。孔子说："我懂知识吗？不懂。有不懂的人来问我，我也脑袋空空，什么也不懂。我只是跟他一起穷根究底、追问事情本身的两个极端，才能够彻底搞明白。"（9.8）如果自己早有成见，不肯放弃，就已经在异端里头了。这时候还是一意孤行，专门去搞异端，那害处就大了。因此孔子叹息说："专门搞异端，要倒霉的！"这是"攻乎异端，斯害也已"的另一种翻译，也可以。这时候"也已"就是叹词。两种翻译是互补的。照邓新文博士的看法——这个端，也是极端，是百尺竿头的头。百尺竿头再往上走，就是空，超凡入圣。异推到头，是同，是相反相成。

2.17　子曰："由，诲女知之乎？知之为知之，不知为不知，是知也！"

试译　孔子说："由啊，告诉你什么叫做'知道'吧。知道就是知道，不知道就是不知道，这就叫做知道。"

试注　由（公元前542年～公元前408年）是孔子的学生，姓仲，名由，字子路，也字季路。比孔子小九岁。诲是教诲。女是汝，你。

体会　子路英雄虎胆，有些冒失，连自己的老师孔子也敢得罪。《论语》中多次提到子路，气壮如牛，对谁不满意，就连对孔子不满意，都直接说出来。孔子周游列国，子路一直跟到底，有保镖的作用，因为子路正如孔子评价的那样："行行如也。"（11.13）一副刚强不可侵犯的样子。可惜"若由也，不得其死然"（11.13）。像子路这个样子，不得好死啊。后来果然如孔子担心的，他在卫国贵族的权利斗争中被人杀了。老子《道德经》说："故坚强者死之徒，柔弱者生之徒。"（七十六章）又说："强梁者不得其死，吾将以为教父。"（四十二章）和孔子所见略同。古希腊三杰的第一位人物苏格拉底承认一条："我唯一知道的就是自己无知。"这和老子"知，不知，上；不知，知，病"（七十一章）是接近的。

2.18 子张学干(gān)禄。子曰："多闻阙疑，慎言其余，则寡尤；多见阙殆，慎行其余，则寡悔。言寡尤，行寡悔，禄在其中矣。"

试译 子张想学习如何求官职、得俸禄的办法。孔子告诉他："多听，没把握的先存疑，以为有把握的，说话还是要慎重，就会少出错；多看，没把握的先放下，有把握的，做起来还是要谨慎，就会少后悔。说话少出错，办事少后悔，官禄就在其中了。"

试注 子张（公元前503～？）是孔子弟子，姓颛孙，名师，字子张，春秋末年陈国人（《吕氏春秋·尊师》说是鲁国人）。干禄：干（gān）是求取，禄是俸禄，干禄就是追求俸禄，找官做。阙是空缺、放下。阙疑就是把疑难放在那里，存而不论，暂缺解决之道。殆是危殆、麻烦。阙殆则是放下有麻烦的事情，暂不处理。尤是过失。

体会 "嘴上无毛，办事不牢。"后学毛糙一点，恐怕也难免。子张是不是如此？从孔子这段告诫看，是有针对性的。《论语·先进》中记录了这样一段对话："子贡问：'师与商也孰贤？'子曰：'师也过，商也不及。'曰：'然则师愈与？'子曰：'过犹不及。'"（11.16）子张（师）过头了，子夏（商）有所不及，都不好。子张一是想扬名，一是想做官。为这两件事向孔子请教过。要做官，领官薪，吃官饭，就要管人。管人的先要管住自己才好，不要过火，也不要欠火候。子张有点过火，孔夫子要他先管住嘴巴。管住嘴巴，不是管住它不长胡子（毛），而是管住它少讲话，讲也要稳当一些，不要急，要多听多想，免得出错。现在很多管理学、领导学课程，讲领导艺术这一章，"善于倾听"是重要的一条，有时候列在第一条。其次是管住手脚，做事要慎重。有问题的先放一放，着手实行的也要抱试验的态度，不要冒失从事，免得后悔。这样子管好自己，做自己的父母官，得享天爵天禄，才是正道。天爵，是自己天然本具的官位；天禄，是自己天然本有的福气。连自己都管不住，本有的官位也闲置不用，自己的福气都乱扔，反而朝外到处寻官做，那就搞反了。

2.19　哀公问曰："何为则民服？"孔子对曰："举直错_措诸枉，则民服；举枉错_措诸直，则民不服。"

试译　鲁哀公问孔子说："怎么做才可以服众？"孔子回答说："推举正直的人来管理邪佞的人，老百姓就服；重用邪佞的人来支使正直的人，老百姓就不服。"

试注　那时孔子68岁，刚刚回国，结束了周游列国14年的生活。哀公是鲁国的君王，但是不能做到以德服众，因而向孔子请教。《论语》中凡是称"子曰"，是弟子记录孔子的话；凡是称"孔子对曰"、"孔子曰"等，就不是孔子弟子的记录，而是当时其他人的记录。举是推举、推荐、重用。直是正直之士。错是措，有放置、管理、放弃、废弃的意思。诸是"之于"。"举直错诸枉"，是省略句，说全了是"举直错诸枉之上"。直译就是"提拔正直之士，把他们安排在邪门歪道者上面"。下面"举枉错诸直"也一样是省略句。

体会　中道是照直走的，是直路，是正道。走邪门歪道要曲里拐弯，费劲。但很多人却觉得邪门歪道方便，走正道费劲。看法不同。最终是看效果，看谁在世界上得心应手，谁能服众。孔子说，赴汤蹈火不难，走中道、正道难。中道是直路，《新约》也召唤上帝的子民走直路，其《马可福音》记载着——"1.3　在旷野有人大声喊着说：预备主的道，修直他的路。"（1.3 a voice of one calling in the desert，"Prepare the way for the Lord，make straight paths for him."）康庄大道直通目的地，照直走就行了。往旁边的羊肠小道打主意，以为是捷径，走岔了，头昏脑涨的，转不出来。又要劳驾王勃吟诗："无为在歧路，儿女共沾巾。"出场费三十万，何苦！最后还得拐回来，回到直道上。

2.20　季康子问："使民敬、忠以劝，如之何？"子曰："临之以庄，则敬；孝慈，则忠；举善而教不能，则劝。"

试译　季康子问："要使老百姓恭恭敬敬、忠诚老实而又努力工作，该怎做呢？"孔子说："你自己待人接物能庄重自持，老百姓就恭敬了；你自己能孝顺长辈、慈爱晚辈，老百姓就忠实了；你自己提拔好人、开导弱者，老百姓就卖力了。"

试注 劝：第一个"劝"是勤勉，努力；第二个"劝"是受到激励，勉励。季康子是鲁国的大官，位居正卿，帮助鲁哀公理政。临是临政，处理政务。临之的"之"，指百姓、政务。

体会 孔子68岁时，因为弟子冉有帮助季康子打仗打赢了，季康子问："先生打仗这么在行，学来的还是天生的？"冉有说："跟孔子学来的。"季康子问："孔子这人怎么样？"冉有说："孔子办事符合名份，影响到了老百姓。对质到鬼神处，都名副其实，没有遗憾。我按照老师的教导做事，就知道即便是封赏2500户，老师也不会动心的。"季康子就问："我想召请他回来，可以吗？"冉有说："要召请，那就不要让小人从中作梗，事情才好办。"这时候卫国的孔文子要攻打太叔，向孔子问计策。孔子推辞说，"我不懂军事。"出门后命令马上装车启程，说："鸟能够选择林木栖身，林木怎么能选择鸟？"文子一再挽留。这时正好季康子派人来，礼请孔子回到鲁国。季康子想起用孔子，请教过如何执政。但是最终季康子和鲁哀公都没有起用孔子，孔子也不再追求官位，终于成为一代素王，为任何帝王所不及。孔子是真正善于为政了。

为政要从自己做起。政者，正也，第一是正自己，然后是正家国。这是儒家的传统。动很多脑筋矫正别人，不如首先矫正自己。《礼记·大学》排好了顺序：格物、致知、诚意、正心、修身、齐家、治国、平天下。共有八步，前五步都是自己的修身功夫。厚积薄发，修身功夫到了，齐家创业、治国平天下是小事情。《吕氏春秋·贵生》发挥这个道理说："故曰：道之真，以持身。其绪余，以为国家。其土苴，以治天下。由此观之，帝王之功，圣人之余事也，非所以完身养生之道也。"苴读chá，是枯草。修身功夫里掉下的一点土苴，剩余的一点精力、时间，可以用来治理天下、创办公司。修身的功夫就这么厉害。因为功夫到了，身上掉一点土块草皮都放光，都是宝贝，都是黄金。人本管理的精髓在这里。投机取巧根本不行。

2.21 或谓孔子曰："子奚不为政？"子曰："《书》云：'孝乎惟孝，友于兄弟，施于有政。'是亦为政，奚其为为政？"

试译 有人问孔子说："先生为什么不从政啊？"孔子说："《尚书》上讲：'孝悌啊孝悌，只要父慈子孝、兄友弟恭了，国政也会由此理顺的。'这也是从政嘛，何必非要当官才算从政呢？"

试注 或是有人。奚是为什么。《书》专指《尚书》。惟是惟有、只要。施是散布、延伸。有政的"有"，没有意义。现在港台人的说话习惯，还有这类的，譬如问："你有吃过川菜吗？"要是大陆人，就不这么讲，而是说："你吃过川菜吗？"可见"有"字没什么意义，但是习惯了，也有装饰作用。

体会 《礼记·学记》上讲："大德不官，大道不器……"非要有个官名，才算从政，那就拘泥了。大人君子不受这些条条框框管，而是重实际，不重名份。孔夫子没做过大官，主要是个文人，是个教师，但是他的话管了几千年，当官的都用来理国政，办企业的也用。

不过有人会问："必也正名乎！……名不正则言不顺，言不顺则事不成……"（13.3）也是孔子说的；"不在其位，不谋其政"（8.14）也是孔子说的，怎么解释呢？好解释。不在其位，不制定国策、不发号施令就是了，事情还是要做。普通人做的事情跟当官的要求相符，也是响应政府号召。企业里也有所谓非正式组织，其头头没有经理、老板头衔，但众人都听他的。还有一些企业顾问，如同古代的谋士、隐士，不在其位，善谋其政。如何善谋呢？就是不谋，把自己修行好，大家都仰慕，跟他走，说话有人听。老板、经理有事，都要去他府上咨询咨询，像黄帝咨询广成子那样。他也不拿薪水，不拿小费，朋友一个，交情铁了。这种人不少，但是"企业家英雄榜"上无名。"无名，天地之始。"《老子》说的。

无名，创业之始。

2.22 子曰："人而无信，不知其可也。大车无輗（ní），小车无軏（yuè），其何以行之哉？"

试译 孔子说："做人却没有诚信，真不知道还能干什么。好比大车辕没有活销，小车辕没有销钉，这车子怎么走啊？"

试注 大车是牛车，小车是马车。大车小车前头都有车辕套牲口。輗（ní）是牛车车辕和横木衔接的活销，軏（yuè）是马车车辕与横木相连接的销钉。

体会 "太初有道，道与神同在，道就是神。"《新约·约翰福音》（The New Testament·John）上开首这段话很有名，其中"道"字的英文为Word，就是"话"：In the beginning was the Word, and the Word was with God, and the Word was God.

太初有话，话和神同在，话就是神。神的话是算数的。《旧约·创世纪》（The Old Testament·Genesis）记载了开辟鸿蒙、宇宙洪荒的时代，上帝如何一言定乾坤：

"起初，神创造天地。（In the beginning God created the heavens and the earth.）""神说，要有光，就有了光。（And God said, "Let there be light", and there was light.）"

中国是人言为"信"，人的话跟神的话一样算数，说了就要兑现，中国的信字就是这样写的。不要随便许诺，"夫轻诺必寡信。"（六十三章）照这个标准看，做个中国人也真不容易，一说过头话，兑现不了，就不是中国人了。

2002年的一天，德鲁克和一批经理人对话，其中一位说："我们作决策时的最后一个考虑因素是：我是否信赖这个人？"德鲁克问："为什么这个很重要？"答复是："计算机不能帮助我判断人。"德鲁克认为，这种事情是亘古不变的。

硅谷的风险投资家说："我是用鼻子投资，不用数据和调查表。"一个人诚信与否，要用鼻子去嗅，不是写在数据表上的。为什么呢？前天诚信，昨天诚信，有个表记录了，不担保明天后天大后天还诚信。统计表没有用，归纳法靠不住。

2.23 子张问："十世可知也？"子曰："殷因于夏礼，所损益，可知也；周因于殷礼，所损益，可知也。其或继周者，虽百世，可知也。"

试译 子张问："今后十代的情况可以预先知道吗？"孔子说："殷代承袭夏代的礼仪制度，废除了哪些，添加了哪些，是看得出来的；周代沿袭殷代的礼制，废掉什么，增加什么，是看得出来的。这以后要是有继承周代当政的，就是传承百个世代，也可以预先知道它。"

试注 世是世代、朝代。知是总结、推知、预知。头尾两个知是"预知"、"推知"，中间两个知是"总结"、"了解"。

体会 不读孔子的原著，容易发生一个误会，以为孔夫子是个保守派，不主张革新图变。读了这一段，误会该化除了。朝代的更替，总是有因袭、有演变。有些要传承，有些要去掉。孔夫子就是这样看的。"周虽旧邦，其命维新"，孔子整理的《诗·文王之什》，也这样唱。

2.24 子曰："非其鬼而祭之，谄也。见义不为，无勇也。"

试译 孔子说："有些鬼神不是保佑自己的，你也硬去祭拜求福，那是谄媚。眼见公义受损而不挺身而出，是没勇气。"

试注 在古代，人死称为鬼，杰出人物死后称为神。这句话所说的"鬼"，指祖宗的灵魂，或指各司其职的鬼神。义的繁体是"義"，上面是羊，下面是我。羊代表祭祀的牲畜，我里头有戈，是兵器，是仪仗。羊和我，总起来代表正义、道义。

体会 古代祭礼，天子祭天地，诸侯祭山川，大夫祭五祀，庶民祭其祖，都各有所祭，分工明确。鬼神也有分工，管辖什么，就保佑什么，越权的事情不干。《礼记·曲礼》说："非其所祭而祭之，名曰淫祀。淫祀无福。"硬要祭拜甲家祖先，以求我乙家多福，便是阿谀；硬要去祭拜水神，以求他保佑自己有火烤，奉承说"大仙慈悲，无所不能啊"，就是谄媚。"谄"是言加臽，话里面有坑，有陷阱，坑人的，但是看不出来，看上去很好，很安全，很舒服。不过也往往是自以为好看，巧言令色，对于君子没有用，对鬼神也没用。古人说，头上三尺必有神灵。瞒得了谁呢？

"非其鬼而祭之"，不该做的硬要做，不好。"见义不为"，该做的不敢做，也不好。前一个胆大妄为，"过"了；后一个胆小怕事，"不及"。对于从政者来说，都是致命的缺陷，都是不正。为政就要为正。为正，是做正确的事情，而且正确地做事情。

《为政》一篇，孔夫子最后这一句总结了。

同时也是启下，因为那时候，在下者而行在上者之礼，诸侯越位而行天子之祭者，所在多有……

八佾第三

3.1　孔子谓季氏，"八佾（yì）舞于庭，是可忍也，孰不可忍也。"

试译　孔子谈到季氏，说："在自家庭院里办天子的八佾舞会，这种事情都能忍心做出来，还有什么事情不能忍心做出来呢？"

试注　季氏是季孙，鲁国三卿之一，其他还有两家是仲孙、叔孙。八佾（yì）是天子舞，八个人一排，一共八排。季孙是国卿，按礼应该跳大夫舞，四个人一排，一共四排，叫做四佾。鲁国国君，该跳六佾舞，六个人一排，总共六排。忍是忍心、狠心。

体会　当时礼崩乐坏，大夫敢在自己家里摆天子的排场，连天子、国君都不放在眼里。这个季氏，不但在家里跳八佾舞，而且富过天子的辅佐周公旦（11.17）。

3.2　三家者以《雍》彻。子曰："'相维辟公，天子穆穆'，奚取于三家之堂？"

试译　仲孙、叔孙、季孙三家大夫祭祀祖先时，唱着《雍》这首天子祭祖诗来撤除祭品。孔子说："'各方诸侯助祭，肃穆天子主祭。'《雍》诗的这一句如何用到三家大堂去呢？"

试注　三家即鲁国的仲孙、叔孙、季孙三家大夫。辟（bì）公是诸侯，可以为天子助祭，这是鲁国国君该干的事。三家连诸侯都不是，居然敢主祭。《雍》是天子祭祖用的诗。

体会　孔子批评这些僭礼行为时，都用到问句。孔子自己的身份不是当权者，批评的语气采用启人思考的问句，而不是居高临下的呵斥，也算合乎礼节了。孔夫子素位而行，做员工，就有个做员工的样子，说话也用员工的口气。这个企业，便是鲁国、周朝，所谓员工，就是周朝的子民、鲁国的百姓。别人僭礼，我不批评，见义不为，不合礼；批评了，但是口气不对，态度不好，不符合自己的身份，也不合礼。

3.3 子曰："人而不仁，如礼何？人而不仁，如乐（yuè）何？"

试译 孔子说："做人没有仁爱，礼仪怎么能到位？做人没有仁爱，音乐怎么能到位？"

试注 "如"是奈、怎么。"如礼何？"拿礼怎么办？奈此礼何？

体会 《礼记·儒行》说："礼节者，仁之貌也……歌乐者，仁之和也。"礼和乐，都从仁里出来。心中没有仁爱，礼数一大套，或者蛮不讲"礼"，都是无礼。没有仁爱，轻歌曼舞，鬼哭狼嚎，都是无乐。《礼记·乐记》说："大乐必易，大礼必简。"为什么简易呢？因为有仁心："仁以爱之，义以正之。"否则，徒有礼数、徒有乐音。"乐胜则流，礼胜则离"，音乐过分，就流俗了；礼数繁琐，就生分了。搞企业文化的，礼节、规则一大套，厂歌、厂服、口号、标语、宗旨、理念一大堆，艺术文化生活一个接一个，都很好，但是要没有主心骨，还是不长久。《礼记·乐记》说："凡音者，生于人心者也。乐者，通伦理者也。""故礼以道其志，乐以和其声，政以一其行，刑以防其奸。礼乐刑政，其极一也，所以同民心而出治道也。"心里的用意最要紧。

3.4 林放问礼之本。子曰："大哉问！礼，与其奢也，宁（nìng）俭；丧（sāng），与其易也，宁（nìng）戚。"

试译 林放请教礼制的根本。孔子说："提了个大问题啊！就一般的礼仪来说，与其大事铺张，不如力求俭朴；至于丧礼，与其过分周到，不如万分哀痛。"

试注 林放是鲁国人。易是整治。如《孟子·尽心上》"易其田畴"，整顿田地。

体会 奢侈和过分俭朴，都不合中道之礼；细究和万分悲戚，也不合大礼之节。"礼之本"在哪里？"中正无邪，礼之质也"，《礼记·乐记》的话是应该记取的。后文有——"子曰：奢则不孙，俭则固。与其不孙也，宁固。"

（7.35）奢侈就目空一切、没礼貌了，太俭朴就固陋了。又有——"子曰：先进于礼乐，野人也；后进于礼乐，君子也。如用之，则吾从先进。"（11.1）前人（野人）讲究礼乐的本质，后人（君子）讲究礼乐的排场，"我"宁肯效法野人，实实在在。孔子的这些说法，意思都相通。《礼记•檀弓》记载说："子路曰：吾闻诸夫子：'丧礼，与其哀不足而礼有余也，不若礼不足而哀有余也。'"不过，虽然这四种偏向都有违礼教，大哀痛还是比奢侈、细究要好。

常有人疑虑：学这些古代的礼法有什么用？现代有现代的做法啊。看了孔子的教导，应该领会礼的精神了。礼仪是随缘而变、与时俱进的，但礼的精神却比较长久，亘古常新。"子曰：'殷因于夏礼，所损益可知也……'"（2.23）讲的是外在礼仪的演变和内在精神的贯通。《礼记•乐记》也说："五帝殊时，不相沿乐；三王异世，不相袭礼。"读了《论语》、《礼记》就要恢复古代的礼法，那是误会咱们圣人了。圣人们还有一本《易经》，专门讲变化的，它最后一卦是"未济卦"。是说："喂，老兄，还没讲完啊。"说完就不吱声了。

3.5 子曰："夷狄之有君，不如诸夏之亡_无也。"

试译 孔子说："蛮夷边鄙之地有君王，不如中原华夏之地没君王。"

试注 古代对于偏远落后地区，有东夷、西戎、南蛮、北狄之分。诸是个助词，相当于"之"。夏是大，中国礼大，所以称为夏。亡通无。华夏并称，夏是礼仪之大，华是文章之华。这一句另外的翻译是："没文化的边地都有贤君，不像泱泱中国连贤君都没有。"痛惜当时礼崩乐坏。

体会 文化、礼教比君王重要。有文化，有教化，没有君王，也不至于亡国灭种。有君王没文化，没礼仪，冥顽不化，很容易完蛋。犹太人的文化始终传承下来，因此虽然犹太人散布在全球，最后还是可以复国。中国历史上也偶尔有无君之时，但是依靠文化的传承，总是保留了华夏的特征，让人一看就知道这是中国。孔家店是个文化店。店主虽然不在，店子照样开，一开就是几千年。店主不是主要的。中国古代的传统，忠君很重要，但是文化更重要；皇权固然有用，礼教却是根基。靠文化传承民族慧命，君王要有修养，才可以承文传命，否则老百姓不认，君位难保。《孟子·尽心下》有句名言："孟子曰：民为贵，社稷次之，君为轻。"中国人是从自我修养（修身）讲到孝敬父母、兄友弟恭（齐家），从孝敬父母讲到治国平天下的。根子扎在老百姓家里，尤其是个人心里。然后才说"得人心者得天下"。皇权来自于文化权，文化权出自于修养，修养靠每个人。"自天子以至于庶人，一是皆以修身为本。"（《礼记·大学》）这样大家就有权选择君主。人亡政息，是因为没文化。人亡政举，是因为有文化。明代丘浚（jùn）《大学衍义补》说："韩愈曰：……孔子之作《春秋》，诸侯用夷礼，则夷之；夷而进于中国，则中国之。"这是孔子作《春秋》的精神。是中国还是夷狄，不是看地域、看民族、看血统，而是看文化、看精神、看礼仪。中原诸侯用蛮夷之礼，那就等同于蛮夷；蛮夷用中国之礼，蛮夷就等同于中国。国家、企业的实质在于文化。

把企业文化建设好，就不必单靠几个能人。文化是把大家素质提高，比少数几个能人强，可持续性好，管理成本也低。企业文化的高级境界是完全自动化，自觉自愿，自立立人，自达达人。

3.6　季氏旅于泰山。子谓冉有曰："女<small>汝</small>弗能救与<small>欤</small>？"对曰："不能。"子曰："呜呼！曾谓泰山不如林放乎？"

试译　季氏要去祭祀泰山。孔子对冉有说："你不能劝阻他吗？"冉有说："不能。"孔子叹道："唉，难道说泰山的神灵还不如林放懂礼吗？"

试注　季氏为鲁国大臣。旅是祭祀，这里指祭祀山神。冉有（公元前522～？）是孔子弟子冉求。冉是姓，求是名。冉求也叫冉有，字子有，比孔子小二十九岁，鲁国人，在季氏家中做家臣。曾（céng）是则、难道。泰山指泰山的神灵。"不如林放乎"之问，是因为林放曾经向孔子问"礼之本"，鲁国的普通人林放都懂得问礼，巍巍泰山之神却会任凭无礼之徒越礼祭祀吗？

体会　孔子说："求也退，故进之。"（11.22）冉求做事退缩胆小，孔子常常激励他进取。这次冉求又是不敢劝阻季氏违礼祭祀泰山。孔子明知弟子不敢，还是要问，也有激励的用意。行礼也是有礼节、有节制的，父母有父母的礼，儿孙有儿孙的礼，不可越礼。越礼而行，不讲节制，不讲规矩，父母行儿孙礼，儿孙行父母礼，岂不乱套？岂非无礼？儿孙成了太上皇，父母对儿孙大叩其头，儿孙答之以"平身吧"之礼，那还了得？祭祀泰山等名山大川，是天子之礼，诸侯只能祭祀自己封地内的山川。而季氏连诸侯也不是，只是诸侯的大臣而已，却越过数级，祭祀泰山神灵去了。

3.7 子曰："君子无所争，必也射乎！揖让而升，下而饮。其争也君子。"

试译 孔子说："君子没什么好争的，一定要争的话那就比比射箭吧。射手首先相互揖让，登堂射箭；射完后相互作揖下堂，比输的喝罚酒。这种比争是有君子风度的。"

试注 按照射礼，输者要被罚喝酒。

体会 商务竞争太残酷了，许多人就向往体育竞争了。规则明晰，竞赛公开，难以搞鬼，都为对方的成功高兴。不过也不尽然，体育竞争也越来越商业化了，搞鬼的也多了。做君子还是要从心底做起。"君子成人之美"（12.16），相互比赛谁帮助别人成功多。比如某俱乐部有个餐厅繁衍模式：1234，帮助别人创业。1234是分红比例。第一家店的店主靠经营管理，得一份分红。第一位店主培养一位新店主开出一家新店，新店主在新店里管理，得一份红利，新店主的师傅，那个老店主，在新店里面得两份红利。俱乐部得三份红利，投资者得四份红利。总起来是十分红利。这个模式的妙处，在于帮助别人创业的，分红多，占两份。在自家的店子，分红少，占一份。这个模式中，大家竭力帮助他人创业，越是帮助他人，自己得的越多。"既以为人己愈有，既以与人己愈多。"（八十一章）说的就是这种境界，道商境界。成人之美，儒道相通，生生不息。老店主念念不忘去新店里面下工夫，辅助新店主，念念不忘培养新店主。新店主念念不忘依靠老店主，念念不忘自己培养下一代新店主。经营管理完全自动化了，非常简单，非常轻松，非常愉快。由于这是一种学习模式，店主就叫做学长，店子的学习内容主要是经典著作，像《老子》、《论语》、《金刚经》之类。经典著作，讲的就是美的竞争，竞争的美，比赛成人之美，成己之美，成物之美。

3.8　子夏问曰："'巧笑倩兮，美目盼兮，素以为绚兮！'何谓也？"子曰："绘事后素。"曰："礼后乎？"子曰："起予者商也，始可与言《诗》已矣。"

试译　子夏问道："'一笑这脸蛋好美啊，一双黑眼睛好亮啊，白净净的平添灿烂啊！'是什么意思？"孔子说："底子白净，文采是画上去的。"子夏又问："礼也是加上去的吧？"孔子说："启发我的是商啊，现在可以跟你一起品《诗经》了。"

试注　倩是脸颊好看，盼是黑白分明，素是洁白素净，绚是美好图画。绘事，就是绘画。后素：后于素，在素之后。礼后：礼也在后面。起是"兴"，是启发。予是我。与言是与之言，之是你，也即"商"，子夏姓卜，名商。已矣是叹词。"巧笑倩兮，美目盼兮"是《诗经·考盘》上的话，"素以为绚兮"这一句找不到，可能年代久，丢失了。

体会　天生脸蛋好看，一笑就更美了；眼珠周围越白，眼珠就越发黑亮；底子越是洁白素净，上面的图画就越好看。孔夫子用最后一句，把三句的含意都点破了。用的是"举一反三"法。弟子果然有这个本事，马上又悟出："礼后乎？"

3.9　子曰："夏礼，吾能言之，杞不足征也；殷礼，吾能言之，宋不足征也。文献不足故也。足，则吾能征之矣。"

试译　孔子说："夏礼，我能够讲一讲，只是杞国的不足以验证；殷礼，我能够说一说，只是宋国的不足以验证。原因是典籍和贤人不够。典籍够、贤人够，我就可以验证它们。"

试注 文，文本，典籍。献，贤人。杞（qǐ）是夏禹的后代，公元前11世纪被周天子（武王）分封为周朝的一个诸侯国，是为杞国。有个杞国人担心天掉下来，愁得要死。这个杞人忧天的故事，众所周知，《列子·天瑞》里头就有。周武王还封殷朝的后代为宋国。

体会 前文孔子说过："殷因于夏礼，所损益可知也；周因于殷礼，所损益可知也。"（2.23）因此夏礼、殷礼孔子都说得出来，只是有两点小小缺憾。文献的文，等于今天的"文献"；文献的献，是指懂礼仪、懂历史掌故的贤人。文献即文贤。考证历史，一要死的，文字典籍，二要活的，当代贤人。除了翻阅典籍，还要请教活人贤人。像司马迁行万里路，读万卷书。行路，大量的是访贤。

周天子封诸侯，不是只封自己家里人，也封前人的后代，尊重夏代、殷代的先辈。中国古人有"兴灭国，继绝世，举逸民"（20.1）的泱泱风范，因而"天下之民归心焉"（20.1）。这是两个例证。可惜杞国、宋国没有好好保存自己的文化，没有传承祖辈礼教的贤人，即使周朝想要复兴之、继承之、推举之，也力不从心。这是最令人惋惜的。现在有些大企业搞兼并，竭力想保存被兼并企业原有的品牌，帮助它们继续发展，富有"兴灭国，继绝世，举逸民"的博大胸怀，因此兼并的通病基本没有，兼并过程顺利完成，"并后发展"良好。

3.10 子曰："禘，自既灌而往者，吾不欲观之矣。"

试译 孔子说："禘祭大礼，从开头献酒完毕后再往下，我就不想看下去了。"

试注 禘（dì）是天子、诸侯的大礼。开头是主祭人献酒祭神，献酒之后，还有父子排序、祈祷等仪式。

体会 孔子时代，禘礼也应付了事。开头献酒祭神还有点敬意，往下的礼数就随便得让人看不下去了。这种事现代也有，譬如领袖刚刚驾鹤西去，尸骨未寒，大家去祭祀，可是"静默三分钟，各自想拳经"，还在祭祀之时，手下就想打起来，这个祭礼如何看得下去？又好比一边给父母灵位叩头，一边肚里打主意如何瓜分父母遗产，这个丧礼如何看得下去？

3.11 或问禘之说。子曰："不知也。知其说者之于天下也，其如示诸斯乎！"指其掌。

试译 有人请教禘礼的学问。孔子说："不晓得。也许对于明白人来说，要想掌握天下就像看这里一样吧。"一边说，一边指着他的手掌。

试注 "或"是有人。"不知也"，是托词，不好意思明白讲出来。示是显示。诸是之于，斯是这里。其掌的其，指孔子或者问者，都可以。

体会 孔夫子对于当时风气，可谓了如指掌。从禘礼可以知天下。那个时候，禘礼不像个禘礼，孔夫子看不下去了，也不好直接批评，就推托说"不知道"。《礼记·中庸》引孔子的话说："郊社之礼，所以事上帝也；宗庙之礼，所以祀乎其先也。明乎郊社之礼，禘尝之义，治国其如示诸掌乎。"郊礼祭天，社礼祭地，是供奉上帝的；宗庙的礼仪，是祭祀祖宗的。明白郊礼社礼的仪轨，懂得禘祭尝祭的意义，治理国家就像指着手掌看一样容易了。什么是"尝"祭？《礼记·王制》说：夏朝、商朝的时候，"天子诸侯宗庙之祭，春曰礿（yuè），夏曰禘，秋曰尝，冬曰烝。"至于周朝，则春夏秋冬四季，依次为"祠、礿、尝、烝"四祭。

3.12 祭如在，祭神如神在。子曰："吾不与（yù）祭，如不祭。"

试译 孔子祭祀祖先，真如祖先就在眼前；祭祀神灵，真如神灵就在头上。孔子说过："对我来说，假如祭祀不是人在心在，那就跟没祭一样。"

试注 与（yù）是亲自，人到心到。祭如在是祭祖先，祭神是祭天地山川百神。

体会　《礼记·中庸》有话："敬其所尊，爱其所亲；事死如事生，事亡如事存，孝之至也。"祭祀的时候要像祖先就在眼前，跟活着时一样。祭祀的时候，祖宗、神灵都如同真在现场，我这个祭祀者自己却不在现场，或者身在心不在，那就等同于没做祭祀，等于欺祖欺神。欺神则是欺天，欺天纯粹是自欺。常有人得意自己的阴谋，对同谋者说"此事你知、我知、天知、地知"，好像很秘密似的。其实光"天知"这一条就不得了。获罪于天，结果将如何——

3.13　王孙贾问曰："与其媚于奥，宁（ning）媚于灶，何谓也？"子曰："不然！获罪于天，无所祷也。"

试译　王孙贾问道："俗话说'与其讨好奥神，不如巴结灶神'，什么意思？"孔子说："不是那个说法。违背了天理，就没法祈求上天保佑了。"

试注　王孙贾是周代周灵王的孙子，名贾，当时在卫国做大夫，掌握实权，自比灶神。灶是灶神，地位虽然不高，但是每天生活必不可少，作用显著。奥是屋里西南角，有个神灵住在那里，就是奥神。奥神是一室之主，尊者居之，但是比较清闲，没什么事干。

体会　孔子那个时候，周室衰微，大权旁落诸侯。"县官不如现管"，诸侯又比不过大夫，国君比不过权臣。王孙贾的意思是：比起周室、诸侯来，鄙人虽然只是个不起眼的卫国大夫，但是执掌一国之政，是实权派，好比灶神；而孔丘经常来往于诸侯之间，巴结国君，不来亲近鄙人，好比讨好奥神而疏远灶神，何必犯傻呢？又不好直说，就用当时的一句"俗话"来请教孔子，想暗示一下。孔子也不明说，还是顺着王孙贾的话头讲求神的事，不过顺势一点，就把求神的本质点出来了：违背天理的事，就是叩破脑门祷告天神，也是枉然；那等于打天神一巴掌，然后下跪祈祷天神赐福；也好比在地上捡块石头打天，一边打一边祈祷："天啊，保佑我吧！"

3.14　子曰："周监于二代，郁郁乎文哉！吾从周。"

试译　孔子说："周朝取舍了夏商两代的制度，集礼仪文化之大成啊！我遵从周礼。"

试注　监通鉴，是照的意思。甲骨文的监，复杂一些，写作"監"，是臣子瞪着眼睛朝下看。古人以水为镜，监就是一个人弯着腰，瞪大眼睛，从器皿的水中照见自己的影子。二代是夏代、殷代。

体会　当代有复兴汉服的，引发了不少争论。《孔子家语·五仪解》开篇就记载了孔子教鲁哀公不要死守古道。哀公问孔子："寡人想讨论讨论鲁国人士，要和他们一同治国，请问怎么挑选人才呢？"孔子回答说："生在今世，却向往古代的治国之道；生活在当今的风俗习惯中，却穿戴古代服装——要想为非作歹，除了这么干，就没多少可干的了吧！"

3.15　子入太庙，每事问。或曰："孰谓鄹人之子知礼乎？入太庙，每事问。"子闻之，曰："是礼也？"

试译　孔子进周公庙，对每件事都要提问。有人就奇怪："谁说鄹人叔梁纥的儿子懂得礼啊？到了太庙，每件事都要向人请教。"孔子听后说："那些做法是礼吗？"

试注　鲁国太庙即周公庙。叔梁纥（hé）是孔子的父亲。叔梁是字，纥是名，叔梁纥是字和名的合称。鄹（zōu，邹）是春秋鲁国一个邑（县），在今天山东曲阜东南，是孔子家乡。当时由孔子父亲叔梁纥治理鄹邑，为"鄹宰"。春秋时代习惯把地方长官称作"人"，鄹人就是鄹邑的长官，即鄹宰。因此孔子被称为"鄹人之子"。

体会　明代刘宗周《论语学案》认为：有人以为"是礼也"是孔子自我肯定"不懂就问，这就是礼"，要是这样，圣人就是自夸了，不合圣人风范。据明代陈士元《论语类考》：鲁国太庙到处违犯周公所制定的诸侯建制，孔子每事问，并非没有深意，只是不直接批评就是了。联系前文，孔子有"禘，自既灌而往者，吾不欲观之矣"（3.10）。又有人请教关于禘礼的学问，孔子含糊其词说"不知也"（3.11），也是不愿意直接批评，跟"不懂就问，这就是礼"也没关系。此处"是礼也？"若看做深思、自问形式，则饱含忧虑，暗含批评，但锋芒并不锐利。

3.16 子曰："射不主皮，为力不同科，古之道也。"

试译 孔子说："射礼的要旨不在于中靶，动用劳役也要各尽所能，这是古代的规矩。"

试注 "主皮"是说，古代箭靶的中心贴上皮革，射中这个靶心，叫做主皮。为力是动用劳役。科是等级，这里指将劳役按照年景丰凶、距离远近、时间久暂等等分别对待。

体会 明代王志长《周礼注疏删翼卷八》指出，古代射箭比赛作为一种礼乐，有乡射之礼。乡射在城外举行，大众都来观瞻，要求很高，共有五点规矩："一曰和，二曰容，三曰主皮，四曰和容，五曰兴舞。"和是心态平和中正；容是外貌端正文雅；主皮是箭术精，能中靶；和容即和颂，配上雅颂之诗歌；兴舞就是配上舞蹈。这五项要和谐统一。身心中正，神情和雅，主皮是水到渠成的事，强求不了的，因此主皮不是目的。正如《礼记·中庸》所说："子曰：射有似乎君子，失诸正鹄，反求诸其身。"射不中靶子，要反过来加强自我修炼，不要怪外面的靶子。"只问耕耘，不问收获"，中靶不是目的，正心、修身、精进才是要务。另据《仪礼注疏·乡射礼第五》，"射不主皮"属于礼射："礼射不主皮。"譬如天子的大射、宾射、燕射，都是配上礼乐的，讲究礼仪，不以射中为目的。射不中的，还可以升堂再射。诸侯也有礼射。主皮之射就不同，射不中的下堂，不许再登堂射箭；射中的继续射。孔子时代，周礼衰微，射礼只讲究主皮，其他四项都不管了，箭术日益下流；甚至干脆不用礼射，专用主皮之射。因此孔子怀念古代"射不主皮"，"君子无所争。必也射乎！揖让而升，下而饮其争也君子。"（3.7）大概可以比作当今"友谊第一，比赛第二"的体育精神，"生意不成情义在"的商业伦理。

周代的劳役本来也是分科的，分上中下三等，便于人尽其才、物尽其用。可是到了周代末期，等级也不分了，力大力小、丰年凶年都服一样的劳役，不是以人为本、各尽所能，而是以劳役为本，苦了百姓。这也是没有摆正主次，本末倒置。

主皮的另一个解释是：古代箭靶是皮做的，"主皮"是射穿靶子，"不主皮"是射中却不一定射穿。接下来"为力不同科"的意思就成了"因为各位射手的力气不一样"。

3.17　子贡欲去告朔之饩羊。子曰："赐也！尔爱其羊，我爱其礼。"

试译　子贡想取消当时告朔仪式上装样子的饩羊。孔子叹道："赐啊，你可惜那只羊，我痛惜那种礼啊。"

试注　告，古代有读gào的，也有读gù的，意思是禀告。朔是每月初一，望是每月十五。告朔是个仪式，就是在每月初一，由统治者向天地鬼神禀告国家大事。告朔的时候，要献一只活羊，就是饩（xì）羊。鲁国自从春秋以来，早已没有告朔之礼了，但是百姓还是照旧献饩羊来，统治者也就让它们摆摆样子罢了。爱，是爱惜、可惜、痛惜。

体会　子贡看见这些有名无实的饩羊，感到可惜，主张把它们都取消了。孔子可惜的却是礼制精神的衰微，因而比子贡的悲哀更为深重，感受更为痛切。礼制的精神垮了，这是最令人痛惜的，孔子深为叹息；留不留饩羊，还在其次，所以孔子未置可否。

3.18 子曰："事君尽礼，人以为谄也。"

试译 孔子说："遵照礼制尽心辅佐君王，人们却以为是拍马屁。"

体会 可见礼制毁坏严重，君王不像君王，臣子不像臣子。尽管君王不像君王，臣下依然要尽礼事君。即便父母不慈，儿女不可因此就不孝敬；反之，即便儿女不孝，父母不能因此就不慈爱。这好比《礼记·中庸》所谓"素富贵行乎富贵"，富贵者应当尽到富贵者的本分，那么也可以"素臣位行乎臣位"，臣子总要尽臣子的本分。厂长不尊重员工，员工不可以因此胡作非为；反之，员工不尊重厂长，厂长不可以因此虐待员工。各尽本分，然后才好相互提携。心外无靶，唯求自心中正，唯求以自心为靶，唯求射中自心，做到"射不主皮"（3.16）。

到最后，师父问："射自己，如何下手啊？"弟子琢磨半天，叹道："没个下手处。"就差不多了。

3.19 定公问："君使臣，臣事君，如之何？"孔子对曰："君使臣以礼，臣事君以忠。"

试译 鲁定公问："君王领导臣下，臣下服务于君王，该怎么做？"孔子说："君王领导臣下靠礼，臣下服务于君王靠忠。"

试注 定公，鲁国君主，鲁襄公的儿子，鲁昭公的弟弟，名宋，定是谥号。礼则是不怠慢、不轻慢，忠则是不欺瞒、不敷衍。

体会 当时鲁国君王对臣下无礼，臣下对君王不忠。定公担心的是臣下不忠，想请教驾御臣下的方法。孔子撇开方法，直奔主题，说一个"礼"字就足矣。对臣下以礼相待，礼贤下士，领导学就讲完了。这也是"为政以德"的意思。"为政以德，譬如北辰，居其所而众星拱之。"（2.1）领导带头，臣下效法，上行下效。"使"也是命令。如何命令？"其身正，不令而行；其身不正，虽令不从。"（13.6）

可是我们还是会担心：一味尽忠，君王无德，亲近小人，怎么办？如何防止愚忠？孔子这里已经做出榜样了。鲁定公是孔子的君上，孔子如何通过回答君上的问话而尽忠呢？如何做到"事君"而不怨？"尽礼"而不谄？尽忠而不愚？整篇《论语》，孔子有多处回答君王的问题，都是尽忠的榜样。

3.20 子曰："《关雎》，乐而不淫，哀而不伤。"

试译 孔子说："《关雎》这套曲子，快乐而不放荡，哀愁却不伤痛。"

试注 《关雎》作为诗看，是《诗经》第一篇；作为歌曲看，代指《诗经》头三篇。这里是后一种意思。淫是过分。伤是极度悲痛，伤及身子。

体会 "思无邪"是孔子对《诗经》的总评。思无邪的一个表现是"乐而不淫、哀而不伤"：是《诗经》开头三篇的风格。

乐而不淫，这种诗放在第一篇，表明中国古人重视男女情分、夫妇人伦、修身齐家，然后才谈得上治国平天下。头等大事、终身大事在此，"乐而不淫"是文王的基调，因此文王出而西周大兴。

3.21 哀公问社于宰我。宰我对曰："夏后氏以松，殷人以柏，周人以栗，曰：使民战栗。"子闻之曰："成事不说，遂事不谏，既往不咎。"

试译 鲁哀公向宰我请教"尊社稷神该栽什么树"的道理。宰我回答说："夏后氏栽松树，殷朝人栽柏树，周朝人栽栗树，说：'让人战栗。'"孔子听后说："既成事实就不多说了，事已至此就不劝阻了，过去的事就不追究了。"

试注 宰我，孔子弟子，姓宰，名予，字子我，生卒年岁不详。社是社稷，其中社是土神，稷是谷神。君主祭祀社稷，后来就用社稷代表国家。殷、周都称殷人、周人，独有夏称"夏后氏"而不称"夏人"，《白虎通》说是因为夏代是禅让，属于君授，因此称"后"，后就是君；称"氏"，是重在世系。而殷代周代都是以兵戈得天下，顺民心而征讨，因此称"人"。夏松、殷柏、周栗，是因为三代国土不同，社稷所栽的树也就不同，不同的树靠不同的土地才能生长茂盛。成事是已经办成的事。遂事是虽然还没有办成，但是正在办而且无法阻挡、无法劝阻的事。既往就是过去了，消失了。

体会 藕益大师说，鲁哀公当政，有仲孙、叔孙、季孙三家大夫暴乱。百姓不怕他，臣子也不怕他，就想起社稷的作用，请教宰我。宰我却把周人种栗树解释为"让人战栗"，意在讽谏哀公。孔子知道一方水土养一方树木，因此夏商周三代社稷植树不同，而宰我把周朝栽栗树解释为让人怕得发抖。"言语：宰我，子贡。"（11.3）宰我和子贡都属于嘴快的，有时候嘴一滑就说得没边了。这种牵强附会的解释，对哀公做了错误的引导。但是事已至此，孔子也就不愿意多说，照藕益大师的意见，实际上孔子这三句话对哀公和宰我都是深刻的评论、劝告和责怪。孔子的本意，这里虽然没有明说，但是《论语·为政》说得很清楚："道之以政，齐之以刑"（2.3），让人战栗，则"民免而无耻"（2.3）；"道之以德，齐之以礼，有耻且格。"

3.22 子曰："管仲之器小哉！"或曰："管仲俭乎？"曰："管氏有三归，官事不摄，焉得俭？""然则管仲知礼乎？"曰："邦君树塞（sè）门，管氏亦树塞门。邦君为两君之好，有反坫（diàn），管氏亦有反坫。管氏而知礼，孰不知礼？"

试译 孔子说："管仲器量小啊！"有人就问："管仲俭朴吗？"孔子说："管氏享有丰厚的三归待遇，他手下的官员也因人设岗、从不兼职，怎么能算俭朴呢？""那么管仲懂礼吗？"孔子说："国君在宫门前立个屏风，管氏也在自家门前立个照壁。国君为款待外国君主，在堂前设有饮酒台，管氏也设有饮酒台。管仲要是懂礼，谁不懂礼？"

试注 管仲（？～公元前645），名夷吾，字仲，春秋时思想家、政治家，史称管子，著有《管子》一书86篇，现存76篇，为中国先秦治国理政的重要著作，也是世界管理学主要元典[1]之一。"将欲霸王，夷吾在此。"（《韩非子·外储说》）这是管仲（管夷吾）回答齐桓公"如何设置官吏"的问题之后，许诺桓公的话。意思是说："要称霸天下，有我在这里。"后来管仲果然辅佐齐桓公成为春秋时代第一个霸主。霸主小器，王者大器，辅佐别人成霸主的，也是小器。管仲帮助齐国称霸，功勋卓著，但是未能实施王道，器量不大。什么是三归？《管子·山至数》说："泰秋，田谷之存予者若干，今上敛谷以币。民曰：'无币，以谷。'则民之三有归于上矣。"管子这个三归之法，后来桓公把它用到管子自己身上了，是个大大的优待。因为三归之法，是管子建议桓公的治国方略。这个方略就是要通过管理粮食来管理国家。经过种种管理后，到了秋天，官府说了："当初官府的粮食有若干贷给大家了，今天君王要求大家折算成货币缴上来。"老百姓说："没钱，缴粮食吧。"这样，百姓的粮食十分之三都归于国库了。管仲而有三归，可能是在某个辖区内。管仲的三归待遇是如何享用到的呢？《韩非子·外储说》有介绍："管仲相齐，曰：'臣贵矣，然而臣贫。'桓公曰：'使子有三归之家。'"管仲做了齐国的相，对桓公说：我现在成了权贵，但还是穷啊。齐桓公当即答应给他三归的待遇。

既然这样，那么管仲知礼吗——"然则管仲知礼乎？"齐桓公是个邦君，邦君就是国君。塞（sè）门是国君宫殿前的屏风、萧墙、照壁。树就是立。"两君之好"即两国君主的友好关系。反坫（diàn）是国君外交礼节中用来招待外国君主用的饮酒台，也叫坫，用土筑成，设在殿前两楹之间。外国君主（客君）来了，本国君主（主君）在台前先敬酒，客君饮毕，将酒杯放回台上，叫做反坫；然后客君为答谢主君，也献酒一杯，主君饮毕，也将酒杯返还台上，也反坫一次——反就是返还，返回。孰即谁。

体会 孔子对人的评论，常常直截了当，爱憎分明，功不饰过，过不掩功。《论语》中，孔子多处评价管子，赞扬备至。而这里却点名批评，无所顾忌。在另外的场合，孔子也常取婉转的态度。总之是不拘一格。好比《诗经》，有赋、

---

[1] 元典：最初、早期的典籍或所有经典的源头（编者著）。

比、兴。比和兴，要婉转一些，赋就是直接讲出来，不拐弯子的。一阴一阳，一刚一柔，相得益彰。千年老店的老总，就是不一样，能屈能伸。

3.23　子语（yù）鲁大太师乐（yuè），曰："乐（yuè）其可知也：始作，翕（xī）如也；从（纵）之，纯如也，皦（jiǎo）如也，绎如也，以成。"

试译　孔子对鲁国掌管音乐的太师讲解演奏的心法，说："音乐演奏，是可以了然于胸的：起奏时主题集中，继而充分展开，纯正和谐，明朗晓畅，源源不绝，这样一气呵成。"

试注　语（yù）是告诉。乐（yuè），音乐。太师是管音乐的官员。翕（xī）当"合"讲，有"集中"的意思。"如"字用在句尾，是"然"、样子的意思。从（zòng）是纵，是放开、展开主题。纯是纯正、纯一、和谐。皦（jiǎo）是明朗。绎是前后连贯、通达顺畅、不绝如缕。"以"是而、则、就；成是成功、完成、完全；"以成"，意思是"这就成功了，全有了"。

体会　古人要学六艺，即礼、乐、射、御、书、数。孔夫子对音乐的造诣很深，可以教导鲁国的乐师、太师。鲁国当时礼崩乐坏，孔子把合乎礼仪的正音雅乐演奏法教给太师。

3.24　仪封人请见，曰："君子之至于斯也，吾未尝不得见也。"从者见之。出曰："二三子何患于丧乎？天下之无道也久矣，天将以夫子为木铎。"

试译　仪地的边防官求见孔子，说："但凡君子到这里来，我没有见不到的。"孔子的随行弟子把他引见给孔子。这人出来后，说："各位何必担心你们老师的道德学问失传呢？天下无道的日子太久了，上天会让你们老师用礼法号令天下的。"

试注　仪，可能是卫国的一个邑。封人是封疆之人，边防官。从：古音zòng，现在读cóng。"请见"和"见之"的见，是接见或引见。"二三子"即诸位、各位。患是担忧。丧（sàng）是丧失，指孔子的道德学问可能失传。木铎（duó）是一种铃铛，金属壳、木质舌。古时候，国家有大事，摇铃集合大众来听。

体会 藕益大师说，这个仪封人是孔子的"千古知己"，而孔子的确是"万古木铎"。

3.25 子谓《韶》："尽美矣！又尽善也！"谓《武》："尽美矣！未尽善也！"

试译 孔子赞叹《韶》乐："美到极点！而且好到极至！"品赏《武》乐："美到极点了！还没有好到极至。"

试注 《韶》乐是舜帝之乐，表现舜帝接受禅让继承尧帝之位统领天下，技法精湛，内容纯正，都达到最高境界。《武》乐是歌颂武王顺应民心征讨纣王而得天下，音乐技法跟《韶》乐一样精湛之至，但内容未能臻于至善。孔子继承古来的传统，认为禅让比征讨好。

体会 "尽善尽美"这个成语，大概出自这里吧！近代有人反省历史，说是中国人有一个缺点，就是"差不多就行了"。譬如中药，东抓一把柴胡，西抓一把陈皮，混在一起，凑成一服，几钱柴胡几克陈皮的不大在乎。又譬如油盐酱醋，油瓶子滴几滴，盐罐子撒几颗，酱油瓶点一下，醋瓶子浇一圈，一盘中国菜就"炒作"出来了。有人甚至用"差不多先生"来称呼中国人。可是，中国古人的《礼记·大学》，一开头就要求"止于至善"，这里孔夫子又极力称赞《韶》乐"尽善尽美"。又听说中国古代修城墙，官府把每个工匠的名字编号打在每个砖块上，哪块砖头出了问题，找那个人算账。这种数字化管理，是对尽善尽美的追求和过程监测，中国古来就有。可见中国人也有另一面。

3.26　子曰："居上不宽，为礼不敬，临丧不哀，吾何以观之哉？"

试译　孔子说："位居上层而不宽厚，如礼行事却不恭敬，料理丧事但不悲哀，我如何看得下去呢？"

试注　临是办理。丧（sāng），丧事。"居上"指在上位的君王。

体会　"子曰：'禘，自既灌而往者，吾不欲观之矣。'"（3.10）也是看不下去。宽则得众，可以居上；敬则尽心，可以行礼；哀则有情，可以理丧。否则徒有其表，让人目不忍睹。员工生日，公司致函、设宴，都很好，有礼了。但若心里并不挂记，只是例行公事，那又何必？反而让人生厌。

里仁第四

4.1　子曰："里仁为美。择不处仁，焉得知智？"

试译　孔子说："安身在仁德里面，是件美事。不挑选仁德安身，怎么能说有智慧呢？"

试注　里是居住或住处。若"里"当居住讲，可引申为安身。"择不"可以倒读为"不择"。处也是居住，"处仁"是住在仁里面。仁是智者的屋子、王者的宫殿，恰如"良禽择木而栖"，"緜蛮黄鸟，止于丘隅"。焉是如何能。得是得以称为。

体会　另一种翻译也可以："住的地方有仁德才好。挑选住处，那里却没有仁德，怎么能算聪明呢？"中下等人是要选择地方，才能安身的，因为中下等人容易受环境的影响。但若不修身，环境好也没用，甚至有反作用。最终还是要靠自己修身（明明德），改变环境、引导众人修身（亲民），然后止于至善。

4.2　子曰："不仁者不可以久处约，不可以长处乐。仁者安仁，知_智者利仁。"

试译　孔子说："不仁的人，不可以长久忍受穷困，不可以长久享受富贵。仁者靠仁安身立命，智者用仁名利双收。"

试注　乐（lè），快乐，富贵。孔子上面说"处仁"，处就是居住，住在房子里，住在一种境界里，住在一种精神状态里。这里讲"处约"、"处乐"，这个处，都是居住。约是贫困，乐是富贵。安也是居住，但是住得更稳当，是"安居"，安身立命，止于至善。"安仁"就是安身立命在仁中，和"里仁"一样，和"利仁"不一样。"利仁"是利用仁。"安仁"、"里仁"，住在仁里面就够了，仁本身就是目的，不假外求。《礼记·表记》有"仁者安仁，知者利仁，畏罪者强仁"之说，可以参考下文（4.7）。

体会　外求还会受环境干扰，受外在干扰就不稳，不稳就不安，不安就住不踏实，地震一来，就摇晃，不得安居乐业。外在干扰的实质，是自心干扰。自心不安所以外求，怨天尤人：房子太小，床铺太矮，邻居太吵。不然就鸡鸣狗盗，打家劫舍，自甘沉沦，这是穷不安。富也不安。爱钱的住在银行里，睡不好觉，担心抢劫。爱枪的住在武库中，睡不踏实，"枕戈待旦"——把枪枕在头下，瞪着眼睛直到天亮。老板出门，保镖一大溜。不然就骄奢淫逸，放纵无度，腐败堕落，不可收拾，没有一刻安宁的。心中不安，住哪里都不舒坦。天地如此广阔，却没有我立锥之地。只有安身立命，才能安居乐业。只有住在仁里面，才能安身立命。

安身立命怎么讲？安仁、里仁才能真正安居，没仁不行，利仁也是不够的。聪明人知道仁德好，就用仁德经营企业，名气远播，利润丰厚；但是不用的时候就出问题，用得不好的时候也出问题。

4.3 子曰："唯仁者能好人，能恶人。"

试译 孔子说："唯有仁者能够真心喜欢人的优点，真心讨厌人的缺点。"

试注 好（hào）是喜爱，恶（wù）是厌恶。这里指一尘不染的真心发露的欢喜和嫌弃。

体会 人人都有好恶之心。普通人的好恶中免不了掺杂私人的利害，喜欢一个人是因为这个人对我好，讨厌一个人是因为他对我不利。仁者无个人利害可言，他的好恶完全出于公心，即对于某个人真正的成长、进步、发展而言，有些东西是优点值得赞赏、鼓励；有些东西是缺点，应当批评、克服——仁者都看得清清楚楚，比当事人自己还看得清楚。为什么呢？因为当事人如果不是仁者，那么他不但对别人不仁，对自己也肯定不仁。他不会公正地、仁慈地对待自己和别人，他会错看自己和别人，错把好的当做坏的，坏的当做好的。就是说，他的好恶都不会用到点子上。好比一个人得病，舌头发苦，就品不出哪个菜好吃，哪个菜不好吃。美食家舌头正，仁者心正。唯美食家能好菜，能恶菜；藕益大师一语中的："无好无恶，故能好能恶。"[1]

4.4　子曰："苟志于仁矣，无恶（wù）也。"

试译　孔子说："一旦真下决心做好人，就不会讨厌什么了。"

试注　苟，指真的、果真。恶如果读è，则"无恶也"就该翻译为："那就不会干坏事了。"

体会　上文引蕅益大师的话说："无好无恶，故能好能恶。"好比裁判，不偏向任何一方，不讨厌任何一方，才有资格当裁判。

4.5　子曰："富与贵，是人之所欲也；不以其道得之，不处也。贫与贱，是人之所恶也；不以其道得之，不去也。君子去仁，恶乎成名？君子无终食之间违仁，造次必于是，颠沛必于是。"

试译　孔子说："生活富裕，地位显贵，是人人愿意的，但若不是从正道得来，君子不会要的；生活贫穷，地位低贱，是人人讨厌的，但若不是凭正道摆脱，君子不会干的。君子而失去仁德，怎么能称作君子呢？君子连一顿饭工夫都不违背仁德，匆忙紧急时一定这样，遭遇不顺时一定这样。"

试注　"是"是个代词，是"这"、"此"，在"是人之……"两句中连读就有"这是"、"此乃"的意思，翻译时把"这是"省略为"是"，更好；在"……必于是"两句中，相当于"斯"，即"这种状态"、"这种境界"，简单翻译为"这样"。"必于是"的于，是"在"的意思。第一个"得之"是得到它（们），之是代词"它（们）"。第二个"得之"，意思是"得以去之"，或干脆就是"去之"。所恶（wù），所厌恶的。"恶乎"的恶，是何、哪；乎，是在、从；恶乎是"从何"、"何从"、"凭什么"。终食，是一顿饭工夫。造次

---

[1]　蕅益：《四书蕅益解》，华藏净宗学会印赠，2001年，261页。

是情况紧急。颠沛是经受磨难挫折。

体会 大佛"慈殿随身",时刻不离慈悲,时刻住在慈悲的宫殿中,身行则宫殿随身而行;大儒"仁殿随身","仁远乎哉?我欲仁,斯仁至矣。"(7.29)仁德在心,片刻不离,心想事成。

4.6 子曰:"我未见好(hào)仁者,恶(wù)不仁者。好仁者,无以尚之;恶不仁者,其为仁矣,不使不仁者加乎其身。有能一日用其力于仁矣乎?我未见力不足者。盖有之矣,我未之见也。"

试译 孔子说:"我没见过喜欢仁德的,没见过讨厌不仁德的。真正喜欢仁德的,自然再好不过;真正讨厌不仁德的,他修德啊,就是不让不仁德的东西沾染自己。有没有人能够下一天工夫真正修养仁德呢?我还没见过力量不够的。大概也有吧,我还没有见过。"

试注 者是个代词,指"人"。好仁者,指一种人,这种人喜欢仁德;不仁者,指另一种人,这种人讨厌不仁德。当然这两种心理可以集中在一个人身上。尚是上,即超过、胜过。加是加于,这里指沾染。盖是大概。未之见,即"未见之",没见过这种人。之是个代词,指这种人。

体会 仁者的好恶,基于没好恶。这就是"仁者安仁"。没好恶,就是所谓"一视同仁"。仁者一视同仁,心态公平。公平心中生出好恶,是真好真恶,不会搞错的。做到这一点不容易,所以孔子说"没见过":"子曰:'已矣乎!吾未见能见其过而内自讼者也。'"(5.27)。内自讼,自己审判自己,似乎很难,但是只要下决心,也不难。可以下决心试一天,肯定有成效。

何以见得仁者的好恶是基于无好恶?《礼记·表记》有句话可以证明:"子曰:'无欲而好仁者,无畏而恶不仁者,天下一人而已矣。是故君子议道自己,而置法以民。'"好仁,并不是因为喜欢什么;恶不仁,也不是因为害怕什么。这种人天下少有,有一个也就足矣;这种人,把天下无数人看做一个人平等对待就是了,一视同仁就是了。因此君子议论仁道,从自己出发,讲自己就可以了。

喜欢什么，讨厌什么，都是对自己的，对别人无所求（欲、好），无所避（畏、恶）；但是道理都是一样的，因此法治基于人民，基于众人。为什么？"天下一人而已矣。"

4.7 子曰："人之过也，各于其党。观过，斯知仁矣。"

试译 孔子说："人的过错，是根据人的类型不同而各不一样的。虽然如此，只要观照过错，就知道仁了。"

试注 "于"是在、从。党是类。观是观察、观照、反省。斯是"这就"、"这样就"。

体会 上一节孔子说他没见过"恶不仁者"；后来又补充说"恶不仁者，其为仁也，不使不仁者加乎其身"，这就是修身；修身总是有效果的，用力修行，那个力量总是够用的，"我未见力不足者。"那么如何修行、如何修德、如何做"恶不仁者"呢？那就是"观过"。所谓"恶不仁者"，恶也不是恶，只是观照而已。有了错误，正心观照就是了，不加谴责，不加评价，错误念头自然生出，自然消失。这种正心观照的大心，能够宽容任何念头，也就是"恕"，就是止于至善的仁心了。正心也即中心，中心不偏叫做"忠"；以己度人，将心比心，人心如我心，就是"恕"。就是有了这个中正、大恕的仁心，有了忠恕，不管人有多少种，不管各种人的错误有多少种，都可以用一种办法对付：观过。只要观过，就知道仁是什么，也知道这个观过者"仁"。

观过知仁，还因为《礼记·表记》这句话："子曰：'仁有三，与仁同功而异情。与仁同功，其仁未可知也；与仁同过，然后其仁可知也。仁者安仁，知者利仁，畏罪者强仁。'"大家行仁义，常常有好处，这就是所谓"与仁同功"。同功看不出谁真的仁义。大家行仁义，常常也吃亏、碰壁、倒霉。这个叫做"与仁同过"。做好事吃了亏，大家的反应就不同，有人安然无事，是"仁者，安仁"；有人后悔，是"智者，利仁"，求利不得反受其害，自然后悔；有人索性恣意妄为、更加嚣张，是"畏罪者，强仁"。强仁是勉强行仁义，为的是逃避处罚，而一旦强仁又没有逃脱处罚，会反而更加怨恨仁义，不惜孤注一掷了。譬如仁义广告公司说："诸位，行仁义有好处啊。凡行仁义一件的，本公司保证一万年后给每人奖励十亿两黄金。"这个广告会使某些人吃亏。一吃亏，就看出各位行仁义的真假来。不过假作真时真亦假，而且可以弄假成真，吃亏多了，会觉得到底还是真仁义好。

4.8 子曰："朝闻道，夕死可矣。"

试译 孔子说："早上听到道，即使晚上死去都不遗憾了。"

体会 早上闻道，怎么晚上就可以死呢？假传万卷书，真传一句话。朝闻夕死——这一句话，看出千年老店的老板水平。百年老店的老板，说不出这种话。整部《论语》，就是这一句。儒商的最高标准，就是这一句。

4.9 子曰："士志于道，而耻恶（è）衣恶（è）食者，未足与议也。"

试译 孔子说："一个人发愿向道，却以穿得破、吃得差为羞耻，那就还不到跟他深谈大学之道的时候。"

试注 士有多种意思，如先秦时期贵族的最低等级、男子的统称、有美德者的尊称，这里宽泛地解释为一个人。不过士由一和十构成，表示一个人做事情矢志不渝，从一做到十，善始善终。

体会 古代的士，常常是特立独行，一往无前。从不虎头蛇尾，一定虎头豹尾。假如一个士立志于道，却对自己艰苦的生活感到耻辱，那就是道心不诚。要和他深谈大学之道，时机还不成熟——"子曰：中人以上，可以语上也；中人以下，不可以语上也。"（6.20）不过既然立志向道，总是有一点道心发露，可以慢慢引导，使他的道心坚定起来："子曰：君子喻于义，小人喻于利。"（4.16）既然不可以用道义跟他讲清楚，那就不妨用利害引导他。利害中有大道，只是"百姓日用而不知"（《周易·系辞》）罢了。这样，企业培训就有的放矢了。孔子说："朝闻道，夕死可矣。"（4.8）求道、修道要有这种精神，才可以最后证道、得道。创业之道、守业之道大概也这样。人们甚至说守业比创业还难，善终比善始难。步步都检验道心纯不纯。纯则一，一则诚，诚则成，成即十，十为圆满。

4.10　子曰："君子之于天下也，无适也，无莫也，义之与比。"

试译　孔子说："君子对于天下的人、事、物，没有一定可以的，没有一定不可以的，最终都要拿义为准绳才能定夺。"

试注　适，有前往、适合、适当、归向、满意、顺心等意思。莫，这里恰好跟适相对。义是仁义、正义、合宜。义之与比，等于"义与之比"。比，是衡量，比较。

体会　藕益大师说，"义之与比"，正是"时措之宜"的意思。时措之宜是《礼记·中庸》里的话，指做事情得天时，适逢其时。藕益大师说，要做到适合时宜，得从格物、慎独做起，也就是《礼记·大学》、《礼记·中庸》的修道功夫。有道才知道"义"在哪里。不然的话，自以为是，以为自己仁义、正义，主观地用自己认为的仁义正义去衡量，恰好就是有适、有莫，有个人的好恶在里头。我去比义，难免主观性，还是有适、有莫，最后反而为义所用，不得自在。义来比我，才是无适无莫的境界。

4.11　子曰："君子怀德，小人怀土；君子怀刑，小人怀惠。"

试译　孔子说："君子关注德行，小人关心土地；君子关注法度，小人关心恩惠。"

试注　土，也有解释为"乡土"的。刑是法制、法度、法律，惠是好处、恩惠。

体会　《礼记·大学》说："君子先慎乎德。有德此有人，有人此有土，有土此有财，有财此有用。"德和土的关系，讲得很明白。所谓刑，也即法制，是应该根据正义确定的，正义是考量众人的根本要求，植根于民心的真实需要的，惠在其中矣。个人要守法，而法制必须基于民心，必须保护个人的正当利益。法制惠及万民，所以君子怀刑，是大惠。小人怀惠，是小惠。大惠无惠，好像天地不仁、六亲不认，实际上恩惠极大。小惠卿卿我我、有点甜头，实际上没什么好处。大惠类似于"天之无恩而大恩生"（《黄帝阴符经》），法制类似于"天之至私，用之至公"（《黄帝阴符经》）。怀德必有土，怀土终无土；怀刑必有惠，怀惠终无惠。大慈大悲的观音，对孙悟空也有紧箍咒。

4.12　子曰："放于利而行，多怨。"

试译　孔子说："唯利是图，怨气就多。"

试注　放，是依据。利是私利、小利。怨，自怨自艾、怨天尤人，人也怨我。

体会　有利就干，无利就不干，凡事都根据眼前利益、局部利益、个人利益、小团体利益、表面利益、虚名浮利，结果总是事与愿违，自然怨气就多，自己不满意，别人也不满意。任劳任怨、乐天知命的，就是君子了。"君子不器"（2.12），君子的利益不受一时一地一事一人一器的局限，大局在胸，小局服从大局，容易沟通，通则不痛，不痛则无怨。小局对抗大局，四处碰壁，碰壁就痛，痛则不通，不通则怨。看君子还是小人，就看谁在那里埋三怨四，谁在那里自在快活。

4.13　子曰："能以礼让为国乎？何有！不能以礼让为国，如礼何？"

试译　孔子说："能够以礼让治国吗？那是不难做到的！不能以礼让治国，搞那些礼节又有什么用呢？"

试注　为，是治理。"何有"，有何困难。"如……何"这个句式，表示"把……怎么样"、"拿……干什么"等意思。

体会　礼不是装样子的，要拿来修身、治国、服务消费者和员工。

4.14　子曰："不患无位，患所以立；不患莫己知，求为可知也。"

试译　孔子说："不担心没职位，只担心在位没本事；不发愁没人了解自己，只发愁没什么本事让人了解。"

试注　人立为位，人站立在朝廷上的一个位置，就是位。立也通位。所以立，所用以立在那个职位上的根据。己知，就是知己。可知是值得（可以）让人见识一下的学识、本事、德行。

体会　回顾《论语·学而第一》最后一句："不患人之不己知，患不知人也。"人家不理解我，那是我的影子，不是我。A straight foot is not afraid of a crooked shoe，身正不怕影子斜。我要是误解人家，那也是人家的影子，不是人家。

4.15　子曰："参（shēn）乎！吾道一以贯之。"曾子曰："唯。"子出，门人问曰："何谓也？"曾子曰："夫子之道，忠恕而已矣！"

试译　孔子说："参啊，我的道是用'一'贯通的。"曾子应声说："噢。"孔子走了，其他门人问曾子道："什么意思？"曾子说："他老人家的道，就是忠恕，没别的。"

试注　唯，一个口，一个隹，表示急声肯定地回答，相当于"是"、"噢"、"Yes"。忠恕：中心为忠，如心为恕。中心则不偏，不偏则公正，公正则心正，心正则心中，心中则心行中道，是为中心。对别人也如此，人心即如我心，就是恕。门人也即弟子，或者弟子的弟子。如果是后者，那这里所谓门人就是曾子的弟子。

体会 从文气看，这是孔子给曾子刚一抬起指头，曾子马上捋起袖子，让老师按了一下。按的时候，曾子还很舒服地"嗯"了一声。心领神会，心照不宣，心有灵犀一点通。好像打哑谜，外人猜不出来。猜不出来又好奇，所以等孔子走了，就去问曾子。曾子也没什么好说的，但也不好不说，就把孔子平日讲的忠恕之道，重复一遍，说："就是忠恕，没别的。"孔子的含义究竟是什么？只有曾子知道。

这个一以贯之，也让人想起佛家的"不二法门"，老子的"抱朴归一"。

4.16 子曰："君子喻于义，小人喻于利。"

试译 孔子说："君子通过道义明白事理，小人通过利害懂得事理。"

试注 喻是明白，"于"是从、由、凭、靠。喻于，是"从……明白"。此句和上文"子曰：士志于道，而耻恶衣恶食者，未足与议也"（4.9）可以串起来琢磨。

体会 君子和小人都能明白事理，人人都有一个明德，一个明白事理的天性，一点阳明。但是君子的阳明比较显著，可以直接凭道义、仁义、大义切入事理。道义仁义大义是大道理。君子高屋建瓴，进入事理非常快捷、直捷、深广。小人从小处、近处、浅处着眼，一步一步得到一些好处，尝到许多甜头，碰过许多钉子，吃过许多苦头，慢慢才会明白大好处、真利益在哪里，懂得大道理是什么。"祸兮福之所倚，福兮祸之所伏。孰知其极？"（五十八章）谁搞得懂？不懂。但是从小利害，也可以逐步领悟大道理。

藕益大师有话："喻字，形容君子小人心事，曲尽其致。喻义，故利亦是义；喻利，故义亦是利。释门中发菩提心者，世法亦是佛法；名利未忘者，佛法亦成世法。可为同喻。"[1]

---

[1][2] 藕益：《四书藕益解》，华藏净宗学会印赠，2001年，268页。

4.17 子曰："见贤思齐焉，见不贤而内自省也。"

试译 孔子说："看见贤人就想着向他看齐，看见不贤的就心中反省自己。"

试注 见贤思齐，早就是成语了。好多成语来自《论语》。

体会 别人好的，向他学；不好的，自我反省，不随便批评别人。孔子还有一句类似的话："三人行，必有我师焉：择其善者而从之，其不善者而改之。"（7.21）蕅益大师说："尽大地无不是药。此圣贤佛祖总诀也。"[1]这就叫"止于至善"（《礼记·大学》）。至善就是不论好丑，都是好的。好比一个大夫，这个是药，那个不是药，有时候到一个地方没那种药，就治不了病，被"器"装进去，出不来了。信手拈来都是药，那才是大夫，不是"小夫"；是君子，不是小人。君子量大，君子不器；小人量小，小人是器。君子没用，小人有用。有用则有所不用，无用则无所不用。无所不用，一点也不浪费的，没有什么看不起的，都是宝贵的，便是至善心态。件件是瑰宝，人人是人才，个个是老师，日日是好日，处处皆朋友，事事皆机遇。办"无垃圾公司"，搞"无浪费管理"，建"无废料生产线"——"曲成万物而不遗"（《周易·系辞》）。向别人学习，"见贤思齐焉"；跟自己竞争，"内自省也"；最终向自己学习，"明明德"（《礼记·大学》）也。明我的明德，得大自在。

4.18 子曰："事父母几（jī）谏，见志不从，又敬不违，劳而不怨。"

试译 孔子说："好好侍奉父母，提建议要恭敬柔和；假如父母一时不乐意接受，态度仍然要恭敬，虽不轻易放弃自己建议的初衷，却仍然精心服侍，毫无怨言。"

试注 几的繁体写作幾，幾从戍，戍有兵守的意思；幾的本意就是细微、隐微，这里引申为婉转。谏是提意见，规劝。

---

[1] 蕅益：《蕅益四书解》，华藏净宗学会印赠，2001年，268页。

体会 儒家的孝道，是大孝。大孝合乎天地人道，而不拘于一人一事。《孝经》赞扬"诤子"，有诤子，那是父母的福气，其实也应该是父母慈爱，会教育的成果。父母越是慈爱，越是以身作则，子女就越是孝敬，越是敢于坚持天地人伦的真理，敢讲话，敢提意见，态度也越柔和，越恭敬。反过来也是一样，不管父母怎么样，子女总是要恭敬、孝顺，这样即使父母有不是，也容易听得进子女的好心规劝。但是这里有一个原则，就是"不违"。不违什么？不违父母的意愿，这是一解。不违父母的真实意愿，这也是一解。什么是真实意愿？可以说，真实意愿，真意，就是本意，就是本心。本心是什么？天生明德，天地良心，人人本有的。

4.19　子曰："父母在，不远游，游必有方。"

试译 孔子说："父母在世，子女平常不要出远门，要出远门，那一定是方向对头，方针正确，方位不错，方式得当。"

试注 方，解释为方式、方法、方向、方针等。

体会 "父母不在，可远游，游必有方。"假如这句话成立，那么"游必有方"总是对的，不管父母在不在。父母在世为什么不要远游？其实也不是一定不远游，而是一般不远游。远游是有条件的，条件是"有方"。无论方向、方针、方位、方式，都要对头。怎么算对头？就是有利于父母照顾指导子女；有利于子女孝敬父母、安顿家庭、免父母牵挂；有利于子女成长、成就，让父母高兴。《四书蕅益解》中蕅益大师有个解释："方，法也。为法故游，不为余事也。'不远游'句，单约'父母在'说。'游必有方'，则通于存没矣。""存"就是在世，"没"是不在世。接着江谦先生补注说："所事非主，所学非师，所交非友，所行非义，皆非方也。'游必有方'，所以慰亲心也。"[1]

---

[1]　蕅益：《四书蕅益解》，华藏净宗学会印赠，2001年，268页。

4.20 子曰："三年无改于父之道，可谓孝矣。"

试注 参见（1.11）那一句，这里是重复的。

4.21 子曰："父母之年，不可不知也。一则以喜，一则以惧。"

试译 孔子说："父母的年纪，不可以不惦记。一是因此高兴，一是因此担心。"

试注 知是知道，引申为惦记，挂念。以，是因此，因父母年岁的增长。

体会 高兴的是父母增寿；担心的是父母年纪大了，会不会衰老啊？这几句都在讲怎么孝敬父母。

4.22 子曰："古者言之不出，耻躬之不逮也。"

试译 古人轻易不说话，是因为有耻辱感，怕自己说了做不到。

试注 古者，是"古时候"，类似于"昔者"指"过去"，不一定加上"的人"。翻译的时候可以根据需要，把"人"补进去。耻，是耻于，以……为耻。"耻"必须翻译出来，光译成"怕"，不行。因为"怕说了做不到"，也许最终是怕自己利益受损。说了做不到，利益也没有受损，甚至得了利益，那就可以不怕了。因此"耻"字很关键，耻管住怕。孔子又说："君子耻其言而过其行。"（14.27）意思差不多。躬是自己、自身。逮是赶上。

体会 东西方都有一种精神，言而有信是受推崇的，说到做到被看做是好品质。不过人们经常感到：西方人敢说敢干，做不到也没关系，可以用豪言壮语激励自己。比如奥运会上，还没比赛，记者先采访："你认为自己能不能赢？"据说中国人和西方人的回答不一样。西方人说"一定赢"的多，中国人说"争取吧"、"尽力而为"的多。世上很多事情还真是不好说。生意场上敢说敢干但是做不到，会被看成鲁莽，也容易被误解为骗人。不敢说不敢干，却是胆小。怎么办？事情总是要做的，只是各有特色、各具风格。说话做事难免有风险的，美国风险投资很发达，很多人认为这是美国人最大的资本，最大的财富，最大的智慧。硅谷是风险投资的策源地，据说那里的风险投资者投资十笔，成功一笔，就是大手笔，就是成功的风险投资家。换句话说：说十句大话，做到一句，就是英雄。给失败以崇高的地位，应有的价值。不要事事、时时、处处以成败论英雄。失败者成功之母。有信心，不怕失败。有信心，才有信用。但是有信心是不是一定要说出来呢？那就不一定了。不说不见得不敢说，不见得不敢干。底气足了，可能懒得说了。

4.23 子曰："以约失之者，鲜矣！"

试译 孔子说："因为约束自己而犯过失的，少啊。"

试注 约，是约束、检点。孔子好几处讲到"约"。本章开头孔子说："不仁者不可以久处约……"（4.2）那个约，是穷困。"亡而为有，虚而为盈，约而为泰，难乎有恒矣。"（7.25）这个约，也是穷困。"君子博学于文，约之以礼，亦可以弗畔矣夫！"（6.26）"博我以文，约我以礼。"（9.11）这两个约，都是约束。

体会 约束自己，不容易犯过失。不过，一个人不犯过失，有很多原因。约束自己，不说大话，做事不冒失，行为不放逸，只是其中一个原因。因此说"鲜矣"，不说"无矣"。

4.24 子曰："君子欲讷（nè）于言而敏于行。"

试译 孔子说："君子说话要迟钝，行动要敏捷。"

试注 讷（nè），说话迟钝、结巴。老子有"大辩若讷"（四十五章），"知者不言"（五十七章）。

体会 很多中国人不敢说话，是不是中了孔夫子的毒？有人疑惑这个。孔子在后面有几句话，可以解答这个疑惑。孔子说："侍于君子有三愆：言未及之而言，谓之躁；言及之而不言，谓之隐；未见颜色而言，谓之瞽。"（16.6）该说的不说，该说的时候不说，孔夫子也反对。应该敢说话，有道是"一言兴邦"（13.15）。慎言也是对的，有道是"一言丧邦"（13.15）。

行动是不是只有迅疾好，迟钝就不好呢？可能也不是这样吧。什么时候动作要快，什么时候动作要慢，取决于具体情况。公西华听子路问孔子："闻斯行诸？"孔子说："有父兄在，如之何其闻斯行之？"（11.22）叫子路不要着急，不要听风就是雨。但是冉有问："闻斯行诸？"孔子却说："闻斯行之。"（11.22）叫冉有听见打雷赶紧下雨。这就把公西华弄糊涂了。

4.25　子曰："德不孤，必有邻。"

试译　孔子说："有仁德的，就不会孤单，一定有相好。"

试注　邻有邻里、邻人、邻邦、邻好等多种意思。邻也不一定住得近，天涯若比邻。正如孔子说："君子居其室，出其言善，则千里之外应之，况其迩者乎？"（《周易·系辞》）甚至可以"千里比肩，百世接踵"[1]，连过去未来都有知音，都有相好。

体会　为仁由己，做好人好事全在自己。有仁德，和自己就是最棒的相好，最贴心的朋友，最离不开的知音，所以必定不孤独。

好人坏人都喜欢好人，坏人骨子里并不喜欢坏人。坏人在一起总要打架，总要倾轧，最后散伙，分崩离析。经过这些教训，就可能慢慢醒悟，向好人靠拢。恶人如果不孤单，他就还有些好处，有些优点。坏人也喜欢利用好人，不喜欢利用坏人，因为利用坏人，靠不住。这样，好人坏人都向好人靠拢。好人只找好人，离弃坏人，那就不够好。好人甚至要主动接近坏人才好，要帮助，要善于"被坏人利用"。

---

[1]　藕益：《四书藕益解》，华藏净宗学会印赠，2001年，270页。

4.26 子游曰："事君数（shuò），斯辱矣；朋友数（shuò），斯疏矣。"

试译 子游说："侍奉君主，如果劝说太频繁，就容易受辱；劝朋友太多，也容易疏远。"

试注 数，这里读为shuò，是屡次、多次、频繁的意思。如果读为cù，就是（太）亲密亲近的意思。如果读为shǔ，则是数落、责备的意思。都讲得通。因为太亲近了，数落、责备多了，就容易对君王、对朋友失礼、失敬，反而会受侮辱，被疏远。

体会 藕益大师说，受辱了，说话不起作用，就不能继续侍奉君王了；疏远了，说话也没用，就不能继续交朋友、帮朋友。君子不要做这种对不起君王和朋友的事，而要维持、发展长久的良好关系，那往往是急不来的，苛求是不好的。如果根据可接受程度来说话，反而可以长期对君主尽忠，对朋友尽谊。子游不是叫我们耍滑头，不是要我们丢掉原则，不是要我们离开领导和朋友。恰恰相反，是为了更好地坚持原则。个人的荣辱、亲疏并不重要，长期实在的尽忠尽谊才是目的。坚持原则就是中道，不偏不倚。"多言数穷，不如守中。"（五章）子贡问怎么交朋友，孔子说："提出忠告，善于引导，一时听不进去，就不要说多了，免得自己受辱。"（12.23）又说："不愤不启，不悱不发。举一隅不以三隅反，则不复也。"（7.8）讲了一点，他联想不到其他各点，就不要再讲，不能硬灌。要启发，要等待，要相信人家自己会去悟，不要喋喋不休。《礼记·学记》讲为师之道，也告诉我们"语之而不知，虽舍之可也"。讲给他听，听不明白，暂时就不要讲。Friends agree best at distance，朋友之间也会保持距离。

当然，这不是教我们不能呵斥。大夫为了治病救人，假如需要呵斥才能治好才能救活，那肯定呵斥。尤其是急病，不能等，要赶紧大声呵斥。孔夫子、如来佛，都有这个法门。

公冶长第五

5.1 子谓公冶长（cháng）："可妻（qì）也，虽在缧绁（léi xiè）之中，非其罪也！"以其子妻（qì）之。

试译 孔子说起公冶长，"可以把女儿嫁给他。他虽然在坐牢，但他并没有罪。"后来果然把自己的女儿嫁给了公冶长。

试注 公冶长（cháng），孔子的弟子。字"子长"，公冶是复姓。妻，读qì就是动词，有"嫁"、"娶"的意思，这里是"嫁"。缧绁，是捆罪犯的绳索，这里代指监狱。子，女儿。那时候，男子女子、儿子女儿都可以称"子"，据说也体现了男女平等。

体会 公冶长为什么坐牢？搞不清楚了。有人为此谈到一个故事：一天，公冶长从卫国回鲁国，走到一个地方，听见一群鸟相互招呼着飞往清溪吃死人肉。过了一会儿，遇到一位老母在路上哭。公冶长就问："老人家哭什么啊？"老母说："儿子前天出门，到今天还没回来，是不是死了啊？！不晓得在哪里啊！"公冶长忽然想起，说："刚才听见一群鸟相互招呼飞往清溪吃肉，莫非是吃您儿子的肉？"老母到清溪去看，果然如此。回来就报告了村官。村官问："从哪里知道的？"老母说："听公冶长说的。"村官问："公冶长要是没杀人，怎么能知道呢？"就把公冶长抓起来审问："为什么杀人？"公冶长说："懂鸟语，没杀人。"村官说："那就试一试。真的懂鸟语，就放你。不懂，就要你的命！"后来一试，还真懂鸟语。一共试了六十天，天天如此。这件事，魏何晏《集解》、梁皇侃义疏《论语集解义疏卷三》上有记载，说是一本《论释》上讲的，不一定可信。

"在缧绁之中"，一般理解为"坐过牢"，即"尝在缧绁之中"。如果译成现在进行时，就是"在坐牢"。在坐牢也许不好嫁女儿，那就等他出狱吧。但是如果理解为：那句话是"在坐牢"的时候说的，嫁女儿是出狱后的事情——也说得通。古往今来，能做到孔子这样"只论立身，不论遇境"的，的确了不起。

5.2 子谓南容：“邦有道，不废；邦无道，免于刑戮。”以其兄之子妻（qì）之。

试译 孔子评价南容：“国家治理有方，不被罢官；国家混乱，也能免遭牢狱之灾，杀身之祸。”就把侄女嫁给他了。

试注 南容，孔子的弟子，住在南宫，名縚（tāo），又名括、名适（kuò），字子容。孔子的老兄叫孟皮，是个残疾人，那时可能去世了，女儿的婚事就由弟弟操办了。废，废弃，罢官。不废，是有官做，有事做。

体会 宁武子“邦有道则智，邦无道则愚”（5.21），处世和南容有点像，也受到孔子夸奖，不过没有“妻之”。可能女儿侄女不够，也可能宁武子早有妻室？这是笑话。不过还是有人推测：为什么孔夫子把女儿嫁给公冶长，而把侄女嫁给南容？他们自问自答说：公冶长德行虽好，但不能免于牢狱之灾，能力次一点，孔子把自己女儿嫁过去，侄女却留给了德行更好的南容，这是孔子薄待自己（的女儿）、厚待老兄（的女儿），风格高尚，也可避嫌。这个解释，宋代的程子不同意，说：“这是用自己的私心窥测圣人。凡人要避嫌，都是内力不足，圣人至公，避什么嫌？何况嫁女一定要量才而配，更不能有所避。避嫌是一般贤人都不干的，何况圣人！”

家族企业中，这种问题更多。

孔子对南容的考察很深入。下文说到，南容三复“白圭”，孔子以其兄之女妻之，见（11.6）。

5.3 子谓子贱：“君子哉若人！鲁无君子者，斯焉取斯？”

试译 孔子赞叹宓子贱：“真是君子啊这个人！假如说鲁国无君子，这个人哪里学来这么好的品德？”

试注 子贱姓宓（fú），名不齐，字子贱，孔子的弟子，比孔子小49岁，或说小30岁，在单父做过县令。若，这个。第一个斯，指宓子贱。第二个斯，指他的品德修养。焉,哪里。取,获取,学习。单父有时候也写作亶父,在今天的山东单县。单父的单,古时候有读dān的,有读shàn的,现在的单县读shàn。宓也写作伏,读音一样。比如伏羲,也写作宓羲。汉代的伏生,宓生,是同一个人,据说是宓子贱的后代,一个大儒。单父还出了个名人,就是吕后,汉高祖的夫人。

体会　《史记·滑(gǔ)稽列传第六十六》说:"子产治郑,民不能欺;子贱治单父,民不忍欺;西门豹治邺,民不敢欺。三子之才能,谁最贤哉?"认为子贱最贤的,古来都占上风。子产靠明察秋毫,监督严密,人"不能"欺他。西门豹靠刑罚,以威势震慑人,人"不敢"欺他。子贱靠仁德感化,人"不忍"欺他。《吕氏春秋·具备》、《说苑》和《孔子家语》中都有子贱治单父的故事。

黄帝垂衣裳而天下治,子贱也能做到鸣琴而单父治,在公堂上弹琴,不用下堂就把单父治理得井井有条。孔子问:"你治理单父,大家都高兴。你是怎么做到的?给丘讲讲你的办法。"子贱回答老师说:"不齐治理单父,尊敬老人有如孝敬自己的父母,爱护晚辈有如爱护自己的子女,照顾鳏寡孤独,认真对待丧礼。"孔子说:"好,小节好,这样小民就服了。但是还不够。"宓子贱说:"不齐在单父,尊为父亲的有三位,尊为兄长的有五位,交朋友十一位。"孔子说:"尊三人为父,可以教人孝;尊五人为兄,可以教人悌;尊十一人为友,可以教人学。好啊,但这还不够。"宓子贱说:"这里有五人比不齐贤明,不齐拜他们为师,他们教不齐施政的办法。"孔子感叹说:"大事就在这里啊!过去尧舜治理天下,靠的是广求贤人辅佐。贤人是百福的根基,神明的源头。可惜不齐治理的地方小。"把子贱和尧舜相比,评价极高。

不齐在单父三年大治,后来由巫马施接任,也治理得很好。巫马施也是孔子的弟子,字子期。他治理单父披星戴月,事必躬亲,搞得人也瘦了。有一次,巫马施请教宓子贱怎么那么轻松就能干好,宓子贱说:"我是用贤人之力,你是自己用力。自己用力当然辛苦,借别人的力,就轻松。"

孔蔑是孔子的侄子,也是弟子,和宓子贱都做官。孔子去看望孔蔑,问道:"自从你当官以来,有什么得失?"孔蔑说:"从我当官以来,没有所得,损失的却有三件。王事一桩接一桩的，学了的东西哪里有空温习，因此学得不明不白，这是损失的第一件。俸禄少，不足以接济亲戚，亲戚越来越疏远，这是损失的第二件。公事又多又急，没有时间吊唁死者、慰问病人，因此朋友越来越生分，这是损失的第三件。"孔子听了，不高兴。又去看望子贱，说："自从你做官以后，有什么得失？"子贱说："自从做官后，没什么损失，却有三个收获。原来诵习的学问现在拿来实行，所学的就更加明白了，这是第一个收获。俸禄虽少，也够接济亲戚，因此亲戚关系越来越好，这是第二个收获。白天公事虽急，夜里却有时间凭吊死者、慰问病人，这样朋友也越来越亲密，这是第三个收获。"孔子听了叹道："君子啊，这个人！君子啊，这个人！要是说鲁国没有君子，这个人从哪里学得这样好的德行？"

《孝经》说孝敬的好处是"敬一人而千万人悦"，孔子在这里赞一人而一国高兴，甚至各国都高兴。赞扬了宓子贱，连带赞叹了鲁国，别的国家如果因此效法鲁国，也该赞叹了。

5.4 子贡问曰："赐也何如？"子曰："女ⁱⁱⁱ？器也。"曰："何器也？"曰："瑚琏也。"

试译 子贡问道："赐是个怎样的人？"孔子说："你？一种器皿啊。"又问："什么器皿？"答道："宗庙的瑚啊，琏啊。"

试注 子贡叫端木赐。瑚琏（liǎn），宗庙的一种祭器，盛黍稷稻米的，夏代名为瑚，殷代叫做琏，周代改名为簠簋（fǔ guǐ）。北京至今还有一条街名叫簋街。

体会 《史记·仲尼弟子列传》说：子贡优点是口才好，缺点也是"利口巧辞"，喜欢议论人，孔子常常批评他的强辩。议论人，不免拿自己来比较，问到自己如何。瑚、琏，是很贵重的祭器，样子也漂亮，装很多稻米，比喻子贡很有作为，财大气粗。联系到孔子说的"君子周而不比"、"君子不器"，这里对子贡的评价，就大体出来了。

5.5 或曰："雍也仁而不佞。"子曰："焉用佞? 御人以口给（jǐ），屡憎于人。不知其仁，焉用佞?"

试译 有人说："冉雍有仁德，可是没口才。"孔子说："要口才做什么? 对人尖嘴利舌的，老让人讨厌。他仁不仁我不晓得，但是要口才干什么呢?"

试注 雍，孔子弟子，姓冉，字仲弓，比孔子小29岁。佞，这里看来是中性的，表示有才智，有口才，这不一定坏，不一定好。有仁德又有口才，是仁而佞，应该是好的。没仁德而有口才，是佞而不仁，那就不好："巧言令色，鲜矣仁!"（1.3）仁而不佞，也不错。御是对待。给是尖刻。

体会 孔子曾经夸奖说："冉雍，可以让他南面为王。"（6.1）可见君王不一定要口才好，仁德却必不可少。有的生意人，口才也不怎么样，也不喝酒，不抽烟，生意却做得四通八达。轻易不说话，"Promise is debt"，一诺千金。

"不知其仁"，如果解释为"不晓得他有没有仁德"，当谦辞讲，也可以，老师不对人夸耀自己的弟子。如果说"不知其仁"是委婉的批评，却不一定对了。因为，假设冉雍没有仁德，怎么可以南面为王? 为政以德，是孔子的标准。藕益大师把"不知其仁"解释为：嘴皮快的人（佞人）本来有仁理仁德，但是自己全然不知道。恰如《周易·系辞》中孔子所谓"百姓日用而不知"。用高标准看，孔子说了："颜回能做到心中长久不违背仁德，其余的学生只能偶尔不违背。"（6.6）至于自我评价，孔子说："要是说圣和仁，我哪里敢当!"（7.33）

5.6 子使漆雕开仕。对曰："吾斯之未能信。"子说悦。

试译 孔子叫漆雕开去做官。漆雕开答复说："我对这事还没有自信。"孔子听了很高兴。

试注 漆雕开，孔子的弟子。漆雕是姓，开是名，字子若，一说字子开。斯，这个。吾斯之未能信，等于说"吾未能信斯"，加个"之"，就把句子倒过来了。

体会　自信不足，也难以取信于人。那么孔子看错了弟子吗？未必。藕益大师提到孔子的话："若圣与仁，则吾岂敢？"（7.33）孔子也不敢说自己达到了圣，做到了仁。《金刚经》中，如来和弟子也反复对话：一个佛，不要说自己是佛；一个菩萨，不要说自己是菩萨；一个阿罗汉，不要以为自己是阿罗汉；布施的时候，不要觉得自己是在布施。《老子》主张："不自见，故明；不自是，故彰；不自伐，故有功；不自矜，故长。"大意也相仿（二十二章）。说"不自信"，正说明志向高远、信心十足，"不到长城非好汉"。孔子自然高兴。

子路却不同，见下文。

5.7　子曰："道不行，乘桴浮于海。从我者，其由与_欤？"子路闻之喜。子曰："由也好（hào）勇过我，无所取材。"

试译　孔子说："大道推行不开，乘木排出海吧。跟我走的，大概是仲由吧？"子路听了喜形于色。孔子说："仲由啊，爱猛打猛冲，这一点超过我，可惜不善于取舍裁决。"

试注　桴（fú），木排、竹排，大的叫筏，小的叫桴。"浮于海"：浮于东海，东夷之地，如朝鲜等处。由是子路的名，即仲由。其，大概。"无所取材"，关键看"材"字怎么解释。材当材料讲，就是木材、竹子之类，句子译为："仲由啊比我还勇敢，可是我们找不到材料做木排啊！"这就是戏言了，委婉的批评。如果当裁决、裁夺讲，材就通"裁"。材在古代也通"哉"，那就要读zāi，句子翻译为："仲由的勇气比我还大，不可取啊。"

体会　孔子曾经想去九夷住（9.14），这里又说要出海，大概也是有感而发。九夷也就是东夷，当时属于东边不发达的地方，如高丽等地，可以坐船过去。不过，孔子想去九夷住，也有人担心那里太落后了，孔子的态度却很自信，说："君子住在那里，落后什么啊！"君子走到哪里，道义、礼仪、文化就跟到哪里，孔子给人打气。这样看来，"道不行，坐木排出海"，大概是考察子路，为的是给他泼凉水：不要以为那么多弟子中，就你一个敢跟我走。漆雕开那么有本事，孔子要他出来做官，漆雕开还说对做官没有自信，孔子听了就很高兴。其实孔子生于乱世，推行大道，知其不可为而为之，这种勇气是子路比不了的。"道不行，乘桴浮于海"——有玩笑在里面。

5.8　孟武伯问："子路仁乎？"子曰："不知也。"又问。子曰："由也，千乘（shèng）之国，可使治其赋也，不知其仁也。""求也何如？"子曰："求也，千室之邑，百乘之家，可使为之宰也，不知其仁也。""赤也何如？"子曰："赤也，束带立于朝，可使与宾客言也，不知其仁也。"

试译　孟武伯问："子路仁吗？"孔子说："不晓得。"孟武伯又问，孔子说："仲由啊，千辆兵车的国家，可以派他去管兵赋。仁不仁呢，我不知道。""那，冉求怎么样？"孔子说："冉求嘛，千户人家的大邑，百辆兵车的大夫封地，可以派他去主管。他仁不仁，不知道。""公西赤怎么样？""赤啊，系好腰带，站在朝廷，可以和外宾对话。仁不仁不知道。"

试注　赋是兵赋，古时候的兵役制度，按田赋出兵。求，冉求，孔子弟子。宰，那时候的县长、大夫家总管，都称为宰。束带：系好礼服的腰带。赤，孔子弟子，姓公西，名赤，字子华。乘，一乘为四匹马拉一辆车。

体会　孔子认为君子有时候也不仁（14.6），这个要求比较宽松。有时候要求很严，说君子时刻不违背仁，连一顿饭工夫都不间断，"造次必于是，颠沛必于是。"（4.5）因为君子要是不仁，就不能称为君子："君子去仁，恶乎成名？"（4.5）世界上好多事情，似乎都有宽说、严说两种。孔子在这段对话中看来取严说，但也没明确表态。有人据此说：子路、冉求、公西华都是器，和子贡一样，各有特长，但没有达到"君子不器"，不能全面贯通，左右逢源。孔子不必每次都挑明，有时候要听话的自己去悟。一次对子贡说："你是个器皿。"挑明了。而这里没挑明。

5.9　子谓子贡曰："女_汝与回也孰愈？"对曰："赐也何敢望回？回也闻一以知十，赐也闻一以知二。"子曰："弗如也。吾与女_汝弗如也。"

试译　孔子问子贡说："你和颜回哪个更强？"子贡说："赐哪里敢比颜回？颜回听到一件事，就想到相关的十件；赐听说一件，只能联想到两件。"孔子说："比不上啊，我和你都比不上啊。"

试注　望，相比。"吾与女"的与，也有当"赞成"解释的，句子翻译为："比不上啊，我同意你说的，是比不上。"

体会　子贡虽然爱和别人比高下，但是这一次比较却也谦和。有人说子贡平日经常和颜回比，最后明白比不过。很多人认为，孔子这里是想用颜回来激励子贡，并且让子贡自己去说。结果子贡有自知之明，孔子也就应许了。孔子最后还捎带着自己，把自己和子贡摆在一起，等于进一步认可、嘉许子贡的谦虚，作为激励。

藕益大师的看法不同。藕益说，子贡聪明，他的推测往往能够料中（亿则屡中），是一种毛病；颜回始终不违背仁德，却沉默寡言像个傻子（不违如愚），是一种药方。颜回的药方可以治疗子贡的毛病。孔子想用颜回的药治子贡的病，就让子贡谈谈他自己和颜回哪个更强。子贡的回答看起来是很佩服颜回，但是藕益大师说：子贡还是在见闻知解上转，在闻一知十、闻一知二上比，不在道行上看功夫。只看知见，不看道行，虽然赞颂颜回，反而成了诽谤、贬斥，离道更远了。为道日损，知见越多越不可救药。所以孔子来个当头棒喝，可惜子贡没听懂，后来的注家也搞错了。

5.10 宰予昼寝。子曰："朽木不可雕也，粪土之墙不可杇（wū）圬也；于予与何诛？"子曰："始吾于人也，听其言而信其行；今吾于人也，听其言而观其行。于予与改是。"

试译 宰予大白天睡觉。孔子说："烂木头没法雕琢，粪土墙没法粉刷，对宰予还责备什么啊。"孔子说："起先我对人是听他怎么说就相信他怎么做，现在我对人是听他怎么说又看他怎么做。是宰予这件事让我改变态度的。"

试注 宰予，孔子的弟子宰我。杇，粉刷。第一个"于"是对于；第二个"于"是由于。与，是个语助词，没什么意义。诛，责备。是，这种（态度）。

体会 宰我和子贡，都以口才出名，但毛病也在口才上，有时候不免言词尖刻，或言过其实。孔子是不是因为宰我大白天睡觉，才明白"听其言观其行"的道理呢？有古人说：不是的，孔子是想通过这件事警策弟子们"讷于言而敏于行"，故意强调一下。

5.11 子曰："吾未见刚者。"或对曰："申枨（chéng）。"子曰："枨（chéng）也欲，焉得刚。"

试译 孔子说："我没见过刚强的人。"有人就指出："申枨是一个。"孔子说："申枨有欲望，怎么能刚强。"

试注 申枨（chéng），孔子弟子。

体会 《论语》中提到申枨，就这一个地方。枨是什么？枨就是撑，撑门面用的。枨是门旁的立柱，不刚就撑不起来。申枨申枨，要伸直身子，撑个门面，可能就显得刚强。但是孔子说："撑门面不算刚强，因为有欲望，想撑门面。"

"申枨"二字的文字游戏做完了，先请孔圣人孔老师原谅，接着还要提到孔子的话，这回真的是孔子说的——子曰："刚、毅、木、讷，近仁。"（13.27）刚强、果决、质朴、慎言，这四种品质接近仁。做到刚已经不容易，必须没欲望；做到仁就更难，因为刚只是接近仁，还没有达到仁。

有欲望有什么不好？孙子有独到的研究。他说一个将军如何失败呢？就是败在他的欲望。不要命硬拼的，容易被杀掉；贪生怕死的，容易被活捉；脾气暴躁的，容易被激怒；廉洁自好的，容易被污辱；爱护百姓的，容易被牵制（《孙子兵法·九变第八》）。要说怕死是有欲望，脾气暴躁是有欲望，这都可以赞成。可是，连命都不要了，还有欲望吗？孙子说：有。爱护百姓，还有私欲吗？有。清正廉洁，还有欲望吗？有。孙子入木三分，他打过仗，看过血的教训。

小孩子都晓得怎样抓苍蝇，放一块臭肉，苍蝇嗡嗡的就来了。欲望的害处这么大，但是苍蝇死到临头还没有搞明白。那只苍蝇王还写了本书，"臭肉香极论"，极力论证臭肉如何有利于苍蝇的身体健康、蝇种繁衍、自由民主，被蝇类奉为经典之作，代代相传，现在还卖六十蝇元一本。

5.12 子贡曰："我不欲人之加诸我也，吾亦欲无加诸人。"子曰："赐也，非尔所及也。"

试译 子贡说："我不喜欢别人强加于我，我也不想强加于人。"孔子说："赐啊，这种境界你还没有达到。"

试注 加，也有解释为"欺负"、"欺侮"的。

体会 子贡的欲望，这里讲了两个。不欲也是欲，不希望别人强加于我，就是希望别人不要强加于我。欲也包含了不欲，斯宾诺莎说"一切规定都是否定"，黑格尔据此提出"否定就是肯定"。喜欢独立自主的，最讨厌人家干涉自己，一干涉就火："关你屁事？！""吃饱了撑的？！"对有这种欲望的人，有办法控制，你要用他，就听其自由。要毁他，就天天指手画脚。有人天生的反骨，你说东，他偏朝西；你说北，他偏向南。这种脾气就很好控制。你想要他朝北，就说南；要他往东，就说西。

孔子说："我未见好仁者，恶不仁者。好仁者，无以尚之；恶不仁者，其为仁矣，不使不仁者加乎其身。"（4.6）要求相当高。好仁者、恶不仁者，都说没见过。子贡不想强加于人，相当于"己所不欲，勿施于人"（12.2），但有人说，子贡喜欢揭人家的短，做不到"无加于人"。不想别人强加于我，相当于"恶不仁者"，是孔子没见过的，是子贡做不到的。子贡好强，孔子用泼凉水激励他，希望他做到。

5.13 子贡曰："夫子之文章，可得而闻也；夫子之言性与天道，不可得而闻也。"

试译 子贡说："老师平时的言谈举止，我们听得到看得到，老师谈人性和天道，我们听不到。"

试注 文章，古时候指道的外在表现，如人的言行。人性和天道则是道本身。或者说，文章是然，是器，属于形而下者；道是所以然，属于形而上者。道在文章，道不离言谈举止，但一般人不一定领悟，日用而不知。或者充耳未闻，闻而未信，信而未懂，懂而未做，做而未证。

体会 看样子子贡这一回好像听到孔子谈人性和天道了，感叹机会难得，宗师难遇，金口难开，性道难言，至理难悟。

关于性和天道，孔子在整理《周易》时做"十翼"，多有论述，但对弟子们不大说。可能颜回听得多一些，曾经感叹说："仰之弥高，钻之弥坚。"（9.11）

5.14 子路有闻，未之能行，唯恐有又闻。

试译 子路听到老师讲话，如果还没有做到，这时就唯恐又听到老师教导。

体会 子路风风火火，属于快速响应型的，老师的话就像军令。凭着军人作风，军人气概，最后战死沙场。临死时还整理衣冠，端正军容。有野史评价说：子路长处在这里，病处也在这里。

5.15 子贡问曰："孔文子何以谓之'文'也？"子曰："敏而好学，不耻下问，是以谓之'文'也。"

试译 子贡问道："孔文子为什么谥号'文'啊？"孔子说："他聪敏好学，不耻下问，因此谥号'文'啊。"

试注 孔文子，卫国大夫，姓孔名圉（yú），文是他的谥号，子是尊称。下问，是屈尊请教，向地位低的、学问低的、年龄小的请教。

体会 不耻下问已经成了成语，可以不翻译了。藕益大师引李贽（李卓吾）的话说：孔子这里的答话，对子贡也有好处。谥号是死后追加的名号，对一个人一生给以褒贬，盖棺定论。当然只是对王公贵族、诸侯大臣、各界显贵名流才给以追谥。

5.16 子谓子产："有君子之道四焉：其行己也恭，其事上也敬，其养民也惠，其使民也义。"

试译 孔子评价子产："有君子品质四点：他要求自己谦谨严格，为君王做事十分敬业，爱养百姓多有恩惠，使用民众公正合理。"

试注 子产是春秋时代郑国大夫、贤相，郑穆公的孙子，姓公孙，名侨，字子产。

体会 子产在郑国为相，铸刑鼎，"为政必以德"，"不竞不絿，不刚不柔，布政优优，百禄是遒，和之至也。"（宋·章冲《春秋左传事类始末卷四》）他仁爱人民，忠于君主，深受朝野欢迎。他死后，郑国举国哭泣，都像死了亲人一样。孔子曾经路过郑国，跟子产结下兄弟情谊后，相交八年之久。听到子产去世的消息，孔子也哭了，叹道："子产仁爱，有古人遗风啊！"

孔子和子产的长相据说有相似之处。孔子到郑国，和弟子们走散了。孔子一个人站在东城门。子贡到处找，遇到一个郑国人。那人对子贡说："东门有个人，额头像尧，后脖颈像皋陶（yáo），肩膀像子产，腰以下比大禹短三寸，风尘仆仆、孤苦伶仃的像丧家之狗。"子贡找到老师后如实相告,孔子笑着说:"长相像谁倒无所谓,'像丧家之狗'那的确是!的确是!"

5.17 子曰:"晏平仲善与人交,久而敬之。"

试译 孔子说:"晏平仲善于和人交往,相处越久,人家越敬重他。"

试注 晏平仲是齐国大夫,名婴,字仲,平是谥号,夷维(现在的山东高密)人。有《晏子春秋》一书传世,是后人搜集成书的。

体会 很多人苦恼一个问题:与人交往久了,反而没感觉了,恭敬心也没了,甚至要伤和气,成仇人。相比于"近之则不逊"(17.25),也许还有"久之则不敬"?搞久了,什么毛病都出来了,什么瑕疵也看得真切了甚至放大了。晏子善于交往,因为他奉行和而不同的理念,轻易不跟人斗气顶撞,却有自己的主见。一次,齐景公打猎,晏子在遄台陪伴。景公放眼齐国大好河山,不禁悲从中来,叹道:"咳,要是古人不死,会怎么样啊?!"晏子说:"古时候上帝认为人死是好事,那样好人可以休息,坏人可以消停。要是古来人都不死,丁公、太公就会君临齐国,桓公、襄公、文王、武王就会出来当宰相,景公您就只有戴着斗笠,穿着布衣,扛着锄头种地了,谁还有空操心死的事情呢?"景公听着气得脸色都变了。

不一会儿,景公的侍臣梁丘据(梁丘是复姓)赶着六匹马过来了。景公问:"那是谁啊?"晏子说:"据。"景公说:"他怎么样?"晏子说:"大热天赶马飞跑,严重的话马会跑死,轻也会跑伤。这种事除了据,谁做得出来?"景公说:"据跟我相和啊!"晏子说:"据只是跟景公相同而已,哪里是相和。"景公问:"同与和,不一样吗?"晏子说:"不一样。和就好比做羹,用水、火、酒(醯xī)、肉酱(醢hǎi)、盐、酸梅煮鱼肉,下面烧着柴火,厨师把各种味道调和好,不足的加一点,多了的减一点。这种羹汤,君子吃了,能够平和心志。君臣的关系也是这样。君王认可的,可能也有不当的地方,臣子要指出来,以帮助君王完善它。君王不认可的,其中可能也有可取之处,臣子也要指出那可取之处,以帮助君王去掉那些真正不能认可的。这样就国政平和,官位不抢,民心不争。就像《诗·商颂·烈祖》上说的：'还有和美上好汤，五味调匀口味香；大家默默来祈祷，无人争先又恐后。'先王调五味，和五声，就可以平和心性，成就德政。调声和调味是一样的：一是气；二是体，有文舞、武舞；三是类，有风、雅、颂；四是物，有四方之物可以做乐器；五是声，有宫、商、角、徵（zhǐ）、羽；六是律，有黄钟、太簇、姑洗、蕤（ruí）宾、夷则、无射（yì）等律吕；七是音，即五声加上变宫、变徵（zhǐ）；八是风，即东西南北等八方之风；九是歌，即九件可以歌功颂德的事物，有水、火、金、木、土、谷'六府'加上正德、利用、厚生'三事'——都相互成全；声音的清浊、小大、短长、疾徐、哀乐、刚柔、迟速、下、出入、周疏——都相互支持。君子听这种音乐，就平心静气。心平则德和。因此《诗》上说'德音无瑕'。如今据却不是这样，君王说可以据就说可以，君王说不可以据就说不可以。这是水中掺水，谁能喝这种汤？好比琴瑟只用一个音去弹，谁能听进去？相同之所以不好，原因就在这里。"景公听了觉得有理。

梁丘据死后，景公把晏子召去，说："据啊，忠于我爱戴我，我要厚葬他，坟墓要高。"晏子说："据怎么忠于君王，怎么爱戴君王的？君王可以告诉我吗？"景公说："我喜欢什么东西，大臣不能给我准备好的，据总是把他自己的拿来给我，因此我知道他忠于我。到风雨天，哪怕是深夜都要来找我，问候我，因此我知道他爱戴我。"晏子说："晏如果回答就有罪过，不回答就无法辅佐君王，哪里敢不回答啊！晏曾经听说：'臣子只对君王一个人好，就是不忠；子女只对自己父母好，就是不孝；媳妇只对自己夫君好，就是妒忌。'辅佐君王的正确方式是：把对君王的爱戴扩大到父兄，把对君王的恭敬推广到群臣，把给君王的好处扩充到百姓，把对君王的诚信延伸到诸侯，这才叫做忠。做子女的正确态度是：要把对父母的孝敬用来钟爱兄弟姊妹，孝敬各位父辈，慈惠各位堂侄，诚信各位朋友，这才叫做孝。做贤妻的方法是：让各位婢女都招夫君喜欢，这叫做不妒忌。如今四方的百姓，都是君王的臣民，却只有据一个人竭尽全力爱戴君王，为什么爱戴您的人这么少？四方的财货，都是君王所有，却只有据一个人用自己的私产忠于君王，为什么忠君的这么少？据如此提防阻拦群臣效忠，围困蒙蔽君王，不是太过分了吗？"景公说："说得好啊，要不是先生一番话，寡人还真不知道据是这样的！"随后就把厚葬的命令收回了。又命令百官依法办事，群臣见君王有不对就进谏，当官的不违法，为臣的不隐忠，百姓非常高兴。

孔子对晏子这么评价，晏子却对齐景公说儒者如何不好，孔子如何礼数太多，让大家三辈子也学不完，一辈子也搞不懂推广不开，一番话搞得景公放弃了优待孔子的打算（18.3）。

5.18　子曰："臧文仲居蔡，山节藻棁（zhuō），何如其知智也。"

试译　孔子说："臧文仲把蔡国君王的守国之龟据为己有，按照天子的规格把大山雕在龟殿的斗拱上，把水藻画在梁柱上。他的聪明怎么用在这上头？"

试注　臧文仲是鲁国大夫，姓臧孙，名辰，字仲，谥号文。蔡国出产的乌龟称为蔡，长大后被看做神龟，由国君供起来，用来祭祀占卜，这是国君的特权。节是斗拱，山是斗拱上雕刻的大山；棁是梁柱，藻是梁柱上画的水藻图案——这都是天子才能有的装饰。

体会　当时很多人认为臧文仲聪明能干，孔子却认为他僭越礼法，迷信鬼神，奢侈无度，不关心民众，把智慧用错了地方，而且不肯举荐人才（15.14）。

5.19　子张问曰："令尹子文三仕为令尹，无喜色；三已之，无愠（yùn）色。旧令尹之政，必以告新令尹。何如？"子曰："忠矣。"曰："仁矣乎？"曰："未知，焉得仁？""崔子弑齐君，陈文子有马十乘（shèng），弃而违之。至于他邦，则曰：'犹吾大夫崔子也。'违之。之一邦，则又曰：'犹吾大夫崔子也。'违之。何如？"子曰："清矣。"曰："仁矣乎？"曰："未知，焉得仁？"

试译　子张问道："楚国的令尹子文三次出任当令尹，不见有喜气；三次免职，不见有怨气。每次离任，总要将自己在任公务的经办情况一一转告新令尹。这人怎么样？"孔子说："忠心耿耿啊。"子张问："仁吗？"孔子说："不知道。仁体现在哪里？"

子张又问："崔子叛杀齐庄公之后，陈文子连四十匹马都不要了，赶紧离开齐国。跑到另一个国家看了看，就说：'当政的像我国的大夫崔子一样。'就离开了。又到一个国家，又说：'当政的像我国的大夫崔子一样。'又离开了。陈文子这人怎么样？"孔子说："清高啊！"子张问："仁吗？"孔子说："不知道。仁体现在哪里？"

试注 楚国的令尹相当于宰相，子文即斗谷於菟，斗是姓，谷於菟（gòu wū tú）是名，子文是字。"三仕、三已"，三不一定是三，可能是很多。崔子是齐国大夫，名杼（zhù）。齐君即齐庄公，姓姜，名光。陈文子也是齐国大夫，名须无，谥号文。下杀上，古代称为"弑"，如臣杀君，子杀父母。一乘（shèng）有四匹马，十乘是四十匹马。违，离开。

体会 子张不明白仁和忠、仁和清的不同。藕益大师说："仁者必忠，忠者未必仁。"要是这样，仁就比忠要高，要大。不仁而忠，可能是愚忠，恶忠。希特勒手下忠于职守的多得是，"嗨，希特勒！"那不是仁。日寇忠于东条英机，忠于天皇的多得是，什么都是"嗨！"打耳光也"嗨！"藕益大师还认为："仁者必清，清者未必仁。"清高不为高，仁者更为高。清者可能洁身自好，不管别人，看见脏东西就躲，闻到臭味就捂鼻子，遇到坏人就跑。莲花没有洁癖，出淤泥不染，淤泥越臭就越肥，莲花开得越鲜艳，越是感恩淤泥。气象大不一样。

5.20 季文子三思而后行。子闻之，曰："再，斯可矣。"

试译 季文子凡事要反复琢磨多次才付诸行动。孔子听到后，说："想两遍就够了。"

试注 季文子，鲁国大夫，姓季孙，名行父，文是谥号。三是多。

体会 三思而后行，"Think twice before you do."有好处也有坏处，在

人。季文子世故太深，疑心多，好算计，优柔寡断，孔夫子认为不如果断一些。

第一个主意蛮好，第二个主意勉强，第三个主意死臭——生活中常有这种情况。疑心多好不好？西方人有名言：科学起于怀疑，起于问题，知识来自好奇。中国禅宗有师父告诫弟子，"大疑大悟，小疑小悟，不疑不悟"。疑和信是对着的，信连着决断。科学贵在怀疑，也贵在决断。科学家总是相信自然界有规律，这个他不怀疑。这也是起点。要是他怀疑这个，科学饭就不要吃了。这么说，科学就是起于怀疑和相信了。又疑又信，这个矛盾他要处理。科学家悟出一个东西，还没有证明，没有演算，他就坚信那是对的，然后再去演算，去推导，最后证明是对的。这样的事情很多，爱因斯坦就有过，相对论就是这样出来的。但是科学家的信心也有怀疑的背景。一些科学家坚信某个猜想是对的，可验证的结果是，原先的猜想错了，科学家最后还是承认实验和验算的结果。这方面的例子，可以举出德国数学家康托，他搞出无穷集合论，其中部分可以等于全体，使他大吃一"斤"。这和他演算前的假定相反。服从事实，服从实验，在这个前提下起疑心，是健康的，公正的，是能推动知识和人类进步的。

与科学家健康的怀疑不同，季文子多狐疑。所以孔夫子说："少费点脑筋好。"其实，孔子并不是一味反对多动脑筋："学而不思则罔"（2.15），三思还不够，还提出"君子有九思：视思明，听思聪，色思温，貌思恭，言思忠，事思敬，疑思问，忿思难，见得思义"（16.10）。季文子不能恪守"见得思义"，老是摇摆，患得患失，那就不如"再，斯可矣"。

求签问卦的，一次不合意，再来一次，老神仙也不伺候。

市场调查报告一大摞，一投资就折本，真是冤枉。

创业计划书不到一页纸，一投就中，这是风险投资家的运气。

逻辑学家说：推导过程再严密，前提错了，结论必错。

5.21 子曰："宁武子，邦有道，则知_智；邦无道，则愚。其知_智可及也，其愚不可及也。"

试译 孔子说："宁武子这人，国家好人当道，他有个聪明样；国家坏人当道，他有股傻劲。他的聪明别人可以赶上，他的傻劲别人赶不上。"

试注 宁武子姓宁（nìng）名俞，是春秋时代卫国的大夫，武是谥号。

体会 史家说，武子是两朝元老，文公、成公时都做官。文公治国有方，武子贡献智慧，但是并不显著，很多人都比他更聪明，更能干，更有政绩。可惜成公不成，成公把卫国搞砸了，武子周旋于各派力量之间，扶大厦之将倾，险象环生，义无反顾，那个傻劲谁也比不了。"周旋"二字，说尽其中万千"不可为"，很像是孔夫子。这个时候有几种聪明人。一种是陈文子式的，跑得比马还快。一种是赵高式的，趁机大发国难财。武子的傻劲也有两点，一是挽狂澜于既倒，二是不自以为聪明，也不图报。这两点，很多聪明人做不到。譬如屈原，第一点傻劲有一些，要是有第二点傻劲就更好了。《离骚》里面，说自己如何聪明漂亮能干，世道如何黑暗，世人如何混浊；别人不理解自己，就埋怨，就写《离骚》，发"牢骚"。结果国家保不住，自己也保不住。

5.22 子在陈，曰："归与_欤！归与_欤！吾党之小子狂简，斐然成章，不知所以裁之。"

试译 孔子在陈国，说："回家吧！回家吧！我们家乡那些学子豪气冲天，简单率真，文采又好，不知道该怎么调教啊！"

试注 陈国在商丘建都，地域在今天河南开封以东、安徽亳州以北。公元前478年被楚国灭掉。党，故乡，这里指鲁国。小子是年轻人，年轻学子。吾党之小子是指孔子在鲁国的弟子。狂简是志向宏大，阅历不够。斐然是有文采，成章是文采非常明显了。裁是剪裁、培养、调教。

体会 时在鲁哀公三年，公元前492年，孔子60岁，耳顺之年。鲁国的季桓子病了，乘车望着鲁城长叹一声，说："有段时间咱们鲁国都快兴旺起来了，可惜后来我得罪了孔子，鲁国到现在还没有兴旺。"说着回过头来对接班人季康子说："我快死了，你一定会当鲁国宰相的。当宰相后，一定得把仲尼请回来啊！"几天后季桓子去世，季康子接班，做了宰相。办完丧事，季康子想把孔子接回来。大夫公之鱼说："从前我们先君用孔子，不能善终，被诸侯耻笑。现在再用，如果又不能善终，还要被天下耻笑的。"季康子问："那么请谁来好呢？"公之鱼说："应该请冉求。"于是派人找到冉求。冉求愿意去。孔子说："这次鲁国来请冉求，不会小用，会重用的。"后来又说："回去吧，回去吧，我们家乡那些学子豪气冲天，简单率真，文采又好，不知道该怎么调教啊！"想回到鲁国去培养弟子。

后来孔子去了陈国，待到第三年，吴国攻打陈国，孔子见政界如此混乱，叹道："归与！归与！吾党之小子狂简，进取不忘其初。"在鲁国，弟子们还像当初一样进取，这让孔子很高兴。周游列国多年，主张难以推行，不如回去搞人力资源开发。

失之东隅，收之桑榆；塞翁失马，焉知非福？孔子要是仕途得意，不知道还有没有时间整理文化，培养弟子？一时的政绩，比起影响文明几千年的精神理念和人才工程，哪一个价值更大？上天厚爱孔子啊，让他成就如此千秋大业。

5.23　子曰："伯夷、叔齐，不念旧恶，怨是用希^稀。"

试译　孔子说："伯夷、叔齐不怀恨不记仇，别人怨恨他们就少。"

试注　伯夷、叔齐是商朝孤竹国君的儿子，伯夷是老大，叔齐是老三。父亲开头想传位给叔齐，叔齐不干。孤竹死后，兄弟俩你让我，我让你，都不做国君，结果是老二接位。伯夷叔齐跑到周国周文王那里。后来周武王讨伐商纣，兄弟俩出来拼命拦住车马，竭力劝阻。劝阻不成，周朝统一了天下，他们就逃到首阳山，直到饿死也不吃周朝的饭。

"是"，做助词用，把形容的对象或动作的对象提前。如：唯你"是"问，唯利"是"图，唯某某马首"是"瞻。怨是用希，简单说是"希怨"，少怨。用是结果，相当于"因而"、"就"。怨是用希，等于说"怨恨他们的就少"，或者"他们受到的怨恨就少"。

体会 孟子称赞伯夷"不立于恶人之朝，不与恶人言"（《孟子·公孙丑上》）。和别人站在一起，如果那人衣冠不整，伯夷会掉头而去，生怕人家弄脏了自己似的。所以孟子说"伯夷隘"，"治则进，乱则退，伯夷也"（《孟子·公孙丑上》），有点偏狭，似乎很不能容人。这种人有高风亮节，人格清正，会受人敬重，怨言也难免。不过孔夫子说：他们也没有多么狭隘，心胸是开阔的，不记仇，怨恨他们的人不多。

作为管理者，光清正还不够。管理者既要清正，又要宽容，像老子说的"方而不割，廉而不刿，直而不肆，光而不耀"（五十八章），才能够开发人，培养人，提高人。那么前提就是要容人，对错误、个性都要宽容。不念旧恶，不纠缠历史旧账，团结一致向前看。水至清则无鱼，人至察则无徒——We shall never have friends if we expect to find them without fault. 伯夷叔齐不想当国君，不想搞管理，也好，可以守住节操。当国君呢，也好，可以把"不念旧恶"的包容心继续扩大，节操也不丢。

5.24 子曰："孰谓微生高直？或乞醯（xī）焉，乞诸其邻而与之。"

试译 孔子说："谁说微生高耿直？有人向他讨点醋，他就到邻居家讨了点来送人。"

试注 微生是姓，高是名。《战国策》、《庄子》中称作"尾生高"，是鲁国人，守信出了名，最后连命都丢了。

醯是醋。与是给。第一个乞，是"或乞"，有人向微生高乞。第二个乞，是微生高向邻居乞。

体会 这种事饶有趣味。别人来讨东西，自己没有，转而向邻居讨来送人。在下一位朋友也遇到过这种事，也许是性质不同，他的感受也不同。事情是这样：甲读书缺钱，向乙借。乙手头一时紧，就向丙借。乙是甲和丙的朋友，甲和丙互不相识。丙见乙来借钱，而且说明了缘由，很佩服乙，把钱借给了他，让他帮助甲。丙佩服乙的爱心，也佩服乙的耿直。大概，一个讨，一个借，性质不同。

南怀瑾先生在《论语别裁》中说：孔子认为微生高讲义气，固然好，但不算是直道。有就有，没有就没有，不必转这个弯。藕益大师说，明朝的李贽认为孔夫子并没有讽刺微生高，而是赞许他的直道。

5.25　子曰："巧言，令色，足恭，左丘明耻之，丘亦耻之。匿怨而友其人，左丘明耻之，丘亦耻之。"

试译　孔子说："花言巧语，满脸堆笑，过分恭顺，这种做法左丘明认为可耻，丘也认为可耻。心里怨恨一个人，却又装得像个朋友，这种做法左丘明认为可耻，丘也认为可耻。"

试注　足恭，字面的意思是十足恭顺。水满则溢，月盈则亏，事情做满了，做足了，就要过头了。过分恭敬就是巴结，或者应付，或者傲慢了。左丘明与孔子大体同时，鲁国贤人，左丘是姓，明是名，担任过鲁国太史。丘是孔子自称。

体会　可见儒商不是好好先生。率性而行，才是儒商。

怕丢生意，想左右逢源，一身"儒商"气。该说的不说，签字后又后悔，执行协议就不得力，最后失去信用。儒商的名气搞坏了，就因为很多儒商气很重的人太唯唯诺诺了，太面善了。我们读《论语》，要把儒商气抖搂掉，才是正道。儒商气太重，不是君子儒，而是小人儒，让人觉得畏畏缩缩。

5.26　颜渊、季路侍。子曰："盍各言尔志。"子路曰："愿车马、衣(yì)裘，与朋友共，敝之而无憾。"颜渊曰："愿无伐善，无施劳。"子路曰："愿闻子之志。"子曰："老者安之，朋友信之，少者怀之。"

试译　颜渊、季路在一旁侍奉老师。孔子问："何不谈谈各自的志向呢？"

子路说："愿意把车马、穿的衣服与朋友共享，用破旧了也不遗憾。"颜渊说："希望自己的好，不挂在嘴上；自己难受的，不麻烦别人。"子路对孔子说："想听听老师的志向。"孔子说："年老的，好好安顿他们；朋友，诚心结交他们；年小的，多多关怀他们。"

试注 季路就是子路。盍（hé），何不。尔，你。衣（yì），穿（衣服）。裘，皮衣。伐，夸口，吹嘘。善，优点，功劳，本事。施，施加。劳，劳苦、辛苦，烦恼。

体会 老师一问，子路就先说。师兄弟说完了，子路还要反过来问问老师的志向。子路的性格跃然纸上。

三人的志向也不同。藕益大师的点评是：子路忘物，颜渊忘善，圣人忘我。程子的点评是：孔子安仁，颜渊不违仁，子路求仁。

一位朋友主张简单管理，生意做得比较轻松。他说古人讲人心不同，各如其面，那么其面不同，各如其眼；其眼不同，各如其志。他的体会是，了解人，最简便的方法是了解他的志向；培养人，最简便的方法是激发他立志；与人沟通，最深层的便是通志；组建团队，最坚实的基础便是同志。通志是志向层面的沟通，志向充分沟通了，慢慢也就同志了，知音了，默契了。这样的团队，两个人组成的，一个顶俩，总数是四；三个人组成的，一个顶仨，总数是九；十个人组成的，一以当十，总数就是一百。有人摇头说："这个不一定吧，百人公司抵得过万人公司？"旁边有人就插话："笑话嘛，不过你也别说，这简捷公司的人还真是精干。"另外一个表示赞同，说："是啊，世界五百强前几名的公司，随便拿出一家来都可以买下一个发展中的大国啊。"

那位简捷公司的老总接着又谈起专家统计，说管理者的工作有70%～80%花在沟通上，他本人更多，有80%～90%。说到这里他竖起指头："假如沟通中有70%～80%花在志向的沟通上，那就点到穴位了。二八法则处处可以起作用。人本管理是知本管理，更是志本管理。其实，一家公司达到全面的同志管理高度，不说没有，也是很难。真的做到了，一个人顶一万，都有可能，因为至少他人事管理成本为零啊，别的好处且不说。当年项羽学剑，剑术精湛，英勇无敌，可是学了不久还是放弃了，说："剑术没什么可学的，要学就学一人抵挡一万人的本事！'转到兵法去了。就是学管理，学统帅，学领导。领导要往志向上导。关键是核心成员同志，领导层同志，还是二八法则。"

5.27　子曰："已矣乎，吾未见能见其过而内自讼者也。"

试译　孔子说："算了吧，我没见过发现自己有过失而自我审判的。"

试注　讼是打官司，判案子。自讼是自我审判。

体会　颜回有错误决不犯第二次，曾子一天反省多次，都是内自讼的榜样。孔子为什么说"没见过"？

有位哥们说——这是一种说话方式，为的是引起注意。譬如孔子说"唯女子与小人为难养也，近之则不孙，远之则怨"，（17.25）也是一场千年官司，说孔夫子歧视妇女。其实不是那么回事。曾经有女人吃过某些男人的苦头后恨恨地说，"男人没一个好东西"，旁人大多也明白她说什么。可是这时候还是有个男人出来"据理力争"，正好被臭骂一顿"鸡肠子小心眼"。他后来非常后悔，觉得不该自甘居于"不是好东西"之列。另一位男人就不同，当场跟着咬牙切齿："是！男人没一个好东西！"竟然引得这位女子扑哧一笑。假如孔夫子有什么错，让他"内自讼"去吧，口水仗、千年官司不打了。子曰："见贤思齐焉，见不贤而内自省也。"（4.17）见到好的就学，见到不好的，要反过来检讨自己有没有那毛病。自讼到这个分上，官司打不成了，法官律师没饭吃了。何况跟古人打官司，跟孔老夫子打官司，操那分闲心——"我又不是孔夫子肚里的蛔虫！他老人家心里怎么想我怎么知道？猜猜罢了，学习以君子之心度君子之腹罢了。"这位朋友最后说。

孔子曾经讲："断案子，我和别人一样依法办事。可是，一定要大家没官司可打、衙门没案子可判才好！"（12.13）有官司打，律师高兴，法庭高兴，公安高兴，大家收入来了，国家GDP上去了——这种法制观、增长观，不是孔夫子的。一听官司来了，律师暗自高兴，心想"这回提取5％还是5.5％"，那一定不是好律师。一听"官司这么小"就皱眉头，那等于一页法律都没有读懂。

5.28 子曰："十室之邑，必有忠信如丘者焉，不如丘之好学也。"

试译 孔子说："哪怕十户人家的小村子，都一定有像丘这样忠诚守信的，只是没有丘这么好学。"

试注 邑可以是村落、城镇、都城、采邑。十户人家的邑，那么小，可能是村子吧。

体会 老实人学得快，学得好。学问是老老实实的。人老实，再一学，更老实了。不老实，一学，就老实一点；再一学，更老实一点。不老实的一学更不老实了，那一定是没学，他是想玩学问，结果把自己玩得更不像话了。老实就是智慧，老子老实巴交的，《老子》是智慧书。

有人参观了一流企业，回去照着做，做不成，就埋怨了："他们骗人！他们的秘密不告诉我！"一流企业也有口难言。倒是中间人讲了句公道话："世上最大的秘密就是老实，打开放在那里，就是学不会。"老实人的操作台，规定一天擦十次，他就老老实实天天这么擦十次，一次不落。聪明人参观学习后，想："这个还不容易？回去就做。"回去第一天，擦十次，擦得锃亮。第二天擦九次，一看，"跟昨天一样亮啊！那个蠢货怎么擦十次！嘻——"就"嘻"掉一次。这样下来，第十天，只擦一次，两眼一瞄也过得去。第十一天，客户退货了。于是破口大骂一流企业不把绝招拿出来。

所以好学才是更高的忠信。光是忠信，不怎么好学，那个忠信就很值得怀疑。

雍也第六

6.1　子曰："雍也，可使南面。"

试译　孔子说："冉雍啊，可以让他南面为王。"

试注　中国古人把坐北朝南当做尊位，天子、诸侯、卿大夫都坐这个位置听政。孔子认为冉雍可以做到哪一级领导，历来看法不同。

体会　前文有人曾评价冉雍"仁而不佞"，孔子就替冉雍说话："要那么能说会道干什么！"这里又说冉雍可以当领导。可见领导不一定靠嘴皮。有大学生在管理系发愁："毕业后怎么搞管理、当老板啊？我嘴这么笨。"这些同学可以把孔夫子的话背下来。下文冉雍的口才又得到老师夸奖。

6.2　仲弓问子桑伯子。子曰："可也，简。"仲弓曰："居敬而行简，以临其民，不亦可乎？居简而行简，无乃大﹡简乎？"子曰："雍之言然！"

试译　仲弓向老师请教子桑伯子的为人，孔子回答说："这个人可以，简单。"仲弓问："心中敬重人，办事简约些，这样领导百姓，不也可以吗？心中满不在乎，待人又简慢，岂不是太简单了？"孔子说："冉雍说的对。"

试注　冉雍的字是仲弓。子桑伯子，有人说是鲁国卿大夫，身世不大清楚，据说不修边幅，不拘小节。

体会　刘向《说苑》中有个故事：孔子去见子桑伯子，子桑伯子连衣服都不穿，帽子也不戴。孔子的弟子不高兴，说："夫子为什么去见这种人？"孔子说："他心眼好，缺点礼仪，少点文采，我想跟他谈谈，让他增加一点。"孔子离开后，子桑伯子的门人也很不高兴地说："为什么要见孔子？"子桑伯子说："他心眼好，就是礼仪文饰繁琐点，我想跟他谈谈，让他去掉一些。"相互欣赏，也各打各的主意。要是照子桑伯子的做，服装店就没生意了。服装业应该尊孔子为祖师吧！孔子说了："君子正其衣冠，尊其瞻视，俨然人望而畏之，不亦威而不猛乎？"（20.2）

简繁之间有个度，也有个习惯问题。不穿衣服，是奥林匹克运动的原始风格，但是不许妇女参加。这都依赖于一定的条件。而条件，许多也就是礼仪。此一时，彼一时也。

引一段《尚书·虞书》："帝曰：夔，命汝典乐，教胄子。直而温，宽而栗，刚而无虐，简而无傲。"大礼必简，简而无傲，才是礼的大用。"礼之用，和为贵"（1.12），不讲和谐，光是求简，会流于简慢。

6.3　哀公问："弟子孰为好学？"孔子对曰："有颜回者好学，不迁怒，不贰过。不幸短命死矣。今也则亡无，未闻好学者也。"

试译　哀公问："弟子们哪个好学啊？"孔子回答说："有个叫颜回的好学，他从不迁怒，同样的错误从不犯两次。不幸短命死了！现在没有了，没听说有好学的了。"

试注　哀公是鲁国国君，公元前494年登位，在位19年，经常请教孔子。《礼记》中专门有一篇《哀公问》，记载哀公向孔子·请教的好多大问题。

体会　不迁怒、不贰过，太难，三千弟子只有颜子一个人做到了。

现代法律讲究"一人犯法一人当"，古代却有连坐法。其实现代也有，比如下级犯罪，上级负责，要引咎辞职啊。不过不一定叫"连坐"。连坐好不好？历来争议很多。好处是，大家相互督促，相互提醒，不要触犯法律。但是，如果体系设计不到位，也可能由"连坐"激活"连保"，相互祖护、包庇。

跳出法律的圈子，讲到一个人的脾气，发点怒啊，该怎么发？姑且歪解这个"怒"字：是上奴下心，奴隶的心，自己做不了主，是个奴隶，把自己的不顺怪到外面，怨天尤人，自己没有责任的；或者过分自责，过分自卑，对自己有火，老是奴役自己，无法自控。常人总有怒气，奴性多少有一些。国君有火，是个奴隶；臣子没火，是个主人。孔夫子六十耳顺，没火了，称为"素王"，自己做自己的主子，不做自己的奴隶，别人也不是自己的奴隶。孔子也夸学生颜回做得好，有怒气不乱发，该甩酒瓶的决不甩茶壶，错了一个字不把整本书撕掉，李四错了决不捎带骂李四的好朋友王五。谁的错就是谁的错,那么反过来谁的功就是谁的功,要分清楚。心情不好,逮着谁骂谁,逮不着人就骂天气,捶桌子,这都是迁怒。无名火起,就看谁倒霉了。

6.4　子华使于齐,冉子为其母请粟。子曰:“与之釜。”请益。曰:“与之庾(yǔ)。”冉子与之粟五秉。子曰:“赤之适齐也,乘肥马,衣(yì)轻裘。吾闻之也:君子周急不继富。”原思为之宰,与之粟九百,辞。子曰:“毋!以与尔邻里乡党乎。”

试译　公西赤出使齐国,冉子请求孔子给公西赤母亲一些小米。孔子说:“给他六斗四升。”冉子请求再给一点,孔子说:“再给他十六斗。”冉子却给了八十斛。孔子说:“公西赤到齐国去,赶着大车肥马,穿着轻柔皮衣。我听说啊,君子为穷人救急,不给富人添财。”原思给孔子家做总管,孔子给他粟米九百的待遇,原思推辞不要。孔子说:“不用推辞,多余的可以周济你的三亲六故街坊邻居啊!”

试注　子华即公西赤,姓公西,名赤,字子华。使,为孔子出使。冉子是冉求。原思,名宪,字子思。这三个都是孔子的弟子。一釜有六斗四升,大约合今天的一斗二升八合。一庾(yǔ)是十六斗,相当于今天四升八合。一秉为十六斛(hú),一斛为十斗。乘,这里指驾马车。衣(yì),穿衣。“为之宰”的之,指孔子;宰,指总务、总管。“毋”相当于今天说“别”、“别这样”。“以与尔……”的以,是“用以”、“用来”;与是给予。粟是小米,或去皮的谷,甚至泛指谷类。“请粟”,是请求用粟做安顿费。“与之粟”,是用粟作为职务的待遇。“九百”后面没有量词,不知道是九百斗,九百庾,还是九百斛,反正子华嫌多。邻里乡党,那时候五家为邻,五邻(二十五家)为里,五百家(二十里)为党,五百里(一万二千五百里)为乡。

体会　两个弟子,孔子对一个舍不得给,对另一个大把给。这老师“不公平”吧?孔子委屈了,说:“怪不得丘啊,丘当鲁国司寇,原思做我家的总管，大把给原思好处，我给得起。没当司寇的时候，无权可用，只好亏待公西赤了。"笑话归笑话，老子是赞成"天之道，损有余而补不足"（七十七章）的，多的削掉一些，少的添加一些，就平了。办法和孔子相仿。

有个木桶原理，不知道能不能用在这里。木桶原理是说，一个组织的能力由多个部分组成，好比一个木桶由多块木板箍成一样。木桶能装多少水，不是由最长的那块木板决定，而是由最短的那块决定。同样，一个组织的能力大小，不是由该组织最强的部门决定，而是由最弱的那个部门决定。因此，一个组织，一定要尽可能让各个部门平衡发展。

不过，"唯平唯准"总是和"争先恐后"相伴随。没有争先恐后，搞平准的没事干。平个什么？没有对象。中国有优秀企业向海外发展，其他企业唯恐落后，奋起直追。这叫争先恐后。争先恐后就有不平衡，走在前面的企业很快明白了：独自一个企业往海外冲，代价太高。别的事情跟不上，冲在前面的企业什么都要自己动手，结果有可能丧失优势，变成万金油，平是平了，却也完了。可见，光是平，还不是道，要大家一齐往上冲，手拉手朝前走，一个也不要落下。一个下平，一个上平，是不同的。下平是大家向最短的看齐，上平是大家向最长的看齐。一个是把长的削短，一个是让短的伸长。国外大企业来中国，周围带上一大帮中小企业。带它们来干什么？搞上平，零配件啊，中介啊之类，大企业做不了第一的，中小企业可以做到第一，它们相互配合，是个体系，个个第一。个个第一，不是个个的个头第一，那样就没有第一了。而是说，大个子有大个子的第一，比如拔河。小个子有小个子的第一，比如钻洞。木桶原理不是要一切抹平。

下平，"与时俱退"，有时候也可以，退一步海阔天空。

6.5　子谓仲弓曰："犁牛之子骍（xīng）且角。虽欲勿用，山川其舍诸？"

试译　孔子评价仲弓，说："那杂毛牛的崽儿毛色纯红，两角整齐，虽然有人不想用它来祭祀，山神河神又岂能弃它不顾呢？"

试注 仲弓是冉雍。犁，杂毛。骍，红色的（马，牛）。角，牲口的角长得周正。山川，山川之神。其，岂能。诸是代词"之"，指"他"，指仲弓。

体会 仲弓出身下贱，他父亲为人也不怎么样，好比杂毛牛，不能用来做牺牲祭祀鬼神。但是父亲的儿子有出息，"子曰：雍也，可使南面。"（6.1）好比杂毛牛生了只纯毛牛崽，毛色红火，两角也周正，虽然一时被看做杂毛牛崽，出身不好，不能用于祭祀，但是山川鬼神却心中有数，不会撇下不管的，会有大用的。孔夫子不讲出身，只看德才。孔夫子敬佩的尧舜也不讲出身。尧把天下传给舜，舜出身低贱，父亲干了好多伤天害理的事，但是舜是个孝子，又有智慧，尧就传位了。舜后来又把天下传给禹，禹的父亲鲧治水没招数，但是舜并不因此认为鲧的儿子禹治水也没招数。结果禹得到舜的信任，治水成功，还得了天下。英雄莫问出身，古人今人都做得到。企业家招人："您是哪个学校毕业的？"国际人力资源部搞招聘："您是哪个国家来的？"那就是问出身。问是问，但如果心里并不在乎，那就等于"不问"，不计较。

6.6 子曰："回也，其心三月不违仁，其余则日月至焉而已矣。"

试译 孔子说："颜回能做到心中三个月不违背仁，其余弟子能一天做到一次，或者一个月做到一次就不错了。"

试注 三月，不一定是三个月，可以表示长时间。日月，偶然。至，做到，达到。

体会 孔子下面说"仁者寿"，而颜回短命而死，大概还没有达到孔子说的"仁者"境界？这里说颜回能够做到连续三个月或连续很长时间不违反仁的要求，可能就有这个意思。要是这样，"仁者"是个很高的要求，因为颜回是孔子最好的学生，尚且如此。孔子甚至不敢自夸能仁，子曰："若圣与仁，则吾岂敢？"（7.33）刘谧在《三教平心论》中有个说法："孔子讲'仁者寿'，理当是仁者长寿，不仁者短命。可是颜回克己复礼做得很好，应当称为仁者了，却不幸早死。盗跖吃人肝，可谓不仁，反而寿命很长。这都不能说孔子的话没有验证，因此可以不听孔子的教导。因果报应是不错的，但是光看一时一世往往不能看完全，要联系前生后世才能看全了。"

6.7　季康子问："仲由可使从政也与欤？"子曰："由也果，于从政乎何有？"曰："赐也可使从政也与欤？"曰："赐也达，于从政乎何有？"曰："求也可使从政也与欤？"曰："求也艺，于从政乎何有？"

试译　季康子问："仲由这人，可以让他从政吗？"孔子说："由啊，办事果决，让他从政有什么困难呢？"又问："端木赐呢，可以派他从政吗？"孔子说："赐啊，处世通达，让他从政有什么困难呢？"又问："冉求呢，可以派他从政吗？"孔子说："求噢，多才多艺，让他从政有什么不行呢？"

试注　季康子是鲁国大夫，叫季孙肥。季孙是姓，肥是名，康是谥号。鲁哀公的时候，孟孙、叔孙、季孙三家把持朝政，季康子在费邑当政，权势大得很，宫室的气派都超过哀公了，哀公反而没多大权力。

体会　果决、通达、多才多艺，三种本事有一种，就可以从政。兼而有之也许更好？孔夫子没说。也许是提醒季康子：只要会用，用人所长，人才总是有的。那时候，子路（仲由）、冉有（冉求）都是季康子的家臣。后面有个故事：有一次，季康子要攻打颛臾，去请教老师，想获得支持，孔子表示反对，仲由、冉求却不服气。这便是"祸起萧墙"的典故（16.1）。季氏比周公还富，冉有却为季氏聚敛财富，孔子号召他的学生们说："非吾徒也，小子鸣鼓而攻之可也。"（11.17）

季康子请教孔夫子，《论语》中记载了七处。季康子比较关注孔子的学生，比如问孔子的弟子中谁好学，孔子说颜回好学（11.7）。下面，季家人又打孔子另一个学生的主意了。

6.8　季氏使闵子骞为费（bì）邑宰。闵子骞曰："善为我辞焉！如有复我者，则吾必在汶（wèn）上矣。"

试译　季氏派人请闵子骞做费地的县长，闵子骞对来人说："请替我婉言谢绝吧！要是再来说这事，那我一定逃到汶水北边去了。"

试注　季氏，季家人，一说是季桓子。费，也写作鄪，古时候读bì，春秋时鲁国的一个邑，今在山东省费（fèi）县境内。汶是大汶河，在鲁国北面、齐国南面交界处。"汶上"的上，指北面，鲁国往北走，也就到齐国了。

体会　闵（mǐn）子骞是个孝子，明朝编撰的《二十四孝图》，把闵子骞排在里面。闵子骞名损，字子骞，是费县汪沟镇闵家寨村人。

子骞后来跟从孔子求学，孔子赏识他，说："孝子啊，闵子骞！他父母兄弟夸他孝顺，没人不相信的。"（11.5）夸奖弟子中谁德行最好时，孔子举出的是子骞和颜回。

鲁国要改建库房，子骞觉得太奢侈了，说："还用老库房行不行？何必劳民伤财搞翻修？"孔子听了说："这个人要么不说，说出来就有道理。"（11.14）

季氏自家藐视国君，不守臣道，手下自然不服，季家选派的费宰有好几个反叛的。但人总有闪光点：上梁虽然不正，还是希望下梁不歪的，选费宰还是希望选贤人，于是请了子路当费宰。子路干了三个月，没什么政绩。子路推荐子羔接任，干了九个月，还是不行。听说子骞孝顺贤明，季家就想把子骞请出来。子骞开头不愿意，经孔子劝说，还是上班了，举家迁到东蒙之阳的闵子庄（即现在闵家寨），干得像模像样的。但季氏的行为实在不像话，子骞看不惯，最后还是辞职，跟随孔子游学列国去了。病逝在长清县内。

6.9　伯牛有疾，子问之，自牖（yǒu）执其手，曰："亡之，命矣夫！斯人也而有斯疾也！斯人也而有斯疾也！"

试译　伯牛得了病，孔子去慰问他，从南窗口外握住他的手，说："要走了，是命啊！这种人居然也有这种病！这种人居然也有这种病！"

试注 伯牛姓冉名耕，伯牛是字，孔子弟子，德行很高，排在颜回、闵子骞之后。按照礼制，病人住在北窗下。君王来探望，病人就移到南窗，好让君王朝南看望自己。当时伯牛家也用这种礼制尊迎孔子，孔子不敢当，就从南窗口外握住了伯牛的手，没进屋。牖（yǒu），是窗子。亡之，亡是死亡，之没有意思，凑数的。

体会 这么好的人居然也得了这种不治之症，孔子痛惜在这里。孔子很少谈命，这里是一次；处处守礼，非礼勿动，这里是一个细节。

6.10　子曰："贤哉回也！一箪食，一瓢饮，在陋巷，人不堪其忧，回也不改其乐。贤哉回也！"

试译 孔子说："贤达啊颜回！一个小竹筐盛饭吃，一只小瓢舀水喝，住在小巷子里，别人都愁得一塌糊涂，颜回还是像往常那样乐呵呵的。贤达啊颜回！"

试注 箪，盛饭的小竹筐。

体会 孟子推崇的"富贵不能淫，贫贱不能移，威武不能屈"（《孟子·滕文公下》），是大丈夫气概，这里颜回配上一条。庄子说：古代的得道者，穷也快乐，通也快乐，快乐不在于穷通（《庄子·让王》）。"财源茂盛通四海，生意兴隆达三江。"一定要这样才快乐，生意人就没生意了。生意生意，首先要自己有生意、有生气才行。

君子能像颜回这么快乐，是什么原因？《孔子家语·在厄》中，子路问过孔子，说："君子也有忧愁吗？"孔子答道："没有。君子的修行啊，还没修炼到家，就为将要到家而快乐。修炼到家后又为到家而快乐。因此一生都快乐，没有一天忧愁的。小人就不是这样。没得到，就为没得到发愁，得到后又担心失去。所以一生都发愁，没有一天快乐的。"

6.11　冉求曰："非不说_悦子之道，力不足也。"子曰："力不足者，中道而废，今女_汝画。"

试译　冉求说："并不是不乐意照老师的做，实在是弟子能力有限。"孔子说："既然是能力不够嘛，走到半路就走不动了，今天你这是给自己画地为牢了！"

试注　说通"悦"。画，给自己画条界线，不愿跨过去。

体会　冉求办事畏缩，孔子总是给他点火；子路办事莽撞，孔子就使劲泼水（11.22）。既然说自己能力不够，那么走到中途停下来，就有理由为自己开脱了。不过，要是背后有饿虎追赶，看他力气够不够！爱因斯坦说："热爱是最好的老师。"热爱，就会下"苦功"。不是苦工，是乐事。君子中道也乐，得道也乐，才有颜回那样的箪食瓢饮之乐。冉求却不同，说我也不是不乐意像颜子那样照夫子的话做，可我没有颜子那么能耐啊，走一半我就走不动了。孔子说："不是走不动吧？是自己不乐意走吧？"好比古代的情歌唱道："唐棣之华，偏其反而。岂不尔思？室是远而。"孔子听了就问："没有思念吧！真的思念，还嫌远吗？"（9.31）

6.12　子谓子夏曰："女_汝为君子儒，无为小人儒。"

试译　孔子对子夏说："你要做君子儒，不要做小人儒。"

试注　荀子讲大儒、雅儒，孔子讲君子儒；荀子讲俗儒、腐儒、贱儒、陋儒、散儒，孔子讲小人儒。

体会　这两种儒者，一个抓根本，一个重细节；一个重实质，一个看名头；一个看行动，一个抠书本。也许可以简化为大儒小儒。简化自有它的毛病。

子夏在文学方面下工夫多，也比较注重洒扫应对进退之礼，孔子是不是觉得还需放开一些，在大事上多花些工夫？不过，"四海之内皆兄弟也"（12.5），这种气魄宏大的格言，可是子夏说的，至今都贴在联合国的墙上。小节的重要，子夏也说了："即便是小技艺，也一定有可圈可点之处，但是用到大事上恐怕打不开局面，所以君子不靠小技艺。"（19.4）也许是孔子的话起了作用，子夏变得越来越大器了，而且又没有丢掉注重细节的好处。

大儒那里没大没小，细节、名头、书本都是道，强名之曰"大"罢了。后代小人儒渐多，最后把儒家老板都连累了。打倒孔家店，是小人儒招来的大祸。不过"天下有道则见，无道则隐"（8.13），君子儒总是有生路的。隐，是积聚力量，待机而发。"孔子，圣之时者也，孔子之谓集大成。"（《孟子·万章下》）可以与时俱进，可以"与时俱退"（宋·李衡：《周易义海撮要卷一》），"无可无不可"（18.8），进退自如，自然也可以"知其不可而为之"（14.38）。中国文化的这种功夫，是她久盛不衰、久传不断的绝招。

6.13 子游为武城宰。子曰："女_汝得人焉尔乎？"曰："有澹台（tán tái）灭明者，行不由径，非公事，未尝至于偃之室也。"

试译 子游当武城的县长后，孔子问："你得到人才了吗？"子游说："有个叫澹台灭明的，走路不抄小路，不是公事从来不进我办公室。"

试注 武城是鲁国一个邑（县）。一灭一明，一阴一阳，这个取名叫"灭明"的，复姓澹台，字为子羽。尔，有的本子也写作耳，这里是语气词。径，小路，捷径。偃是子游自称其名。

体会 澹台灭明"行不由径"，做事方方正正，走大路，进大门，不翻墙进屋，不走后门，不去办公室办私事，不给子游送红包，子游却能用他，武城有希望了。《史记·仲尼弟子列传》说：澹台灭明长相丑陋，投奔孔门时，孔子一看就认为他没才学，可是后来澹台灭明（子羽）修行不错，有行不由径之举，弟子三百之众，名扬诸侯。孔子就感叹了：我以貌取人啊，在子羽身上判断失误了（《史记·留侯世家》）。

6.14 子曰："孟之反不伐，奔而殿，将入门，策其马，曰：'非敢后也，马不进也。'"

试译 孔子说："孟之反不自夸勇敢。撤退中走在最后，快进城门的时候，却故意抽打战马快走，说：'不是我敢殿后啊，是这马走不快啊！'"

试注 孟之反，比孔子小39或49岁，鲁国大夫，名侧，之反是字。鲁哀公时候抵御齐国进攻，孟之反和孔子的学生冉有都是统帅。鲁军大败而逃，孟之反跑在最后掩护全军。不伐是不自夸功劳、勇武。奔是败走。殿是殿后；战败之军，走在最后掩护的有功。而，作连词，表示递进。策，鞭打（马）。

体会 搞一个企业，不论功行赏，一般人没有动力；不论过行罚，一般人没有约束。比起浑水摸鱼、无人负责来，论功行赏、论过行罚是个好办法。但天下"皆知善之为善，斯不善已"（二章）。有功好哇，争功的就来了，打得鼻青脸肿；有过糟啊，避罪的来了，想方设法逃脱。管理成本直往上蹿，在解决问题的同时也增加问题。老子说"失道而后德，失德而后仁，失仁而后义，失义而后礼"（三十八章），道德仁义都没了，才用礼。连礼都不起作用的话，大概只能用"法"了，就是明功过，用赏罚。这就是赏罚在管理中的地位。

6.15 子曰："不有祝鲍（tuó）之佞，而有宋朝（zhāo）之美，难乎免于今之世矣。"

试译 孔子说："没有祝鲍的口才，仅有宋朝的美貌，在如今的世道难免要倒霉的！"

试注 祝鲍（tuó），祝是官名，鲍是人名。祝是宗庙的官，鲍是卫国大夫，字子鱼，口才好。宋朝（zhāo），是宋国名叫朝的公子，长得很帅。

体会 "天下皆知美之为美，斯恶已"（二章）。宋公子帅气，倒霉事来了。得到卫灵公宠幸后，却和灵公的母亲宣姜以及灵公的夫人南子发生了性关系。因为怕事情败露，就勾结一帮人，把灵公赶出国门。灵公后来复国登位，公子朝没办法，只好和南子逃往晋国。可是宣姜求灵公说："儿啊，我好想儿媳啊！请你把媳妇接回来吧！"卫灵公只好把南子召回卫国，公子朝也跟着回来了。有古人评论说：卫国这些倒霉事，是自找的——"是卫国之乱，盗自起之，盗自止之也……"（《左传事纬卷九·卫灵之立》）

6.16 子曰："谁能出不由户？何莫由斯道也？"

试译 孔子说："谁能出家不经过房门的？那为什么不走人生正道呢？"

试注 户，大门中的门，房门。要出大门，先出房门。

体会 《礼记·礼器》说："未有入室而不由户者。"室比喻礼，户比喻诚，比喻敬。有诚心、恭敬心，才能学到礼仪的精髓，才能在言谈举止中体现礼仪的本意。"未有入室而不由户者"，古人解释这句话说：哪有行礼不先起恭敬心的？

这里孔子却是倒过来说：要出大门，先过房门。这是正道。

一位经理这样慨叹：很多的礼尚往来，没有恭敬可言，无非是利用。家里礼品堆了一大堆，愁死了。怎么办啊？送这么多礼，得办事啊！收人钱财，替人消灾。不给我钱财，就不给你消灾。钱财给少了，也不给消灾。一点恭敬心都没有，相互利用。办公司，每到节日假日，尤其是年底，那个忙啊，迎来送往的，这也是道坎。相互利用，谁比谁聪明？谁能利用谁？公司的风险在这里。搞很多市场调查，想嗅出风险的来头、走向、大小，钱花了不少，风险原来就在自家，一点都不知道。真是冤啊，辛苦赚来的钱，容易吗！让自己全耗掉了！成本核算，不核算这个。成本成本，以诚为本，不诚无本。

不诚，做人虚头巴脑，做产品稀里哗啦。骑一辆自行车，除了铃铛不响，没有地方不响的，尽晃荡。"不诚无物"（《礼记·中庸》），不诚无人，不诚不成。

6.17 子曰："质胜文则野，文胜质则史。文质彬彬，然后君子。"

试译 孔子说："质朴胜过文采，就粗野；文采胜过质朴，就虚华。文采和质朴均衡发展了，才能修养成君子。"

试注 野，也解释为野人；史，也指史官。

体会 野人没什么文化，文化从历史记载开始，叫文明史。以前都是"野史"，没人知道的，只有天知道。文质彬彬，在孔子这里指"有文化，又老实"，后来就变成"儒雅"、"文雅"了，只剩下"文"，"质"就不说了。有文化的老实人，大学里有很多。很多大学生研究生，以前没见过教授、博导的，只听过其大名的，一见尊师常常大吃一惊：啊？和我村里的大爷差不多嘛！一些大老板，像盖茨这样的，有时候也有失文雅，衣服皱巴巴的就出门了。文化水准那么高，还是那么质朴无华。文化修养越高，越是一派天真。

从野人、史官、君子三种人看这段话，可以译成：

质朴胜过文采，是野人；文采胜过质朴，是史官。文采和质朴协调发展相得益彰，才成为君子。

6.18 子曰："人之生也直，罔之生也幸而免。"

试译 孔子说："人生在世本当认准正道笔直走，可那些自欺欺人的，却老盼着天上掉馅饼，天塌下来有高个子顶着。"

试注 人之生，作为一个人本来应有的生活，符合人性的生活。罔之生，违反人的本性的生活，欺罔、扭曲的生活。幸，侥幸。免，免费力气，免遭惩罚，免除责任，免遭厄运。

体会 人生靠本分。不怨天，不尤人，勇往直前，有什么自己担着，好运霉运都是锻炼，都是收获，都心存感激。尽本分，不存非分之想，不等着天上掉馅饼。对的就做，不要问别人怎么看，怎么对我。因为对的，最终对别人有好处。他一时不理解，误会我，打击我，也是锻炼我，同时也锻炼他，因为他要吃亏的，慢慢就明白了。"故君子居易以俟命，小人行险以徼幸。"（《礼记·中庸》）命是天命，天命之谓性（《礼记·中庸》），性格决定命运，不要怪天老爷。对的就做，简单，直捷，轻松。不要左顾右盼、瞻前顾后。明明知道对的，不敢做，嘀咕："别人怎么想啊？我会不会吃亏啊？"加上旁人一怂恿："谁像你这样啊，傻瓜！"就动摇了，琢磨高招去了。可是又担心人家报复。偷偷打人家一拳："神仙保佑！千万别让他知道啊，别让他知道是我打的啊！"心存侥幸。瞅着机会来了，顺手又给人家一拳："神仙保佑神仙保佑！千万别让他知道啊！"还是心存侥幸。

6.19 子曰："知之者，不如好（hào）之者；好之者，不如乐之者。"

试译 孔子说："干事业，明白其中道理的，不如喜欢它的；喜欢它的，不如其乐无穷的。"

试注 之，是事业，是人生正道。知，道理上明白，理明。好（hào），情感上喜欢，情明。乐，全身心投入，乐此不疲，其乐无穷，意明。

体会 人心三要素：理、情、意。道理、情感、意志，一个比一个深。修道过程中，就有明理、动情、如意三种境界，据此可以把员工分为三等。

对一件事，明白了道理再干，干的就是正事，是事业——从此起步，兢兢业业，是合格员工。不但明白道理，还喜欢这件事，有兴趣了，常常琢磨这事，不时有创意——到这一步，是优秀员工。不但明理、动情，还得心应手，乐此不疲——到这个境界，是卓越员工。

合格员工明理，优秀员工动情，卓越员工如意。

明理的敬业，动情的爱业，如意的乐业。

6.20 子曰："中人以上，可以语上也；中人以下，不可以语上也。"

试译 孔子说："中等以上的，可以给他讲高深些；中等以下的，不可以给他讲高深了。"

试注 语，谈论。

体会 水平中等的，怎么办？孔夫子没说。

子贡说："夫子之文章，可得而闻也；夫子之言性与天道，不可得而闻也。"（5.13）孔夫子对子贡这样，是不是对多数弟子都这样？也许颜回是个例外，孔子对他讲了很多"性与天道"。颜子听了，没有到处乱传。曾子听孔子说"我的学问是前后一贯的"，孔子走后，其他同学打听夫子的本意，曾子却说："噢，夫子的学问，就是'忠恕'罢了。"（4.15）不愿意细说，火候未到。后来孔子就这个问题主动启发了子贡："赐啊，你以为我的学问就是博闻广记吗？"子贡说："对啊！不是吗？"孔子说："错了！所有东西我都要用一个原则串起来。"（15.3）那一天，子贡的火候到了。

6.21 樊迟问知智。子曰："务民之义，敬鬼神而远(yuàn)之，可谓知智矣。"问仁。曰："仁者先难而后获，可谓仁矣。"

试译 樊迟问什么是智慧。孔子说："着力使人走人道，敬拜鬼神但保持距离，离远点，可以叫做智慧。"又问什么是仁。孔子说："仁者先下工夫再谈收获，才可以叫做仁。"

试注 务是务必，致力于。义者宜也，义是正义，正道，各正其道。人住人道，神住神道，各正其道，这就是宜，是义。类似于佛家说的"是法住法位，世间相常住"（《法华经·方便品》），以及柏拉图说的各就各位。民是人民，人们，简单说是"人"。远，读yuàn，疏远，避而不谈，不深究，不迷恋。

体会 中人之下不可以语上，鬼神属于"上"，比较高深，与"命"关系密切，对一般人、对"民"，就不要多谈。多谈容易出歧义，起纷争，搞得神神怪怪的。但必须敬，恭恭敬敬，不要怠慢了。怎样才算恭敬？尽人事，待天命："人之生也直。"（6.18）不要靠鬼神活着，要靠自己的本分活着。从来就没有救世主，不要幻想不劳而获。该承担责任的时候不要像"罔之生也幸而免"

（6.18），九跪十拜的，念念有词。应验了就烧香顶礼，唯恐没舔到鬼神的足尖；没应验就怪老天没长眼，唯恐不能坐到鬼神头上拉屎。恭敬心一点没有，纯粹是把鬼神当猴耍。是人就尽人道啊，搅到神道鬼道做什么，这叫做"义"，各就各位，各尽本分。

6.22 子曰："知_智者乐水，仁者乐山；知_智者动，仁者静；知_智者乐，仁者寿。"

试译 孔子说："智者乐如水，仁者乐如山。智者灵动，仁者宁静。智者快乐，仁者长寿。"

试注 藕益大师说，乐水乐山，这个乐是效法。而且智者、仁者不是指两个人，而是说一个人要做智者，也要做仁者。南怀瑾先生把句子断为："智者乐，水；仁者乐，山。"说智者的快乐，像水一样；仁者的快乐，像山一样——这个乐，也可以延伸出"效法"的意思了。清代刘宝楠的《论语正义》说：这里三句话，第一句是讲智和仁的"性"，第二句讲智和仁的"用"，第三句讲智和仁的"功"。性是本质，用是用途，功是功效。

体会 哲人往往有智慧的痛苦，孔子却来个"智者乐"。有时候，你告诉我真相，我不高兴的，难受，恐惧，痛苦。孔子不同，"朝闻道，夕死可矣。"（4.8）幸福得要命。然而孔子"有忧色"（《列子·仲尼第四》），孟子"有终身之忧"（《孟子·离娄下》），所忧不同罢了。

最后，是这个"乐"怎么读？这里我们读lè，按照中华书局2005年新出的《中华经典诵读工程丛书》的读法。也有人读yào。

6.23 子曰："齐一变，至于鲁；鲁一变，至于道。"

试译 孔子说："齐国一变革，就可以承接当年鲁国的风范。鲁国一变革，就可以通行当年周公的大道。"

体会　姜太公后代封在齐国，所以齐国文化有太公气象，道家色彩浓厚，《太公兵法》曾经帮武王打天下。周公的后代封在鲁国，鲁国就多有儒家风范。只是到了春秋时期，世风日下，儒风道风都淡薄了。但有古人指出：太公是大贤人，周公是大圣人，所以孔子相信如果遇上明君，齐国就可以改变现状，复兴到当年鲁国的水平，鲁国更可以重振周公的大道之行。

6.24　子曰："觚（gū）不觚，觚哉！觚哉！"

试译　孔子说："觚不像个觚，觚啊！觚啊！"

试注　觚是酒器，能够装两升酒。春秋时代，觚也做得不像个觚。

体会　一个酒杯，象征天下大势。酒杯不像酒杯，君王不像君王，臣子不像臣子，国家不像国家——这就是春秋时代。

民国的江谦独有新解，说："酒杯不是酒杯，名叫酒杯！名叫酒杯！"接着就引用《金刚经》做证明："如来说第一波罗密，即非第一波罗密，是名第一波罗密。"江谦的话，在《四书藕益解》的补注中。

6.25　宰我问曰："仁者，虽告之曰：'井有仁焉'。其从之也？"子曰："何为其然也？君子可逝也，不可陷也；可欺也，不可罔也。"

试译　宰我问道："一个仁者，假如有人告诉他说：'井里有人掉下去了。'他就跟着下去吗？"孔子说："为什么他要这样做呢？君子可以舍己救人，但不会掉进陷阱；人家可以骗他，他却不会上当。"

试注　仁，就是人；"井有仁"可以说"井有人"。其，代指他。逝，往、去（做），献身。陷，陷入、陷害，被困。欺，欺人、欺骗，人家骗我，我骗人家。罔，自欺，自己糊涂。

体会　宰我口才好，常常出点难题让老师解答。"老师啊，您老是教我们做好人，但是如果坏人利用这一点，耍弄我们，怎么办？"现代有CEO对员工说：

"顾客永远是对的！"有点像孔夫子。员工就疑惑了，问："首席，来胡搅蛮缠的顾客也对吗？来违法乱纪的顾客也对吗？来杀人放火的顾客也对吗？"也许是苦头吃够了，就有企业放弃"顾客第一"，转而推崇"员工第一，顾客第二"。理由是：如果员工都没安顿好，他们怎么能善待顾客？顾客要分三六九等，不能一视同仁。该慈悲的慈悲，该智取的智取，该放弃的放弃，不要一锅煮。一锅煮，对好顾客也不公平。但是，员工胡搅蛮缠怎么办？同样是个问题。那么谁排第一？

6.26 子曰："君子博学于文，约之以礼，亦可以弗畔叛矣夫！"

试译 孔子说："君子靠博学广开心智，用礼仪约束行为，也就不至于太离谱了。"

试注 畔，作为叛，指离经叛道；作为畔，指边畔，走偏了，不走中道了。

体会 颜回深怀感恩地说：夫子"博我以文，约我以礼"（9.11）。一博，一约；一开，一收；一阳，一阴；一知，一行——都统一起来，不偏不倚，走中道，上正道，就不会出大问题。书读多了，心智开了，可能神游四海，收不拢，也可能光说不练，一天到晚耍嘴皮，反倒不如大字不识一个的朴实。这就要收回来，集中精力修正行为，用礼来约束自己。但光是修行，心智没开，在黑屋子里乱摸，也会撞得鼻青脸肿。因此需要打成一片，"行有余力，则以学文。"（1.6）

6.27 子见南子，子路不说悦。夫子矢之曰："予所否者，天厌之！天厌之！"

试译 孔子见了南子，子路不高兴。孔夫子对此发誓说："我要是不去，天都不会理我！天都不会理我！"

试注 南子是卫灵公宠幸的妃子，与宋国的公子朝有性关系（6.14），"作风不好"。矢，发誓。之，这件事。予，我。所，如果。否，有人解释为"不对"、"做错了"；也可解释为"不去（见南子）"。

体会 子路喜欢按自己的方式要求老师。学生以自己的标准选择老师、评价老师，也很自然，甚至有点可爱。以弟子之心度师父之腹，师父听了也不是那么当真。"天都会讨厌我！天都会讨厌我！"也许是轻松说的，不是凶巴巴的，更不是急匆匆的。弟子既然着急，火爆性子，你说他又不信，那不请出天老爷来，戏咒一番？但是，如果弟子自己智慧未开，怎么能评价、挑选老师呢？所以古代有"老师选学生"的做法。招生，由老师定夺，师父找徒弟，才可以明师出高徒。弟子糊涂，不知道谁适合于当自己老师。弟子要是那么明白，比老师还高，那不叫弟子了。虽说"师不必贤于弟子"，那也只是纠正"老师必定处处贤于弟子"的。

6.28 子曰："中庸之为德也，其至矣乎！民鲜久矣。"

试译 孔子说："中庸作为一种品德，那真是登峰造极！人们缺乏它已经很久了。"

试注 中，恰到好处，加一分嫌多，减一分嫌少。庸，平常。其，它，指中庸。至，极至，最高。民，人们，大家。鲜，少，缺乏。

体会 做什么事情精益求精，尽善尽美，这在孔子看来是平常的，体现在日常生活的琐碎细节中。平常心即道，细微处见精神，见的就是中庸的精神，中庸之道。在孔子见南子的故事中，子路过了一点。南子有请，见一见何妨？与人打交道，能够不受各种干扰，不存任何杂念，不偏不倚，完全出于诚心，正是中庸。加一点，瞅着也行；减一点，也凑合，干什么都马马虎虎，那不是中庸，是没出息。如果孔子的书也不读，就说孔子的中庸是马马虎虎，那的确也太马虎了。不过，中庸要求的不偏不倚，不上不下，无过无不及，可能也容易误解为凡事折中，凡事不必严要求。于是，"极高明而道中庸"这样的非常之理，就被忽略了，而这恰恰是精髓。所谓平常，恰恰最不平常。最不平常的，恰恰最平常。

6.29　子贡曰："如有博施于民而能济众，何如？可谓仁乎？"子曰："何事于仁，必也圣乎！尧、舜其犹病诸！夫仁者，己欲立而立人；己欲达而达人。能近取譬，可谓仁之方也已。"

试译　子贡说："如果有人能够对民众广施恩惠，普济患难，怎么样？可以称为仁吗？"孔子说："何止是仁啊，那一定是圣德了！连尧舜都发愁做不到啊！所谓仁者，就是自己想站住，让别人也站住了；自己想通达，让别人也通达了。能够从我做起，可以说就是实施仁道的办法吧。"

试注　何，何止。事，实行。其，他们（指尧舜）。病，担心。诸，之，这件事。近取譬，自身作则，现身说法：《周易》有"近取诸身，远取诸物"，是说就近能从自己身上打比方，就远能从周围万物找例证。

体会　子贡有接济天下苍生之志，孔子提醒他从自己身边的小事做起，从自身的修行做起。自己做好了，就是一个榜样。"其身正，不令而行；其身不正，虽令不从。"（13.6）尧舜就是这样的，可是连尧舜都时刻担心自己的修行不够，不敢有接济天下之志。后世被尊为圣人的，他们自己往往不敢自认为高明，自认为圣人。

述而第七

7.1 子曰："述而不作，信而好古，窃比于我老彭。"

试译 孔子说："转述而不创作，相信先圣，喜欢先王，心里面把自己和老彭相比。"

试注 述，阐述，转述。作，创作，新创。古，古圣先贤，和他们的文化精神。窃是谦辞，私下里，自心、暗自。于，对于。窃比于我老彭，可以置换为"窃比我于老彭"。老彭，一说是老子和彭祖，一说是彭祖，都是寿星。彭祖是殷商时代人，传说活了八百岁。老子出了函谷关以后，也是莫知其所终。

体会 如今崇尚创新，读到孔夫子这句话，大可以摇头，读不下去了。但是有人一琢磨，觉得还是孔夫子有道理。这人说：大家都说创新，就没有新意了，谁也不敢不创新，天天创新，时时创新，这就成了创新的老规矩，破坏不得。主张创新的，最需要保守、最不能创新的就是这创新二字。一千年是这样，一万年是这样，于是有大老板说了："市场唯一不变的就是变化。"这是他的公司哲学，经营理念。靠这个把公司办得变化无端，自己却觉得一点没变，定力好极了。

7.2 子曰："默而识(zhì)志之，学而不厌，诲人不倦，何有于我哉。"

试译 孔子说："默默记住所见所闻，学习而不厌烦，教人而不厌倦，这些我做到了哪一条呢？"

试注 识，就是志，记忆、记住。厌：厌烦；当做满足，也通。"何有"如果解释为"有何难的"，那么"何有于我"，就可以翻译为"哪一条能难倒我"。但很多人认为孔子这句话应该是谦虚的语气。于，是对于。

体会 蕅益大师说，"学而不厌、诲人不倦"，这两点孔夫子曾经敢于承当，唯有"默而识之"，这里是首次说出自己不敢当。这一条的确难以做到。记忆力惊人的，当数佛门的多闻第一阿难尊者。佛说的每一句，他都过耳不忘，默默记在心里，真个是述而不作的典范。佛涅槃之后，弟子们搞大集结，阿难就把佛说过的一一背诵出来。现在的佛经，大量都是这样由阿难背诵后记录下来的。"如是我闻"是大量佛经开篇第一句，就是指"阿难听见佛这样说"。阿难将所见所闻"默而识之"的功夫，实属罕见，在佛弟子中，列为多闻第一。必须心里非常清净，非常专注，极少杂念，才能有如此叹为观止的成就，其"述而不作"也堪称典范了。

7.3　子曰："德之不修，学之不讲，闻义不能徙，不善不能改，是吾忧也。"

试译　孔子说："品德不修习，学问不研讨，听到道义不能掉转头来跟上去，发现不好的不能去掉，都是我担忧的。"

试注　徙，迁徙，搬地方，改变；这里指走向道义所在之处，后来简称为"徙义"，即改道而行，转向"正义"之路。

体会　圣人之忧，圣人之乐，与众不同。

7.4　子之燕居，申申如也，夭夭如也。

试译　孔子闲居的时候，神色从容，举止舒缓。

试注　燕居，宴居，闲居无事。申申，心态和平。夭夭，举止放松。

体会　闲来无事，也能威仪自在，轻松自如，是圣人气象。

7.5　子曰："甚矣吾衰也！久矣吾不复梦见周公！"

试译　孔子叹道："不成样子了啊，我老得！好久了，我没再梦见周公！"

试注　甚，很，非常。周公，姓姬名旦，周文王的儿子，周武王的弟弟，周成王的叔父，鲁国的先祖。

体会　看来这种倒装句，古代现代都有。为了把重要的信息突出，常常把它们最先说出。甚矣、久矣，是孔子想强调的、感叹的，放在最先表达，更加强烈了。顺过来就是"吾衰甚矣"、"吾甚衰矣"；"吾久不复梦见周公矣"、"吾不复梦见周公久矣"，都不如提到句首那么强烈。经常梦见，可见对周公之仰慕。可惜老来力不从心了，虽然如此，还是人老心不老。孔夫子自称"七十而从心所欲不逾矩"（2.4），是非常自在的境界，"申申如也，夭夭如也。"（7.4）

7.6 子曰："志于道，据于德，依于仁，游于艺。"

试译 孔子说："立志在道，根据在德，依凭在仁，游乐在艺。"

试注 道，人道天道都包括。德，得也，得道名为德。依，行动的标准、依凭。游，游乐、把玩，寓教于乐。艺，指"礼、乐、射、御、书、数"六艺。

体会 一家公司可以有经营之道，经营之德，经营之仁，经营之艺。道无所不在、贯通一切，无论个人还是公司，都无法逃脱，问题在于是否自觉上道，是否立志于此。自觉不自觉，天悬地隔。道能起作用，就是得，德就是道的功德、功用、功能。功能展示的时候所依凭、恪守的，是仁。仁及万方、普被一切，便是生活的方方面面，归纳为六艺：礼仪、音乐、射箭、驾车、识字、算学。到了六艺，就可以取之左右逢其源了。六艺是道的圆满体现，是大海；立志是一切的源头活水，在企业中称为使命管理，至关重要。德和仁，是河流。以道为源头，流经德、仁，最后汇入六艺的大海。以使命为源头，经过总体设计和经营管理，最后汇成市场的业绩。一流公司以道为本，源泉滚滚，德、仁、艺兼优。二三流公司以德仁为本，艺多，道弱，源头水少。不入流的公司以艺为本，因而道无、德弱、仁弱、艺也弱：沿途没有河流，靠天吃饭，天不下雨，就得旱死。

7.7 子曰："自行束脩以上，吾未尝无诲焉。"

试译 孔子说："自己主动送十条干肉来，我没有不教诲的。"

试注 束脩，送给老师的报酬，或初次见面礼，也就是干肉十条。脩是干肉，束是十条。《礼记·少仪》："其以乘壶酒、束脩、一犬赐人；若献人，则陈酒执脩以将命，亦曰'乘壶酒、束脩、一犬'。"这里有三个量词：乘，束，一。乘壶酒，是四壶酒。束脩，是十条干肉。一犬，是一只狗。如果拿四壶酒、十条干肉和一只狗赐给人，或者用它们献给尊者，就把酒和狗放在门外，拿着干肉进去说明来意，同样要说："四壶酒，十条干肉，一只狗。"

体会 曾经有一段时间，批评孔夫子势利，送干肉的就收为学生，不送干肉的穷人则不录取。不过，十条干肉，当做学费，古人说那是很薄很薄的礼，现在看来也是极少。孔夫子有教无类，不分贫富的。

7.8　子曰："不愤不启，不悱不发，举一隅不以三隅反，则不复也。"

试译 孔子说："不到'搜索枯肠而不得'，不要开导他；不到'话到嘴边说不出'，不要启发他；举一个例子而他不能联想到别的情况，就不要再啰唆。"

试注 愤，发愤图强，心中渴求，苦苦思索而不得，所谓踏破铁鞋无觅处。悱，话到嘴边了，很想说了，但还是表达不清楚。启、发：不是一相情愿启开盖子让人看，而是先让人自己愿意看，很想看，然后启开一点点缝："喏，看吧。"哇，好香！就自己扑上来，把盖子全打开了，大嚼。隅，是角，角落，方面。

体会 读死书、教死书的历来就多。读死书的一个流弊，是以为孔夫子也这样。因为读死书，别人怎么说，我就跟着说，也不查查原文，也不堪察现场、询问证人，冤假错案搞到古人头上去了。其实吃亏的不是古人不是孔老先生，是我自己。我一听说读古书，就摇头，孔夫子也没有办法。他等着我自己开窍，他才不急，他相信我自己的悟性。"诲人不倦"，有的是耐心，等。拿着启子等，在罐头上左敲敲，右敲敲，勾引勾引，等着。像喂猪一样，不饿得半死不给吃，心够狠的，还满口仁义道德。领教了领教了。可是他自己吃不饱呢，就哭，歌也不唱了——

7.9 子食于有丧者之侧，未尝饱也。子于是日哭，则不歌。

试译 孔子在丧人身边用餐，从来没有吃饱过。孔子在这一天凭吊痛哭了，就不再唱歌。

试注 有丧者，居丧之人，简称为丧人（sāng）。是，此、这。哭，凭吊之哭。

体会 看来孔夫子是个快活人，几乎每天必唱，除了丧事。《礼记·曲礼》规定："哭日不歌。"这一天吊哭了，就不再唱歌，该不是指丧歌、哀歌、挽歌。孔子说过："……办丧事不悲哀，我怎么看得下去啊！"（3.26）参加人家的丧事，孔子是悲痛的，吃不饱，唱不出。《礼记·檀弓》规定："邻有丧，舂不相；里有殡，不巷歌。"舂米的，一边使劲一边吆喝，叫做相。邻居有丧事，舂米时不能吆喝；邻里在出殡，不能在巷子里唱歌。但像庄子那样看破生死，妻子死了敲着盆子唱歌，就是另一景象了。后来又有所谓红白喜事：什么都喜，红喜是婚事，白喜是丧事。

7.10 子谓颜渊曰："用之则行，舍之则藏，惟我与尔有是夫！"子路曰："子行三军，则谁与？"子曰："暴虎冯河，死而无悔者，吾不与也。必也临事而惧，好（hào）谋而成者也。"

试译 孔子对颜渊说："要用就出山，不用就归隐，只有我和你能这样吧！"子路说："老师如果统帅三军，找谁一起干？"孔子说："空手打猛虎、徒步过大河却至死不悔的，我可不和他一起干。一定要找遇事谨慎、善于用智慧成就事业的人。"

试注 用之，用我。舍之，不用我。行，统帅。三军：中军，左军，右军；或者中军、上军、下军。谁与，与谁（一起干）。暴虎冯（píng）河："不敢暴虎，不敢冯河……"出自《诗经·小旻》，意思是"不敢空手打猛虎，不敢徒步过大河。"

体会 无度不丈夫。度量大，能屈能伸，能出能隐。隐，倒不一定进山，大隐隐于市，隐在民间，都可以。出山，也不一定是从山里出来。隐者所在地，都是"山"，不管是城里、乡下，还是山中、心中。

常听说一些人退休了，就很快病倒，或者老朽了。工作的时候本来精力充沛的。心理学家建议说：要练习退隐的本事，年轻时代就要练。练得有功夫了，在岗位上好像隐居山中似的，一点也不迷糊，一点也不迷恋；退休后好像在岗似的，一点也不失落，一点也不无聊。尧寻找接班人，找了好几位隐者，最后找到大舜，也是一位隐者。不避世不厌世，不恋世不迷世，入世出世随心所欲，是儒家、道家、佛家的高境界，生意场的高人。像盖茨，几百亿美元都捐出去了，不是贪财的人，干的是事业。还有一些高人，生意场上看不到，实际上是CEO的导师，但从不抛头露面。市场风云他们心中有数。为什么？因为他们能够脱开，也能够进去。

7.11 子曰："富而可求也，虽执鞭之士，吾亦为之。如不可求，从吾所好。"

试译 孔子说："财富如果可以求来，那么即便当个拿鞭子驱赶人群的，我也愿意。如果求不到，还不如我行我素。"

试注 执鞭之士，一种身份低贱的人，拿着鞭子驱赶人群，叫大家给天子、诸侯等富贵者让道。从吾所好，顺从自己心愿，干自己喜欢的。

体会 孔子并不反对求富贵。"富有之谓大业"，这是孔子在《周易·系辞》中写的。

做生意，也许要请人吃饭，送人礼品，拉关系。于是有人感叹：要做生意，先做孙子。也就是"执鞭之士，吾亦为之"。很多人正是因为不愿意为五斗米折腰，放下大财不发，到桃花源去了。这是清高之士。孔夫子没有这么清高，可以当执鞭之士。特别是国家开明富庶，你还是那么穷，那么贱，就可耻了，证明你不努力（8.13）。孔子又说了，"吾少也贱，故多能鄙事。"（9.6）小时候地位低贱，会干很多粗活、脏活、下贱活。这没什么，是好事。孟夫子说的"苦其心志，劳其筋骨"（《孟子·告子下》），就是这样。艰难困苦，玉汝于成。还有就是学习为人民服务，顾客是上帝，自己是服务员，这都是现代观念。古今相通。

7.12　子之所慎：齐斋，战，疾。

试译　孔子慎重其事的有：斋戒，战争，疾病。

试注　古人在祭祀之前，要把身心整理干净，这叫斋戒。需要沐浴更衣，不喝酒，不吃荤，不与妻妾同寝，一心入静，排除杂念。齐（zhāi），斋，斋戒。

体会　江谦说，斋戒是祸福关，战争是存亡关，疾病是生死关。

祭祀是大礼，本来是慎重的，但是孔子时代，很多人都草率从事，斋戒也不要了，脏兮兮、乱糟糟的就上去祭祀了。"为礼不敬，临丧不哀，吾何以观之哉！"（3.26）孔子实在看不下去。斋戒就是为了虔敬，把杂念、杂务整"齐"了，所以齐字通斋，斋就是齐。心思齐一，无理不通；制心一处，无事不办。

7.13　子在齐闻《韶》，三月不知肉味，曰："不图为乐之至于斯也！"

试译　孔子在齐国欣赏韶乐，连着学了几个月，连吃肉都吃不出味道来，叹道："真没想到曲子这么美！"

试注　乐，音乐。《韶》乐是歌颂大舜的音乐，孔子称赞它尽善尽美（3.25）。为乐，可以是谱曲、奏乐、学习演奏、欣赏音乐。一个"为"字，意义如此丰富，限于水平，翻译的时候，只好把"为"字省掉了。有人根据古语"丝不如竹，竹不如肉"，认定孔子是迷醉韶乐，三个月无心听歌了。丝是弦乐，竹是管乐，肉是声乐，就是歌唱。

体会　孔子在齐国闻韶乐，正好三十岁，而立之年。"心不在焉……食而不知其味。"（《礼记·大学》）心不在吃上，在韶乐上，吃不出味道来。大凡成就事业者，总要有如此专注的心力。也只有如此专注的心力，才能谱出、奏出如此动人的乐章。"至诚如神。"（《礼记·中庸》）看一个人能不能成事，只要看他办事的专注程度就够了。没有黑洞般的专注，没有把宇宙一切能量凝聚到一个奇点中那种专注，就不可能有宇宙大爆炸——宏大精深的宇宙之诞生。专注源于热爱，勉强不来。热爱源于大心胸。心量小，所爱就小，就浅，内聚力就不够，容易被其他事情牵走，摇摆不定，三心二意，难以成事。最大的心胸是止于至善，是无缘大慈同体大悲，是"志于道"（7.6），可以下大力，定大局，成大事。

7.14　冉有曰："夫子为卫君乎？"子贡曰："诺，吾将问之。"入，曰："伯夷，叔齐何人也？"曰："古之贤人也。"曰："怨乎？"曰："求仁而得仁，又何怨？"出，曰："夫子不为也。"

试译　冉有问子贡说："夫子会帮助卫君（争王位）吗？"子贡说："好，我去问问夫子。"进去问孔子说："伯夷、叔齐是哪一种人？"孔子说："古代的贤人。"子贡又问："他们后来怨悔吗？"孔子说："他们追求仁道，就得到仁道，还怨悔什么呢？"子贡于是出来，对冉有说："夫子不会帮助卫君。"

试注　为，帮助。卫君，指卫国的君王出公辄。之，指夫子（孔子）。

体会　当时孔子在卫国，卫君出公辄对他很好，冉有担心夫子会帮助出公辄争夺王位，引发了这一场对话。

出公辄是卫灵公的孙子，蒯聩（kuǎi kuì）的儿子。灵公的儿子蒯聩立为太子后，得罪了灵公的夫人南子，就逃到晋国去了。灵公死后，出公辄当了国君，晋国的赵简子把蒯聩送回来，借以侵略卫国，两国打了起来。卫君面临着和父亲蒯聩争夺王位的难局，冉有则担心夫子要站在卫君出公辄一边，陷入王位争夺战。冉有只是担忧，并没有去问老师。子贡自告奋勇，却也问得巧妙，不愧为口才第一。伯夷、叔齐两兄弟相互推让王位，无怨无悔；蒯聩和出公辄父子俩争夺王位，大打出手。形成鲜明对照。子贡不问眼下的事，谈到历史典故去了。要是子贡进屋劈头就问："老师，您想帮卫君一把？"那就不是子贡了，倒很像子路。孔子曾经表扬子贡说："赐啊，现在可以和你谈《诗》了！告诉你过去的事，你就知道将来会怎样。"（1.15）

7.15 子曰："饭疏食，饮水，曲肱（gōng）而枕之，乐亦在其中矣。不义而富且贵，于我如浮云。"

试译 孔子说："吃粗粮，喝凉水，胳膊一弯就是枕头，也乐在其中嘛！乱搞得来的富贵，我看都是浮云。"

试注 饭，吃。疏食，粗粮。肱，上臂，也泛指胳膊。枕之，把头枕在上面。富是财多，生活富裕；贵是位高，身份显贵。于，对于。

体会 浮云易散，转眼即空；浮云飘忽，没有着落。不如"里仁为美"（4.1），不如里仁踏实。浮云聚散有《易》道——

7.16 子曰："加我数年，卒以学《易》，可以无大过矣。"

试译 孔子说："多给我几年时间，最终能体会《易经》的真髓，就可以不犯大的过失。"

试注 "卒以学《易》"一般写作"五十以学《易》"。现在照朱熹的看法，全句改成"加我数年，卒以学《易》，可以无大过矣。"

朱熹说：刘聘君见到元城的刘忠定公，忠定自称曾经读过《论语》的其他本子，其中的这一段是说"假我数年，卒以学《易》……"古文是竖写的，"卒"错看成"五十"了。

《史记·孔子世家》说："孔子晚而喜《易》，序《象》、《系》、《象》、《说卦》、《文言》。读《易》，韦编三绝，曰：'假我数年，若是，我于《易》则彬彬矣。'"加和假，是通借的。说"加我数年"，和"假我数年"，有人觉得是说"让我多活几年"。但如果是说"多给我几年时间"，那么四十几岁的时候，孔子可能还有别的事情脱不开手，还需等几年才有大量精力投入《易》的研习；到了晚年，则是说学《易》进入佳境，希望在这种状态下多学几年，就可以达到炉火纯青。"彬彬"，文质彬彬，文辞和实质都通了，运用自如了，"从心所欲不逾矩"（2.4）了。

体会 假如这是四十几岁说的，那么"四十而不惑"（2.4），已经知道《易经》的大用了，下决心好好学。后来孔子说自己"五十而知天命"（2.4），也许和学《易》有关。《易》谈天命比较多，学问深，孔子跟弟子们不大讲。到了晚年，孔子特别喜欢读《易》，做了十篇解说文章，古称"十翼"，也就是《彖》上下篇，《象》上下篇，《系辞》上下篇，加上《文言》、《序卦》、《说卦》、《杂卦》。因为翻书次数太多，把连串《易》这部简册书的皮条都磨断了好几次，还感叹说："多给我几年，照这样学下去，我对《易》就炉火纯青了。"

除了学《易》，还学《诗》、《书》：

7.17 子所雅言，《诗》、《书》、执礼，皆雅言也。

试译 孔子会说普通话，读《诗》，读《书》，行礼，都说普通话。

试注 所，可以（说），会（说）。雅言，普通话。陕西一带曾是周王朝的京畿之地，周王朝的官话是用陕西语音作标准音的，当时叫做"雅言"。《诗》是《诗经》，《书》是《尚书》。执礼：行礼，司礼。

体会 春秋战国时代，文字写法不统一，秦始皇让李斯等人搞"书同文"。语音也不统一，方言盛行，自然要求推广雅言。雅言就是很规范的共同语、"普通话"，把方言统一了，发音纯正，大家听得懂。这种雅言，到汉代成了通语、凡语，清代则是官话，民国是国语，现在港台还有这么叫的，目前大陆推广的是普通话。但是在海外华人社区，也叫"华语"。雅，训作"正"，这里指正音。后来，把自己的诗文书画送人，也说"某某雅正"，就是请指教、请匡正。

7.18 叶公问孔子于子路，子路不对。子曰："女汝奚不曰，其为人也，发愤忘食，乐以忘忧，不知老之将至云尔。"

试译 叶公向子路打听孔子的为人，子路不答。孔子对子路说："你怎么不说：'这个人啊，用功忘了吃饭，快乐忘了忧愁，不晓得自己就要老了，如此而已。'"

试注 叶（shè），今天读yè。对，对答，答话。云尔，罢了，而已。

体会 叶公好龙，不是真"好"。真龙来了，吓个半死。用《礼记·中庸》的话说，这叫"不诚"。"不诚无物"，什么事也干不成。汉代刘向在《新序·杂事》中写得仔细，说这个叶公子高，特别喜欢龙。在屋梁上、柱子上、墙上和门窗上又雕又画的，全是龙。于是乎，真龙知道了，从天而降，把龙头伸进窗户，尾巴拖在堂屋。叶公一看，吓得面如土色，拔腿就跑，魂都丢了。

龙头企业就是这样，没办的时候，大家都说要办。真办的时候，胆怯了。看龙那威势，上天、入地、戏水，都来得。但是很多人龙头一扬，升上天空三尺，就觉得头晕，有恐高症。把龙头一伸，入水三秒，就憋不了气，有恐水症。自己一时不会创办龙头企业，学学别人怎么办，也可以。进了龙头企业，培训三个月，什么都见了，什么都记住了，回来还是办不好。北京一个经理和在下是朋友，胸有大志，腹有良谋，有一回说了真心话：

"那个本事我们学不会，他是真干。比如'日清日新'，看起来容易，天天坚持，不如扒我三层皮，谁受得了！又比如末位淘汰，我们是试行几个月，停一停，再试行几个月，停一停，最后不了了之。下不了手。但人家是真淘汰。"他是说我国一家龙头企业，他佩服，去学过——

"自己做不了龙头，做龙尾巴，也得脱皮。不脱皮做不了龙尾巴。给人家供货，也要命啊。人家是龙头企业，说一不二，你供货晚一分钟，都给你记着，给你打分。久而久之，你可能又被淘汰了。很多供货商怨声载道，怪人家苛刻，狠心，刁蛮，但嘴上不敢说。你一说，饭碗丢了，不让你供货，找别人干。到底谁苛刻？是丢饭碗苛刻、饿死苛刻，还是好好干、做龙尾苛刻？人家是训练你，把你往龙身上带。我现在勉强做着龙尾，学，下狠心学。不学没饭吃。我曾经找他们一位中层诉苦，当然不敢真诉，真诉他就敲饭碗，我假诉，半开玩笑。这位中层就说了：'消费者敲我们饭碗。'一想，还真是。说这话的中层干部，听说后来还自我检讨，说自己不乐业，老想着饭碗，眼界太小，属于中等人才，不是卓越人才。"

7.19　子曰："我非生而知之者，好古，敏以求之者也。"

试译　孔子说："我不是生来就懂的人，而是喜好古代文化又勤奋学习的人。"

试注　敏，勤奋。

体会　生来就懂的，孔子认为属于上等。学了才懂的，次一等。碰到困难才学，又次一等。碰到困难还是不学，是下等（16.9）。孔子把自己列为次一等，学了才懂。这个学，当然不是博学多闻，而是"一以贯之"（15.3）的。

7.20　子不语怪、力、乱、神。

试译　孔子不谈怪异、暴力、变乱、鬼神。

试注　乱和治对称，有混乱，叛乱，战乱等。

体会　道家也是主张自然而然的，不主张搞得神神怪怪的，比如《阴符经》说："人知其神之神，不知不神之所以神也。"因为，按时吃饭，身体就健康了；待机而动，万事万物就各安其位、各行其化了。不说神怪，可以避免一些无谓的争论，有利于尽人事，待天命。儒家讲"天命之谓性"（《礼记·中庸》），道家讲"我命由我不由天"（明·章潢：《图书编·立命》），意思都类似。

春秋时暴力多、变乱多。但孔子暴力、变乱不讲，只管自行直道。不讲暴力，讲仁力、智力；不讲变乱，讲安顿自己。如何安顿？善于学习：

7.21 子曰："三人行，必有我师焉：择其善者而从之，其不善者而改之。"

试译 孔子说："几个人同行，其中必有我的老师：我选取他的优点学，见他有缺点我就反躬自省，改掉它。"

试注 "三"不一定就是三，可以是多。"而改之"，是先反躬自省，假如自己身上也有这毛病，就改正。

体会 让我们做一回小人，替孔子、老子分析分析：

一个便宜：我善良，我忠信，始终是好产品。好产品人人喜欢，坏产品就不一定了，多数人不喜欢。谁喜欢坏产品呢？我。人家把假货、次货、烂货给我，我欢天喜地，谢天谢地，傻冒一个？那倒不是。坏产品可以锻炼我，打造我。怎么锻炼？把坏产品拿来研究，哪些毛病要避免，哪些缺点要改掉，就能造出好产品来。还有，好坏常常是相对的，跟这个搭配，好；跟那个搭配，不好。那么能不能打造一个适应性强的产品？搞"通用电器"？通用性好，你善我也善，你不善我也善，我始终是好产品啊，这就锻炼出来了。质量可靠，抗损坏。硬的软的、热的烫的、好的孬的，都来糟践，一律欢迎。手机往地上一摔，来电照样接，而不是说要铺上地毯，才能打手机。你怎么折腾，我总是质量一流，人家信得过。俗话说，"美人人见人爱。"丑人也爱美人，坏人也喜欢好人。为什么？你喜欢什么，你就是什么，你就变成什么。可见每个人本质上都美好。

二个便宜：产品好，人家不识货也不要紧。这是顺着第一个便宜来的。说好产品人人喜欢，不一定吧？好产品常常卖不出好价钱，次货、假货倒卖得火。这不能说明大家喜欢次货、假货，只是不识货。这不要紧。不说销售，先说产品本身：人这种产品，要是好，肯定对自己好。如果说一个好人，对自己没好处，那不叫好人。其实无论什么产品，都应该本身好。本身好，才能对别人好。本身不好，会伤己、害人。一辆破车，零件咬合不好，相互磨损，开起来晃荡晃荡的，车子本身难受，开车的也难受。宝马摆在这里，人家不识货，去买破车，吃亏的不是我不是宝马。我还是我，还是宝马，还是奔驰，还是千里马。不是说你不识货，我就只跑一百里。再不识货，只跑十里，最后我成瘸腿，一里也挪不动了，不是的。

三个便宜：接着上面的便宜来，好人自己不吃亏，也不让别人吃亏。开车的爱说"磨合"。零件要磨合，司机和车子要磨合，车子和车子要磨合。好司机见车让三秒，他吃亏没有呢？没吃亏，占大便宜了。行程百万里无事故，精神抖擞，手脚灵活，家里人放心，交警喜欢，车友高兴，车子也高兴：这都是大便宜。车子开久了，你爱护它啊，它人性上来了，还真听使唤，不给你出事。"见贤思齐焉，见不贤而内自省也"（4.17）——见开得好的就学，见开得不好的就自我反省，看自己有没有那个毛病，有，就改了；没有，我也没吃亏。司机一般都愿意这样。还愿意帮助别人这样。因为大家都会开车了，对我自己也好。满街全是野马似的一路狂奔，不看红绿灯的，我怎么开？

车道就是企业之道。

7.22　子曰："天生德于予，桓魋其如予何！"

试译　孔子说："老天给我这份福德，桓魋他能拿我怎么样！"

试注　予，我。桓魋（tuí），因为是宋桓公后代，就称桓魋，本来叫司马向魋。其，他。如……何：把……怎么样？

体会　五十九岁那年（前493），孔子离开曹国去宋国，路上和弟子们在大树下习礼。宋国的司马桓魋想杀孔子，过来将树拔掉。孔子只好化装，微服逃离宋国，弟子们催促说："可以走快些！"孔子却不慌不忙，说："天老爷给了我福德，他桓魋能把我怎么样！"Life is half spent before we know what it is.人过半生，方知天命。孔子"五十而知天命"（2.4），现在五十九了，使命还没完成，天不会灭我。这种觉悟一般人达不到。

李贽看到孔子自信天德在我，"却又微服而过宋"这一过程，叹道：妙！妙！

7.23 子曰："二三子以我为隐乎？吾无隐乎尔。吾无行而不与二三子者，是丘也。"

试译 孔子说："大家觉得我有什么瞒着没教，是吧？对你们我没什么瞒的。我没有哪件事不跟你们在一起过，这就是我。"

试注 二三子，指弟子们。无行，没有哪一个举动。与：与……同行；给……东西（讲课、说话）。者，语气词，用在句末。如《史记·项羽本纪》："谁为大王为此计者？"

体会 孔夫子"不愤不启，不悱不发。举一隅不以三隅反，则不复也"（7.8）。这可能让弟子起疑心：老师是不是瞒着什么不肯说啊？再者，孔子说："中人以上，可以语上也；中人以下，不可以语上也。"（6.20）看人说话，有些话不对有些人说，也难免让某些弟子起疑心：对他说，为什么不对我说？比如仁是什么？樊迟问，孔子说："仁者先难而后获，可谓仁矣。"颜渊问，孔子却说："克己复礼为仁。"仲弓问，孔子又说："……己所不欲，勿施于人……"（12.2）对一个弟子换一个说法。到底什么是仁？弟子们可能疑惑：老师瞒了多少没说？子贡有一回感叹了："夫子之文章，可得而闻也；夫子之言性与天道，不可得而闻也。"（5.13）高深的道理很少讲，是不是要瞒着呢？不想传绝招？还有一回，孔子竟然对大家讲："我不想说话了。"引得子贡急了，说："老师不讲课，那弟子传述什么呢？"孔子就说了：天老爷说了什么呢？四季运行，万物生长，天老爷说了什么呢？（17.19）大概因为同样的道理，老子就劝人"多言数穷，不如守中"（五章）。又说："悠兮其贵言。功成事遂，百姓皆谓：'我自然。'"（十七章）

7.24 子以四教：文，行，忠，信。

试译 孔子用四点教人：读经，实践，忠诚，守信。

试注 四点也可以简化为文和质，如果大体上把行、忠、信算作质，这三者再与文配合，就是文质彬彬，能培养出君子。把"文"翻译为读经，是译窄了，本意是想突出主要的东西：文，主要指古代经典，核心是"六经"。

体会　孔子说："行有余力，则以学文"（1.6），"文质彬彬，然后君子"（6.17）；又说："言之无文，行而不远"（《春秋左传注疏卷三十六》）；曾子说："吾日三省吾身，为人谋而不忠乎？与朋友交而不信乎？传不习乎？"（1.4）《论语》有多处讲到忠信。就拿对朋友的忠信来说，西方也有一句话：Life without a friend is death，没有朋友，虽生犹死。这自然不是指酒肉朋友，狐朋狗友，是可以拿生命来换的朋友，有忠有信的。

7.25　子曰："圣人，吾不得而见之矣！得见君子者，斯可矣。"子曰："善人，吾不得而见之矣！得见有恒者，斯可矣。亡而为有，虚而为盈，约而为泰，难乎有恒矣。"

试译　孔子说："圣人，我不能见到了！能见到君子，就可以了。"孔子说："善人，我不能见到了！能见到一心向善、坚持学好的，就可以了。没有却装作有，空虚却说满了，本来很贪心却装作不在乎，是很难认准正道、持之以恒的。"

试注　孔子眼中的圣人，指尧、舜、禹、汤、文王、周公。甚至这还不够标准，据《列子·仲尼第四》，恐怕要西方的某某才能算。这位西方的某某，据后人说就是释迦牟尼。这个还在考证。子贡曰："如有博施于民而能济众，何如？可谓仁乎？"子曰："何事于仁，必也圣乎！尧、舜其犹病诸！"（6.29）可见孔子眼中的圣人，严格说尧舜都不能算。君子呢，指效法圣人的人。尧舜算不算君子？也是勉为其难——子路问君子，子曰："修己以敬。"曰："如斯而已乎？"曰："修己以安人。"曰："如斯而已乎？"曰："修己以安百姓。修己以安百姓，尧、舜其犹病诸！"（14.42）善人，从上下文看，是指好人。斯：就，则；此，这。约，穷困，卑屈，贪心求取。泰，奢侈，从容，放达，不在乎。

体会 从道德修为看，人至少有四个等级：圣人，君子，善人，恒人。圣人最高，有恒心的人第四。"君子固穷，小人穷斯滥矣。"（15.2）小人不能坚持，穷，就乱来。君子固穷，怎么穷，都坚持正道，甚至如王勃《滕王阁序》所颂："穷且益坚，不坠青云之志。"但是对于一般人，也要引导，不能要求太高，因为"无恒产而有恒心者，惟士为能。若民，则无恒产，因无恒心。"（《孟子·梁惠王上》）这个"因"，是因此。后人常有说儒家道德标准太高，开口就是圣人君子，无法实行。看孟子这句话，就知道那是误解。孔子也告诉冉有：对普通人，先要让他们富裕，然后再教育他们（13.9）。对普通员工，先确定物质待遇，多劳多得，不要一来就讲奉献。至于"小人闲居为不善，无所不至。见君子而后厌然，揜（掩）其不善而著其善"（《礼记·大学》），正是这里说的"亡而为有，虚而为盈，约而为泰"，只是说恒心不够，但是善心还是有的，还知道掩饰，知道表现要好，那就可以慢慢引导。

7.26 子钓而不纲，弋不射宿。

试译 孔子钓鱼，不用网打鱼；射鸟，不射巢中鸟。

试注 纲，提网的总绳。如《韩非子·外储说》："引网之纲。"也指用大绳联网，拦水捕鱼。弋，射箭。宿，宿鸟，回巢的鸟。

体会 钓鱼得鱼少，网鱼得鱼多，但孔子只钓不网。鸟儿回巢了，不忍心射。这都是仁爱心。蕅益大师的意思，孔子连钓、射都不愿意，但是行为太高了，多数人不一定理解，还得有所从众，因此也钓也射。但又拔高一点，钓而不纲，弋不射宿，把"善机"曲折地暗示出来。有道家"和光同尘"的情怀。

释迦牟尼遇到一位屠夫，告诉他杀生很不好。屠夫说：可是我不会别的，我的生计就是这个啊。释迦牟尼就建议说：那你至少可以发愿每天日落后、日出前不要杀生。屠夫答应了。俗话说，勿以善小而不为，勿以恶小而为之。如果我们着重后一句，好像释迦牟尼就是网开一面，让屠夫为非作歹了。但是如果看重前一句，情况就反过来了。从总体看，屠夫还是进了一步。这使我们想起鲁迅先生的话。鲁迅先生讽刺一些彻底革命家，大意是说：如果我们现在没有坦克和大炮，我们就把手里仅有的长矛折断，坐着等死吗？

7.27　子曰："盖有不知而作之者，我无是也。多闻，择其善者而从之，多见而识_志之，知之次也。"

试译　孔子说："大概有本来不懂却要创作的人，我没有这本事。我是多听，挑其中好的采纳；多看，把好的记住。属于学而知之，第二等。"

试注　盖，大概。作，创作。是，此。识（zhì），志，记住。"多见而识之"，可能承前省略，补足的话，是"多见，择其善者而识之"。知之次，第二等的知识，即学而知之。第一等是生而知之。第三、第四是困而学之、困而不学（16.9）。

体会　这对于浮躁的学问人，是一剂良药。

不过，无知和有知，都可能是包袱，也都可能是动力，看我们如何善待它们。如果不固执，无知的时候搞点创作，可能会石破天惊。爱因斯坦在这方面深有体会，提出相对论的时候，数学不好帮了他的大忙。这和孔子这里的话不矛盾。无知的神奇力量大得很，破坏力也大得很。知识是力量，也是包袱。知识是力量，这个力量可能是阻力，在佛家叫做所知障。无知也是力量，这个力量可能是动力，是创造力，不一定的，是看心态看条件的。无知作为阻力，有点像佛家说的无明；作为动力，便能空灵，无声胜有声；"当其无，有器之用。"（十一章）有时候学多了，创意也就没了，读成书呆子了。所以老子讲"为学日益，为道日损"（四十八章），倡导"复归于婴儿"（二十八章），回到婴儿那种无中生有的天真状态。如果知识是创作出来的，学习就必须是创造性的。要学，就学这种创造性，这是知识的精华。把一切知识看做无知，所谓知识即非知识，"色即是空"（《心经》），这就是创造性，就出创作，就是真的多听，挑其中最好的采纳；多看，把最好的记住；就是学习最高的知识：创造；就是复归人的最高力量：永远处在零点，永远处在重新起步的起跑线上。这个零点、这个"空，即是色"(《心经》),即是开天辟地,万象更新,无尽宝藏尽在其中。

所以说,《心经》是创新的无上宝典,《般若波罗蜜多心经》,只有260个字,精粹啊,太精粹了,神通广大,不可思议。

7.28 互乡难与言,童子见,门人惑。子曰:"与其进也,不与其退也,唯何甚?人洁己以进,与其洁也,不保其往也。"

试译 互乡的人,别人很难和他们谈话的,可是互乡有个年轻人却来拜见了孔子,孔子的门人感到很奇怪。孔子说:"要帮助人家进步,不帮助人家退步,何必做得那么过火?现在人家干干净净来求进步,要高兴人家干净进取,不要老记着过去。"

试注 互乡是个什么地方,不知道了。见,来拜见孔子;过去读为xiàn。"与其……"的与,是赞许、帮助。唯,用在句首,没什么意义。何,何必。甚,过分。保,守住,看守住,引申为永记不忘。

体会 宰我回答哀公的问话,曾经有一次答错了,孔子听到后,说:"成事不说,遂事不谏,既往不咎。"(3.21)

管仲病了,齐桓公去看望,说:"仲父病得这么重,国人都公开谈论了,寡人把国家托付给谁好呢?"管仲说:"过去为臣尽心尽力,都不知道谁合格。今天大病在身,一早晚工夫就可能死去,还怎么能说清楚呢?"桓公说:"这可是大事,希望仲父开导我。"管仲恭敬地答应后,问道:"桓公想让谁做相呢?"桓公说:"鲍叔牙可以吗?"管仲说:"不可以。夷吾和鲍叔牙是好朋友,鲍叔牙的为人,清廉正直,看人家不如自己,就不和人家好;一听说人家有过失,终身不忘。"桓公说:"假如不苛求的话,隰朋可以吗?"管仲说:"隰朋这个人志向高远,不耻下问。因自己学不到黄帝的美德而羞愧,见不如自己的又深表同情。对于国事,有些他也没听过;对于事物,有些他也不知道;对于人才,有些他也看不准。不苛求的话,隰朋是可以的。"管仲推荐心胸广阔的隰朋,不推荐老记着别人过失的鲍叔牙。《吕氏春秋》夸赞说:相,是大官。当大官不需要拘泥细节，用不着小聪明。因此说大巧匠不用刀砍，大厨师不用餐具，大勇士不用打斗，大部队不用动武。也许可以加一句：大丈夫不咎既往。

7.29 子曰："仁远乎哉？我欲仁，斯仁至矣。"

试译 孔子说："仁离人远吗？我要仁，这仁就到了。"

体会 远在天边，近在眼前。孔子说圣人没见过，善人没见过，把标准定得很高，似乎做圣人、善人、仁者很难，仁道离人很远。这里反其道而行之，一下把距离拉近了，一切都在一念之间。正如佛家净土宗，天天念佛，念佛也就是佛念，念佛人就是佛念人，心想事成。"高山仰止，景行行止"（《诗经·车辖》），虽不能至，心向往之。久而久之，你景仰什么，你就成为什么。企业文化，人力资源开发，这是一条捷径。可是，"我没见过好德像好色那样的。"（9.18）果真如此，那就没有希望。不如回到《礼记·中庸》："道也者，不可须臾离也，可离非道也。"只是"百姓日用而不知"（《周易·系辞上》）罢了。

7.30 陈司败问："昭公知礼乎？"孔子曰："知礼。"孔子退，揖巫马期而进之，曰："吾闻君子不党，君子亦党乎？君取于吴为同姓，谓之吴孟子。君而知礼，孰不知礼？"巫马期以告。子曰："丘也幸，苟有过，人必知之。"

试译 陈司败问："昭公懂礼吗？"孔子说："懂礼。"孔子走后，陈司败对巫马期作个揖，靠近他说："我听说君子不偏袒，莫非君子也偏袒吗？鲁君从吴国娶来夫人，夫妇同姓，不便称夫人为吴姬而称吴孟子。鲁君要是懂礼，谁还不懂礼呢？"巫马期后来把这话转告了孔子。孔子说："丘真是幸运，一有差错，就有人知道。"

试注 陈司败：陈国的大夫，有人说司败是官名，即司寇，管司法、纠察的。昭公即鲁昭公（公元前541～公元前509），姓姬，名稠，昭是谥号。"而进之"，可能是巫马期靠近陈司败；有人认为是陈司败作揖，让巫马期靠近自己一点。假如陈司败即陈国司寇，也许就不会屈尊主动靠近巫马期这个平民，只好作个揖，请巫马期靠过来一点？不过，古代大禹贵为天子，请教农夫，都主动走到下风处，才开始请教。陈司败正好在谈论孔子懂不懂礼，他自己会不会效法大禹的大礼，先作揖，然后主动靠近巫马期，以示谦下呢？巫马期，孔子弟子，姓巫马，名施，字子期，比孔子小30岁。取，娶妻。吴是吴国，到鲁哀公的时候，吴国被越王勾践灭掉。同姓：鲁国是周公后代，姓姬；吴国是太伯的后代，太伯是周太王的儿子，自然姓姬。吴孟子：春秋时代，国君夫人的称呼，一般是国名加她的本姓，鲁君娶吴国人为妻，这位夫人应该叫吴姬，因为吴国姓姬。可是同姓不婚是周朝礼法，叫吴姬，和鲁君姬稠一个姓，扎眼、刺耳，就改称吴孟子。孟子是排行，孟、仲、季排下来，老大称孟，可见是大女儿。

体会　孔子愿意隐恶扬善，这里主要讲隐恶。他其实知道昭公不懂礼，只是不对外国人说。《史记·仲尼弟子列传》记载这段故事，孔子的话稍多一些："丘也幸，苟有过，人必知之。臣不可言君亲之恶，为讳者，礼也。"为臣的不对外国人讲自己君王的过错，子女不对外人讲父母的过错，出言有忌讳，这是礼。但是国君请教问题，孔子有问必答，态度恭敬，语气委婉，切合对象，把国君往仁道上引，属于"诤臣"。对内多建议，对外维护威信，有过错自己担着，这样的下属，领导都喜欢吧？儒商为什么盛行呢？子贡经商很有一套，从师父这里学了不少。

下面讲孔子如何扬善。

7.31　子与人歌而善，必使反之，而后和（hè）之。

试译　孔子和人唱歌，如果人家唱得好，一定请人家再唱一遍，然后自己和着唱。

试注　反，反复，再次。之，那首歌。和，和谐地跟着唱。

体会 一起唱歌的时候，人家唱得好，孔子就鼓掌拉歌："再来一次要不要？"旁边的歌迷都大喊："要！"歌星再次登台，孔子就和着拍子，跟着唱，做配角，气氛非常热烈。细微处见精神，见仁爱之心。隐恶扬善，这里是扬善，上一节是隐恶。替人隐恶，能够促人自我反省。替人扬善，能够促人建立自信，见贤思齐。自己做出榜样，对人又不苛求，能隐恶扬善，人家就愿意跟着学。孔子真是一位大导师。

《史记·五帝本纪》等书讲到大舜隐恶扬善的故事。大舜还没有做天子之前，曾经在历山耕地。历山在哪里，有几十种说法，看来大舜的威望太高了。一说历山地处山西，位于沁水县、垣曲县、翼城县、阳城县等县的交界处，现在是国家自然生态保护区。当年，舜为了躲开家人的谋害，独自到历山来谋生。舜看见很多人在那里耕地，都相互占别人的地边。大概今天把人家的地刨过来一点点，明天刨过来一点点，大家都这样耍心计。舜也去耕地，不到一年，大家都学会给别人让地边，都主动退回来一点。风气好起来后，很多人都自动搬到舜的周围去住，不久，历山就成为一个大镇。

舜又搬到雷泽。雷泽在哪里，说法也多，有说在山西的，有说在山东的，不考证了。舜去的时候，雷泽湖边的年轻渔夫，都占了深水区，那里鱼多；年老体弱的渔夫，只好在水急水浅区抓鱼。舜一看，很不是滋味，就想了一个办法，自己也去捉鱼。看见爱争夺的，他也不说；看见那些谦让的，就到处称赞，学习他们的做法。这样过了一年，大家都把水深鱼多的地方让了出来，又有很多人搬到舜的周围住下来，雷泽也成了一个大城。

因此孔子叹道："舜！其大知也与！舜好问而好察迩言，隐恶而扬善，执其两端，用其中于民。其斯以为舜乎！"（《礼记·中庸》）

7.32 子曰："文，莫吾犹人也，躬行君子，则吾未之有得。"

试译 孔子说："理论知识，也许我和普通人差不多。至于老老实实地学做君子，那我还没有什么成就。"

试注 文，书本知识，理论水平。莫，约莫，大概。犹，如同。躬行，身体力行。君子，君子之道。"躬行君子"，身体力行君子之道，也就是学习做一个君子。

体会 越学习，越觉得自己不行。知识越多越谦虚。到老子那里，就变成"无知"："明白四达，能无知乎？"（十章）四面八方明明白白的，能不自以为明白吗？到佛家那里，就变成——"佛说般若波罗蜜，即非般若波罗蜜，是名般若波罗蜜。"（如法受持分第十三）不以智慧为智慧，那才叫智慧。

这种大智若愚成就大业的，古今都不少。当今的一个典型人物，是芬兰人李纳斯·托沃兹（Linus Benedict Torvalds，1969~ ）。据说美国《时代周刊》评价说："有些人生来就具有引导百万人的领袖风范，其他人则是为了写出颠覆世界的软件而生。唯一一个做到这两者的人，就是托沃兹。"托沃兹我们戏称"脱袜子"。他的伟大，一是发明划时代软件Linux内核，二是将Linux导入一个集中全球群众智慧的公开运动。据他自己说，成就最大的还不是Linux内核的发明，而是Linux的持续推进开发方式。这个方式，用中国古话讲，就是大智若愚，让群众广泛献计献策，多挑毛病，因为given enough eyeballs, all bugs are shallow，群众的眼睛是雪亮的，我"脱袜子"不算什么。这一做法被美国一流黑客Eric Raymond称为Linus Law：李纳斯定律。既然让大家挑毛病，软件就得完全公开，搞公开源代码Open Source，一点密码也没有。这个定律的得出，是因为软件人相信：只要有足够的测试员及共同开发者，所有问题都会在很短时间内被发现，而且很容易被解决。这就是Linux飞速发展的秘诀。

7.33 子曰："若圣与仁，则吾岂敢。抑为之不厌，诲人不倦，则可谓云尔已矣。"公西华曰："正唯弟子不能学也。"

试译 孔子说："要说圣和仁，我哪里敢当。只不过努力朝这个目标奔，不厌倦；教人家朝这个目标走，不嫌烦——可以说也就这两下子而已。"公西华说："这正是弟子学不来的。"

试注 抑，不过；一说是文言的发语词，可以不翻译。云尔，如此罢了。已矣，也是"罢了"。"云尔已矣"加在一起，好比说罢了罢了，而已而已。唯，没见到直接的解释，大概没必要解释吧。

体会 孟武伯问子路、冉求、公西华仁不仁，孔子都说不知道，但说公西华可以搞外交（5.8）。说到自己，孔子也说不够格。

圣者不自以为圣，仁者不自以为仁，要求自己精进不止，助人不停，这一圣者风范、仁者自律，正是公西华自叹不如的，可见公西华实在是高。

7.34　子疾病，子路请祷。子曰："有诸？"子路对曰："有之。《诔》曰：'祷尔于上下神祇。'"子曰："丘之祷久矣。"

试译 孔子得了重病，子路请求祷告。孔子问道："有可能吗？"子路说："有的。《诔》说：'为你向天神地神祈祷。'"孔子说："丘祈祷好久了。"

试注 疾，有时候指轻病，有时候指重病；这里和病连用，一般解释为重病。诸，之，这回事，这个理，这种可能性。诔（lěi），本来指悼词，这里指祈祷鬼神赐福的文章。神，天神；祇，地神。

体会 Heaven never helps the man who will not act.自己不动，叫天何用！圣人仰不愧天，俯不愧地，一言一行，无不精诚，无不祈祷。《礼记·中庸》说："至诚如神。"病了再祈祷，临时抱佛脚，来不及了。丘祈祷好久了，不是今天才想起的。既然祈祷很久，如今还是得病，想必是天意了。"既来之，则安之。"（16.1）"君子素其位而行，不愿乎其外。素富贵，行乎富贵；素贫贱，行乎贫贱；素夷狄，行乎夷狄；素患难，行乎患难。君子无入而不自得焉。"（《礼记·中庸》），那也就素健康行乎健康，素疾病行乎疾病了，"无可无不可了"（18.8）。俗话说，没有吃不了的苦，没有享不了的福，没有过不去的坎。遇水架桥，逢山开路。愚公只管移山，天神下不下凡，那是天神的事。

7.35 子曰："奢则不孙_逊，俭则固。与其不孙_逊也，宁（nìng）固。"

试译 孔子说："奢侈，就不谦恭；太节约，就寒酸了。与其不谦恭，倒不如寒酸些。"

试注 孙通逊。逊，谦恭有礼。俭，过分节俭。固，简陋，固陋，寒碜，寒酸。

体会 林放问礼之本。子曰："大哉问！礼，与其奢也，宁俭；丧，与其易也，宁戚。"（3.4）超越自己的身份大搞排场，是无礼之举，目中无人，太张狂。什么也舍不得，就太小气了，也不合礼。不偏不倚，不排场不吝啬，是中道。但是中道难行，子曰："中庸之为德也，其至矣乎！民鲜久矣！"（6.28）那就走个偏锋。偏锋里面，找偏得少的：小气比奢靡好，那就姑且小气一些。可见，偏中有正。无中无偏，是为大中。你守住中庸之道，一切偏锋都是中道了。一中一切中，偏也是中。这是圣人的疏导法："圣人无常心，以百姓心为心。"（四十九章）百姓虽然不免偏心，但是偏心自有其道理，自有其因由。有因有果，这就是道理。人人要讲道理，道理在人心，在民心。道理民心即是圣人心，顾客永远是对的，圣人就是为人民服务的。民心有什么错误呢？没有。民心不可违，民心不可止。不可违，就不要对抗；不可止，就一定进步。民心就是我心，同艰苦共患难，甚至同偏见共探索，一起进步，稍微超前一点，先走半步，不愤不启，引而不发，积极引导，不加干涉。否则，硬是要死守中道，讲原则，一点偏都不允许，这就偏大了。一偏一切偏，讲中道的，成了"大偏了"，大骗子。本来不想骗人不想走偏，怎么恰好就偏了呢？走偏的，大都如此，其中有"正"啊。真理就在各种偏见中。领导就在于善解人意，在于发现、理解、赞美、培育这偏中之正，在于会走偏锋，善于"攻乎异端，斯害也已"（2.16）；善于"执其两端，用其中于民"（《礼记·中庸》）。这个中，就在两端中，不在两端外。

7.36　子曰："君子坦荡荡，小人长戚戚。"

试译　孔子说："君子坦坦荡荡，敢做敢当；小人患得患失，唉声叹气。"

试注　长，经常。戚戚，悲悲戚戚。

体会　有时候人们觉得君子是不是太谦恭了，不免有点畏畏缩缩，放不开，三脚踢不出个响屁。说：都是中庸留的后遗症。中庸，就是不敢冒尖，不敢落后，随大流，是儒家的大毛病，中国传统的大缺点。一考察，很多中国人似乎还真的有这毛病。所以中国人生意做不大，不敢竞争嘛。

7.37　子温而厉，威而不猛，恭而安。

试译　孔子温和而又严肃，威武却不凶猛，恭敬而又安详。

体会　温和，和蔼可亲，但不是"近之则不逊"（17.25），不是过分亲近到连尊严也没有，礼貌也不讲了。"君子正其衣冠，尊其瞻视，俨然人望而畏之，斯不亦威而不猛乎？"（20.2）孔夫子衣冠端正，甚至佩剑，很威武，令人肃然起敬，但是不凶猛。恭则敬，不敢马虎，但也不紧张，安安然然，轻轻松松。

温而不厉，一团和气，谁也不敢得罪，常常失掉原则，最终把大家都得罪了。威而猛，让人害怕，不敢放手做事，敬而远之，敬而不亲。恭敬过分，点头哈腰，让人局促不安，自己也拘谨，生怕礼数不到得罪了谁，放不开。公关人员最忌讳这样。

泰伯第八

8.1 子曰："泰伯，其可谓至德也已矣。三以天下让，民无得而称焉。"

试译 孔子说："泰伯，可以说美德无以复加了。多次因为天下福祉而谦让，人民都不知道，也就没法称颂他的至德。"

试注 泰伯，姓姬，是周朝太王古公亶父的长子。古公还有老二仲雍，老三季历，共三个儿子，按伯、仲、季排下来。季历的儿子就是后来的周文王姬昌。那时候，殷商开始走下坡路，周国走上坡路。季历生下姬昌，有圣德。太王想翦除殷商，泰伯不愿意，觉得诸侯怎么可以攻打天子呢？太王就想把王位传给季历，好让季历再传位给姬昌，因为姬昌有圣德。作为长子为了顺从父命，就趁父亲生病，请求去南方找药。结果和弟弟仲雍一起到了吴越，就再也没有回来。太王去世后，季历接位，这是一让。季历去世，姬昌接位，为周文王，三分天下有其二，这是二让。文王去世，武王继位，夺得天下，是三让。这些功德，天下百姓都不知道。

体会 三以天下让——可以有两种解法：1. 三次因为天下福祉的缘故而谦让；2. 三次让天子位。前一种解释，说得通。后一种解法，曾经引起一些疑虑，说：太王的时候，周国还没有得天下，泰伯哪里有天下可让？有人就解释说：那是就后来得天下说的，因为当时的周国已经有取天下之志。

古来宫廷斗争，因王位而骨肉相残的不少。泰伯作为长子，本该继位，但是看到父王想把王位传给更有利于天下福祉的弟弟季历、侄子姬昌，就借故隐遁了，连美名都没有留下。《老子》说："太上，不知有之；其次，亲而誉之……"（十七章），泰伯真是泰伯，有太上之德。上德不德，上德无德，民无德而称焉，无得而称焉。做了天大的好事，却没人知道。人们仰慕夸赞的，只有文王、武王。

8.2　子曰："恭而无礼则劳，慎而无礼则葸（xǐ），勇而无礼则乱，直而无礼则绞。君子笃于亲，则民兴于仁；故旧不遗，则民不偷。"

试译　孔子说："样子恭顺，却没有礼敬之心，就累人；谦逊谨慎，却缺少应有的威仪，就畏缩；勇猛无畏，却没有礼法节制，会乱套；心直口快，却不懂礼貌，会拧着来。当官的富有亲情，百姓就学会仁爱了；当官的不忘老朋友，百姓就不会寡情少义了。"

试注　葸（xǐ），畏葸，畏缩。绞，认死理，好比两根绳子绞在一起，拧着来，对着干。君子，指在上位的人，这里简称为当官的，不一定准确。偷，薄，浅薄，不厚道。

体会　"礼之用，和为贵。"（1.12）礼贵在和睦融洽，但是礼节礼节，总要有个节制，过分了不好，不到位也不好。恭、慎、勇、直都是礼的一面，如果缺少礼的另一面，那就偏了，不是礼了。因此说恭而无礼，慎而无礼，勇而无礼，直而无礼。前两种太软，后两种太硬。恭而无礼是样子恭敬，心里不恭敬；貌似有礼，心中无礼。恭而无礼，这个礼比较侧重礼敬之心。比如给人家送礼，是想讨好人，另有所图，心里实在瞧不起人家，但是又要靠人家啊。送个礼吧，又不舒服；不送吧，事情又办不成。于是恭恭敬敬去送，心里却别扭得很，恭敬心一点没有。双方都很累。慎而无礼呢，这个礼该侧重另外的东西，侧重于威仪。过分谨小慎微，畏畏缩缩，不敢正眼看人，就要用威仪来纠正，用堂堂正正的举止气质来补充，就勇敢了。有礼的一定勇敢，"当仁，不让于师。"（15.36）但勇敢不能过分，要有礼法节制，否则就乱套了，叛乱、动乱、捣乱都来了。有礼的一定正直，但如果自以为正直却对人无礼，口无遮拦，出言伤人，说是坚持真理啊，宁折不弯啊，就偏了，容易跟人拧着来。

8.3　曾子有疾，召门弟子曰："启予足！启予手！《诗》云：'战战兢兢，如临深渊，如履薄冰。'而今而后，吾知免夫！小子！"

试译　曾子得病后，把门人召集过来，说："看看我的脚！看看我的手！《诗经》上说：'战战兢兢，如临深渊，如履薄冰。'从今往后，我这身子是不会受伤了！年轻人！"

试注　门弟子，指曾子的门人、弟子。启，开，打开看，让弟子们掀开被子，看看自己身体完好无损。免，免除灾祸，指身体不会受损、受伤。

体会　曾子引用的诗句，在《诗经·小雅·小旻》中，结尾是这样的："不敢暴虎，不敢冯河。人知其一，莫知其他。战战兢兢，如临深渊，如履薄冰。"意思是说，不敢赤手空拳打猛虎，不敢扑腾两脚过大河。人通常只看一面，看不到另一面。因此要战战兢兢，像临近深渊一样，像踩在薄冰上一样。

8.4　曾子有疾，孟敬子问之。曾子言曰："鸟之将死，其鸣也哀；人之将死，其言也善。君子所贵乎道者三：动容貌，斯远暴慢矣；正颜色，斯近信矣；出辞气，斯远鄙倍_背矣。笾豆之事，则有司存。"

试译　曾子得病了，孟敬子去看望。曾子说："鸟临死的时候，那叫声都哀痛；人临终的时候，那话语都真切。君子推崇的道行有三点：容貌得体，就少一些粗暴怠慢；神色端庄，就容易培养信赖；谈吐优雅，就不大会出言不逊。至于如何使用笾豆之类的祭器，这些具体礼仪问题自有专门的官员在。"

试注　孟敬子，鲁国大夫仲孙捷，孟武伯的儿子，复姓仲孙，名捷，孟敬子是谥号。动，使（容颜相貌举止）得体。慢，懈怠、傲慢、简慢。远，远离、疏远，但不是消灭。正，使端庄。颜色，脸色、神情。近，接近，但不是达到。出，使（谈吐）优雅、在理。辞气，辞藻、语气、谈吐。鄙，鄙陋、粗俗。倍，背、悖理。笾（biān）豆，古代用竹编成的食器，形状如豆，祭祀宴享时用来盛果实、干肉；一说笾是竹豆，豆是木豆，都是食器。有司，官员、各有专司者。

存，在。

体会 "鸟之将死，其鸣也哀；人之将死，其言也善。"曾子的这句话早已成了名言，这样千古流传的临终遗言，的确不多。

容颜举止，脸色神情，语气谈吐，这三样都有对人对己的作用。我容貌得体，可减少自己粗暴怠慢，也可以少遭人家的鲁莽和简慢。我神色端庄，就容易增加相互信赖；我谈吐优雅，人家出言不逊的情况也将减少。对"远暴慢"、"近信"、"远鄙倍"的理解，古来的注家，有些注重自我修养，有些侧重对他人的作用。这里的翻译，是想兼顾一下。

8.5　曾子曰："以能问于不能，以多问于寡；有若无，实若虚，犯而不校，昔者吾友尝从事于斯矣。"

试译　曾子说："有能耐却请教没能耐的，见多识广却请教孤陋寡闻的；有却好像没有，充实却显得空洞，受到冒犯也不计较——过去我有一位好友就曾这样做了。"

试注　犯，冒犯，触犯，这里应当是被动式"受冒犯"。校（jiào），计较。吾友，过去很多注家都说是指颜回。

体会　A man becomes learned by asking questions. 不耻下问才能有学问，越有学问越是不耻下问。Even Homer sometimes nods.智者千虑，必有一失，总是有请教别人的必要。越有越觉得没有，越懂越觉得不懂。富有天下而自称孤家寡人，度尽众生却说不度众生，一辈子讲学却认为没说一个字，一辈子做好事却说自己一事无成，功劳都是大家的。企业成了一流公司，老板说："拜托了，拜托了。要说经营有方，哪里哪里，靠大家，靠大家。"因为他凡事请教人家，请教专家。"要说圣和仁，我哪里敢当！"（7.33）

8.6 曾子曰:"可以托六尺之孤,可以寄百里之命,临大节而不可夺也。君子人与^欤?君子人也!"

试译 曾子说:"可以把六尺幼君托付给他,可以把百里国政托付给他,面临生死存亡而节操不丢——这种人是君子吗?是君子!"

试注 孤是幼年丧父的;六尺之孤,指15岁以下的小孩。七尺就是成年了。据台北市度量衡公会网站(http://www.measuring.org.tw),商代一尺是今天16厘米,战国和秦代一尺是23.1厘米,周代多少,没说。曾子生活在春秋,是东周人,六尺要照周代尺寸算。据《简明中外历史辞典》的"中国历代尺的长度比较表"[1],周朝尺寸短,一尺相当于今天19.91厘米,六尺是119.46厘米,即一米二不到的小孩。百里之命:百里的地域相当于今天一个省,古代一个诸侯国,有百乘、千乘之别;命是命脉。百里之命就是国脉,国家命脉,国运之所系。大节是高尚节操。临大节,是遇到需要高风亮节的紧要关头。"夺"的本意是丧失,是个会意字,看它的金文字形,上面像振翅欲飞的鸟,下面是手,意思是:这只鸟翅膀扇动着,眼看着就要从手中飞走了。君子人:君子这类人。不妨戏说这一句——"君子兰吗?君子兰也。"

体会 曾子这句话后来演变为成语:托孤寄命。六尺之孤,如果是幼君,父王死后年幼的国君,那就有刘备托孤的典故。虽然这个典故从年龄说,不是十分标准,因为刘禅继位是17岁。刘备一病不起,知道大限不久,就把儿子刘禅(阿斗)托付给诸葛亮,说,"你才能高过曹丕十倍,必定能安邦定国,假如我儿可以辅佐,就辅佐他,假如无能,丞相你就取而代之。"给以无以复加的信赖。诸葛亮不禁涕泪双流,愿意鞠躬尽瘁,死而后已。

刘备托孤,乃是效法汉武托孤于霍光,霍光不负重托,培养辅佐8岁的昭帝弗陵。汉武托孤,则是效法武王托孤:周武王嘱托自己的弟弟周公辅佐年幼的成王,十分成功。汉武托孤之前,还特意让画师将周公辅佐成王朝见诸侯的场面画

---

[1] 武汉师范学院历史系:《简明中外历史辞典》,湖北人民出版社,1981,第424页。

出来，送给霍光，作为暗示和铺垫。

8.7　曾子曰："士不可以不弘毅，任重而道远。仁以为己任，不亦重乎？死而后已，不亦远乎？"

试译　曾子说："读书人不可以不博大坚毅，因为他们重任在肩，征途漫长。将仁爱天下作为自己的使命，不也沉甸吗？到死方休，不也漫长吗？"

试注　士，具有某种品位的人，含义丰富，可以指知识分子，学人，士大夫等。《论语》里，孔子有十来处提到士，比如子贡问什么算作一个士，孔子就把士分了三等（13.20）。子路问士，孔子又有另外一套说法（13.28）。曾子心中的士，可能和孔子的看法接近吧。弘，博大。毅，刚毅。

体会　藕益大师说"弘毅"两个字非常妙，但"死而后已"四个字很不好；孔夫子"朝闻道，夕死可矣"（4.8），那个"夕死可矣"是死而不已；而孔子讲"未知生，焉知死"（11.12），是把生死当做同一件事情，超越了世间的生活，进入到出世间的高度；曾子只是得了世间那一半，只有颜回还得了出世间心法。

8.8　子曰："兴于诗，立于礼，成于乐。"

试译　孔子说："以诗歌动人，以礼仪立人，以音乐成人。"

试注　兴，起，激起，鼓动起，调动起（情绪）。立，自立。成，成就，完成。于，在，从、以。

体会　孔夫子"三十而立"（2.4），那个立，很多人都从"立于礼"来解释。《诗》、《书》、《礼》、《乐》、《易》、《春秋》，是孔子删定的六经。从六经看，孔子这里说的诗、礼、乐，都属于六经。如果取广义，有点弹性，不一定局限在六经之内，但基本精神可以是六经。我们不知道孔子说这话是删定六经之前，还是之后。取广义，比较从容。

孔子对弟子说："同学们何不学学诗呢？诗可以兴，可以观，可以群，可以

怨。"（17.9）

"诗言志，歌永言。"（《尚书·虞书》）诗歌诗歌，诗和歌并举。"不学诗，无以言。"（16.13）"子曰：起予者商也，始可与言诗已矣。"（3.8）可见诗的作用很多。孔子删定《诗经》三百后，一言以蔽之，就是"思无邪"（2.2）。这就提醒我们要选比较纯正的诗歌，才可以说"兴于诗"，否则可能"灭于诗"。天天唱："哎呀呀，我要死了！"那就太脆弱了，要把正气鼓动起来才可以大兴。

8.9　子曰："民可使由之，不可使知之。"

试译　孔子说："教化人民，可以让他们跟好人学好样，不必让他们听多少道德说教。"

试注　由之：共之，共行其道。《孟子·滕文公下》："得志，与民由之；不得志，独行其道。富贵不能淫，贫贱不能移，威武不能屈，此之谓大丈夫。"这里，"由之"和"独行"对称，由之是共之，共行其道，一起做好人好事。还有两种断句。一种："民可使，由之；不可使，知之。"另一种："民可，使由之；不可，使知之。"

体会　道理知道多了，耍嘴皮去了。老子说："天下皆知美之为美，斯恶已；皆知善之为善，斯不善已。"（二章）孔夫子可不是满嘴仁义道德，他老人家"罕言仁"，和他的老师老聃主张相同。你说道德好，发个号召，评个奖啊，得个表扬啊，好，大家争着做好人好事，吹牛的造假的可能就来了。好人是做出来的，不是说出来的。公司文化、企业伦理，全在于老板经理如何做人。人做好了，不用说就有信用：不言而信。说也可以，说就一言九鼎。首先在于行，"行有余力，则以学文。"（1.6）人做好了，读几篇道德文章也不错。人没做好，道德文章常常起反作用。后世中国骂礼教骂孔子，中世纪后期西方骂教会骂耶稣，多半是因为这个缘故。

8.10 子曰："好勇疾贫，乱也；人而不仁，疾之已甚，乱也。"

试译 孔子说："蛮勇好斗，厌恶贫穷，会乱来。一个人本来缺乏仁爱，而我们对他过分痛恨，也会使他乱来。"

试注 好，喜好。疾，讨厌。

体会 这两句话放在一起，很受启发。看来天下大乱，有"坏人"的作恶，也有"好人"的疾恶如仇。不过，这样好坏分明地说，好像也是形而上学。比如我，就自认为好人，也好勇疾贫。为什么好勇？觉得世道不公，要讨个公道。我穷，为什么穷？世道不公啊！不公就是乱，我打抱不平不是乱，反而是治乱子的。这么一想，我就是好人了，我疾恶如仇，要打尽天下不平。到底谁是好人？当然是我。我好在哪里？好在眼中揉不得沙子，好在我一贯正确，代表正义。可是人家却总是对我不好，把我看做是"好勇疾贫"的捣乱者。

8.11 子曰："如有周公之才之美，使骄且吝，其余不足观也已。"

试译 孔子说："假如像周公那样才华好，却骄傲吝啬，其他方面就不用考察了。"

试注 周公，就是姬旦，文王的儿子，武王的弟弟，辅佐武王有大功，德才兼备。"才之美"连读，指才华好。如果读为"之才之美"，翻译为"才华和美德"，就难以说明下文的"骄傲和吝啬"这些丑德；也许翻译为"才华和美貌"，还凑合。不"足"观，不"值得"看。

体会 上一节批评"疾之已甚"，这里批评"骄且吝"，这两节有关系。自以为有本事，瞧不起人，是骄；对人刻薄、严酷、不宽厚，是吝，都和疾恶太甚类似。这样的心态，促使好人做坏事。人之初，性本善，为什么坏事做得不少呢？可以理解，是好心办坏事。要是宽厚一点，看到自己的毛病多一点，看别人的优点多一点，这份好心就更好了。好心里面常常杂有一些不大好的东西，这是好人的常态。这样去看，也许世上就没有不好的人了。法律上对十恶不赦的人也还注意教育，就是基于这种希望和信心吧。是希望浪子回头，恢复自己本来的美德和良心。

8.12　子曰："三年学，不至于谷，不易得也。"

试译　孔子说："三年学习中，始终对俸禄不动心，这个不容易做到。"

试注　至，志，志向。谷，官员的俸禄。

体会　三也可以是多。学习多年，对当官不动心，难得。学而优则仕，学习功课之后还有时间就去做实事，做官也可以，但要求一心求道不求官，才算学而优，才是真正当官的料。世上的事情，常常是反的。是什么，可能反而不是什么；不是什么，可能反而是什么。不一定的。《金刚经》说"所谓佛法者，即非佛法。"（依法出生分第八）学习当官也是这样：所谓官，也不是官；所谓学，也不是学。这样就会学，会当官了。这个境界不容易理解，做到更不容易。容易理解的，是做官有官样，求学有学样，做什么是什么，学什么像什么。这是好事，但职业病也跟着来了。这时候需要读《金刚经》，学会说反话："所谓官，并不是官，这就叫官；所谓民，并不是民，这就叫民。"于是想起据说是拿破仑的话：不想当将军的士兵不是好士兵。顺便也就想到"不想当士兵的将军不是好将军"了。想，不如做。没做过士兵的将军不是好将军，没做过将军的士兵不是好士兵。这个要求更高了，是要求全才，像观音那样千手千眼千面。老板和打工的，也是这样，那就到禅商境界了。

8.13　子曰："笃信好学，守死善道。危邦不入，乱邦不居。天下有道则见_现，无道则隐。邦有道，贫且贱焉，耻也；邦无道，富且贵焉，耻也。"

试译　孔子说："坚信善道，好修善道，用生命捍卫善道。危险的国家不去，混乱的国家不住。天下太平就出来做事，天下大乱就隐居起来。国家正义富庶，自己却贫困潦倒，可耻；国家混乱贫穷，自己却有钱有势，可耻。"

试注 好学，喜好修学。守死，死守，坚守，舍命来捍卫。见读xiàn，现，出现。危邦是有大乱的征兆了，乱邦是乱相横生了。

体会 孔子自己是危邦也入，乱邦也居，天下大乱他也不隐居，也出来做事，无可无不可。他周游列国的经历就是这样，虽然他对隐士非常尊重，自己也有隐居的本事。但是对于某些弟子，就要劝他们危邦不入，乱邦不居。孔子敢那么做，因为他可以做到"里仁"：始终住在仁里头，"我欲仁，斯仁至矣。"（7.29）弟子修炼不够的，容易受到不良环境的干扰，需要躲开一点，才能保持操守。天下太平，人尽其才，这时候如果我还贫贱，就是自己的问题。因此说，做强国乞丐、盛世懒汉，可耻。天下大乱，趁火打劫的多，巧取豪夺的多，因此说发国难财、靠国难贵，可耻。

秩序乱时，常听人说："现在秩序太坏，生意没法做。"秩序好时，也常听人说："现在什么都正规了，充分竞争，微利时代，生意不好做啊。"没秩序，生意不好做；有秩序，生意也不好做。总之是不好做，有一万条理由来证明。这便是"失败的逻辑"。

8.14　子曰："不在其位，不谋其政。"

试译 孔子说："不在那个职位上，就不干预那方面的政事。"

试注 谋，直译是谋划、考虑、打理，本意可能是干预、决策、决断、谋断。

体会 不在其位，不干其政。干，是干预，干涉。

先天下之忧而忧的孔子，不是史官而修《春秋》，不是乐官而订正音乐，使"雅颂各得其所"。（9.15）这好像都是"不在其位，要谋其政"，其实不是，孔子是个人行为，不是政务。天下兴亡，匹夫有责，合理化建议还是可以提，国事大家都可以关心，可以谋划，但是不能干预，不能取而代之。谋，做"干预"解释，比较在理。柏拉图的《理想国》，也把各就各位、各司其职看做正义。

有职有权，职和权对等。君君臣臣，君在君位，臣在臣位。帅在帅位，相在相位。在什么位，负什么责，用什么权，干什么事。"君子素其位而行"（《礼记·中庸》），相飞田字，马走日字。假如相走日字，马走田字，那还得了！这象棋还怎么下！父父子子，不能儿子把手一摆，对父亲说："小子过来！听大爷我说！"这个道理太简单了。可是不，世界上的事情，往往就是最简单的东西搞不懂、抒不顺。有个经理这样向我诉苦："董事会开了，权力也分配了，说董事长抓企业精神、方针大计和总经理聘任等重大事项，总经理管公司总盘运作和市场运营等。可是我上任不到三天，董事长已数次越权，批示公司总盘运作事项。你说我该怎么办？"董事长却也一肚子不满："作为总经理，怎么能一上任就把企业精神改了呢？那是他该管的事儿吗？动员会上那么说，行吗？"独立董事却另有说法："总盘运作啊，本来不该找董事长的，可是总盘部门却偏偏找董事长，董事长也照批不误。你说谁的错？"

8.15 子曰："师挚之始，《关雎》之乱，洋洋乎盈耳哉！"

试译 孔子说："太师挚奏乐，是先把《关雎》演奏流畅了，旋律美妙，不绝于耳啊！"

试注 师挚：鲁国乐师、太师，名"挚"。《关雎》是《诗经》第一篇。乱，治理，调整。乱，还有一个意思是乐曲的最后一章，也即合乐；诗的最后一章也称乱。洋洋，美妙。盈，满，充盈。

体会 孔子说："我从卫国回到鲁国，然后订正音乐，使《雅》、《颂》各归其位。"（9.15）那时候孔子在67～68岁的样子，鲁哀公在位，太师挚管音乐。孔子常和太师挚一起探讨乐理，说："乐其可知也：始作，翕如也；从之，纯如也，皦如也，绎如也，以成。"（3.23）

8.16 子曰："狂而不直，侗而不愿，悾悾而不信，吾不知之矣。"

试译 孔子说："勇悍却不正直，幼稚却不谦虚，无能却没信用，这种人我搞不懂。"

试注 狂，勇猛，凶悍。侗（tóng），幼稚无知。愿，谦谨肯学。悾（kōng），空虚。

体会 "狂者进取"（13.21），孔夫子是比较喜欢的。有些人勇猛、狂妄，但是正直，他要伸张正义，宣布真理，这还可圈可点。缺点是狂，以为人家一错到底，千刀万剐。但是如果一个人既狂妄又一肚子坏水，那就没什么好说的了，只好说"我搞不懂"。愚昧无知，只要肯学，那就可以。假如一点学养都没有，却满脑子鬼主意，那又"搞不懂"了。一无所能的，不敢随便说话，怕说了做不到，这种人可贵处在于守信。如果一无所能还不讲信用，实在是无可救药了。

8.17 子曰："学如不及，犹恐失之。"

试译 孔子说："学习唯恐学不到，学到了又唯恐忘掉。"

试注 如不及，好像追穷寇一样，唯恐追不到。犹恐失之：追到了又唯恐跑掉。

体会 充分表达了学习的紧迫性，只争朝夕。学习型社会中，学习是第一竞争力。不过，没学到，着急；学到了，也着急，好像一个小人。如何才能做到"学而时习之，不亦说乎"（1.1）？而不是"学而恐失之，不亦忧乎"？

子路问孔子说："君子也忧愁吗？"孔子说："不会。君子修学，还没学到手，就为所学的真理高兴；学到手后，又为实践真理高兴，所以一生都高兴，没有一天忧愁的。小人却不同，没学到手，唯恐学不到；学到手后，又唯恐忘掉，因此终生都发愁，没一天快乐的。"（《孔子家语·在厄》）

孔子前后矛盾吗？过来人说：如人饮水，冷暖自知。所以孔子才叹息说：我不想说什么了！天说了什么呢？！（17.19）

君子有忧，无小人之忧，这叫做"君子无忧"；小人有乐，无君子之乐，这叫做"小人无乐"。

8.18　子曰："巍巍乎，舜、禹之有天下也，而不与（yù）焉！"

试译　孔子说："崇高啊，大舜大禹统领天下，却不为自己打算！"

试注　与（yù），参与。不与，不参与天下利益的争夺、占有。

体会　舜、禹接天子位，都是蒙禅让来的，舜继位于尧，禹继位于舜，这是不与天下争利之一。得天下后，他们劳苦终生，自己的享受却不讲究，这是不与天下争利之二。挑选接班人，也是不选自家的无能之辈，而从天下贤能者中选拔，舜挑选了贤人禹，禹挑选了贤人皋陶，这是不与天下争利之三。

8.19　子曰："大哉尧之为君也！巍巍乎！唯天为大，唯尧则之，荡荡乎，民无能名焉。巍巍乎其有成功也，焕乎其有文章！"

试译　孔子说："伟大啊尧当君主！崇高啊，只有天最大，只有尧效法天。恩德浩荡啊，百姓都无法用语言颂扬了。崇高啊，他的丰功伟绩！耀眼啊，他的礼仪文明！"

试注　则之，则天，效法天。则，以……为法则。焕，光彩夺目，光芒四射。文章，礼仪、文明、制度。

8.20　舜有臣五人而天下治。武王曰："予有乱臣十人。"孔子曰："才难，不其然乎？唐、虞之际，于斯为盛。有妇人焉，九人而已。三分天下有其二，以服事殷。周之德，其可谓至德也已矣。"

试译　舜靠五位大臣就天下大治。武王说："我有治臣十人。"孔子说："人才难得，不就是这样吗？唐尧、虞舜那个时代，人气也是这样旺。武王的大臣，有一个还是女的，男的九个而已。文王时候三分天下，文王占了两分，仍然向殷商称臣。周代的德行，真可以说至高无上了！"

试注 予，我。乱臣就是治臣，乱就是治，古文经常这样反训。孟子说："孔子成《春秋》，而乱臣贼子惧。"（《孟子·滕文公下》）这个乱臣，就不是治臣了。正训反训，看上下文才知道。斯，这一点，指人才济济，人气旺。武王的十位大臣，女的一位：文母；男的九位：周公旦、召公奭（sháo gōng shì）、太公望、毕公、荣公、太颠、闳夭、散宜生、南宫适（kuò）。当然也不一定就是这十位，还有别的猜测。服事，称臣，执诸侯之礼。

体会 《尚书·泰誓》记载了武王征讨纣王之前召开誓师大会时发表的誓言："受（纣）有亿兆夷人，离心离德；予有乱臣十人，同心同德。虽有周亲，不如仁人。"受，是纣。夷，是平凡平庸。武王说：纣王人多势众但都是夷人、平庸之辈，离心离德；我只有十位大臣，却同心同德。纣王虽然有至亲（周亲）一大帮，不如我有志士仁人十来个。如果周亲是指"我周家"的亲人，那也比不上"我周朝"的志士仁人。

文王的仁道，孔子指出了一点：已经三分天下有其二了，仍旧向纣王尽诸侯之礼。孔子可谓画龙点睛。这就是文王为武王伐纣打下的基础。

顶级人才几个就可以定天下。汉高祖刘邦，靠萧何、张良、陈平得天下，或许还可以加上韩信。刘备靠三顾茅庐恭请诸葛亮，靠桃园三结义。华盛顿靠汉密尔顿、杰弗逊。盖茨靠艾伦、鲍尔默。张瑞敏靠杨绵绵，人称"披着绵羊皮的'狼'"；另一位正在成长的，大概就是柴永森了。阿弥陀佛靠大势至和观世音。千军易得，一将难求，钱学森要回祖国的时候，他的上司美国海军次长金布尔大为震惊，说："钱学森无论放在哪里，都抵得上五个师！""我宁可把他枪毙了，也不让这个家伙离开美国！"结果钱学森回国，带领国人很快搞出了火箭和导弹。

8.21 子曰："禹，吾无间然矣。菲饮食而致孝乎鬼神，恶衣服而致美乎黼（fǔ）冕，卑宫室而尽力乎沟洫（xù）。禹，吾无间然矣。"

试译 孔子说："对大禹，我不能评头品足。自己饮食清淡，给祖先的祭品却非常丰盛；平时穿得朴素，祭服却相当考究；自己的宫室简陋不堪，却竭尽全力兴修水利。对大禹，我没法挑毛病。"

试注 间，批评，找茬儿，挑毛病。菲（fěi），薄，简单。致孝，尽孝。鬼神，祖先。致美，尽量美化。黼（fǔ）是祭服，遮到膝盖；冕是冠冕，这里指祭祀用的礼帽。沟洫（xù），沟渠，开沟通渠。

体会 大禹"有天下而不与"（8.18），这里说得明明白白。《史记·夏本纪》记载更详细：禹的父亲鲧治水失败受诛，禹对此非常伤心。大舜授命他继续治水，禹不敢怠慢，殚精竭虑，住在外地十三年，过家门不敢入——"薄衣食，致孝于鬼神；卑宫室，致费于沟洫。"自己住草棚，把经费花在水利上。在陆地乘车，水上乘船，泥泞中乘橇，上山穿登山鞋。左手拿准绳，右手拿规矩，身背测量的仪器，开发天下九州，打通九州大道，整修九大湖泊，开通九州大山。传说大禹的宫室"茅次土阶"，茅草盖屋顶，泥巴做台阶。尧的宫室，台阶也只有三尺高。当时一尺大约是今天的24.88厘米，三尺还不到一米。这么点高度，那么辛苦，谁想篡他的位呢？那是民为邦本，是民本位，不是官本位。大家都想做老百姓，不想当天子做官。可是到了纣王，宫台千尺，造鹿台造了七年，搞官本位，结果自焚而死。如今有人把国家的扶贫款拿来喝酒，盖五星级宾馆，买高级轿车，也有纣的遗风。大财主懂得散财的也不少。洛克菲勒、盖茨、巴菲特发了大财，都赶紧捐款慈善事业、教育事业。

子罕第九

9.1 子罕言利与命与仁。

试译 孔子很少谈利、命、仁。

试注 与，也有人解释为"赞成"。这样，整句话就译成：孔子很少谈利，但认可命，认可仁。

体会 功利很少谈，注家对这个比较认同。关于命，"夫子之言性与天道，不可得而闻也。"（5.13）子贡这段话可以作为这里的注脚。性格、天道和命运连在一起，道理很深，不容易懂。关于仁，孔子一再说自己都做不到："若圣与仁，则吾岂敢！"（7.33）一再说不知道弟子们以及某些官员们哪个仁（5.8；5.5；5.19），甚至推脱说不知道"仁是什么"："仁则吾不知也。"（14.1）不愿意挑明，不下定义，只是针对个别情况有所指点，譬如仁就是"爱人"啊（12.22）、"仁者先难而后获"啊（6.21），但不下定义。也有人说：把仁道和命运挂在嘴上，害处很大，和开口闭口就谈利害一样，所以孔子很少谈。蕅益大师引用李贽的话说：少谈利，可以学到；少谈利、命、仁，学不到。

比尔·盖茨把自己定位在个人电脑软件业，创立了微软公司Microsoft，后来一直这么做了十几年，取得极大成功。微软的最初宏愿表达了它的使命——

"在每一个家庭的每一张桌子上都有一台电脑，每一台电脑里都运行微软的软件。"

后来的发展证明，微软的这个使命还是不够的，互联网的出现是一个划时代事件，对微软当初的使命起到革命性的惊醒和刷新作用。盖茨在初期的迟钝反应过后猛醒过来，转向了".net"时代。

一个老板对自己定位准确，对公司定位准确，这是至关重要的。知道自己是谁，知道自己能干什么，知道市场需要什么，本公司该干什么——这就是一个企业的"知天命"问题。

有人说："不知天命的企业，基本上是在混日子。"这话可能言重了。探索也是值得的，或许是永恒的，也是美的。不过，假如知天命，那当然好，求之不得：Every man is the architect of his own fortune. 自己的命运自己掌握。然后可以办《财富》杂志：Fortune。的确，一个人最大的财富，就是知天命，to know fortune。

9.2　达巷党人曰："大哉孔子，博学而无所成名。"子闻之，谓门弟子曰："吾何执？执御乎，执射乎？吾执御矣。"

试译　达巷这地方的人说："孔子伟大啊！学识渊博而不靠哪个专长出名。"孔子听到后，对弟子们说："我专操哪一行呢？驾车吗？射箭吗？我驾车吧。"

试注　党，周代五百家为一党。门弟子，门人弟子。执，专操，专攻，专修。御，驾车。射，射箭。

体会　大的东西你没法给它定义。比如仁，孔子不下定义。下定义就死了，让人误解。仁是活的，博大的，可以意会，难以言传。大哉仁也！博施而无以名之！那么硬要讨个说法？好，仁就是"爱人"（12.22），"仁者不忧"（9.29），都可以。那就"仁者爱人"吧。

9.3　子曰："麻冕，礼也；今也纯，俭，吾从众。拜下，礼也；今拜乎上，泰也。虽违众，吾从下。"

试译　孔子说："用麻料做礼帽，是古礼；如今都改成丝料，节约了，我随大流。（臣子见国君）先在堂下跪拜，是古礼；如今只在堂上跪拜，有傲气。虽说有违公意，我还是赞成先在堂下跪拜。"

试注　麻冕是麻料礼帽，很难织。纯，是黑色的丝；丝织礼帽，比较容易。拜下、拜上，是说臣子见君王，先在堂下拜，君王辞让后，再到堂上拜，很恭谨。泰，骄泰，傲气。

体会　"君子泰而不骄，小人骄而不泰。"（13.26）是把泰和骄分开讲，这个泰，是舒泰，安泰。"是故君子有大道，必忠信以得之，骄泰以失之。"

（《礼记·大学》）是"骄泰"连着讲，泰也是骄慢了。礼可以变通，不必死守；礼可以节俭，不必浪费；但恭敬心不能"节俭"掉，"变通"掉，这是孔子的基本态度。

9.4 子绝四：毋意，毋必，毋固，毋我。

试译 孔子绝无四种毛病——他不主观，不巴望，不固执，不自私。

试注 绝，杜绝。毋，无、绝、杜绝。意，主观偏见。必，巴望，要求事情必定怎样，指望世界一定要怎样。固，固执己见。我，小我，自私。

体会 子绝四也就是子毋四、子无四。毋意、毋必、毋固、毋我，也即无意、无必、无固、无我，也即绝意、绝必、绝固、绝我。

孔子毋意，是有名言的："我有知识吗？没有。即使有粗人问我，我也是脑袋空空，答不出来，只好左问右问，前问后问，把两头都问遍了，才能把事情搞清楚。"（9.8）

孔子在匡地被抓，面临生命危险，如何做到无意、无必、无固、无我呢——

9.5 子畏于匡，曰："文王既没（mò），文不在兹乎？天之将丧斯文也，后死者不得与（yù）于斯文也；天之未丧斯文也，匡人其如予何？"

试译 孔子在匡地被围困，说道："文王去世了，先人的文化遗产不在我们这里吗？假如老天要想灭掉这些文化，我们后来人就不会知道这些文化了。假如老天不想灭掉这些文化，匡人又能拿我怎么样？"

试注 匡是一个邑，属于卫国，在今天河南长垣县西南。畏，围困。兹，此，这里，我这里。与（yù），参与，与闻，参与并知道内在精神；与要是读yǔ，是亲近，知道，也讲得通。其，表示反问的助词。如予何：把我怎么样？

体会 孔子知天命的年岁是五十，天命所在，就是这个"文"。文王有文，文王传承弘扬了中华文化。文王去后，斯文在我，那个文化的命脉传承到我孔子这里。五十五六岁的时候，也就是公元前497～公元前496年，孔子本来在鲁国当司寇当得不错，虽然因事半途而废，但是鲁国已经路不拾遗了。这时候齐国人害怕了，心想孔子治鲁如此成功，"孔子为政必定称霸，称霸的话齐国最近，首先兼并的是齐国。何不先送点土地给人家呢？"就想了个计策：选了80个美女送给鲁定公。定公从此荒于女色，不理朝政，子路说："老师可以走了。"孔子说："再等一等，鲁国还要搞祭祀，如果祭祀的时候按礼制送祭肉给大夫，那我还可以留在这里。"结果祭祀时也不按礼制送祭肉给孔子了。孔子一看没戏，就到卫国去了，一走就是14年，周游列国。

到了卫国，住在卫都帝丘，也就是今天河南滑县，子路的内兄颜浊邹家。卫灵公问："在鲁国俸禄多少？"孔子说："俸粟六万小斗。"卫国就给孔子六万小斗粟米做俸禄。住了不久，有人向灵公说孔子的坏话，灵公就派公孙余假带兵仗出出进进，监视孔子。孔子担心得罪灵公，住了十个月，就离开卫国前往陈国，途中路过匡邑，遇到横祸。

过匡邑的时候，颜刻服侍孔子。颜刻用马鞭指着说："从前我来匡邑，是从这个缺口进去的。"匡人一听，以为是鲁国的阳虎来了，因为阳虎曾经残害过匡人，当时颜刻就和阳虎在一起过。这一下匡人以为阳虎又来了，就把孔子包围起来，因为孔子长得很像阳虎。围困了五天，弟子走散的很多，颜回后来才赶到，孔子说："我还以为你死了呢！"颜回说："老师健在，颜回哪里敢死！"（11.23）匡人围困孔子越发厉害了，有些弟子很害怕。孔子就说："匡人其如予何？"终于脱险。

9.6　太宰问于子贡曰："夫子圣者与欤？何其多能也？"子贡曰："固天纵之将圣，又多能也。"子闻之，曰："太宰知我乎！吾少也贱，故多能鄙事。君子多乎哉？不多也！"

试译　太宰问子贡说："夫子是圣人吗？为何那么多本领啊？"子贡说：

"本来嘛，老天要让他做圣人，又让他会那么多本事。"孔子听到后，说："太宰了解我啊！我小时候贫贱，因此能做好多小活计。真正的君子能耐多吗？不多！"

试注　太宰是官名，不知道是哪个人。固，本来。天纵，天赋。鄙事，低贱的工作。季氏是鲁国大户，孔子20岁左右为季氏当过仓库管理员（委吏），账目清楚，会计做得很到位，说："会计当而已矣。"（《孟子·万章下》）在其位，谋其政，克尽职守，只讲分内话，不高谈阔论，一定要当日账当日清，才下班。21岁担任牧场主管（乘田吏），说："牛羊茁壮长而已矣。"（《孟子·万章下》）把分内事儿干好，绝不好高骛远，一定要牛肥马壮，才放心。

体会　不想做员工的董事长不是好董事长。孔子善于做员工，各种小事儿都精心料理，管理就从这里学起。太宰疑心孔子要是圣人，为何会那么多技艺？言下之意，圣人是通大道理的，为什么会那么多小把戏？子贡就辩护了："夫子是天生圣人，而且多才多艺。"孔子善解人意，不直接反驳，而是顺着太宰的话，认为"太宰了解我并不是什么圣人，我只是会一些小技艺罢了。为什么会呢？因为小时候穷啊，只好多学点技艺糊口，哪里谈得上圣人不圣人？""若圣与仁，则吾岂敢！"（7.33）谈到圣和仁，我哪里敢当？不过，说到君子要不要会很多技艺？那倒不用。

9.7　牢曰："子云：'吾不试，故艺。'"

试译　琴牢说："孔子说过：'我不为政界所用，因此学了一些才艺。'"

试注　牢，《史记》中无记载，《孔子家语》中说是孔子弟子，叫琴牢，字子开。试，用。艺：礼、乐、射、御、书、数属于六艺，孔子都学，也教弟子们学。

体会　这段话紧接上段而来，还是谦辞。既然没有大用，学点小本事糊口吧。

子曰："志于道，据于德，依于仁，游于艺。"（7.6）这里前提是"志于道，据于德，依于仁"，在道、德、仁的基础上，游于艺，多才多艺，是锦上添花，好极了。否则，"文胜质则史"（6.17），学会了很多雕虫小技，虚头巴脑的，大事一塌糊涂。搞企业，先练内功，然后才做广告。内功没有，广告吹出去了，等于找死。"多言数穷，不如守中。"（五章）话说多了耗气，守中则养气。

9.8　子曰："吾有知乎哉？无知也。有鄙夫问于我，空空如也。我叩其两端而竭焉。"

试译　孔子说："我有知识吗？没有知识。即使一个没文化的来问我，我也是空有一张嘴巴。我只好旁敲侧击，把来龙去脉问遍了，才彻底明白。"

试注　鄙夫，粗人，没文化的。叩，盘问，启发式提问。两端，事情的来龙去脉，正反两极。竭，彻底明白。

体会　翻译总是不圆满。

孔子"毋意"（9.4），这是一个范例。实事求是，"无意"，没有主观的意见。事情本来怎样就怎样，一点意思都不加。俗话说：有心栽花花不开，"无意"插柳柳成荫。据说伟大的Java软件就是这样发明的。生意也是这样，专门谈一笔生意，往往谈不成。谈着谈着，谈到天涯海角去了，结果成了，做成了另一笔生意。无意即生意。当然，这种无意，应该是心包宇宙的无意。好比太空，空到极点，也就无所不有、无所不容了。鄙夫也空，孔子也空，鄙夫空得懵懂，孔子则空得灵动："叩其两端而竭焉"，把坛子这里敲敲那里敲敲，直到敲破，里面有什么，都看见了。一个空洞，一个空灵，不一样。空洞的，一笔生意谈不成，转到另一个话题，还是不成。机遇偏好有准备的头脑，机遇也偏爱善断之人：Fortune favors those who use their judgement. 有准备，却不固执，善于变通，有好像没有似的，随机应变，善于决断，就生意盎然了。所以如来告诉须菩提："应无所住，而生其心。"（《金刚经》）

9.9 子曰: "凤鸟不至, 河不出图, 吾已矣夫!"

试译 孔子说: "凤凰不来人间了, 黄河不出八卦图了, 我这辈子就这么过去了!"

试注 凤, 凤凰。河, 黄河。图, 河图, 八卦图。

体会 凤凰是传说中的神鸟, 凤凰飞来人间, 一定是太平之世, 圣主在位。传说黄河中出现一条龙马, 龙马背上驮着一张八卦图, 于是有圣人受命, 把八卦、《易经》的文化带给人们, 这也是伟大时代。这样的奇迹孔子没有遇到过。孔子适逢乱世, 前不见古人, 后不见来者, 念天地之悠悠, 独怆然而涕下。

9.10 子见齐衰者、冕衣裳者与瞽者, 见之, 虽少, 必作; 过之, 必趋。

试译 孔子看见穿丧服的, 穿戴礼帽礼服的以及眼睛失明的, 只要看见, 即便他们年纪轻, 孔子也一定站起来; 从他们身边经过时, 一定快步走。

试注 齐衰 (zī cuī): 丧服。衰 (cuī), 缞, 丧服。冕: 冠。衣: 上衣。裳: 下服, 裙子。瞽, 瞎眼。少 (shào): 年轻。作: 站起来。

体会 站起来, 表示恭敬。快步走过, 不敢多看, 也是恭敬。细微的动作, 显示深厚的修养。眼睛东张西望, 目光散乱游移; 或者像看西洋景, 两眼发直; 或者无动于衷, 目中无人, 都有失恭敬。看见不幸者 (穿丧服的)、当权者 (穿戴官员礼帽礼服的)、弱者 (盲人) 不起立, 也有失礼节。

9.11 颜渊喟然叹曰: "仰之弥高, 钻之弥坚。瞻之在前, 忽焉在后。夫子循循然善诱人, 博我以文, 约我以礼, 欲罢不能。既竭吾才, 如有所立卓尔, 虽欲从之, 末由也已。"

试译 颜渊不禁叹道: "越仰慕越觉得崇高, 越钻研越感到坚实。眼看着就在前头，忽然间又在后头。夫子循序渐进，善加引导，用知识打开我的眼界，用礼仪约束我的行为，使我想停一会儿都停不下来。每当我全力攀登，似乎到了高处，总会发现老师站得更高，够不着。即使想紧跟着夫子走，还是摸不到门道。"

试注 喟然，叹气的样子。卓尔，卓尔不群，超然独立，难以企及。末，无，不能。由，门道，办法，途径。

体会 藕益大师认为，夫子的大道，是无法靠仰慕、钻研、瞻前、顾后而求得的。

有点像老子说的道："迎之不见其首，随之不见其后。"（十四章）仰之不见其顶，钻之不见其核。

慧能大师有一天对弟子们说："我有个东西，无头无尾，无名无字，无背无面。大家认得吗？"别人都不敢说，只有神会站出来答道："是诸佛的本源，神会的佛性。"慧能说："跟你说了'无名无字'，你还是把它取名叫本源、佛性。你啊，拿个茅草篷盖住头算了，顶多成个能说会道的学生。"（《六祖法宝坛经·顿渐第八》）据宣化上人说，这是六祖故意呵斥，实际已经认可了神会的水平，用一句呵斥把他往上提。

9.12 子疾病，子路使门人为臣。病间，曰："久矣哉，由之行诈也！无臣而为有臣。吾谁欺，欺天乎！且予与其死于臣之手也，无宁（nìng）死于二三子之手乎！且予纵不得大葬，予死于道路乎？"

试译 孔子得了重病，子路让孔子的几位门人当家臣治丧。不久病好些了，孔子说："仲由行骗好久了！没家臣假装有家臣。我欺骗谁啊？欺骗老天吗？再说我与其死在家臣手里，宁可死在你们几位弟子手里啊！再说了，就算我得不到厚葬，莫非会死在路边不成？"

试注 门人：子路的门人；或者孔子的门人，因为子路在孔子门人中资格老，一些后学可能会听子路的，再说给孔子治丧，由子路的门人做家臣，资格就不够了。臣：家臣。间：间歇，好转。

体会　孔子当时已经不当官，也就没有家臣。诸侯、大臣得了重病，不久于人世，由家臣预备理丧。这是礼制。子路尊敬孔子，想用大臣的规格安排丧事，或许有不忍心之处。好比当今一个某某长退休了，人家见面还是称呼"某某长"，还是那么尊敬，不容易改口。孔子却痛骂子路骗人，僭用礼法。孔子的自责更为痛切："我骗谁啊？骗老天爷吗？"把对弟子的痛恨转为对自己的痛恨，归咎于自己教育不得法。真是"不怨天，不尤人"。老师沉痛自责，弟子更加无地自容了。

9.13　子贡曰："有美玉于斯，韫椟（yùn dú）而藏诸？求善贾（gǔ）而沽诸？"子曰："沽之哉！沽之哉！我待贾（gǔ）者也。"

试译　子贡说："有块美玉在这里，是装进柜子藏起来呢？还是找个识货的卖掉？"孔子说："卖掉！卖掉！我等着识货的呢。"

试注　韫（yùn），收藏。椟（dú），柜子。贾是商贾，生意人。善贾，会做生意的，识货的。沽，出售。贾要是读jià，解释为价钱，也可以。但不如遵从杨伯峻先生，读gǔ为好。

体会　子贡是可以和孔子谈《诗》的，举一反三，"告诸往而知来者"（1.15），善于用譬喻。这里又打个比方，夫子话头接得也快："卖掉！卖掉！"赏识之情溢于言表。子贡会做生意，就用生意来譬喻。可见子贡不是守财奴，他懂得钱财越用越多、越放越少的商道。流水不腐，"活钱"不蠹。存钱不富。商道和官道相通，道通为一。弟子和师父心有灵犀。

9.14　子欲居九夷。或曰："陋，如之何？"子曰："君子居之，何陋之有？"

试译　孔子想到九夷去住。有人担心了："九夷蛮荒无礼，怎么住？"孔子说："君子在那里住，怎么还蛮荒无礼？"

试注　夷是东夷，东部沿海一带夷人。九夷，是说东夷之地，有九种夷。譬如畎夷、于夷、方夷、黄夷、白夷、赤夷、玄夷、风夷、阳夷。另一种说法是玄菟（tú）、乐浪、高丽、满饰、凫臾（扶馀）、索家、东屠、倭人、天鄙。

体会　"君子居之，何陋之有？"唐代文学家刘禹锡（公元前772～公元前842）把这句话摘出来，做了一篇《陋室铭》。《里仁》那一章，可以归结为这一句。无礼的地方有礼人去住，也就有礼了。大老板要去穷乡僻壤做生意，老板助理说了："那么穷，怎么做生意啊？"大老板说："老板都去了，还穷吗？"在有生意的地方做生意，不算本事，在没生意的地方做出生意来，才是本事。即便寒碜，君子住进去，就蓬荜生辉。有个鞋店老板叫员工去非洲探路，看看有没有鞋生意可做。去了的回话说：鞋生意没得做，因为非洲人不穿鞋，都是赤脚。又派一个去，回来说：好极了好极了，非洲人都不穿鞋，鞋生意适逢其时。于是大做特做，鞋生意火了起来。什么事都在人。

夷并不带鄙夷的意思，《后汉书·东夷传》说，夷，是"柢"，根柢，"东方曰'夷'。夷者，柢也。言'仁而好生万物，柢地而出。'故天性柔顺，易以道御，至有君子不死之国焉。"古人在这里加个注说：这个君子不死之国，也就是《山海经》说的"君子国"，可见东夷是君子居之了。孔子说的"仁者寿"（6.22），君子仁者得以不死，"大德者……必得其寿"（《礼记·中庸》）。东夷本是君子国，本来不陋，这是又一层意思。

9.15　子曰："吾自卫反返鲁，然后乐正，《雅》、《颂》各得其所。"

试译　孔子说："我从卫国返回鲁国后，才订正了音乐，使《风》、《雅》、《颂》各归其类。"

试注　乐，音乐。雅、颂，《诗经》中诗歌的类别。"诗言志，歌永言。"（《尚书·虞书》）诗歌需要配曲，唱出来。唱出来的雅、颂，就是音乐了。因此说"乐正"，孔子订正了音乐的篇章，其实是三大类：风、雅、颂。

体会　公元前484年，鲁哀公十一年冬天，孔子68岁，回到鲁国，结束了14年的出国生涯，开始集中精力整理传统文化，培养学子。国风是民歌，排在第一。雅歌是宫廷音乐，排在第二。最后是颂歌，祭祀用的，排在第三。风、雅、颂，这样排位，首推原生态。原生态又首推情歌，"关关雎鸠，在河之州……"

是风的归风，是雅的归雅，是颂的归颂。"恺撒的归恺撒，上帝的归上帝。""Give to Caesar what is Caesar's，and to God what is God's."

类似的说法，在佛家就是："是法住法位，世间相常住。"（《法华经·方便品》）各就各位，在其位，谋其事。

不过这个职位、法位，要通达才行，像《金刚经》那样"所谓佛法，即非佛法"才行。对于商道来说，也就是"在商言商，在商不言商"，因此"所谓商道，即非商道，是名商道。"

9.16　子曰："出则事公卿，入则事父兄，丧事不敢不勉，不为酒困，何有于我哉。"

试译　孔子说："出门为公卿服务，回家为父兄服务，丧事不敢不尽心，不被酒醉——哪一点我做到了呢？"

试注　公卿泛指官员、大夫。父兄泛指长辈。困，一般解释为"乱"，对某些人而言，酒能乱性。喝醉就乱了，困了。"何有于我"，还有一解：对我来说有何难的？

体会　道就在生活中，一言一行中。这几件事，人人都可以这么做，都是平常事；一般人难以到位，又是不平凡事。尽心做事，又不为外物所动，这是矛盾的。尽心，就要投入；不为所困，就要跳出。一入一出，如何把持？有个度。"楼台"70度，"六粮液"75度，一人三瓶，醉不醉？不喝醉不算尽心啊，"干！一醉方休！"才算诚恳，才算真心。官场为公卿服务，回家为父兄服务，丧事喜事或许都有酒喝，这都是酒文化。这个酒文化，有人分析了，很多中国人为什么老是爱劝酒？不实在。想喝，又不好意思，就变出花样劝酒。最后都醉了，那是"盛情难却"，与我无关，"总不能失礼吧，人家那么热情。"理由充足。孔夫子酒量也大，"唯酒无量，不及乱"（10.7），怎么喝都喝不醉，怎么喝都不上瘾，多也是喝，少也是喝，无所谓。圣人的功夫，真是学不来。有这个本事，还觉得不够，说："这些我都做到了吗？"鞭策自己继续努力。

管理讲究权变。入乡随俗，有时候需要舍己从人，大概不在此"酒困"之列吧？有人这么认为。但这很容易变成借口。

9.17 子在川上曰："逝者如斯夫，不舍昼夜！"

试译 孔子在河上叹道："时光流逝就是这样啊，日夜不停！"

试注 川上，河上。舍，住下来，停留。

体会 人说这一句是《论语》中最有哲理的。"天行健，君子以自强不息。"（《周易·乾卦》）令人想起《金刚经》所说的"寿者相"，生生不息，分秒不止。

9.18 子曰："吾未见好德如好色者也。"

试译 孔子说："我没见过有谁喜好美德就像喜好美色似的。"

试注 《史记·孔子世家》记载这段话，是在孔子见南子与卫灵公逛街的故事中。孔子发了这通感慨，就离开了卫国。《礼记·大学》说：一个人要诚心诚意，诚到"如恶恶臭，如好好色"的程度，才行。卫灵公好色，和南子坐豪华车兜风，让孔子在后面跟着，招摇过市，孔子失望了。参见15.13。

9.19 子曰："譬如为山，未成一篑，止，吾止也。譬如平地，虽覆一篑，进，吾往也。"

试译 孔子说："譬如用土堆山，还差一筐就可以堆成了，这时候停下来，是自己停的。又譬如用土平地，虽然只倒了一筐，但往前倒土，是自己在前进。"

试注 为，造，堆。篑，装土的竹筐。平地，把地填平。覆，倾覆，倒土。

体会 老子说："九层之台，起于累土；千里之行，始于足下。"（六十四章）这是说善始。A good beginning makes a good ending. 善始者善终。 A bad beginning makes a bad ending. 不善始者不善终。

善终也很重要：好比堆山，只差最后一筐了，"累了，算了吧"，歇下来；"人家不让堆，算了"，歇下来。垮了。"为山九仞，功亏一篑"，山没有堆成。看一场戏，开一个会，搞个party，签份合同，大家欢喜，可是美中不足，最后一地的烟头、纸屑、空瓶，善后工作没人做。合同本来签了，一看这样，客户又把合同退了，宁肯赔偿损失。这都不能怪别人："止，吾止也。"合同终止了，是我自己终止的，虽然看起来是对方提出来的。

以后生意就别做了？还可以做，可以重新开始："进，吾往也。"往前倒一筐是一筐，一点不马虎，一定要把地填平。那么前次的失败，就是今后的成功之母：Failure is the mother of success.

9.20　子曰："语（yù）之而不惰者，其回也与欤。"

试译 孔子说："告诉他就照着做，永不懈怠的，那只有颜回吧。"

试注 语（yù）之，告诉他，教导他。

体会 "上士闻道，勤而行之。中士闻道，若存若亡。"（四十一章）颜回是上士，听夫子说什么，就做什么，从不偷懒。《礼记·中庸》有云："子曰：回之为人也，择乎中庸，得一善则拳拳服膺，而弗失之矣。"夸颜回修道有一点心得就铭刻在心，生怕做不到。

这种精神，在佛家属于精进波罗密，舍命修行。关于颜回的精进，庄子讲了个故事——

有一天颜回说："回进步了。"仲尼说："什么意思？""回忘掉仁义了。"孔子说："不错，但还没到位，还要忘掉一些才好。"过了些日子又见到孔子，汇报说："回进步了。"孔子问："什么意思？""回忘掉礼乐了。""可以。但还没到位。"过了些日子又见到孔子，说："回进步了。""哪一点进步？""回坐忘了。"仲尼深受触动，说："什么叫坐忘？"颜回说："肢体不动，聪明不用，解脱身体，舍弃智慧，与大道打通，这就叫坐忘。"仲尼说："打通，就没有偏好了；能变，就不死板了。果真这样的话，丘也想跟你学学啊！"（《庄子·大宗师》）

9.21　子谓颜渊曰："惜乎！吾见其进也，未见其止也！"

试译　孔子说起颜回，叹道："可惜（早死）了！我眼看他天天向上，却没能见到他成道。"

试注　止，止于至善，成道，功德圆满，学业大成。

体会　颜回去世，在四十一岁。孔子为之痛哭，说："唉，老天要我命！老天要我命啊！"时年孔子七十一岁。过了两年，孔子也去世了。

颜回是最用功的一个，老师说句什么他就付诸行动，毫不松懈，"语之而不惰"（9.20）。"譬如平地"（9.19），别看开头只倒了一筐，但是一往无前，一筐接着一筐，"进，吾往也。"

9.22　子曰："苗而不秀者有矣夫！秀而不实者有矣夫！"

试译　孔子说："苗子苗壮却不开花的，有啊！花团锦簇而不结果的，有啊！"

试注　秀，禾苗扬花抽穗。秀字上头是"禾"，下面像禾穗摇曳，和英语show发音类似，访谈节目talk show 被译为"脱口秀"。秀宽了，就不一定是禾苗扬花了。

体会　有人说颜回秀而不实，苗子很壮，花也灿烂，可惜没结果子。孔子这些话也许有所指，和上一节"吾见其进也，未见其止也"对应。后来人们常用"苗而不秀"、"秀而不实"指人早死，或者华而不实、徒有其表。一家企业产值很高，摊子很大，排场很大，名声在外，但是效益不怎么样，也是秀而不实。光看GDP不行，GDP只管产值，Gross domestic products，不管是国内生产总值，省内生产总值，人均生产总值，企业生产总值，都看不出效益，只看得出秀不秀。要看实不实，就要绿色GDP，人文GDP，乃至全面幸福GDP。

9.23　子曰："后生可畏，焉知来者之不如今也？四十、五十而无闻焉，亦不足畏也已。"

试译　孔子说："年轻人值得敬畏，怎么能断言未来人不如现代人？到了四十、五十还没什么见识，也就不值得敬畏了。"

试注　闻，见识，学识，知识，也解作"名气"。无闻则是"没名气"。来者，也解释为"他们的未来"；今，则相应解释成"我们的今天"。畏是敬畏。

体会　中国古人敬畏老人，不敬畏年轻人吗？孔夫子答道：老人不一定令人敬畏，年轻人不一定不令人敬畏。

闻有"知道"、"知晓"、"听说"的意思。孔子说："朝闻道，夕死可矣。"（4.8）这个闻，是闻道，是有见识。可见，还要看"闻"的主体是谁。是自己闻，还是被别人闻？别人闻，"无闻"就是没名气。自己闻，无闻就是没知识，没见识，没学识。孔子很尊重隐士，赞赏"邦无道则隐。"（8.13）隐士有见识有成就没名气，孔子该不会把名气看做可敬可畏的标准吧？"大象无形，道隐无名"（四十一章），这是老子的境界，孔子也是首肯的，因此颜回专心修道达到仁义礼乐都忘掉的时候，孔子"大为激赏"（《庄子·大宗师》）。

当然，"君子疾没世而名不称焉。"（15.20）名副其实，孔子也欢迎。

9.24　子曰："法语之言，能无从乎？改之为贵。巽与之言，能无说^悦乎？绎之为贵。说而不绎，从而不改，吾末如之何也已矣。"

试译　孔子说："如理如法的训导，能不答应吗？但还是真照着做才可贵。和风细雨的提示，能不悦耳吗？但还得寻思寻思才可贵。只顾耳朵舒服而不寻思，只是嘴上答应却不改正，我真不知道说什么好了。"

试注　从，一口答应。巽（xùn），在八卦中代表风，顺从。改，修正行为，修为。与，关系好，亲密，亲切，随从。绎，演绎，寻思，理出头绪，分析，体察。末，无，没有。

体会　汉语可以不听，法语、英语能不听吗？不学汉语可以，不学法语英语，没法追英赶美超法。汉语的《论语》可以不读，法语英语的《论语》读不读？那就值得研究了。研究了一番后，有了定论：读。"法语之言，能无从乎？"

还有句笑话，叫"虚心接受，屡教不改"，用来取笑模范丈夫老实听老婆训话，其实肚子里另有一套。模范丈夫们也经常这样自嘲。

9.25　子曰："主忠信，毋友不如己者，过则勿惮改。"

试译　孔子说："主要靠忠信处世，也没有哪个朋友是不如自己的，有了过错就不要怕改正。"

试注　前文（1.8）有一句——子曰："君子不重，则不威；学则不固。主忠信，无友不如己者。过则勿惮改。"1.8那里是"无友"，9.25这里是"毋友"。毋，古代也有"无"的意思。9.25这里是"毋友"、"勿惮"，1.8那里是"无友"、"勿惮"。为什么1.8不说"勿友"、"勿惮"或"无友"、"无惮"？而9.25不说"毋友"、"毋惮"，或"勿友"、"勿惮"？却要分别用"无"、"勿"、"毋"？

体会　编排上多出这一句，参见（1.8）。却也有一个不同："毋"。

9.26 子曰："三军可夺帅也，匹夫不可夺志也。"

试译 孔子说："三军可以失去大帅，个人不可以丧失意志。"

试注 现在的三军是陆海空军，中国古时候，三军包括中军、左军、右军；或者中军、上军、下军。夺，失去，强取。

体会 大军靠统帅。三军易得，一将难求，何况大帅。令行禁止，唯大帅马首是瞻。人活一口气，没气就没命了。气也有主子，"夫志，气之帅也。"（《孟子·公孙丑上》）一身正气，由远大志向指挥，由坚定意志统领。志动则气动，整个人都活了。这是说三军和匹夫的类似之处，都有统领。

不一样的也有：三军的大帅，可以没有；个人的志向，不可以没有。

大帅如何可夺？打仗的时候，任命一个大帅；仗打完了，大帅把帅印交回来，交还君主，这是一夺。打仗的时候，主帅被敌人打死、活捉、收买、降服、糊弄，用离间计挑拨陷害等等，是二夺。军心动摇、混乱、离散，千人千心，万人万心，帅令不行，是三夺。军心为什么混乱，帅令为什么不行呢？是因为帅心乱了。主帅也是匹夫。这个匹夫，意志垮了，心志乱了。一人乱，则三军乱，因此说三军可夺帅，匹夫不可夺志。

9.27 子曰："衣（yì）敝缊（yùn）袍，与衣（yì）狐貉者立，而不耻者，其由也与。'不忮（zhì）不求，何用不臧？'"子路终身诵之。子曰："是道也，何足以臧？"

试译 孔子说："穿着破麻布袍子，和穿着狐皮大衣的站在一起，一点也不自卑的，恐怕只有子路了。'也不害人也不贪，走到哪里心不安？'"子路听后，就一直念叨这两句诗。孔子提醒说："停在这个水平，怎么足以安心呢？"

试注 衣，是动词，穿（衣服）。敝，破旧，破烂。缊，麻布，乱麻。缊袍，乱麻为絮的袍子，穷人穿的。狐，狐皮衣；貉，貉皮衣。忮，损害，嫉妒。求，贪求。臧，好，善。诵，读，念。是，这样，这种。道，境界，水平。

体会 《诗经·邶风·雄雉》：

雄雉于飞，泄泄其羽。我之怀矣，自诒伊阻。

雄雉于飞，下上其音。展矣君子，实劳我心。

瞻彼日月，悠悠我思。道之云远，曷云能来。

百尔君子，不知德行？不忮不求，何用不臧？

这位贤妻很会栽培夫君：

雄鸡远飞去，亮翅卷气云。我的思念啊，都是自找的。

雄鸡远飞去，高歌又低回。真想夫君啊，实在是操心。

抬头望日月，悠悠系我情。归途何其远，何日君能还。

天下多丈夫，能不知德行？不恶也不贪，哪得不心安？

富贵不霸道，贫贱不乞求，不亢不卑，君子风度，子路有。但如果"顾客到此止步"，孔家店老板也不高兴，更上一层楼，请。

9.28 子曰："岁寒然后知松柏之后凋也！"

试译 孔子说："直到天寒地冻，才知道松柏是坚持到最后，风采依然啊！"

试注 岁，年。岁寒，一年中最冷的时节，隆冬。凋，凋零，落叶；古人在这里大多反训，指不凋。

体会 松、竹、梅，称为"岁寒三友"，都是大冬天不减风采的。毛泽东主席《卜算子·咏梅》："风雨送春归，飞雪迎春到。已是悬崖百丈冰，犹有花枝俏。"

松柏属于裸子植物，和非裸子植物相比，属于不落叶的。松树的叶子能活3～5年，3～5年后也得落。所以不是完全不落叶，只是落叶少，落叶慢，好几年才落，也不一定秋天冬天才落叶。松柏落叶，是新旧交替无间隔的。孔夫子观察比较仔细，看到天特别冷的时候，松柏也会落一些叶子，但仍然碧绿如新，不改容颜，不由得脱口称颂松柏耐寒的品格。一个凋字，主调是不凋，副调是凋。

翻译的时候，想突出主调，译为不凋。一个字往往有正反等多方面含义。这种字不少，寓意双关，但有时候可能侧重一边。比如"好"字，有时候说："好！好！"其实是"不好！不好！""槽了槽了！"甚至好坏相杂，难以名状。又比如《周易》的"易"字，既是变易，也是不易；既是简易，也是不易、不简易；既是容易，也是不容易。翻译成英文的时候，就取change，变易。除非不翻，直接写拼音：yì。

2004年4月的某一天，李敖先生在凤凰卫视做节目，说：后凋，就是不凋，因为松柏是不落叶的。为了证明这个"后"字要解为"不"字，李敖先生又指出《论语》中还有一句："厩焚。子退朝，曰：'伤人乎？'不问马。"（10.10）这句中的"不"，是"后"，后问马，不是不问马。因为孔夫子仁爱，不可能不问马。

这样，"后"，要做"不"；"不"，反过来又要做"后"。它们相互调个。

但是另外有人却从断句上打主意，把"不问马"改成："'不。'问马。"

9.29 子曰："知_智者不惑，仁者不忧，勇者不惧。"

试译 孔子说："智者不迷惑，仁者不忧愁，勇者不恐惧。"

体会 孔子四十不惑（2.4）。

智、仁、勇，是松柏风骨，经得起任何考验。

或许有人觉得一个人仁慈，就懦弱了。有这种想法，说明还不敢仁慈，还比较懦弱，一仁慈就怕受欺负，不敢吃亏，不敢舍命，不敢当仁不让，不敢杀身成仁，总之是胆小。可见不仁就胆小、懦弱，而不是仁者胆小、懦弱。仁者看天下都好，日日是好日，没有什么可担忧的。谁是勇者？《心经》说是无挂碍的人："无挂碍故，无有恐怖。"无挂碍，一切都看得开，也是勇敢，智者不惧。仁者看得明白，是仁者不惑。勇者什么都不愁，是勇者不忧。总起来可以说：智者不惑不忧不惧，仁者不忧不惑不惧，勇者不惧不惑不忧。一个人应该智仁勇三全。智、仁、勇，任何一个都是三全。

9.30　子曰："可与共学，未可与适道；可与适道，未可与立；可与立，未可与权。"

试译　孔子说："可以和他同学的，未必可以同道；可以同道的，未必可以同上顶峰；可以同上顶峰的，未必可以一同再下来。"

试注　一个"共"字贯通下来，有共学、共道、共立、共权。

体会　同学、同道、同立、同权，四个位置，权位最难达到。好比"百尺竿头，更进一步"，怎么进？再上进就是太空了，没有可抓的东西了。以前是顺着竿子往上爬，现在可好。

权是最高境界，比顶峰还高，高不见顶："仰之弥高，钻之弥坚"（9.11）。能够看到一个顶，立在那里不动，人人都知道那是世界顶峰，那还不算到顶。看不到顶，才是顶。望不到头，才是头："瞻之在前，忽焉在后。"（9.11）珠穆朗玛峰，地上最高的了，到了太空正对着珠峰顶望去，珠峰就是最矮的了，因为它离太空人的眼睛最近。高和矮，都是从某个观察点看的。观察点是可以倒过来的。倒过来看，高转为矮，矮变为高："高下相倾，前后相随"（二章）。高不见顶，是大佛顶。

当了一把手，有职有权，把着权不放，那还是无权。什么东西，想把着不放的，一定是没把握的。丈夫有夫权，妻子有妻权，有权不用，过期作废了。老公哪里去了？老婆哪里去了？回家总要盘问，出门总想跟随，来人总要审察，行使自己权力。对自己的爱情没信心，对自己的妻权、夫权没信心。印把子像命一样，不敢松手，这个印把子一定有问题。

9.31　"唐棣之华花，偏其反而。岂不尔思？室是远而。"子曰："未之思也。夫何远之有？"

试译　有诗唱道："唐棣花朵朵，在风中摇摇。我咋不想你？家住得太远！"孔子说："还是没想吧。怎么说是远呢？"

试注　唐棣是什么植物，开什么花？古人也有一些说法，都不敢肯定。偏，偏向一边。反，返回来。"尔思"的尔，你。室，家。"远而"的而，相当于然，是形容词的助词。

体会　花儿朵朵，摇摇摆摆。花动？风动？不是花动，不是风动，是心动。心不定，摇摇晃晃的，忽而想起来，忽而又忘了。忽而想起你，忽而想起他，三心二意。脚踩两只船，在船上念首诗："花儿朵朵开，船儿摇摇摆。想死你了我！可惜家太远！"对方回话也快，唱道："是不想我啊，哪里是远啊！"

乡党第十

10.1　孔子于乡党，恂恂（xún xún）如也，似不能言者。其在宗庙朝庭，便便言，唯谨尔。

试译　孔子在家乡，谦恭得很，像个不会说话的。到了宗庙、朝廷，则善于辞令，但很恭谨。

试注　乡党：五家为邻，五邻为里，一万二千五百家为乡，五百家为党。恂恂（xún），恭顺。如也，"……的样子"。便（pián），辩，口才敏捷，善于辞令。

体会　《乡党篇》写孔子的行为举止。下面翻译时，虽不特意点明孔子，但是全篇一气贯下，都是描写孔子。这一篇开头称"孔子"，而不称"子"。孔子的举手投足、音容笑貌都在这一篇，儒商的礼仪从这里大得启发。温故而知新，可以当现代儒商礼仪之师。拍孔子电视剧的，这一篇必看。

10.2　朝（cháo），与下大夫言，侃侃如也；与上大夫言，訚訚（yín yín）如也。君在，踧踖（cù jí）如也，与与（yú yú）如也。

试译　上朝等候君主时，和下大夫说话，和颜悦色；和上大夫说话，中正儒雅。君主在朝时，对君主既恭敬，又亲近。

试注　根据《礼记·王制》，大夫分上下，上大夫就是卿，其次是下大夫。据说孔子当时相当于下大夫。侃侃（而谈），和颜悦色。訚訚，中正适度，不巴结。踧踖，恭敬。与与，亲附。如也，"……的样子。"

体会　"在上位不陵下，在下位不援上"，这是《礼记·中庸》赞扬的君子风度。

《老子·十七章》给君王分档次："太上，不知有之；其次，亲而誉之；其次，畏之；其次，侮之。"最好的君王，在人们不知不觉中把国家治理好了；第二好的君王，大家都亲附他，颂扬他；第三等君王，大家敬畏他；第四档次的，大家耍弄他。这是讲一般情况。孔子对君王又恭敬又亲近，是孔子独有的操行。当时礼崩乐坏，君主不像君主。君王对臣民不仁，臣民对君王也不义。君不君，臣不臣，君王的尊严没有了，无法受此大礼，所以孔子说："事君尽礼，人以为谄也。"（3.18）你要对君王尽礼，人家还以为你讨好、献媚。但孔子只管行礼，不和别人计较长短。

10.3 君召使摈_傧，色勃如也，足躩（jué）如也。揖所与立，左右手，衣前后，襜（chān）如也。趋进，翼如也。宾退，必复命曰："宾不顾矣。"

试译 受国君委派接待外宾，总是精神饱满、神色庄重，快步去办。向站在两旁的人作揖，左右拱手，衣服前后飘动，风度翩翩。到了外宾面前，伸开双臂疾步迎上去，如舒展双翅。客人辞别后，一定回禀君王说："客人走远了。"

试注 召，召唤。使，委派。摈，接待宾客；通"傧"，接待宾客的人。色，脸色，神情。勃，精神饱满，神情庄重。躩，快步走。揖，作揖。与立，一起站在（左右）的人。前后，前后摆动。襜：衣服整齐、飘动有致。翼，伸开双手如展翅。复命：汇报，回话。顾，回头。

体会 不顾，不是掉头不顾。送客的时候，客人往往要多次回头，希望主人回屋，不要再送。顾，是客人回头行注目礼，以示谢意，并希望不要再送。最后客人不再回头，送客的才可以转身回屋。这种礼数，其实不用教，好像是发乎内心的。想想我们要是真的对人好，就是舍不得人家走的，一定要久久站在那里，直到人家走远了不再回头了，才转身进屋。所以孔子说了实话："人而不仁，如礼何？"（3.3）一个人要是心里对人家不好，面子上的礼数又有什么用呢？办企业，总是喜欢"打点"。逢年过节，给张屠夫几瓶五粮液，李局长几箱生猛海鲜。打点。打点了，送出门来，行注目礼，久久挥手，但心里那个难受就别提了。对人家不好，就是通宵奏乐又有什么用？就是满脸堆笑又有什么用？"人而不仁，如乐何？"（3.3）可惜企业很大一部分成本都浪费在这些礼数上面了，是老板不会算计。送了礼，人家还不领情，知道你是有求于他，放长线钓大鱼。同样的成本，用来真心待人，多好。仁者爱人，仁者得人，企业就有人气了。有了人气，财气就来了。

10.4　入公门，鞠躬如也，如不容。立不中门，行不履阈。过位，色勃如也，足躩如也，其言似不足者。摄齐(zī)升堂，鞠躬如也，屏(bǐng)气似不息者。出，降一等，逞颜色，怡怡如也。没(mò)阶，趋进，翼如也。复其位，踧踖(cù jí)如也。

试译　进朝廷的大门，动作收敛，好像没有容身之地。站，不站中门；走，不踩门槛。经过君王宁位(zhù wèi)旁边，神色庄重，步伐快捷，连说话都感到不应该说。提起下摆走上堂去，举止收敛，屏住气息好像不呼吸一样。出来后，走下一级台阶，脸色轻松，心情愉悦。走完台阶，继续前行，快步如飞。回到自己的位置上，恭恭敬敬。

试注　公门，朝廷大门。鞠，微曲，收敛。躬，身子。容，容身。中门，朝廷大门（君门）的中央，是尊者站的地方。阈，门槛。过位，位是宁位(zhù wèi)，君主视朝所站的位置，在门和屏之间，经过时，君主不在那里，是个空位。足，值得，够资格。摄，提起。齐，衣服下摆。息，呼吸，出息入息。踧踖，恭敬，不安。

体会　礼就是这样。做出样子，大家跟着学，不必多说。比如老百姓常说过门不要踩门槛，如果大人带着孩子这样走几回，孩子也就会了。

10.5　执圭，鞠躬如也，如不胜。上如揖，下如授。勃如战色，足蹜蹜(sù sù)如有循。享礼，有容色。私觌(dí)，愉愉如也。

试译　出访时手执圭器，小心谨慎，像拿不住似的。向上献圭像作揖一样恭敬，献完下来时好像还在献圭似的。战战兢兢，步履细碎，足跟轻轻抬起，轻轻放下。献礼时，神色祥和。以私人身份和外国君臣相见，轻松愉快。

试注　圭，玉器，出使他国时，手执代表国君的玉器，作为礼物献给他国君王。不胜，不胜任，拿不动。如揖，像作揖一样恭敬。授，献礼。如授，像献圭时那样恭敬。战色，神色谨慎，战战兢兢。蹜蹜，小步快走。循，蹑步走。享，献。觌，会见，相见。

体会 身份不同，场合不同，礼数也就不同。一个人的身份多种多样，就看他此时此地以什么身份出现，就用适合这种身份的礼数相待。如果在家里是兄弟，在企业是上下级，那么在家里兄兄弟弟，在企业君君臣臣；在家里兄友弟恭，在企业君仁臣敬。

10.6　君子不以绀緅（gàn zōu）饰，红紫不以为亵服。当暑，袗（zhěn）絺绤（chī xì），必表而出之。缁衣，羔裘；素衣，麑裘；黄衣，狐裘。亵裘长，短右袂（mèi）。必有寝衣，长一身有又半。狐貉之厚以居。去丧（sāng），无所不佩。非帷裳，必杀（shài）之。羔裘玄冠（guān）不以吊。吉月必朝（cháo）服而朝（cháo）。

试译 君子不用红青色镶衣边，不用红紫色做便服。夏天，穿粗的或细的葛布单衣，一定要外加一件上衣才出门。黑衣套在黑色羔裘上，白衣套在白色麑裘上，黄衣套在黄色狐裘上。居家的皮衣长，但右袖子短。斋戒期间一定有睡衣，比自身长一半。用狐貉的厚毛皮做坐垫。服丧期满了后，无论什么饰物都可以佩戴。不是礼服就一定要剪裁。黑色羔裘、黑色帽子不用来吊丧。大年初一，一定穿好上朝礼服去朝拜君主。

试注 君子，指孔子。绀緅，红青色，黑里透红。亵，居家的便服，不用红紫，因为红紫都是贵重的颜色，用在便服上就太随意了。袗，单衣，这里做动词，指"穿单衣"。絺，细葛布。绤，粗葛布。表，外穿上衣。出，出门。据《礼记·玉藻》："袗絺绤不入公门。"穿着粗的细的葛布单衣不能去见君王。孔子则更进一步，穿单衣连门都不出。

缁，黑色。羔，黑羊。素，白色。麑，白色小鹿。狐裘是黄色，外面套黄衣。这三种穿法都是用相近的颜色，表示从众之礼，合群之义。寝衣，睡衣；一说是被子，但如果说平时"一定盖被子"，似乎多余；斋戒时有睡衣，因为斋戒不能脱衣睡觉，也不能穿平时的衣服睡觉，专备睡衣，以示慎重。居，坐，做坐垫。帷裳，祭祀或上朝礼服，用整幅布做，不用剪裁。杀，杀缝，剪裁。吉月，大年初一，或每月初一。

体会 《淮南子·天文训》记载，共工和颛顼争夺帝位，共工一怒之下，用头把不周山撞了，从此中国就"天倾西北"，西北地势高；"地不满东南"，东南地势低。地势高也就是天不足。天人合一，天人相应，耳目对应天，手足对应地；天阳地阴，男左女右，阳左阴右。天不足西北，天阳不足，阴气足，因此中医认为人的右眼不如左眼明亮。地不满东南，而西北地足，人之手足，是右手右脚更有力更灵巧，更有利于做事，因此在家做事，右袖子要短。在家的皮衣是便服，做长一些，便于保暖。出门的皮衣是正服，做短些，便于行礼。

10.7 齐_斋，必有明衣，布。齐_斋必变食，居必迁坐。食不厌精，脍不厌细。食饐(yì)而餲(ài)，鱼馁而肉败，不食。色恶，不食。臭(xiù)恶，不食。失饪，不食。不时，不食。割不正，不食。不得其酱，不食。肉虽多，不使胜食气。唯酒无量，不及乱。沽酒市脯(fǔ)不食。不撤姜食，不多食。祭于公，不宿肉。祭肉不出三日。出三日，不食之矣。食不语，寝不言。虽疏食菜羹，瓜祭，必齐_斋如也。席不正，不坐。

试译 斋戒前沐浴，一定有浴衣，用布做的。斋戒时一定要改变饮食，搬迁住房。粮食不嫌精，肉片不嫌细。饭霉了臭了，不吃。鱼烂了肉腐了，不吃。食物颜色难看，不吃。味道难闻，不吃。烹饪不得法，不吃。不是吃饭的时候，不吃。割肉不得法，不吃。酱醋没调对，不吃。席上肉虽然多，也不要吃得比主食还多。只有酒水不限多少，但不喝醉。买来的酒水、肉干，不吃。斋食总有姜，吃饭不过饱。参加国家典礼，祭肉不过夜。其他祭肉，不超过三天。存放超过三天，就不吃了。吃饭时不说话，入睡时不说话。虽然是糙米饭、蔬菜汤，饭前都要先分出一些祭祖，一定要恭恭敬敬像斋戒一样。坐席不合礼法，不坐。

试注 齐通斋。斋戒的时候，饮食不同于平时，要禁酒肉（变食），不和妻妾同房，要从内室迁到外室居住（迁坐）。脍，切细的鱼肉（名词），把鱼肉切细（动词）。饐，食物坏了。餲，食物变味了。鱼坏了，叫做馁；肉坏了，叫做败。臭，气味。饪，烹饪。割不正：割肉都有一定的割法，不按割法，乱割，是"割不正"。食气，粮食。及乱：及，至；乱，醉；喝到醉了的地步。沽，买。市，买。脯，干肉。沽酒市脯，到市场买来的酒水、干肉，不知道怎么做的，原料如何，不放心。不撤姜食，斋食要用姜除去异味。瓜，瓜分。瓜祭，分出一部分食物来祭祀。席不正，坐席都有一定礼法，方向要正，位次合乎长幼尊卑之序，还要放端正。

体会　《阴符经》说："食其时，百骸理。动其机，万化安。"说明时机的重要。时，就是一年四季，一日早晚。食其时，吃饭有定时，而且要吃时令食物，顺其自然。按照中医的子午流注，人的身体都是和天地运行规律相配的。顺乎这个规律，一天数餐都有定时，不能乱；一年四季，哪一季出什么菜蔬、谷物、水果，是时令食物，才可以吃。

10.8　乡人饮酒，杖者出，斯出矣。乡人傩（nuó），朝（cháo）服而立于阼（zuò）阶。

试译　和乡里人一起喝酒后，等拄拐杖的先出来，自己才出来。乡里人迎神驱鬼，自己就穿着朝服，站在东边台阶上。

试注　乡人饮酒，一说是"乡饮"之礼。杖者，老年人，据说那时候人到六十可以拄拐杖。傩，迎神驱鬼。阼，主阶，大堂前东面的台阶。

体会　大夫祭祀要穿朝服，乡人请神驱鬼，孔子穿朝服对神灵表示尊敬。阼阶是主人所站的位置，孔子站在这里，免得先祖受惊。

10.9　问人于他邦，再拜而送之。康子馈药，拜而受之，曰："丘未达，不敢尝。"

试译　托人出国问候好友，要拜送受托人两次。季康子送药来，拜谢、收下后，说："丘不懂药性，不敢尝。"

试注 凡有人送吃的来，受礼后要先尝尝，表示喜欢和礼貌。鲁国大夫季康子送药来，孔子不尝，为了不失礼，就慎重说明不懂这药治什么病。与人相交，以诚相见；不失礼，也不为礼数所累。礼为人而设，送药是礼，拜受是礼，为慎重对待疾病而不马上尝药，也是礼。如果虚与迎合，假装知道药性，随便服下，自欺欺人，结果加重病情，岂不辜负了送药人一片心意，反而失大礼了。可饮就饮，不可饮就不饮，婉言相告，直而不肆。

孔子说："直率却没礼貌，是对着干。"（8.2）老子认为有道人"直而不肆"（五十八章）。孔子真诚直率，却"直而不绞"，话说得明明白白，却彬彬有礼，不拧着来。

10.10　厩焚。子退朝，曰："伤人乎？""不否。"问马。

试译　马棚失火。孔子从朝廷赶回来，问："伤人了吗？"答道："没有。"又问："伤马了没有？"

试注　马棚失火，先问伤人没有，再问伤马没有。明朝刘宗周《论语学案》试图这样断句："曰：'伤人乎？''不。'问马。"但是有人认为不必如此断，因为圣人先问伤人没有，后问伤马没有，当时也是"不问马"。

通行的断句是——"曰：'伤人乎？'不问马。"说明孔夫子的人本主义，比见物不见人的要好。因为很多人受灾了，首先考虑的却是财产是否受损，而孔夫子重人不重财。

至于后问马，则不但关心人，也关心马，符合孔子的仁爱精神。

10.11　君赐食，必正席先尝之；君赐腥，必熟而荐之；君赐生牲，必畜之。侍食于君，君祭，先饭。疾，君视之，东首，加朝服，拖绅。君命召，不俟驾行矣。

试译　君主赏赐熟食，一定正襟危坐先尝尝。君主赏赐生肉，一定煮熟了进供祖先。君主赏赐牲畜，一定饲养起来。陪君主用膳，君主举行食前祭祀，先替君主尝一尝。得病后，君主来探视，自己头朝东躺着，盖好朝服，拖着腰带。君主召见，不等车驾备好，赶紧步行赴命。

试注　食，熟食。正席，摆正座位，坐端正。腥，生肉。荐，进供，进献。生，牲口。

侍，伺候。祭，饭前祭祀。饭，尝尝；据《礼记·玉藻》，"若君赐之食而君客之，则命之祭然后祭；先饭辩（遍）尝羞，饮而俟。"是说国君吩咐臣子侍君用膳，国君把臣子当客人对待，臣子应在国君命令祭祀之后才祭祀。臣子要先尝遍所有食物，然后喝一点饮料，等着国君先吃。

视，探视。东首，首东，头朝东，据《仪礼注疏卷十三》，"士处适寝，寝东首于北墉下，有疾……"是说人得病后，要头朝东躺在北墙下，以便接纳东方生气，疗养疾病。加，盖上。朝服，上朝礼服。绅，礼服上的腰带，系好后还垂下一节，拖下来。

《孔子家语·曲礼子贡问》提到一个细节：孔子到季氏家吃饭。饭前祭祀，主人不致辞，孔子也不喝饮料就吃饭。子夏问："这合礼数吗？"孔子说："不合礼，但是顺从主人嘛。我在少施氏那里吃得饱，少施氏款待我饭食，是有礼数的。我饭前祭祀，站起来致辞说：'粗茶淡饭，不敢祭祀啊。'进餐的时候，我又致辞说：'粗茶淡饭不敢多吃，伤身体啊。'主人不拘礼节，客不敢尽礼。主人尽礼，客人就不敢不尽礼。"

体会　"席不正不坐"（10.7）；照礼制，凡人送食物来，要先尝尝，以示礼貌；君王有病喝药，臣子先尝；亲人有病喝药，儿女先尝。君主赏赐食物，也要先尝尝，而且必须把坐席摆正了，坐正了，再尝。赏赐生肉，就没法尝了，必须煮熟，先供祖先，以谢君恩。生是牲口，得了君主赏赐的牲口，不能杀掉吃了，不能卖掉，不能转送他人，而是自己养着。据《礼记·玉藻》："君子之居恒当户，寝恒东首。"君子座位总要面对门窗，睡觉总要把头顶对着东方。当然，古人平时可能朝东躺，也可能朝别的方向，但是病后朝东有利于吸纳生气，所以礼制规定病人头朝东躺卧。病卧后，君王来探视，病人头朝东躺卧，表示自己治病很慎重，让君主放心；而且把朝服和束带盖上，相当于朝见君主，不失臣礼。

10.12 入太庙，每事问。

体会 见（3.15），那里比这一句更详细。

10.13 朋友死，无所归，曰："于我殡。"朋友之馈，虽车马，非祭肉，不拜。

试译 朋友死了，如果没有人料理后事，孔子就说："殡葬的事我去办。"朋友的赠品，即便是车马，只要不是祭肉，就不拜谢。

试注 归，归天，归土，指死者归处。所归，所归之处。归土就要棺材、坟地、墓穴，归天就要牌位、灵位。于我殡，即"我于殡"。于，往，去。殡，殡葬。

《诗经·周南·桃夭》："之子于归，宜其室家。"这个于，就是去、往；但是这个归，则是女子出嫁，归附一个男人，回到她的本位。

体会 朋友之间的礼尚往来，很多属于财物，可以比较随意，君子之交淡如水，反而显得亲密。如果是祭肉，那就要慎重其事，"敬鬼神而远之"（6.21），隔开一点距离。

10.14 寝不尸，居不客。见齐衰（zī cuī缞）者，虽狎，必变。见冕者与瞽者，虽亵，必以貌。凶服者式之，式负版者。有盛馔（zhuàn），必变色而作。迅雷风烈必变。

试译 睡觉，不像挺尸那样仰卧着；平日在家，不像见客做客那样正规。看见穿丧服的，即使平日亲密无间，也会变得严肃起来。看见官员和盲人，即使是常相见，也一定有礼貌。乘车时，遇见路上有穿丧服的，一定身子前倾、按住扶手；路遇背负国家图籍的，也一定前倾身子、按住扶手。入席看见菜肴丰盛，一定神色一变，站起来致谢。打大雷刮大风时，一定一改常态，正襟危坐。

试注　尸，仰卧，如挺尸。居，居家，在家，坐。客，见客，做客，有的版本做"容"。齐衰，丧服。狎，亲密，亲昵。冕，礼帽，大夫以上的官员所戴。瞽，眼盲。亵，常见，亲近。貌，礼貌。凶服，丧服。式，轼，车轼，车上做扶手用的横木。负版：负是肩负、背负；版是国家的图籍，标明全国户籍的地图。馔，饮食。作，站起来。风烈，烈风——《礼记·玉藻》："若有疾风、迅雷、甚雨，则必变，虽夜必兴，衣服冠而坐。"遇到大风大雷大雨，必定改变仪容，即使在夜里也一定起来，穿戴整齐，端端正正坐好。

体会　天人合一表现在一言一行。风雷雨天，要端正仪容，表示对上天的敬畏。修道者行住坐卧都有一定的姿式：行如风，立如松，坐如钟，卧如弓。

卧姿概括为六个字："右侧卧，睡如弓"。

10.15　升车，必正立，执绥。车中不内顾，不疾言，不亲指。

试译　上车前一定站直了，拿好拉手绳。上车后不朝车内东看西看，不急冲冲地说话，不用手指指点点。

试注　绥是帮助登车的拉手绳，因此升车就是"登车前"，不是"登车后"。亲，自己的（手）。指，指点，比画。

体会　《礼记·曲礼》规定："车上不广咳，不妄指，立视五巂（guī，规），式视马尾，顾不过毂。"是说上车后不大声咳嗽，不用手乱指；站在车上，眼睛看正前方车轮转五圈远处（巂就是规，车轮转一圈为一规）；行轼礼时，眼睛朝前看着马尾；回头看时，视线不能超过车毂，也即不能超过车轮中心。

10.16　色斯举矣，翔而后集。曰："山梁雌雉，时哉时哉！"子路共拱之，三嗅而作。

试译　行人脸色一动，野鸡就吓得到处乱飞，扑腾一阵才同落到一处。孔子于是叹道："山坡高高，野鸡起落；得时而飞，应时而下！"子路就打个拱，那到手的野鸡尖叫几声飞走了。

试注　色，脸色，变脸色。斯，则，就。举，高飞。山梁，山脊。雌雉，母野鸡。时哉，得其时，时机恰当。共，即拱，抱、抓住。嗅，一说是"狊"（jú），张开翅膀；一说是"鸣"，野鸡叫。作，起，起飞。

体会　《乡党》这一篇，描写孔子的饮食起居、行住坐卧方面的礼节。第一节说孔子在乡里，非常谦恭，好像不大会说话似的。这么一路写下来，最后这一节用野鸡的起落打比方，说明无论怎样的行为，怎样的礼数，都要切合时机，不是死的。不但要懂得怎样做，还要懂得之所以这样做的道理，才能够做得到位，善于根据时机变通。孔子说："立于礼。"（8.8）礼仪是立身处世的。但是，"可与立，未可与权。"（9.30）同学同事，礼仪可以做得一样准确到位，却未必能够一样切合时机，未必能够一样适时变通。不会权变，是因为只学到礼仪的外表，没有领会礼仪的精神实质。对于礼仪，除了知其然，还需知其所以然。子路抓到野鸡又放掉，是因为知道野鸡生性适合野处。袁焕仙大士说，孔子说"时哉时哉"，子路就打拱，是明白大道了，就像曾子听到孔子说"吾道一以贯之"就马上应声"唯"一样，心领神会。

先进第十一

11.1 子曰："先进于礼乐，野人也；后进于礼乐，君子也。如用之，则吾从先进。"

试译 孔子说："先人搞礼乐，是野人的搞法；后人搞礼乐，是君子的搞法。如果要我来推行礼乐，那我还是用野人那一套。"

试注 先进，大都解释为"先辈"、"先人"；也有人把"先"看做先人、先辈，把"进"看做学习、掌握、实行。先，先到何种时候？不好说死，大概可以用"后"来定义下限，这个"后"，就是孔子时代，此前的都算"先"。野人，就是乡野之人，农夫，没开化的人、朴野之人等等，总之是"质胜文则野"（6.17）。君子是文化人，但这里有点贬义，就是墨水喝多了，花架子多了，看起来彬彬有礼，可是不够诚恳，不够实在："文胜质则史。"（6.17）当时是东周末，大多数礼仪都成花架子了，还自以为"君子"风度。既然这样，那我还是学野人吧，孔子说。

体会 自称为野人，真君子也。

孔子出身贫贱，但是学习礼乐很用功，推行礼乐很讲实效，甚至知其不可为而为之，可以说是野人的搞法：实实在在，心中有一份真诚就学起来，做起来，不必等待有了搞大排场的资本之后。这也是先人礼乐的本质。

11.2 子曰："从我于陈、蔡者，皆不及门也。"

试译 孔子说："跟从我到陈国、蔡国受难的，都不在这里了。"

试注 陈、蔡：陈国和蔡国。陈国是周朝封地，以宛丘为国都（在今天河南淮阳）。蔡国也是周朝封地，在今天安徽西部凤台县，河南新蔡、上蔡一带。门，家门，孔门，针对门人而说的；一说是仕途之门。但是跟随孔子到陈蔡的，《史记》上点名的有颜回、子贡、子路、子张。不过，至少子路做过官，说他们"皆不及门"，都不及仕途之门，看来不是的。

体会 公元前497年，孔子55岁，开始了长达14年的周游列国。第一站到达卫国，卫灵公开头还行，对孔夫子很器重。后来听信谗言，派人监视孔子，孔子就往返于多国之间。60岁耳顺之年，也就是公元前492年，孔子到了陈国，据司马迁说，第二年又去了蔡国。62岁时，孔子离开蔡国往叶，后又离叶返蔡。在蔡国待到63岁时，遇上吴国攻陈，楚国来救，陈国大乱。孔子带弟子们离陈过蔡去楚国，结果被陈、蔡的大夫派人围困在陈、蔡之间。一直围到断粮7天，弟子饿病交加，都倒下了，唯有孔子讲诵不停，弦歌不止。那次跟从孔子的，有颜回、子贡、子路等多人。最后还是派子贡去楚国，楚昭王派兵来接孔子，才脱了险。

"现在回想起来，跟我奔走陈、蔡的，子贡颜回他们在哪里啊？"孔子晚年很想念经历陈、蔡之困的弟子们，颜回在孔子70岁时死了，后来子路也在孔子72岁时于卫国政变中遇害。

11.3 德行：颜渊、闵子骞、冉伯牛、仲弓。言语：宰我、子贡。政事：冉有、季路。文学：子游、子夏。

试译 德行突出的，有颜渊、闵子骞、冉伯牛、仲弓。言语突出的，有宰我、子贡。精通政事的，是冉有、季路。熟悉古代文献的，是子游、子夏。

试注 这几个弟子，按姓名（字）排列，是这样：颜回（渊）、闵损（子骞）、冉耕（伯牛）、冉雍（仲弓）、宰予（我，子我）、端木赐（子贡）、冉有（也叫冉求、子有）、仲由（子路、季路）、言偃（子游）、卜商（子夏）。

体会 这是孔子评价弟子，还是弟子们自己说的，或者弟子们记录另外哪个说的，只好猜了。有的版本把这一段话和上面一段话合并为一，那么这里就是孔子直接评价"从我于陈、蔡者，皆不及门"的几位弟子。

弟子们各有优点，孔子甚至自认为不如。《说苑·杂言》有段对话：子夏问仲尼说："颜渊这个人怎么样？"孔子说："颜回比我老实。"又问："子贡呢？"答道："赐比我敏捷。"又问："子路呢？"答道："仲由比我勇敢。"又问："子张呢？"答道："师比我庄重。"于是子夏站起来问道："那么这四个人为什么要求学于先生啊？"孔子说："坐下吧，我告诉你。颜回能讲信用，却不能活用；赐能敏捷，却不能弯曲；仲由能勇猛，却不能谨慎；师能庄重，却而不能兼容。这四样，丘是没有的。人们所说的至圣之士，一定能看到进退的好处，屈伸的用途。"

看来每个弟子的优点中，也都有缺点。优点有些"过"了，太老实了，太勇猛了……

11.4 子曰："回也，非助我者也，于吾言无所不说_悦。"

试译 孔子说："颜回不是对我有帮助的，因为他对我的话没有不喜欢的。"

体会 这里讲到教学相长。清代雍正时代的魏荔彤前辈作《大易通解》，讲到"观卦"的六四，说这里有教学相长的师友之道，有上下互观的君臣之道。观卦下面是坤，上面是巽，意思是风行地上。卦从下往上数，共有六画，叫做六爻。爻有两种，分阴阳。阴爻是两根短横线几乎靠在一起，但还是隔开一点点：━ ━。阳爻是一根长横线：━━━。观卦的下四爻都是阴爻，第四根阴爻，叫做六四，据魏荔彤前辈说，六四有上下互观的君臣之道，教学相长的师友之道。君王是臣子的表率，臣子是君王的纠绳，他们相互看着，观。君王做得好，是表率，臣子效法。君王做得不好，臣子要出来纠正。臣子手里拿着准绳，纠绳。天地君亲师，道理相通。师友之道也大体如此，教学相长。这就是"敩，学半"的道理，《尚书·说命》中讲了，后来《礼记·学记》继续讲。

11.5 子曰："孝哉，闵子骞！人不间于其父母昆弟之言。"

试译 孔子说："孝顺啊闵子骞！他父母兄弟夸他，别人都不怀疑。"

试注 闵子骞，姓闵，名损，字子骞，孔子的弟子，在孔门中以德行与颜渊并称。间，有异议。昆，兄。

体会 闵子骞生母死得早，继母又生了两个弟弟。继母经常虐待他，冬天，两个弟弟的冬衣是棉花做的，子骞的冬衣里面却是芦花。一天，父亲出门，子骞牵车。天气太冷，子骞冻得直抖，把绳子掉到地上，车也翻了。父亲急了，一边呵斥，一边痛打，直打得衣服中的芦花冲出破缝到处飞。父亲这才知道子骞受到虐待。父亲回到家中，就要休掉后妻。子骞赶紧跪下，哀求父亲饶恕继母，说："留下母亲只是子骞一个人受冷，休了母亲三个孩子都要挨冻啊！"父亲十分感动，就依了他。继母听说后，十分愧疚，从此以后，对子骞就像亲生儿子一样。

这样一个家庭中，子骞能够得到一致夸奖，的确很难。连虐待他的后母和异母弟弟后来都一致夸他，别人想怀疑都难了。

11.6　南容三复白圭，孔子以其兄之子妻（qì）之。

试译　南容把几句"白圭"诗读了好多遍，孔子就把自己老兄的女儿嫁给了他。

试注　南容念的"白圭"，是《诗经·大雅·抑》中的几句："白圭之玷，尚可磨也；斯言之玷，不可为也。"白圭，白玉。玷，污，瑕疵，缺失。三，多次。复，反复。子，女儿。妻，嫁。妻之，嫁给南容。

体会　白圭的污点、缺失，还是可以洗磨打磨掉的；话要是说错了，那就无法追回了。南容懂得一言既出，驷马难追，祸从口出的道理，读到《诗经·大雅·抑》篇，发现这几句管用，就反复念叨。他之所以能够做到"邦有道，不废；邦无道，免于刑戮"（5.2），也是因为如此慎言慎行。孔子听其言、观其行，就把侄女嫁给了他。不是说听他念几句诗就嫁侄女了，要联系前文："子谓南容：'邦有道，不废；邦无道，免于刑戮。'以其兄之子妻之。"（5.2）

11.7　季康子问："弟子孰为好学？"孔子对曰："有颜回者好学，不幸短命死矣，今也则亡无。"

试译　季康子问："弟子中哪个最好学？"孔子回答说："有个颜回最好

学，不幸短命死了！今天没有那么好学的了。"

试注　季康子是鲁国的执政大夫。

体会　鲁哀公也问过孔子哪个弟子好学，孔子说："颜回最好学，不迁怒，不两次犯同样的错误。不幸短命死了！现在没有那么好学的了。"（6.3）问题一样，答复不同，古人认为那是因为问者不同。哀公迁怒、二过，孔子就说颜回不迁怒、不二过的优点；季康子没有这些毛病，孔子的答复就简单了。孔家店CEO兼董事长善于通过表扬张三来提醒李四，激励的方法很巧妙。

11.8　颜渊死，颜路请子之车以为之椁（guǒ）。子曰："才不才，亦各言其子也。鲤也死，有棺而无椁。吾不徒行以为之椁，以吾从大夫之后，不可徒行也。"

试译　颜渊死了，父亲颜路请求孔子卖掉车子给颜渊买椁。孔子说："你我的儿子谁有才华先不说了，都是说我们各自的儿子嘛。我儿子鲤死了，有棺，没有椁。我不想卖掉车子自己走路而给儿子买椁，因为我是跟在众大夫后面的，不可徒步而行啊。"

试注　颜路是颜回的父亲，名繇（或无繇yóu），字路（公元前545～？），也是孔子的学生。那时候，人死了，可以有棺椁安葬，椁在外，棺在内。也可以只用棺。鲤是孔子的儿子，字伯鱼。孔子17岁时，母亲颜征在去世。19岁时，孔子娶宋人亓官氏之女为妻，一年后亓官氏生子，鲁昭公派人送鲤鱼表示祝贺，孔子感到十分荣幸，给儿子取名为鲤，字伯鱼。

体会　到孔子69岁时，伯鱼去世。孔子用棺将他葬了，外面没用椁。孔子70岁（或说71岁）时，颜回去世。颜回的父亲穷，买不起椁，就请求孔子卖掉车子，给颜回置椁。孔子首先说"才不才"，可能颜路因为孔子很器重颜回的才学，也就希望先生给学生一个大面子，买个椁安葬学生。孔子的儿子鲤也是孔子的学生，才学不如颜回。但是视师如父，视徒如子，颜回这个学生等于自己的儿子一样，孔子不想厚此薄彼。穷有穷的葬法，不必非要超出自己财力，搞个椁。

再说孔子也曾经做过大夫，按孔子的谦辞是"现在跟在大夫后面"，不能连乘车的威仪都不要了，徒步而行，影响国威。最好的弟子早逝，孔子痛惜得很，哭得十分伤心。但是大礼至简，完全是圣人办事风格，弟子的父亲反倒有了杂念。

11.9 颜渊死。子曰："噫！天丧予！天丧予！"

试译 颜渊死了。孔子痛呼道："唉！老天要我命啊！老天要我命啊！"

体会 林放问礼之本。子曰："大哉问！礼，与其奢也，宁俭；丧，与其易也，宁戚。"（3.4）孔子痛呼颜回之死，悲痛（戚）到极点了，把颜回当做自己的身子骨，当成自己的命根了。不给颜回买椁，那是因为丧礼"与其奢也，宁俭"，是以最高的礼遇给颜回送终。江谦说：这里要参看"子畏于匡，颜渊后"的典故，可见圣贤相与之心，如空合空，融洽无间。当初孔子在匡地遭难，颜回失散后最后一个返回，孔子见面就说："我还以为你死了呢！"非常担心。颜回的应对也妙："老师在，回哪里敢先死！"（11.23）生死之交，有如骨肉之情，师徒如父子，颜繇反而不如。可惜最终还是学生先走了。三年后，孔子也走了。

11.10 颜渊死，子哭之恸。从者曰："子恸矣！"曰："有恸乎？非夫人之为恸而谁为？"

试译 颜回死了，孔子哭得十分伤心。随行者说："先生哭得太伤心了！"孔子说："伤心吗？不为这种人伤心，还为谁伤心啊！"

体会 颜回死时，孔子七十，"从心所欲不逾矩"（2.4），想哭就哭，至情至爱，入情入理。与"朝闻道，夕死可矣"（4.8）不矛盾。

11.11　颜渊死，门人欲厚葬之，子曰："不可。"门人厚葬之。子曰："回也视予犹父也，予不得视犹子也。非我也，夫二三子也！"

试译　颜回死了，孔子的门人要厚葬他，孔子说："不可以。"门人还是厚葬了颜回。孔子说："颜回把我看做他父亲，现在我却不能对他像儿子一样。这不是我的本意啊，是这些同学们非要这样啊！"

体会　还是不同意厚葬，希望按照各自财力，节俭理丧。但是，老师的话，弟子们不一定句句照办。老师也没有办法。说中国的专制主义从儒家来、从孔子来，这里是个反证。

形式和实质两全其美最好；如果非要二择一，孔子就选实质，宁肯舍弃形式。质胜文则野，野就野，比文要好。最高的实质，可以随意选择形式的，真所谓"从心所欲"，立处皆真，是处皆美。刘向《说苑·修文》里援引了孔子的话：不拘形式的大礼，最恭敬；不定服饰的丧事，最悲伤；不定声律的音乐，最欢悦；不说话的大信用，不做作的大威仪，不布施的大仁德，全在一心。敲钟击鼓，如果带着怒气，声音就威武；带着忧伤，声音就悲怆；带着喜气，声音就欢快。心态一变，声音就变。只要心诚，连金石都会感通，何况人呢！

11.12　季路问事鬼神。子曰："未能事人，焉能事鬼？"曰："敢问死。"曰："未知生，焉知死？"

试译　子路问怎么为鬼神服务，孔子说："活人都没服务好，怎么能服务死人？"又说："冒昧请教一下，'死'是怎么回事？"孔子说："连生的道理都没搞清楚，怎么能知道死？"

试注　季路是子路。人死了，称为鬼神。

体会　这符合孔子的一般做法，对弟子不大谈鬼神，不大讲死后的事情，"敬鬼神而远之"（6.21）。这里的听者是子路，孔子的答复是对症下药。

菩萨畏因，凡夫畏果。生是死的因，死是生的果。知道怎么生，就容易知道怎么死了。把生的事情办好，死的事情就好办了。未知生，焉知死？

11.13 闵子侍侧，訚訚 (yín yín) 如也；子路，行行 (hàng hàng) 如也；冉有、子贡，侃侃如也，子乐。"若由也，不得其死然。"

试译 闵子骞侍候在孔子身边，中正得体；子路，刚正直率；冉有、子贡，和颜悦色。孔子感到很高兴。但又担心："像仲由这样，只怕不得好死啊。"

试注 闵子即闵子骞。仲由就是子路。得其死：善终，正常死亡，寿终正寝，死得其所。然，焉。

体会 弟子们各随其性，孔子是高兴的。在圣人这里，无论好坏都可以容纳，都让人高兴，都可以调教提携。但是有些毛病，在其他人那里可能就容不下，不免让人担心。孔子对子路，喜中有忧。老子说："柔弱胜刚强。"（三十六章）孔子是非常尊敬老子的，也希望子路少一些刚气，多一些柔气。

11.14 鲁人为长 (cháng) 府。闵子骞曰："仍旧贯，如之何？何必改作？"子曰："夫人不言，言必有中 (zhòng)。"

试译 鲁国人要翻修长府。闵子骞说："还用旧库房，如何？何必翻修呢？"孔子听后说："这个人要么不说，要说就一语中的。"

试注 鲁人，鲁国的当权者。长府，鲁国大藏府的名字。仍，依然。贯，事。旧贯，老办法，惯例。夫，发语词。

体会 闵子骞德行好，孝顺。他体恤百姓，不愿意劳民伤财，就说了这番话。

11.15 子曰："由之瑟，奚为于丘之门？"门人不敬子路。子曰："由也升堂矣，未入于室也。"

试译 孔子说："仲由的瑟，怎么还在丘的门口耍啊？"门人听到这话，对子路就不恭敬了。孔子说："仲由会鼓瑟啊，升堂了，只是还没有入室罢了。"

试注 升堂入室的典故，来自这里。瑟，和琴同类的一种乐器。入门，升堂，入室，是学习的三个阶梯。子路到了正堂，还没有走入内室。

体会 "客人来了，到门口看看"，可以在门外看，也可以在门内看，靠近门口就可以。丘之门，究竟是门外还是门内？弟子们听成了门外，对子路就不恭敬了。孔子一解释，原来是门内，是正堂。也许第一句是说给子路听的，水平高也可以说低些，因为子路狂："由也兼人，故退之"（11.22），用凉水泼泼。后一句说给其他弟子听，即便水平低也可以说高些，加点热水，提醒同学们不要瞧不起人。

11.16 子贡问："师与商也孰贤？"子曰："师也过，商也不及。"曰："然则师愈与_软？"子曰："过犹不及。"

试译 子贡问："颛孙师和卜商哪个贤明？"孔子说："师啊，过了一点；商呢，还差一点。"又问："那么师胜过商啰？"孔子说："过了，等于没达到。"

试注 师是子张，复姓颛孙，名师，字子张。商是卜商，姓卜名商，字子夏。一个稍微冒进一点，一个略欠火候。

体会 "过犹不及"的出典在这里。中庸之道。凡事恰到好处，尽善尽美。形容美人是肥瘦适度，增一分肥了点，减一分瘦了点。服装公司也是这样，个性化服务，定制衣服，标准就是中庸，才能让顾客中意。适中才是理想，到了至善就不要动了，不要进，不要退；不要左，不要右，止于至善。就像数轴中的那个中点"零"。左右都向这个零逼近，很难逼近。零点，这个境界太难把握了，比赴汤蹈火还难："白刃可蹈也，中庸不可能也。"（《礼记·中庸》）你杀了我吧，中庸我是做不到了。

好比骑自行车，骑快骑慢玩技巧都可以，玩命也可以，但是若要我骑在那里不动，又不要倒，那还不如杀了我。止，这就是功夫。止于至善，止于中庸，乃是最神奇的运动，看上去最静，纹丝不动。杂技演员对此体会最深。企业家要抵抗市场诱惑而坚持公司理念和大思路，必定要修炼"止"的功夫，站在平衡木上不动。今天看到能源赚钱就搞能源，明天看到网络赚钱就搞网络，后天搞什么？

11.17 季氏富于周公，而求也为之聚敛而附益之。子曰："非吾徒也，小子鸣鼓而攻之，可也。"

试译 季氏比周公还富，冉求却还为他继续聚财进宝。孔子说："不是我们的人了，同学们可以捶大鼓震震他。"

试注 季氏，季孙氏，鲁国贵族，对鲁国有大功，逐步掌握鲁国实权，到孔子时代已经有四个国君形同虚设了，权倾朝野，比周公还富。周公，即周公旦。据《史记·鲁周公世家第三》介绍，周公是周武王的弟弟，封地在鲁国的曲阜，但是没到鲁国去，还是留在武王身边辅佐。吾，有"我"、"我们"的意思，这里可以理解为"我们"。徒，党徒，一个派别的人。

体会 批评自己的弟子，不直接批评季氏，"君子求诸己"（15.21），守本分。季氏呢，是反的，不守本分，尽搞僭位的事情。比如"八佾舞于庭"（3.1），身为诸侯（鲁君）下面的臣子，却敢跳天子舞，一点体统、一点规矩都没有。各就各位各司其职，是古今通行的，这不是封建遗毒，不是落后的等级观念。现代民主国度，比如美国吧，它的纽约市长招待外宾的时候，也不能行使总统之权，竟把州宴办成国宴的。一个企业的员工，也不能以老总身份和外界打交道。"不在其位不谋其政"（8.14），不在其位不行其礼，老总行员工之礼，员工行老总之礼，都不行，不如无礼。周公是周礼的制定者、身体力行者和推行者。开始他辅佐武王得天下，后来辅佐武王守天下，都力行礼仪礼治。武王去世后，又辅佐成王，并且派自己的长子伯禽去自己的封地鲁国理政，告诉他如何礼治鲁国——"伯禽啊，我是文王的儿子，武王的弟弟，成王的叔叔，我在天下的地位也不低了，但是我仍然战战兢兢，往往洗一次头要多次握住头发，吃一顿饭要多次吐出食物，起身接待来人。我是怕失去天下的贤人啊。你到鲁国去，也千万不要摆国君的架子，一身傲气。"

11.18 柴也愚，参 (shēn) 也鲁，师也辟僻，由也喭谚 (yàn)。

试译 高柴愚拙，曾参鲁直，子张偏激，子路粗俗。

试注 柴，姓高，名柴，字子羔，孔子的弟子，比孔子小30岁，人很厚道，但有点愚拙。参，就是曾参，性格鲁直，诚实，办事扎实，但反应不大敏捷。师，姓颛孙，名师，字子张，比孔子小48岁。辟，即僻，偏激，有点激进，上文孔子说"师也过"。由，姓仲，名由，字子路，勇敢，但有点粗俗。喭通谚，粗俗。

体会 孔子也率直，对弟子的优点缺点，常常直言不讳。某个弟子某方面比自己强，他也直接承认，表示佩服。不如自己的地方，他也指出来。夫子耿直。不过这里好像也不能完全看成说缺点，比如愚、鲁，都有好的一面。

11.19 子曰："回也其庶乎，屡空。赐不受命，而货殖焉，亿臆则屡中 (zhòng)。"

试译 孔子说："颜回的道行差不多了，常常进入空境。端木赐不安本分，发了大财，料猜行情往往料中了。"

试注 庶，差不多。空，做坐忘功夫，身心空灵，空空如也；一说家徒四壁，空无所有。命，天命，本分。货殖，殖是生殖、繁衍、发展、经营，货是财货；货殖就是经营财货，做生意。《史记》有《货殖列传》。亿，通"臆"，臆测。

11.20 子张问善人之道。子曰："不践迹，亦不入于室。"

试译 1：子张问善人是哪种人，孔子说："善人不是亦步亦趋的，但道行也没有到家。"

2：子张问怎么做一个善人，孔子说：善人做事不落俗套，也不在乎一个好名声。

试注　道，道理，本质，道行的等级、果位。"善人之道"，相当于给善人下个定义。践迹，踩着别人的脚印走，亦步亦趋。入室，登堂入室，到位了，不入室，就没有到位；另一解，就是不入门派，不在乎一个好名。

体会　《论语》有四处是孔子谈善人的，这里是第二句。第一句——子曰："善人，吾不得而见之矣；得见有恒者，斯可矣。亡而为有，虚而为盈，约而为泰，难乎有恒矣。"（7.25）第三句——子曰："善人为邦百年，亦可以胜残去杀矣。诚哉是言也！"（13.11）第四句——子曰："善人教民七年，亦可以即戎矣。"（13.29）可见，这第二句如果看做一个定义，那孔夫子认为的善人，就是做事凭自己良心，放胆去干，不踩着世人的脚印走，不同流俗，只是功夫还欠些火候，不大圆熟，不大得心应手；或者是一个很洒脱的人，做事富有创见，做好事不图虚名，不留痕迹，不落俗套。

11.21　子曰："论笃是与？君子者乎？色庄者乎？"

试译1：孔子说："说话诚恳吗？举止文雅吗？神色庄重吗？"

试译2：只看说话诚恳不诚恳，至于举止是否文雅，神情是否庄重，不必多虑。（这样，原文标点要改：子曰："论笃是与。君子者乎？色庄者乎？"）

试注　与，古人有两说，一说同"欤"，是问话语气；一说读yǔ，则是赞成。

体会　若照第一种翻译，是孔子继续举出三种"善人之道"，回答子张。照第二种翻译，就是孔子回答子张的"善人之道"时，告诉他只看这个人论说是不是厚实、实在、诚实，不管他是谦谦君子样，还是一脸严肃样，是说不以貌取人。

11.22　子路问："闻斯行诸？"子曰："有父兄在，如之何其闻斯行之？"冉有问："闻斯行诸？"子曰："闻斯行之。"公西华曰："由也问闻斯行诸，子曰：'有父兄在'；求也问闻斯行诸，子曰：'闻斯行之'。赤也惑，敢问。"子曰："求也退，故进之；由也兼人，故退之。"

试译　子路问："听到道理马上就去做吗？"孔子说："有父亲和老兄在你前头呢，怎么能听到道理就急着做啊！"冉有问："听到道理就去做吗？"孔子说："听到了马上就做！"公西华说："仲由问'听到了就做吗'，老师说'有父兄在前头'；冉求问'听到了就做吗'，老师却说'听到了马上就做'。学生不明白了，请老师解惑。"孔子说："冉求有点畏缩，左顾右盼的，所以给他打打气；子路一个顶俩，旁若无人的，所以劝他悠着点儿。"

试注　诸，同"之乎"。敢问，请问。兼，一个顶两个，做事果敢，旁若无人。

体会　子路做事经常是旁若无人的，果敢得很，对自己的老师也敢抢嘴、赌气。孔子这里不说自己，但说子路要尊重父亲和老兄，不要旁若无人、一意孤行。孔子知人善教，因材施教，力行中道之教，"执其两端，用其中于民"（《礼记·中庸》）。

11.23　子畏于匡，颜渊后。子曰："吾以女_汝为死矣！"曰："子在，回何敢死！"

试译　孔子在匡地被围困，弟子走散了，颜渊最后才返回。孔子惊喜道："我还以为你死了呢！"颜渊兴奋地说："老师健在，颜回哪里敢死！"

试注　畏，遇险。匡，一个邑，在今河南省长垣县西南。

体会　孔子多次遭遇危险，这次却是出于误会。公元前496年，孔子从卫国去陈国，经过匡地，匡人把孔子当做阳虎围困了五天，准备杀他，因为孔子和阳虎长得很像，阳虎曾经欺负了匡人。

子曰："人不知而不愠，不亦君子乎？"（1.1）遇到误会心里不埋怨，不恼怒，这是君子风度。在匡地，大家的表现怎么样呢？结果是，孔子和颜渊没有"愠"，子路还弹剑而歌，孔子跟着唱和，但是有些弟子却害怕了。颜回和孔子是相互惦记。一句"颜回哪里敢死"，道尽了颜子的敬顺之心，而一句"还以为你死了呢"，点出了颜回是孔子的心头之肉。师生情谊，如同父子。

11.24 季子然问："仲由、冉求，可谓大臣与^欤？"子曰："吾以子为异之问，曾由与求之问。所谓大臣者，以道事君，不可则止。今由与求也，可谓具臣矣。"曰："然则从之者与^欤？"子曰："弑父与君，亦不从也。"

试译 季子然问："仲由、冉求可以算大臣吗？"孔子说，"我还以为你问别的什么人啊，原来是问仲由和冉求。我们说的大臣啊，就是用仁道去辅佐君王，如果这样行不通，可以辞职。至于仲由和冉求现今的所作所为，可以称为遵命的具臣吧。"季子然问："那么他们很听上司的话吧？"孔子说："不过要是让他们杀父母、弑君主，他们也是不会听从的。"

试注 季子然，在《史记·仲尼弟子列传》中，称"季孙"。"孙"和"子然"也许抄写的时候搞混了吧。曾，乃，竟。具，器具，量具，用具。具臣，具体办事的官员，听命于上司。从，听从，服从。

体会 据《史记·仲尼弟子列传》，子路在季氏那里做官，"为季氏宰"，季孙这样问孔子。从孔子的回答看，一是孔子不主张愚忠，一是孔子认为子路冉求的道行还需要提升。对君主服服帖帖唯命是从，这不是孔子的想法，孔子主张仁道事君。子路、冉求他们仁道不仁道？孔子认为还不够。

这三位大概都是具臣，具体办事，遵命而行，很好的。再加把劲儿，提升到仁道水平，就是大臣了。企业管理，也不能什么都听老板的。大家都听仁道的，才好。但是也不要强求别人。"道不同，不相为谋"（15.40），卷铺盖走人，搞市场经济，不伤和气，作风民主。良臣择主而仕，明主择臣而任，一个任，一个仕，只差那么一笔，道理差不多，两相情愿，岂不快哉！市场自有其结果，看不见的手会调控。

11.25 子路使子羔为费 (bì) 鄪宰。子曰："贼夫人之子。"子路曰："有民人焉，有社稷焉，何必读书，然后为学。"子曰："是故恶夫佞者。"

试译 子路让子羔做费城的地方官。孔子说："这是害了人家的儿子。"子路说："有人民（可领导），有国家（可管理），何必非要读书才算做学问呢？"孔子说："所以我们讨厌那种耍嘴皮的人啊。"

试注 费：鄪，古地名，今山东省费县境内。费，古音读bì，现在读fèi。现在问"bì县在哪里啊"，没几个人听得懂了，要问"fèi县在哪里"。所以有些诵读课本把这个费字拼成了现代发音。夫：发语词，可不翻译。社稷，社是土地神，稷是谷神，由于君王要祭祀社稷，后来就用社稷代表国家。

体会 忽然想起黑格尔的一个说法：充足理由律没有必要，因为首先，它不能为"充足理由律"本身提供充足理由。于是其次，一个人要想为自己辩护，总会像这条"没有充足理由"的充足理由律一样，为自己的任何事情找到充足理由。还有，理由如果不充足，就不能算理由，所以任何理由都应该是充足的，才能算理由。这样一来，任何理由也都是不充分的了。诡辩派就是这样的，可以为一切辩护，也可以反对一切。

看来孔子觉得子路在这里耍嘴皮子。大概孔子的意思是子羔不适合去做费宰，学而优则仕，还要多学习才行，子路就反驳了：实践出真知啊（或者勉强可以为子路辩解说：仕而优则学啊，做事后还有空就学啊）。还挺有道理的。内情究竟如何呢？恐怕只能当事人知道了。我们沉默吧。

11.26　子路、曾皙、冉有、公西华侍坐。子曰："以吾一日长(zhǎng)乎尔，毋吾以也。居则曰：'不吾知也！'如或知尔，则何以哉？"子路率尔而对曰："千乘(shèng)之国，摄乎大国之间，加之以师旅，因之以饥馑。由也为之，比及三年，可使有勇，且知方也。"夫子哂之。"求！尔何如？"对曰："方六七十，如五六十，求也为之，比及三年，可使足民。如其礼乐，以俟君子。""赤！尔何如？"对曰："非曰能之，愿学焉。宗庙之事，如会同，端章甫，愿为小相焉。""点！尔何如？"鼓瑟希，铿尔，舍瑟而作，对曰："异乎三子者之撰。"子曰："何伤乎？亦各言其志也。"曰："莫^暮春者，春服既成，冠(guàn)者五六人，童子六七人，浴乎沂，风乎舞雩(yú)，咏而归。"夫子喟然叹曰："吾与(yǔ)点也！"三子者出，曾皙(xī)后。曾皙曰："夫三子者之言何如？"子曰："亦各言其志也已矣。"曰："夫子何哂由也？"曰："为国以礼，其言不让，是故哂之。""唯求则非邦也与^欤？""安见方六七十如五六十而非邦也者？""唯赤则非邦也与^欤？""宗庙会同，非诸侯而何？赤也为之小，孰能为之大？"

试译　子路、曾皙、冉有、公西华陪孔子坐着。

孔子说："不要觉得我比你们年长几岁就有顾虑。平时你们总是说'人家不了解我啊'，如果真有人要了解你们，你们展示什么呢？"

子路脱口而出，说："一个千辆兵车的国家，夹在大国之间，外有敌军，内有饥馑，如果我去治理，只需三年，就能让大家骁勇善战，而且懂得致富的办法。"孔子笑了。

又问："求，你怎么想的？"冉有说："一个方圆六七十里或者纵横五六十里的小国，假如我去治理，三年就可以富足。至于国民的礼乐修养，还得另请高明。"

又问："赤，你怎么想呢？"公西华说："不敢说我有多能耐，我只是愿意学习做点事情。遇有宗庙祭祀，天子朝见，诸侯会盟，我可以穿戴礼服礼帽，学习做个小司仪。"

又问："点，你怎么想啊？"曾晳弹瑟的乐音慢慢转弱，最后铿的一声停了下来，起身答道："我的想法和几位同学不一样。"孔子说："没关系，各说各的志向嘛。"曾晳就说了："暮春时分，穿上春装，和五六个大人，六七个小朋友，一起到沂水洗个澡，到舞雩吹吹风，一路唱着歌回来。"

孔子不禁长叹一声，说："我赞成点的想法。"

几个弟子都走了，曾晳留在后面，问道："几位同学的话讲得怎么样？"孔子说："各人谈各人的志向就是了。"曾晳问："那么老师为什么笑子路？"孔子说："治国要礼让。子路说话也不谦让一下，所以我笑他啊。""那么冉求不能治国吗？"孔子说："谁见过纵横六七十里、方圆五六十里的地方不是一个国家啊？""那么公西华不能治国吗？"孔子说："宗庙之事、会盟之事，不是诸侯大事是什么？假如连公西华都只能做小事，谁还能做大事呢？"

试注 曾晳，名点，曾点，儿子是曾参，"吾日三省吾身"（1.4）的曾参，写《礼记·大学》的曾参。这曾家父子俩都是孔子的弟子。毋吾以，不要因为我的缘故而有所顾虑，以，缘故。居，平居，平日。比（bì），等到。方，方圆，古人讲天圆地方，方就是地方大小，也称方圆，指土地宽窄，纵横多少面积。比如方（圆）百里，就是横向百里，纵向百里的一块土地。如，或者。端，礼服。章甫，礼帽。相，赞礼的人，司仪。作，站起来。莫，暮。冠者，成年男子，古代男子20岁成年，行冠礼。沂，沂水，一说是发源于山东邹城。舞雩，在今天的曲阜，是古代祈雨的台子。与，赞成。唯，发语词，不用翻译。

体会 很多人觉得儒家入世，佛家出世，道家看世事小菜一碟，重长生。这里曾点的境界，深得孔子赏识，却颇有道家风范。"治大国若烹小鲜。"（六十章）师徒对话，无拘无束，曾点可以在一旁弹瑟，从容不迫。这样的教学，现在也是前卫的。

颜渊第十二

12.1　颜渊问仁。子曰："克己复礼为仁。一日克己复礼，天下归仁焉。为仁由己，而由人乎哉？"颜渊曰："请问其目？"子曰："非礼勿视，非礼勿听，非礼勿言，非礼勿动。"颜渊曰："回虽不敏，请事斯语矣。"

试译　颜渊问什么是仁，孔子说："克己复礼是仁。一旦克服了私欲偏见，恢复了礼仪天性，你的天下也就归于仁义了。修仁德，靠自己，怎么会靠别人呢？"颜渊问："请问具体怎么做呢？"孔子说："不合礼的不看，不合礼的不听，不合礼的不说，不合礼的不做。"颜渊说："颜回虽然迟钝，还是想遵照这句话去做。"

试注　克，克服。复，恢复，回复，回归。天下，你的天下，自己的天下。归，归宗，归于一个核心；归宿，全部回归了。目，条目，节目，具体办法。

体会　《吕氏春秋·孟夏纪·尊师》说得好："故凡学，非能益也，达天性也。能全天之所生而勿败之，是谓善学。"

自己有礼，见人就敬，自己的天下就是礼的天下。克己复礼为仁，礼的天下也就是仁的天下。一旦克己复礼，自己这个天下就回归仁德了。一人一个天下，仁者的天下是仁的天下，礼者的天下是礼的天下，好比一千个观众有一千个哈姆雷特，天和人可以合一。别人不敬我，没关系的，我还是敬他，我的天下我做主，我的天下是礼的天下，我的公司是礼的公司。有人说：当今天下无礼，大家行贿不行礼，我们行礼，行不通，行礼亏了。但是孔家店说：假如经过市场调研，果真天下无礼，我们就正好行礼啊，物以稀为贵啊，"大道废，有仁义"（十八章）啊，所以我们办如礼公司、创尚礼品牌，入伙的风起云涌，股票一路飙升。等到人人的天下都有礼了，我们就办一家无礼公司，让礼融化在生活中，看不见了，大礼至简、无礼而治了。——当然这里是盗用孔家店名，属于违法行为，先投案自首吧。

12.2　仲弓问仁。子曰："出门如见大宾，使民如承大祭。己所不欲，勿施于人。在邦无怨，在家无怨。"仲弓曰："雍虽不敏，请事斯语矣。"

试译　仲弓问什么是仁，孔子说："出门在外，好比拜见稀有贵客，毕恭毕敬；使用民力，好比承办重大祭祀，诚惶诚恐。自己不乐意的，不要强加于人。在国内无怨气，在家里无怨言。"仲弓说："冉雍虽然迟钝，还是想做到这句话。"

试注　仲弓姓冉名雍，比孔子小29岁，字仲弓。国，诸侯国。家，一说是卿大夫家。但我们更愿意把它理解为各类的家，包括现代家庭。

体会　孔子曾经把仲弓比喻为犁牛之子，说："那杂毛牛的崽儿毛色纯红，两角整齐，虽然有人不想用它来祭祀，山神河神又岂能弃它不顾呢？"（6.5）"冉雍可以南面为王。"（6.1）又夸他德行好（11.3），对仲弓评价很高。流传最广的要算仲弓问仁，而孔子答以"己所不欲，勿施于人"（12.2），成为千古传颂的处世箴言。这是本节的亮点。

而"己欲立而立人，己欲达而达人"，则是己之所欲要施于人。"君子成人之美，不成人之恶"，则是人之所欲，要施于人，人所不欲，毋施于人。"躬自厚而薄责于人"，是己所不欲厚责于己，薄责于人。

这一节的难点是无怨。在邦无怨，难做到，对国家总是有点怨言。投资环境不好啊，法制不健全啊，分配不公啊，总是有怨言。特别是，不管怎么样都有怨言——政策太松啊，政策太紧啊，政策太温啊，总之左右不是，横竖不对，中间也不对，今天我有点烦，创业难。有点烦，怨言就总有充足理由，头头是道，都是人家不对、国家不对。可见，无怨是很高的要求，也许可以作为儒商的一个标准。怎样算一个儒商？看他在邦有怨还是无怨。"用户永远是对的"，这是在商无怨，也是在邦无怨。"对手永远是对的"，这也是在商无怨、在邦无怨。对手嘛，"不对"怎么叫"对"手啊！所以对手永远不要怪，不要怨，而是要学习，要感恩，要追赶，要超越。"国家永远是对的"，也是在邦无怨。所以有的商家奉行在商言商原则，尊重政府、理解政府、支持政府，不介入政治。尤其是跨国公司，更是把这一条奉为金科玉律。结果呢，这样的公司对政府影响最大，推动最大，贡献最大。商家干什么的？创业的。创业为什么？解决问题的。有问题，埋怨，那不是商家的本分。有问题，为此创造一笔业务，利在自己；贡献一条建议，利在大家——那是商家本分。商家的本分是乐见问题。问题就是市场，就是机遇，就是利润来源。问题刺激创意，推动创业。天行健，"商家"以自强不息；地势坤，商家以厚德载"钱"。

12.3　司马牛问仁。子曰："仁者，其言也讱（rèn）。"曰："其言也讱，斯谓之仁已乎？"子曰："为之难，言之得无讱乎？"

试译　司马牛问什么是仁，孔子说："仁者说话慎重。"又问："说话慎重，这就叫仁吗？"孔子说："做事难，说事能不慎重吗？"

试注　司马是姓，牛是名，耕是字。讱，迟钝。

体会　《史记·仲尼弟子列传》说，司马耕性子急，话也多。所以借着司马耕问仁的机会，孔子点拨一下：仁，就是说话慎重。

做生意，不能光说不练，不能说得多做得少，不能嘴上快手头慢。嘴上慢一点，手头快一点，信用就足一点，生意就好一点。

12.4　司马牛问君子。子曰："君子不忧不惧。"曰："不忧不惧，斯谓之君子已乎？"子曰："内省不疚，夫何忧何惧？"

试译　司马牛问君子的特点，孔子说："君子不忧愁，不畏惧。"司马牛问："不忧愁不畏惧，这就叫君子吗？"孔子说："自我反省，问心无愧，还忧愁什么？畏惧什么？"

体会　这里和上一节问仁有关系，还是提醒司马牛慎重，这回的慎重落脚在慎独，问心无愧，那就不要担心什么，不用害怕什么。把自己本分做好，不担心生意大小。这个功夫很高的。司马牛有大忧愁，孔子给他支着，排忧解难。

商家要有忧患意识，孟子教导我们"生于忧患而死于安乐"（《孟子·告子下》），所以商家有很多理由担忧，战战兢兢，如临深渊，如履薄冰。孔子在《易经·系辞》中也深长发问——"作《易》者，其有忧患乎？"因此"君子有终生之忧"（《孟子·离娄下》），完成一项事业总是当做"未济卦"，当做另一事业的开头，追求尽善尽美，精益求精。这是一方面，要求至诚至信；另一方面，君子也"乐天知命，故不忧"（《周易·系辞》）。着眼点不同。"从容中道，圣人也。"（《礼记·中庸》）儒商如果修习这门功夫，由至诚至信而达到"不勉而中，不思而得"（《礼记·中庸》），无为而成，就不用劳心算计筹划运营了，不用那么拘束了，可以放开点了。

12.5　司马牛忧曰："人皆有兄弟，我独亡无！"子夏曰："商闻之矣，死生有命，富贵在天。君子敬而无失，与人恭而有礼。四海之内皆兄弟也，君子何患乎无兄弟也？"

试译　司马牛忧心忡忡，叹道："人家都有兄弟，唯独我没有！"子夏开导说："我听说死生有命、富贵在天。君子如果内心诚敬，没有过失，对人谦恭有礼，那么四海之内都是我们的兄弟姐妹啊，还担心没有兄弟吗？"

试注　子夏姓卜，名商，字子夏。

体会　上一节孔子劝司马牛不要忧愁，那么司马牛有什么忧愁呢？这就是一个：愁自己没有兄弟；或者如朱子说，司马牛虽然有兄弟但是发愁他们乱来，快要死了。子夏的办法，就是听天命，尽人事。首先讲：这是有天命的，你愁也没有用。然后讲：人的努力也是必要的，我们对人要好，别人就会和我们情同手足。

那就是说，天命也可以改变，或者说，我们自身的努力就是一个天命。

12.6 子张问明。子曰："浸润之谮(zèn)，肤受之愬诉，不行焉，可谓明也已矣。浸润之谮，肤受之愬，不行焉，可谓远也已矣。"

试译 子张问什么是明白。孔子说："如果对慢慢渗透的谗言和劈头盖脸的诽谤，都不动心，就可以称为明白。如果对慢慢渗透的谗言和劈头盖脸的诽谤都不在乎，就可以称为远见。"

试注 愬，通"诉"，诋毁、诽谤、中伤、诬告；如：公伯寮愬子路于季孙（14.36）。

体会 这也是儒商的一道坎。

信誉是重要的。滚刀肉，死猪不怕开水烫，不要脸，的确不好，生意做不长久。但是如果太要面子，听不得谗言，受不了诽谤，就像屈原大夫那样，只好跳汨罗江，让嚼舌头的高兴了，生意也毁了。《论语》开篇第一节，就提示了这个道理："人不知而不愠，不亦君子乎？"（1.1）有人造谣，多数人跟着上当，不知道我的真相，我不要埋怨。"不患人之不己知，患不知人也。"（1.16）了解理解别人是重要的，先把情况搞清楚，有错误就改正；没有，心安理得，不辩解。如果有必要，那就心平气和的准备打官司。但是，"听讼，吾犹人也，必也使无讼乎！"（12.13）理解万岁，调解为上，不轻易上法庭。不打不相识，打官司也不怕，把它变成好事，变成广告，变成生意，变成交朋友的机会。乐见毁谤和中伤，是儒商的功夫，生于忧患。一听诽谤，心中暗喜：生意来了。生意生意，忧患中有大生意，儒商就高兴这个，烦是没有道理的，是不符合经济原理和商业规律的。烦，一是消耗成本，二是换不来利润，三是心浮气躁手忙脚乱像个没本事没主意的人，四是像个没福气的人，像个倒霉鬼。所以，烦是不经济的。在别人烦一下的时候，我们已经铆了三颗铆钉了，五分钱一颗，三五一五，一角五分啊，钱是一分一分赚的，所以儒商不烦。和气生财，第一是不要烦，见什么都不烦。当然，装烦不在此列。

听到诽谤，万一烦了怎么办？好啊，烦恼来了生意就来了，和自己的烦恼做生意就是了，成本更低，因为自己的烦恼是自己的，近水楼台，比别人的烦恼更便宜一些。问人家买烦恼，人家可能还不想卖呢，他要留着自己享用，我们不如自产自销。烦恼即菩提。

12.7　子贡问政。子曰："足食，足兵，民信之矣。"子贡曰："必不得已而去，于斯三者何先？"曰："去兵。"子贡曰："必不得已而去，于斯二者何先？"曰："去食。自古皆有死，民无信不立。"

试译　子贡问怎么搞政治。孔子说："粮食充足，兵力充足，民众信任。"子贡问："万不得已要去掉一个，先去掉哪一个？"孔子说："去掉兵足。"子贡问："万不得已再去掉一个，先去掉哪一个？"孔子说："去掉粮足。自古以来人总是要死的，政府得不到民众信任那就没法立足了。"

试注　兵，兵力、武力、武装、军备。

体会　确定公司的核心业务，经常用这种减法：把重要业务列出来，然后一项一项减去，看最后剩下的是哪一项。

孔夫子治国有原则：饭可以不吃，命可以不要，死可以不怕，百姓对政府的信任不可以不要。减来减去，最后剩下一项：政府威信要足。对公司而言，就是市场信誉足，顾客口碑好。不赚钱可以，公司破产可以，信誉不能丢。这是百年老店的理念。一般的公司不敢这样，他们奉行利润至上，信誉为利润服务。在利润和信誉不能兼顾的时候，他们取利润，不要信誉。结果做不到百年。怕死的总是先死，这是规律。

12.8　棘子成曰："君子质而已矣，何以文为？"子贡曰："惜乎，夫子之说君子也，驷不及舌。文犹质也，质犹文也。虎豹之鞟（kuò）犹犬羊之鞟。"

试译　棘子成问："君子内秀就可以了，何必外表有文采呢？"子贡说：

"可惜啊,夫子竟这样说君子!四马的飞车也赶不上说话快。文采好比内秀,内秀如同文采。虎豹的皮有如犬羊的皮,本来是各有毛色的。"

试注 棘子成,卫国大夫。质,本质好,素质好,秉性好,品质好,内秀,质朴。文,有文化,有文采,文雅。驷,四匹马拉的一辆车。舌,舌头说话。鞟,去毛的兽皮。

体会 诚于中,形于外。文质彬彬,而后君子。虎豹有虎豹的皮毛,犬羊有犬羊的皮毛。去掉各自的毛,只剩下皮,就很难看出它们的不同。虎豹的皮(质)自有虎豹的毛色(文),犬羊的皮(质)自有犬羊的毛色(文),什么样的皮(质),长出什么样的毛色(文)。毛色也不仅仅是装饰用的,它有呼吸作用,调温作用,伪装作用,都影响到质。文和质是相互作用,甚至相互产生的。古话说"皮之不存,毛将焉附",认为质先于且优于文。如果说注意到以毛养皮,就是"毛之不存,皮将焉在"了,就看出文的作用了。文质彬彬而后虎豹,文质彬彬而后犬羊。毛色不光是装饰用的,虎豹的毛色都去掉了,虎豹也难以活下去,甚至可能活不成。毛色是命,和命相联。

12.9 哀公问于有若曰:"年饥,用不足,如之何?"有若对曰:"盍彻乎?"曰:"二,吾犹不足,如之何其彻也?"对曰:"百姓足,君孰与不足?百姓不足,君孰与足?"

试译 鲁哀公问有若,说:"饥荒之年,用品不足,怎么办呢?"有若回答说:"何不按十分之一征税?"哀公说:"按十分之二征税我都不够用,怎么还搞十一税?"有若答道:"百姓手头够用,国君怎么会不够呢?百姓手头紧,国君怎么能不紧呢?"

试注 鲁国的有若,也就是有子,长得像孔子,比孔子小四十三或者三十三岁。盍,何不。彻,田税制度,西周时候,按十分之一抽税,简称十一税(什一税)。比方有十亩田,其中一亩为公田,农民耕种这一亩公田,作为税负,其余九亩私田的收成全归自己。二,按十分之二抽税,简称十二税。

体会 据说汉初是十五税一，到了文景之治更是三十税一，抽税三十分之一，税低，国库反而大大充盈。藏富于民，政府也就富了。我国的经济特区，则是现代发明，税负低也是一个特色。全球贸易，则有WTO管理关税，基本目标虽然是促进自由贸易，但降低关税也是重要目标。西周井田制按十一抽税，鲁宣公十五年在鲁国改为十二税，直到哀公，还是十二税，还嫌不够。有若是反对的，但是哀公不懂。有若的老师孔子在《春秋》中，就批评了鲁宣公开始实施的十二税，说："初税亩。"意思是，宣公开始搞十二税了，百姓遭殃了。

12.10 子张问崇德辨惑。子曰："主忠信，徙义，崇德也。爱之欲其生，恶之欲其死。既欲其生，又欲其死，是惑也。'诚不以富，亦祇^只以异。'"

试译 子张问如何提高品德，辨清迷惑。孔子说："主要靠忠诚可信，见义勇为，那就可以提高品德。如果爱起来希望对方万寿无疆，恨起来巴不得人家倒地就死，这就是糊涂。这样子'本不是什么感情丰富，只不过昏昏糊糊、薄情多变'啊。"

试注 徙，迁徙、改变。徙义，徙于义，搬到义那里去。诚，《诗经》里写为"成"。祇，只。

体会 下文樊迟也问了崇德辨惑（12.21），孔子有答复，可以参考。

这里孔子最后是引用《诗经》，说明提高修养、厘清迷惑的重要。像一个家庭，由姻缘而组成。如果没有修养，没有忠贞不渝的感情，不能依据情义来修正错误，那就没法齐家。有可能朝三暮四，爱起来如火如荼，恨起来冰天雪地，不知道自己真需要的是什么。爱恨起伏不定，是情感丰富吗？其实不是。这是没有主心骨，感情用事，利令智昏，不知道自己真爱什么，容易见异思迁。知止才有主心骨，知止而后有定。大学之道，在爱己，在爱人，在止于至爱。

12.11 齐景公问政于孔子。孔子对曰："君君、臣臣、父父、子子。"公曰："善哉！信如君不君、臣不臣、父不父、子不子，虽有粟，吾得而食诸？"

试译 齐景公问孔子如何治国。孔子说："君在君位，臣在臣位，父在父位，子在子位。"齐景公说："好啊！果真君不在君位，臣不在臣位，父不在父位，子不在子位，那么虽然粟米满仓，我能吃得到吗？"

试注 诸，之，代词。

体会 守仓库的不好好守仓库，监守自盗，那么粮食再多，就是国君也要饿肚皮了。各就各位，各司其职，各守本分，这是柏拉图《理想国》的大政方针，叫做正义：为政者治国，军人卫国，生产者养国。在儒家，就是君君臣臣父父子子。当时齐国比较乱，就是君不君、臣不臣的状况。孔子点到为止。

12.12 子曰："片言可以折狱者，其由也与欤？"子路无宿诺。

试译 孔子说："一句话就可以断案，大概是子路的功夫吧？"子路承诺的事情，不过夜的。

试注 片言，一句话；或者单方面的讼辞。由，子路。其，大概。宿，一宿，一夜。诺，承诺。

体会 子路信用高，一诺千金，一言九鼎，胡搅蛮缠花言巧语口是心非的人不敢和他斗嘴，所以他来断案子，一句话就结了，没有人敢狡辩。信用经济学，有信用，才有经济，没信用，就没有经济。信用高，效益就高，损耗就小。损耗小就是节约，节约型经济的根本是信用。这里节约一度电那里节约一根草，都是节约型经济，但最大的节约是有信用。民无信不立，老百姓不信你了，公司也就站不住了。节约什么呢？节约那些阴谋诡计，干点正事儿，是人干人事、说人话；信，人言为信。人人有信用信誉信心，与国人交言而有信，就是最节约型的经济。没有信誉信用，工作都浪费在勾心斗角、瞒天过海里，所谓企业经营

"三十六计"，天知地知，计计给自己挖坟墓，计计算的都是自己，但就是自己不知道，最后自己泥牛入海无消息。

片言，如果是单方面讼辞，那么可能有两种情况。一是说子路如果陷入官司，只要他发话，不用等对方说，官府就可以断案了。因为子路言而有信，有口皆碑。第二个可能，是说子路来断案子，可能不大稳重，听一面之词就可能断案。风风火火，承诺不过夜，有点急躁。

12.13　子曰："听讼，吾犹人也，必也使无讼乎。"

试译　孔子说："断案子，我和别人差不多，总要竭力使大家没有官司可打了才满意。"

试注　听讼，断案子。听，听原告被告等各方意见，而后依据法律而判断之。讼，争讼，诉讼，打官司。

体会　虚国、芮国为田地的分界打官司，打了多年，不分输赢。两国的君王就相互商议说："听说西伯文王很仁义，我们何不请教他去？"就一起走到周文王国内，看到农民互让地界，路人相互让道，到了朝廷，看到官员相互礼让，两国的君王自叹不如，说："唉，我们都是小人啊，没脸面上君子的朝廷。"就回到本国，把相争的田地空在那里，作为闲地。孔子说："由此看来，文王之道，真不可思议！不用命令，大家就跟从；不用教育，大家就领会。顶尖的管理智慧啊！"（《孔子家语·好生》）

12.14　子张问政。子曰："居之无倦，行之以忠。"

试译　子张问如何搞政治，孔子说："在位不知疲倦，办事忠实可靠。"

试注　居，在位；行，做事。

体会　居和行，一动一静，各有侧重。居也是一种行，要不知疲倦，时时慎独，一心在民；行也是一种静，要紧紧靠在"忠实"上不动，严格执行政策法规，忠于职守。

无倦说来容易，很难做到。学而不厌、诲人不倦、居之无倦，都是高级功夫，需要很大的恒心，尤其是爱心，需要热爱事业、热爱工作的一种激情。

忠，也很难做到。办事考虑问题，没有一个中心，就是不忠，心是散的，没有凝聚力，不能全神贯注，一忽而想搞餐饮，一忽而又搞芯片，最后什么也搞不成。

12.15 子曰："博学于文，约之以礼，亦可以弗畔_叛矣夫！"

前文也有这一句，参见6.26。

12.16 子曰："君子成人之美，不成人之恶。小人反是。"

试译 孔子说："君子成全人家的好事，不促成人家的坏事。小人跟这种做法相反。"

试注 美：好，善，好事，美事，优点，明德，良心。恶：坏，丑，坏事，缺点，痼疾，恶习，诡计。

体会 对人要做生意，成人之美；不要做"死意"，成人之恶。通过交往交易交流，让人家发展、成长、进步、升华，是成全人家的美事，是做生意，是儒商。通过交往交易交流，让人家停滞、萎缩、退步、堕落，是推动别人往死路上走，是做死意，是奸商。人人都有美好面，也难免有不好的一面，有缺点有不足甚至有恶习。儒商是成全人家的美好面的，不成全人家的坏点子坏念头坏习惯的。好项目帮人家做，坏项目劝阻人家不要做。

好项目不但帮人家做，还要帮人家做好，做好才是成，否则只是促一下，伸个援手，最后还是没成，那就还不够。自己力量不够，就需要练内功了，不然帮不了别人多少。一练内功，也就成己之美了。儒商是两全其美的，双赢多赢的，是通过成人之美来成己之美的。儒商是做生意的，贵在一个"生"字。"生生之谓易"，《易经》的生意经就是生生之谓"易"，生生不息就是"交易"，就是市场运作的大贸易。

什么是好项目？也许最好的项目是帮助别人创业，帮助别人自立，让别人独立自主，不再依赖环境依赖我。比如，我的企业要不要留人呢？标准很简单：留人如果能够更好地发展人，就留，否则不留，而是帮着人家另谋他途，另创事业。一心只是从我的企业如何发展来看待人力资源，那不是成人之美，而只是成己之美，最终自己是不大美的，因为心眼儿比较小。孟子说充实之谓美。心眼儿小，就不充实，都是算小账，大一点的项目做不了。心眼儿大一些，就美一些。大到什么程度？不妨放大到天下，放大到宇宙，有世界胸怀，有生态胸怀，万物并育，万善同归，那才是儒商生生之谓易的大生意大贸易，那才真够充实。

有个药厂老板，自己没有新药研发能力，就把家里人一齐拉下水，伙同去贿赂市政府药监局官员，搞新药批文，一送就是几百万元。这是成人之恶，把官员整惨了，把自己的家人整惨了，把企业员工也整惨了，最后成己之恶，把自己整惨了：药厂关门，员工散伙，家人倒霉，官员入狱，自己蹲班房。但是开头看不出来，只看见药厂业绩疯长，第一年300万元，第二年就5000万元，有了甜头，第三年加紧贿赂搞更多批文，业绩2亿，第四年6亿，第五年16亿，第六年20亿。这时候，人也疯了，除了蹲监狱，没有其他药方了。搞医药的自己得了病，没治，共和国总理的几番严厉批示也拦不住。最后是中纪委调查，才抹了洗手药，蹲监狱去了。

12.17 季康子问政于孔子。孔子对曰："政者，正也。子帅以正，孰敢不正？"

试译 季康子问孔子如何从政，孔子回答说："政就是正。先生自己带头公正、平正，谁敢不公正不平正？"

试注 季康子，姓季孙，名肥。季孙肥是鲁国大夫，鲁哀公时候为正卿，最有权势，康是谥号。

体会 季康子自身不正，国家自然治理不好，盗贼很多。成人之恶的，也成己之恶。搞坏人家生意的，或者到处树敌，或者到处讨好，坏了人家好事，坏了人家良心，结果自家生意也做不好。不如自己说良心话，办良心事，做良心生意，慢慢影响周围的人，服务消费者，多交生意朋友，少结死意怨魂，一起走上光明大道。

12.18 季康子患盗，问于孔子。孔子对曰："苟子之不欲，虽赏之不窃。"

试译 季康子担心自家被盗，请孔子出个主意。孔子回答说："假如先生自己不贪，您就是悬大赏让人去偷，也没有人偷窃的。"

试注 盗，窃贼。贼，强盗。古今的说法有所不同。

体会 如果防盗门技术和业务比较发达，增加了许多GDP，就会减少许多幸福指数。其中的主要原因，是官员腐败，民心随风倒。季康子贪心大，不义之财积累多了，不免担心别人来偷，没有放心睡觉的福气，家庭幸福GDP持续下跌，却要不断升级防盗门"高"科技。季康子，一点也不健康。发个大财修个房，好比建个大牢房，天天锁着，不敢敞开来晒晒太阳，通通风。

孔子说话，不是光拣好听的说。这话有点逆耳，却是忠言。居之无倦，行之以忠，孔夫子做出了榜样。不成人之恶，孔夫子做出了榜样。至少是个诤友吧。把朋友往正道上引，是夫子的生意经。

12.19 季康子问政于孔子曰："如杀无道，以就有道，何如？"孔子对曰："子为政，焉用杀？子欲善而民善矣。君子之德风，小人之德草，草上之风，必偃。"

试译 季康子问孔子如何搞政治，说："要是杀掉坏人，引进好人，如何？"孔子答道："先生搞政治，哪里用得着开杀？您一心做好人，老百姓就好了。君子好比风，百姓好比草。风一吹过来，草就服帖了。"

试注 就，接近，请教，延请。有道，有道之人。德，性质，秉性。德风，德如风。德草，德如草。"草上之风"的之，是"至"、"到"。

体会 君子的风德，《说苑·杂言》里有描写：

曾子说，我听说夫子有三句话，但我还做不到。夫子见人有一点好处，就忘掉那人的一百个不是，这是夫子的"易事"。夫子见人有优点，好像就是自己的优点，这是夫子的"不争"。听到道理必定亲自实践检验后才说出来，这是夫子的"能劳"。

君子对小人有爱心，有信心。所以小人喜欢君子，最后都长成大人。季康子自身不正，想要开杀以正风气，错了。身教则从，言教则讼，刑杀则乱。"民不畏死，奈何以死惧之？"（七十四章）

12.20　子张问："士何如斯可谓之达矣？"子曰："何哉，尔所谓达者？"子张对曰："在邦必闻，在家必闻。"子曰："是闻也，非达也。夫达也者，质直而好义，察言而观色，虑以下人。在邦必达，在家必达。夫闻也者，色取仁而行违，居之不疑。在邦必闻，在家必闻。"

试译 子张问："作为士，要怎样才能算是显达？"孔子说："你所说的显达是什么意思呢？"子张回答说："在邦国必定闻名，在家乡必定闻名。"孔子说："这是闻名，不是显达。显达其实是耿直仁义，察言观色，谦恭有礼。这样，在邦国一定显达，在家乡一定显达。至于闻名呢，则是表面上仁义，实际上不仁，却以仁义自居，毫不惭愧。这样，在邦国一定有名，在家乡一定有名。"

试注 尔，你。家，家族，大夫的封地，家乡。虑，考虑，思虑，心念。下，谦下。

体会 商家的算计，表面上给点好处，实际上盯着别人的钱袋子，结果呢，大家都这样算计，最后谁也占不到便宜。广告大了，包装好了，质量没跟上去，服务没跟上去，结果名气是有了，驰名了，却难得持久，难得人心，难得显达通达。如果耿直仁义，就不会搞花架子，而是真正替他人着想，察言观色，量身定制，谦恭待客，真正让服务落到实处，上通天心，下达人心，直入三江四海，感通日月星辰。

12.21 樊迟从游于舞雩（yú）之下，曰："敢问崇德，修慝（tè），辨惑。"子曰："善哉问！先事后得，非崇德与欤？攻其恶，无攻人之恶，非修慝与欤？一朝（zhāo）之忿，忘其身，以及其亲，非惑与欤？"

试译 樊迟随同孔子出游到舞雩台下，问道："请问什么是培养美德、修正错误、明辨是非？"孔子说："问得好！吃苦在前，享受在后，不是培养美德吗？专挑自己的毛病，不挑别人的毛病，不是修正错误吗？一旦发起火来，性命都忘了，亲人也连累了，不是糊涂吗？"

试注 樊迟，也即樊须，字子迟。舞雩，旧址在当今曲阜的南面，是求雨祭祀用的坛。慝，邪念，毛病，错误。修慝，修正错误。攻，指责，责备，挑剔。无，勿，不要。

体会 儒家商学院的教学像是游学，散步学派，一散步就谈出了经商三要：第一，先种瓜，后吃瓜；吃苦抢先一点，享受落后一点；服务勤快一点，收银迟钝一点，是经商的美德；第二，只挑自家的不足，不看人家的不是，是经商的内功，主修自强不息，不搞恶性竞争，不搞同行相忌。第三，不意气用事，沉得住气，赚了不喜，亏了不忧，得市不张狂，失市不恼怒，掌稳了船舵，看准了方向，径直航去，谁也诱惑不了我，谁也激怒不了我，自己身体好好的，亲人平平安安的，是经商的理性。

反面是经商三忌。

一忌幻想不劳而获。这是老生常谈，也是小生新说。幻想不劳而获，鬼主意就出来了，小窍门就有了。偷工减料，巴结贿赂，欺行霸市，瞒天过海，三十六计，计计见精明，计计累死人，比老实经商的累多了，既劳心又劳力。有时候贿赂一大人物要爬楼三十六层，你说是不是累得三十六个骨节疼？因为送黑金那天不巧刚进电梯就停电了，但大人物在楼上等着啊，时间紧得很，人家过期不候的。爬到的时候人也老了三十六岁，老婆也担心了三十六年，简直比咱家三十六岁的老黄牛还辛苦，你说是有劳呢，还是不劳？三十六个不懂。你说有获呢，还是没获？三十六个不会。

二忌总是自己对别人错。别人很多，有政府人士，有合作伙伴，有竞争对手，有消费者，有员工，有上级，有部下，有家人，有同学，有朋友，有冤家。自己生意没做好，是政府人士不支持，是合作伙伴不配合，是竞争对手太狠心，是消费者太挑剔，是员工太懒惰太没能耐，是老板太笨让我怀才不遇，是下属太傻让我手下无人，是家人没出息让我白手起家，上大项目到处借钱，是同学不讲情义先行一步令我无可奈何，是老友不给面子把项目给了他人，是冤家路窄让我痛失良机。唉，生不逢时啊！可惜了我一身好武艺。

三忌意气用事不惜性命。生意生意，生命意志要健全，身体要棒，心情要好，这是起码的。否则发财图个什么呢？买高级降压灵？进口救心丸？一口气上不来人就走了，存款还来不及提出来抓药。所以，意气用事是划不来的，不惜性命是不符合商业计划书要求的。"仁者以财发身，不仁者以身发财"，《礼记·大学》的经商之道很精辟。"你说我不行，我就是要做个好项目大项目给你看！"这就不是经商做项目，而是赌气了，有可能把性命搭上去，让亲人抹眼泪。唯利是图，在商言商，就不要意气用事。身体是大利，心情是大利，家人的平安幸福是大利。连这些大利都不顾，一门心思赚钱，赚了大钱再去请顶级心理医生，买金棺材，生意岂不是越做越死，没有一点活泛劲儿，还说什么唯利是图，一定是会计类目填错了，把负债当做资产了。

12.22 樊迟问仁。子曰："爱人。"问知_智。子曰："知人。"樊迟未达。子曰："举直错_措诸枉，能使枉者直。"樊迟退，见子夏曰："乡_向也吾见于夫子而问知_智，子曰：'举直错_措诸枉，能使枉者直'。何谓也？"子夏曰："富哉言乎！舜有天下，选于众，举皋陶（yáo），不仁者远矣。汤有天下，选于众，举伊尹，不仁者远矣。"

试译 樊迟问什么是仁，孔子说："爱人。"问什么是智，孔子说："懂人。"樊迟没明白。孔子说："拿直的去扳弯的，能把弯的扳直。"樊迟出门见到子夏，说："刚才我拜见夫子，请教什么是智，夫子说'拿直的去扳弯的，能把弯的扳直。'这是什么意思呢？"子夏说："这话含义丰富啊！舜治理天下的时候，在众人中选拔贤人，选了皋陶之后，坏家伙就躲得远远的。商汤治理天下的时候，在众人中选拔贤才，选了伊尹之后，坏家伙也躲得远远的。"

试注 皋陶，陶就是窑。皋陶是烧窑的，舜在位的时候，皋陶掌管刑法，称为中国司法鼻祖。汤，成汤，商朝的第一任君主。伊尹，成汤的宰相，辅佐成汤灭除夏桀，兴建商朝。

体会 仁是什么？各人看法不同。孔子对仁的看法，传说最多的恐怕是"仁者爱人"。但是《荀子·子道篇第二十九》，说到一个故事——子路进来，孔子问他："由啊，智者怎样？仁者怎样？"子路回答说："智者使人知己，仁者使人爱己。"孔子说："可以称为士了。"子贡进来，孔子问："赐啊，智者怎样？仁者怎样？"子贡回答说："智者知人，仁者爱人。"孔子说："可以称为士君子了。"颜渊进来，孔子问："回啊，智者怎样？仁者怎样？"颜渊回答说："智者自知，仁者自爱。"孔子说："可以称为明君子了。"有人据此认为，仁的最高境界是自爱，礼的最高境界是自敬。

大学之道，在爱自己，在爱他人，在止于至爱。

12.23 子贡问友。子曰："忠告而善道_导之，不可则止，毋自辱焉。"

试译 子贡问交友之道，孔子说："对朋友要忠告，善加引导，如果不听就适可而止，不要自取其辱。"

试注 告：古音gù。道，即导。

体会 《史记·货殖列传》专门讲生意人。其中讲到子贡，跟孔夫子学道学得不错，就在宋国做官，又做生意，在同学中最富有。他经常驾着大车，载满了厚礼馈赠各国诸侯，所到之国，诸侯们也无不和他"分庭抗礼"——用同样的厚礼回敬他。有学问，有朋友，有钱财，鞍前马后追随孔子，使老师的学说名扬天下，子贡居功至伟，贡献第一，所以叫做子"贡"吧？感谢上天恩赐啊，端木赐，使我有这么大的贡献。虽说我子贡的贡本来写作"赣（gòng）"，也就是赐的意思了，但是后人错写为贡，似乎更好啊，把上天赐给我的宝贝贡献出来，多好。

出门朋友多，生意就好做。交朋友要与人为善，成人之美。多交良师益友，彼此好提携好照应好提醒。给点忠告，善意引导，都是一种情分。讲朋友情分，就得尊重朋友，建议就是建议，不能强加于人，不能唠叨，不能自以为是。事不过三，建议不超过三次，免得伤了和气。君子和而不同，意见可以保留，可以看看，可以试试。

不过，假如遇到十万火急的事，性命攸关的事，遇到重大原则问题呢？恐怕还是要学习孔夫子，知其不可为而为之了。老朋友，对不起，得罪了。不可以黏黏糊糊，不可以太顾面子，那样太不够朋友了。不能见死不救，哪怕他打我骂我也要救。

12.24　曾子曰："君子以文会友，以友辅仁。"

试译　曾子说："君子靠学问结交朋友，靠朋友补养仁德。"

试注　文，文化，文采，文才，文章，文情，才情，学问，温文尔雅。

体会　文和野对，是文明文化；文和质对，是文采文雅；文和武对，是文治文笔。做生意靠朋友，交朋友靠文化，是大生意经。

　　一流企业靠文化，靠文化交得真朋友、大朋友、天长地久的朋友，百年老店就是靠这样的朋友支撑起来的，光凭财会生意经，不灵，靠文化生意经才灵。有点文气、文采、文才、文品，企业才有品味。文化创意产业如今兴起，是个大趋势。品牌的主要成分是文化。有人估算，一家公司的品牌价值，有可能占其资产的80%，靠什么？一种文化。品牌已经变成了一种文化，其他资产没多少。文化底蕴深厚，企业的基础就深厚，交易中就有了一种交情，一种文情，一种真情，一种心心相印的心理契约。有了这样讲交情的朋友，相互携起手来，成人之美，培养仁德，培植爱心，那就生意盎然了。《礼记·大学》的生意经说："有德此有人。"有什么人？好人，友人，贴心人，文明人，学问人，文化人。有德才能交上朋友，光有钞票有酒肉不行。光有酒肉，一边喝酒一边骂人，嘴上不骂心里骂，当面不骂回去骂，交情其实是没有的。光有钱也不行，一边数钱一边骂人，嘴上不骂心里骂，当面不骂回头骂，嫌少了，嫌晚了。你说我有德没钱，人家怎么不跟我好啊？怎么跟有钱有酒肉的人好啊？那是假的，不长久的，不踏实的，翻脸的日子在后头。你说我是好人，我有德，我怎么没有朋友啊？还不是自己没钱嘛。这是借口，替自己无德缺德找借口。有德，没有没朋友的。其实人人天生就有德，有明德，只是自己不明白，不自信。一自信，德就上来了，像个有德的人了，眼睛放光了。明明德啊，双目炯炯有神，有磁力，有穿透力，充满希望，充满信心，充满慈悲，充满智慧，和颜悦色，随时准备伺候别人，人见人爱，怎么没朋友？这时候才明白原来自己这么有德，而且本来就有。君子之交淡如水，大交易大交情淡如水。淡如水，人长久。有人此有土，有土此有财，有财此有用。不讲交情，在生意场上吃不开。我精，人家比我还精，谁都不傻，这生意怎么做？钱赚了，交情没了，最后钱也就没了，是这样的。赚够了钱，觉得丢失了交情，亏了，于是大把撒钱，"转手"搞公益事业慈善生意赚取名声，也不是不可以，但是不如以文会友、以友辅仁的生意经，来得直截了当，省去了"中间商"的环节，"转手贸易"的环节，成本大大降低，利润大大提高，生活质量大大提高，生意的过程就很快活，这种算盘才真够到位，真够精。其实人家真的需要我们施舍吗？不需要。

子路第十三

13.1　子路问政。子曰："先之劳之。"请益。曰："无倦。"

试译　子路问如何办政务，孔子说："自己做出榜样，激发大家勤奋工作。"子路请求继续讲，孔子说："不要松劲。"

试注　先，先行，率先，身先士卒。益，增益，增加。

体会　商务也是这个道理。讲一千句不如先走一步，希望别人做的，自己先做到。做生意最关注信用。要别人守信用，自己先有信用。做事业靠勤奋，要部下勤奋，自己先勤奋。一天勤奋不够，两天勤奋也不够，要不断勤奋，不知疲倦，铆足了劲，不松劲。伟大的精力是为伟大的抱负而产生的。把家人的幸福装在心里，我就是一家之长，我就能集中一家人的精力，这是我一个人单打独斗所不及的。把村子的幸福装在心里，我就是一村之长，我就能集中一村人的精力，这是我一家人的精力所不及的。把县、市的幸福装在心里，我就是一县之长、一市之长，我就能集中一县、一市的精力，这是我一村人的精力所不及的。把一省的幸福装在心里，我就是一省之长，我就能集中一省的精力，这是我一县、一市的精力所不及的。把国人的幸福装在心里，我就是一国之主，我就能合一国之力干出大事，这是我一省的精力所不及的。把人类的幸福装在心里呢？那就是人类的导师——大尧、大舜、孔夫子、老聃、释迦牟尼、我主耶稣了，他们的事业千年万年不朽，他们的精进和勇猛令人神往，他们不知疲倦的超人精力被传为神奇。人皆可以为尧舜，尧舜的精力，我们有的。我们崇拜谁，我们就是谁。我们是主人，是一人之主，是一家之长，是村长、县长、省长，是国家主人，地球主人。

13.2　仲弓为季氏宰。问政。子曰："先有司，赦小过，举贤才。"曰："焉知贤才而举之？"曰："举尔所知，尔所不知，人其舍诸？"

试译　仲弓去做季氏的管家，问起如何搞政务，孔子说："先让负责人各司其职，小错误不要追究，再把贤才推举上来。"仲弓说："怎么知道谁是贤才加以推举呢？"孔子说："推举你了解的啊。你不了解的，别人会不了解吗？"

试注　仲弓是鲁国人，姓冉名雍，和颜回、闵子骞、冉伯牛一样有德行。季氏，可能是季桓子。有司，官员。舍（shè），藏匿。诸，之乎。

体会　孔子认为"雍也可使南面"，仲弓懂政治，可以做国王的。治国也是管理，经商也有管理，孔子提示仲弓的三条，都可以用于经营生意。三条看起来简单，不难理解，但是哪一条都不容易落实。

比方各就各位，先有司。那得知人。如何知人？"不知言，无以知人也。"（20.3）言为心声，听不懂别人说什么，想说什么，听不懂言外之意，没法了解人。不了解人，就没法任命，没法安排工作。

赦小过，有些人能够做到，有些人难以做到。事无巨细、精益求精、一丝不苟的，水至清则无鱼，谁也不满意不放心任何错误都不原谅，难以做到。那么这种老挑毛病的人就无用了吗？不，有用得很，搞技术、搞卫生、搞安全、搞护理，最需要这种人才。他们这种"过"，这种挑剔的喜好，放到很多管理岗位上，可能是一个大毛病、大过，但是放到具体的技术岗位上，反而可能是个大优点，或者就算是个毛病，也算是小的，可以赦免的。可见，怎么赦小过，先要搞清什么是小过。同一件事情，从这边看是小过，从那边看是大过；从左边看是小过，从右边看是大功。所以赦小过，也不容易。像厨师调味，哪个菜品、味品用不到？都用得到。任何菜品、味品都敢用，都能用，那是大厨师，因为他能配出好味道来。在他那里没有什么小过大过，他只怪自己不会配味，不怪菜品、味品有什么小过大过。你说有过，他就是要一些过，来搭配味道。他是厨神，是伊尹，没有什么味道不可以下锅的。

举贤才，前提也就是知人，和"先有司"搭界。先有司是善任，举贤才是知人之后举人。不知人，不能举贤才。知人，但是不一定举贤才，有嫉妒心啊，害怕啊，没有岗位啊，担心比自己强啊，养不起啊，担心人家不愿意啊，怕委屈人家啊，怕其他人不接纳啊，怕他有这样那样的毛病让有些人心烦啊，都是顾虑。为了举贤才，除了知人，还要为举人创造很多条件，心理的、物质的、环境的、政策的，种种条件。还有举，举到何种程度？比自己高，可不可以？跟我有仇，举不举？最后仲弓问了：不知人，怎么办啊？夫子倒是不担心，说：你了解谁就推举谁啊，不了解的，别人可以举荐啊，他们不会把人才藏起来的。这是提醒仲弓，要广开举荐之门，不要靠自个儿一双眼睛来举人，一双眼睛不够用，群众的眼睛是雪亮的。

13.3　子路曰："卫君待子而为政，子将奚先？"子曰："必也正名乎！"子路曰："有是哉，子之迂也！奚其正？"子曰："野哉，由也！君子于其所不知，盖阙如也。名不正，则言不顺；言不顺，则事不成；事不成，则礼乐不兴；礼乐不兴，则刑罚不中；刑罚不中，则民无所错措手足。故君子名之必可言也，言之必可行也。君子于其言，无所苟而已矣。"

试译　子路说："卫国的君王等着先生去管理政务，先生打算先干什么？"孔子说："必须先正名！"子路说："有这样做的吗？先生绕弯了吧！怎么正啊？"孔子说："冒失啊，仲由！君子对自己不明白的，会暂且放到一边，不下断语。名分不正，言辞就不顺；言辞不顺，事情就办不成；事情办不成，礼乐就不兴盛；礼乐不兴盛，刑罚就不会恰当；刑罚不恰当，百姓就手足无措不知该怎么办。所以君子给各类政务、政要、政职定名一定要准，政名说出来，一定要可行。君子对于自己说的话，不会随随便便的。"

试注　卫君，卫国的君王，卫出公，卫灵公的孙子，姓蒯名辄。奚，什么。正名，正确定名，放正名分。迂，远，绕弯，迂回。阙，缺，空缺，存疑。中，恰当，切中，中肯。苟，苟且，马虎。

体会　那时候，孔子的弟子很多在卫国做官，卫出公想请孔子打理政务，于是有了这番对话。

办公司，先要取名，名字的分量很重。名字取得好，念起来顺口，响亮，好记，还有意义，让人联想，是不错的。还要和公司业务相符，特别是和理念相符。有时候名字直接就表达理念了，这应该算是正名。名正，言顺，事成，礼兴，刑中，民定。这几条用到公司管理，可以的。名字定得好，说话就顺理顺情，办事就利索，容易成。事成了，礼乐才能落到实处。礼乐不是花架子，要立足于成功，实实在在的礼，欢欢喜喜的乐，不是虚的，不是装样子的。有些公司请企业文化高手搞一些文化啊，礼啊乐啊都设计了，结果公司业务没有夯实，那些礼乐有什么用？所以先要名正、言顺、事成，然后自然带出礼乐。礼乐是成功的标志，实力的产物，不是点缀，不是贴花贴金，而是贴心。所以要先礼后兵，先礼后刑，先熏陶、学习、感化，屡教不改再加点刑罚，人家心里服。先不搞礼乐，一上来就是榔头扁担，有理三扁担，无理扁担三，那不行。不教而诛，搞不长久。最好熏出一种文化，从成功的运作中生长出一种文化，那是自动化的，不需要怎么管理的，那就成了。怎么自动化呢？首先还是正名，名实相符，名称符合实际，一点虚的没有，一点欠的没有，不大不小，必定心想事成。除了公司名，还有各个部门的名称，各个岗位的名称，各笔业务的名称，各个产品的名称，还有这些名称的组合与协调，都有讲究，都需第一等重视。搞品牌名牌，名称的研究分量极大。比方说，是单一名称的品牌体系呢，还是多个名称的品牌体系？就是一件大事。因为它们各有利弊，不容易取舍。

13.4　樊迟请学稼。子曰："吾不如老农。"请学为圃。曰："吾不如老圃。"樊迟出。子曰："小人哉，樊须也！上好礼，则民莫敢不敬；上好义，则民莫敢不服；上好信，则民莫敢不用情。夫如是，则四方之民襁负其子而至矣，焉用稼？"

试译　樊迟请教怎么种五谷，孔子说："我不如老农。"请教怎么种菜，孔子说："我不如老圃。"樊迟出门后，孔子说："小人啊，樊须！在上的热衷礼仪，老百姓没有哪个敢不恭敬的；在上的热衷仁义，老百姓没有哪个敢不服从的；在上的热衷诚信，老百姓没有哪个敢不踏踏实实的。这样的话，四面八方的人都会背着自己的小孩来投奔，哪里用得着在上的亲自种庄稼呢？"

试注　樊迟，樊须。稼，五谷，粮食。圃，种菜；菜圃，菜园。情，情实，老实。襁（qiǎng），用布幅包裹幼儿。负，放在背上。

体会 种五谷种菜蔬，都是技术活，孔夫子都会，但是比不上种粮专家，种菜行家。作为管理者，礼、义、信三样，更加重要。在上的有礼，大家跟着恭敬；在上的仁义，大家心悦诚服；在上的诚信，大家也就老实。有了礼、义、信三项本事，就聚人，不会种五谷菜蔬也没关系，种五谷菜蔬的会蜂拥而至，背着他们的孩子前来投奔，开荒种地。因为在有礼有义有信的地方，他们种地，心里踏实，不担心被盘剥，不担心被哄抢，不担心被撬门，不担心被邻家的牛羊吃了庄稼，不担心官司缠身分身无术耽误了种地的好季节，不担心地界被邻家今天刨走一寸明天刨走五分，不担心我的好稻米换回人家的烂菜叶，不担心百斤麦种掺了八两沙子，不担心化肥用三成砖粉制造。而且在有礼有义有信的地方，大家心情好，种出的五谷菜蔬都可口可爱。心情好了，弹一曲，瓜果牛羊听了也高兴，瓜果是又大又肥又甜，奶牛产奶是又多又快又好。种地是小本事，礼义信是大本事。庄稼人会了礼义信这样的大本事，种地也就成了大本事。礼义信，是种地的三大高技术，三大核心技术，所以老农老圃都愿意牵家带口，投奔礼土、义土、信土，播撒礼种、义种、信种，浇灌礼水、义水、信水，收获礼果、义果、信果，建设社会主义新农村。

13.5 子曰："诵《诗》三百，授之以政，不达；使于四方，不能专对；虽多，亦奚以为？"

试译 孔子说："《诗经》三百首都背熟了，把政务交给他，却办不了；派他出使四方，也不能见机行事。背诗虽多，又有什么用呢？"

试注 《诗》，后来叫《诗经》，是孔夫子删定的。四书五经，第一经就是《诗经》。专对，专门的对策，个性化服务，见机行事。

体会 兴于诗，立于礼，成于乐。先背诵诗歌，可以，熏陶一点文化、一点情愫，启发一点智慧。接着就要学习礼仪，讲究进退举止，待人接物，在社会上立住脚跟，创立事业。包括处理政务，要通达，不能小器；出使各国，要从俗，要量身定制，搞本土化，专精化，专门针对一国制定特殊策略，顺从友国习俗，不能傲气，不能孤芳自赏、唯我独尊，强人所难。主动学习礼仪，可以；主动去教礼仪，不可以。企业间的交往交易也是如此，最难的是相互尊重对方的企业文化，办事习惯。要针对不同的对象，有不同的对策。很多的企业合并、收购之所以最终失败，主要是因为文化合不来。可见，企业文化是企业命根，比设备厂房重要，比投资重要，比利润重要。

13.6 子曰："其身正，不令而行；其身不正，虽令不从。"

试译 孔子说："一个人一身正气，不用发号施令，别人就会跟着走；自身没正气，就是发号施令，别人也不跟他走。"

试注 其，他的，他们的，她的，她们的。

体会 有权力，不如有正气。管人家，不如管自己。命令别人，不如命令自己。命令自己，不如培植自身正气，固本培元。自身没正气，指挥别人指挥不动，指挥自己也指挥不动。这个人人都有体会，有时自己也不听自己使唤的。哎呀我明天不喝了啊，明天照样烂醉，家什打个稀烂，再欠一屁股债。

自己正气充盈了，邪气进不来，身体好，心情好，主意正，方法正，不用给自己下命令，强迫自己干这个干那个。干正事那是自动化的，乐此不疲的，顺其自然的。

13.7 子曰："鲁、卫之政，兄弟也。"

试译 孔子说："鲁国、卫国的国政，有兄弟气象。"

试注 周公旦和康叔是兄弟，周公旦封在鲁国，康叔封在卫国，他们的国政也比较类似，像兄弟一样。

体会 周礼尽在鲁国啊，因为鲁国有周公旦。

13.8 子谓卫公子荆："善居室。始有，曰：'苟合矣。'少有，曰：'苟完矣。'富有，曰：'苟美矣。'"

试译 孔子评论卫国公子荆，说："公子荆善于管家理财。刚有一点起色，就说：'不错了。'稍稍增加些家财，又说：'差不多了。'家道殷实后，又说：'几乎是尽善尽美啊。'"

试注 公子荆，卫国大夫，字南楚，卫献公的儿子。苟，姑且，权且。合，合适，合心。少，稍稍增加。

体会 创业的时候，嫌钱不够。公司壮大后，还是嫌钱不够。为什么？因为创业有创业的难处，业大有业大的难处。业大了心也大了，钱还是不够。创业时只有千元，心想要是有万元多好啊。业大之后，有了亿元，但项目也大了，需要十个亿，所以还是犯愁：唉，再有九亿就好了。钱，永远没有够用的时候。什么时候是个头呢？上了经商的贼船，一辈子没个清净日子过，一辈子是个穷人，永远没钱做自己想做的项目。这叫不善经营，得向卫国的公子荆学学怎么居家理财，怎么知足常乐，怎么从一穷二白到小康再到大同一直好心情。

两个人万米长跑，一个开心人，一个忧心人。两人速度差不多，一同跑了一千米。开心人开心了：哈，跑了一千米了，帅呆！忧心人愁死了：唉，还有九千米，天啊，何时是个头！跑了五千米的时候，开心人又开心了：哈哈，跑五千米了！酷毙！忧心人愁死了：唉，唉，还有五千米！猴年马月能到啊？跑了九千九百九十九米，开心人笑了：哈哈哈，跑了九千九百九十九米了，万岁万万岁！忧心人哭了，说：唉，唉，唉，还有一米！两人同时到达终点，成绩一样，心情却一个天上，一个地下。一个乐一路，一个哭一路。一个幸福一路，一个受难一路。那个乐的就是公子荆，是个儒商，办了个快乐公司，学习经商，学而时习之不亦说乎。

儒商的寿命一般比较长，仁者寿，办的店子也长寿。儒商是仁者，首先是对自己仁，不亏待自己，老是奖励自己，逗自己乐呵。"君子求诸己"（15.21），快乐不快乐，是自己的事，自己说了算。"我欲仁，斯仁至矣。"（7.29）我欲乐，斯乐至矣。

快乐多少钱一斤？这是生意的根本问题，成本收益核算问题。这个账，儒商最会算。人们说儒家是乐天派，是的。儒商也是乐天派，所以长寿，人长寿，公司长寿，品牌长寿，顾客长寿，合作者长寿，"有朋自远方来不亦乐乎。"（1.1）

当今时代，快乐会越来越贵，越来越值钱。儒商的核心优势恰好就在这里，他们的美好前程是命中注定的。为什么？性格决定命运啊。我花了一辈子的积蓄赚得了整个世界，却为如何快乐起来发愁，为如何打发日子发愁，难处在这里。我想花多少钱买来快乐呢？这就是快乐生意经，这就是儒商的《论语》。但是我们花几十元买来了《论语》，还不一定就快乐起来。就如《孙子兵法》，不一定保证我赢。《论语》比较便宜，但快乐比较贵。

很多人的生意，就是生产烦恼，花很多很多成本很多很多人力很多很多心思去生产烦恼，没钱愁钱，有钱愁花，愁窃愁盗。儒商不做这种生意。儒商只做快乐生意，和自己做，求诸己。

13.9 子适卫，冉有仆。子曰："庶矣哉！"冉有曰："既庶矣，又何加焉？"曰："富之。"曰："既富矣，又何加焉？"曰："教之。"

试译 孔子到了卫国，冉有驾车。孔子说："人丁兴旺啊！"冉有问："人丁兴旺了，再干点什么？"孔子说："让他们发财。"又问："发财之后，还干什么？"孔子说："教化他们。"

试注 仆，驾车，服侍。庶，人口众多。

体会 孔子看到卫国人丁兴旺，感叹了，引出一番师徒对话。办国事的次序，第一是繁衍人口，第二是富裕起来，第三是懂得礼仪。

现代中国，人口多，这是第一，早就是了；第二，确定以经济建设为中心，奔富裕；富裕了之后，文化建设的任务就越来越重要了。大致也是孔夫子的思路。

　　整个去看，孔夫子也不是说，先让老百姓发财，不要教化他们，等他们发财之后再教化。整本《论语》没有这个意思。君子爱财取之有道，财有财道，富有富道。足食，足兵，民信之，这也是孔夫子告诉子贡的治国之道。足食相当于富民，放在头一条。民信之，放在最后。但是子贡继续问：如果不得已必须先去掉一条，怎么办？孔子说去兵，部队可以不要。再去掉一条呢？孔夫子说去食。饭可以不吃，老百姓不信任政府了，那可了不得，要命的。政府信誉，就是文化，就是礼数。物质文明，精神文明，两手都要硬。公司创业守业再创业，都离不开理想，离不开文化，离不开经济实力，这都是相互渗透的，分不开的。

13.10　子曰："苟有用我者，期(jī)月而已可也，三年有成。"

　　试译　孔子说："如果有用我的，一个月可以打下基础，三年就会有成就。"

　　试注　期月，一个月。

　　体会　卫灵公治国无方，有个孔子他又不用，只是当做贤人供起来，贤人成了闲人。所以孔子说，要是有人用我啊，保证一个月就给他夯实基础，三年就出成果。好多君王都是这样，对孔夫子敬而远之。结果孔子成了素王，没有名分、没有王位的王，非正式组织的头，精神领袖，一统天下几千年，任他哪个王爷哪个皇上也没有这么健康长寿。

　　一些企业求贤若渴，但是真的贤才到了眼前，他们不认得。或者也看出一点远大气象来，但是不敢用，怕贤才抢了自己的镜头，坏了自己的美事，骄奢淫逸，纸醉金迷，颐指气使，一亩三分地，这个舍不得。小蛇主遇到了大龙崽，敢不敢用？敢不敢提拔？这里就是蛇洞，这里就是龙门。敢用，小蛇主刹那化为大龙王。不敢用，龙王爷瞬间化作一小蛇。是龙是蛇，只是一个念头。心大即是龙，心小即是蛇。说我求贤若渴啊，真的走到大海面前，大龙面前，不敢喝了，怕把自己灌死淹死。

13.11 子曰："'善人为邦百年，亦可以胜残去杀矣。'诚哉是言也！"

试译 孔子说："'善人治国百年，也可以不用酷刑不定死罪的。'实诚啊，这话！"

试注 胜，超越。残，酷刑。去，废除。杀，死刑。残、杀：据邓新文博士，或可以包括民间的相互残杀。

体会 善人，可能比不上"王者"，但是也不错了。天下大治需花百年工夫，百年内不能废除死刑，不能停用酷刑，这是善人治国的特点。德法并用，以德养国，依法治国，必要的时候动用酷刑死刑。善人也可以露点凶相。天天凶也不行，搞油了，"民不畏死，奈何以死惧之"了。德养为主导，法治为基础，企业也可以这么做。法治是底线，是护河大堤，这个不能没有。没有这个，会水漫金山，有灭顶之虞。但根本上还是要流域之内分散泄洪，多多疏导；更要风调雨顺，民情舒坦，民气和畅，和天地日月合拍运行，天不降洪水，地不断澧泉。

13.12 子曰："如有王者，必世而后仁。"

试译 孔子说："如果有王者来治理，必定会经一代人的努力实现仁政。"

试注 世，一代人，三十年。

体会 王者胜过善人两倍多。善人花百年做到的，王者花三十年即可做到。但是王者也不能因为自己仁慈，就让国民即刻享受到仁政的福泽，也要花三十年工夫调治人心，才能落实仁政德养。在此之前，威猛的法治必不可少。

一个企业呢？可能也要一个制度为上的阶段，然后过渡到文化为上。文化为上就完全自动化了。那是仁政，是儒商的家园，可以大信不约了。但功夫深的，一步到位，是顿悟派。

13.13 子曰："苟正其身矣，于从政乎何有？不能正其身，如正人何？"

试译 孔子说："只要自身正，让别人跟从正道有什么难的？自身不正，怎么能端正别人？"

试注 苟，假如。于，对于。从政，从正，处理政务，让别人跟从正道。乎，啊。何有，有何难的。

体会 从政是正己正人。简单说是正人，端正他人行为，调正人事关系，这就是政务。《礼记·哀公问》记载鲁哀公请教孔子什么叫做为政，孔子说："政就是正。君主自己走正道，百姓就跟从君主走正道，跟着从政。君主所为，就是百姓所从。"为此必须先正己，先修正自身的行为和心态，诚意，正心，修身。身修好了，自身正了，就可以搞家政，齐家；可以搞国政，治国；可以搞天下政，平天下。

有的家长自身不正，却要求孩子学好，孩子不听他的。有的企业人自身不正，却要求员工正派，要求合作者守信，员工和合作者都不理他这一套。于是他叹息：人心怎么这么坏啊，人才难得，伙伴难求，生意难做啊。一心向外求。儒商是向内求，壮大自身阳刚之气。自身阳气足了，外来一点风寒不算什么，干扰不了，反而进一步激发了内在的阳气，觉得有点寒风倒很凉快。凉快了，对员工素质，对合作伙伴的素质，都不是那么挑剔，四面八方都合得来，员工情绪合作者情绪也都上来了，慢慢也就耳濡目染，把正气养上来。企业就靠这么一股气，一股精神头，一种核心能力，其他的像制度啊、业务啊、人才啊、效益啊都跟着来了。

13.14 冉子退朝。子曰："何晏也？"对曰："有政。"子曰："其事也，如有政，虽不吾以，吾其与闻之。"

试译 冉求下班回来，孔子说："怎么回来晚了呢？"冉求说："有公事。"孔子说："是私事吧。果真有公事，虽然季氏不用我，我也会听说的。"

试注 冉子，冉求，孔子弟子。晏，迟，晚。政，国政，公干。事，家事，私事。以，用。吾以，用我。

体会 季氏让冉求管事，却不敢起用孔子。

政务和其他事务一样，找到感觉就出状态，否则永远出不了状态，懵懵懂懂的，不知道深浅。孔子对政务家务是有感觉的，冉求蒙不了他。一流人才是有感觉的，二流人才就要动心思，做论证，搞调研，做计划。一流人才不搞市场调研的，他的感觉很准，不用什么谋略，因为他就是市场。好比弹钢琴，把指法、乐理、姿势甚至乐谱都忘记了，但是挥洒自如，精彩绝伦，不执法而处处是法，不循理而通通是理，有如天籁不弹自响，如天足不行而至，如天马不疾而速，如天书不言而信，如天子不怒而威，如天公不施而仁，寂然不动，感而遂通天下之故，就是所谓找到感觉。理论通通忘记了，一切感觉都是如此美妙，如此恰到好处。也有人跟着感觉走，他们的感觉到底如何，就难说了。

13.15　定公问："一言而可以兴邦，有诸？"孔子对曰："言不可以若是其几也。人之言曰：'为君难，为臣不易。'如知为君之难也，不几乎一言而兴邦乎？"曰："一言而丧邦，有诸？"孔子对曰："言不可以若是其几也。人之言曰：'予无乐乎为君，唯其言而莫予违也。'如其善而莫之违也，不亦善乎？如不善而莫之违也，不几乎一言而丧邦乎？"

试译 定公问："一句话就可以兴盛国家，有这种事吗？"孔子回答说："话可能不会和这句完全一样，类似的说法倒是有的。有人说道，'做国君难，做臣子不容易。'要是真知道做国君的难处，岂不是和'一句话就兴盛国家'差不多吗？"定公又问："一句话就丢掉国家，有这种事吗？"孔子回答说："话可能不会和这句完全一样，类似的说法倒是有的。有人说道，'我不乐意做国君，只要我的话没人违抗就行了。'要是话说对了没人违抗，不也很好吗？假如话说错了没人违抗，岂不是和'一句话丢掉国家'差不多吗？"

试注 　若是，像这样。几，几乎，差不多。诸，之乎。莫之违，莫违之。

体会 　孔子的话，似乎从一人兴邦、一人丧邦转到一言兴邦、一言丧邦。一个人是谁？是君主，是老板，是一把手。

一个老板兴隆一个企业，一个老板搞垮一个企业。"人存政举，人亡政息"（《礼记·中庸》），好像是人治，不是法治，不怎么符合潮流。但是最好的制度是什么呢？是好习惯。最坏的制度是什么呢？是坏习惯。可见最好和最坏的制度都是人的习惯，外面的条文都形成习惯了，那真叫制度。否则的话，虽然说有制度，但是没形成习惯之前，都难以落实，还是纸面上的制度，不是心里的行为上的制度。真的制度是在心里，在日常行为上的。百姓日用而不知的，那是真制度，是道，是不可须臾离也的。所以，一个好老板能够带起一个好企业，可能就是他有好习惯，并且带动大家形成了好习惯。有好习惯的老板，不需要外面的制度管理，他明明德，自己的潜力开发得很好；他又亲民，带动大家形成好习惯，好好开发大家的潜能。老板明明德，又亲民，就一人兴企，一言兴企。一个人的作用，一句话的作用这么大，甚至不言而信，大信不约，行不言之教。

有坏习惯的老板，也就相反。企业垮了，不能怪别人，是老板一个人的错。一个人的错，可以简化到一句话的错。

文化至上，也就是习惯至上。不形成好习惯，企业管理就没有到家。这里的难点是：什么是好习惯？比如，好习惯一僵化，就变成坏习惯了，不接受新鲜事物了。从前一言兴邦的，现在一言丧邦了，都是同样一句话。这是难点。《诗经·大雅·文王》说，"周虽旧邦，其命惟新"，也许好习惯是这一种。

没有形成习惯的时候，一句话的作用就没有那么大。一言兴邦兴企，一言丧邦丧企，都不可能。

13.16 　叶公问政。子曰："近者说_悦，远者来。"

试译 　叶公问执政的要点。孔子说："让身边人都幸福，让远方人来投奔。"

试注 　叶公的叶，现代读为yè。说，喜悦，幸福。来，来归顺，来归附，来投资，来合作，来结交，来应聘，来一吐衷肠，来参观旅游，来学习，来开篝火晚会，有朋自远方来，不亦乐乎。

体会 近者说，像是明明德；远者来，像是亲民。都是君子求诸己，练内功，不攀缘，不外求。

中国功夫，特色在内功深厚。所谓内功，不是核心竞争力，不是核裂变，不是 nuclear fission；而是核心凝聚力，核心合作力，是核聚变，是 nuclear fusion。儒商的特色在这里。一听核心凝聚力核心合作力，就知道那是儒商了。特色不是唯一，核心竞争力也是要的，儒商也需要这个竞争力，但不是特色。

核心凝聚力首先是凝聚自己心力，专心致志干一件事，毫不分心。专心致志，就是百分之百集中精力。百分之九十不行，百分之九十九也不行，要百分之百集中，才叫专心致志。邓小平就是特专心。他喜欢小孩，他工作的时候，小孩在他桌子底下过家家，夫人卓琳问："吵不吵你？"他说："没关系，我听不见。"他特专心。外面一团和气，里头办钢铁公司。他面带微笑，是吃了秤砣，铁了心了。专心就是诚，诚则有信，至诚则如神，如核聚变。这是和自己做生意，开发自身能量，看看把心力集中起来有什么效益。把我自己的生活生意处理好了，别人就喜欢亲近我。我自己的生活就是最大的生意。和自己做的最大生意就是明明德，使自己成为一个明白人，一个充分开发了自己潜能的人，一个自家宝贝用足了的人。自家宝贝开发足了，自家就是一片乐土，天天快活，这是一笔大买卖。谁都愿意和快活人在一起。见到快活人，远方人自然就来，不要到处打广告，到处招聘，人家会自动投奔自动应聘的，虽然我们并没有招聘。自己快活了，身边人先受感染，"近者说"了，远者慢慢也就来了。古话说，"礼，闻来学，不闻往教。"（《礼记·曲礼》）幸福可能也是别人主动来学的，不是自己主动去打广告招生教人的。幸福是一种感染，不需要费口舌教的。来了，受到感染，幸福了，就这么简单。这是乐土。苦土的人总是向往乐土，远方的苦命人总是要来乐土的。

远方的快乐人幸福人也要来福地，来乐土。核心凝聚力是聚生快乐的，核心合作力是同创幸福的。"有朋自远方来，不亦乐乎！"（1.1）孔家店是俱乐部。

13.17 子夏为莒（jǔ）父宰，问政。子曰："无欲速，无见小利。欲速，则不达；见小利，则大事不成。"

试译 子夏当莒父的县长，问怎么执政。孔子说："不要图快，不要贪小利。图快就达不到主要目的，贪小利就办不成大事。"

试注 莒父，鲁国的一个邑，现在山东。邑，相当于一个县。宰，相当于当今的县长。

体会 现在讲十倍速，欲速则不达，Fool's haste is no speed，是老观念了。但是老观念不一定不管用，老的可能更加年轻些。老子就是最年轻的，一本《老子》就是讲如何"复归于婴儿"的，是儿童心理学，赤子学，长寿学。如何长寿呢？就是不着急。多少事从来急，也不要着急。一万年太久，只争朝夕，也不要急。于是一万年一眨眼一秒钟就过去了，快得很。专门去求快，心里有点慌，慌了就发毛，发毛就乱踩油门，乱踩油门不就出事儿吗，出事儿不就耽误功夫吗，耽误工夫不就拖了时间吗，不就越快越慢吗！

不图快，是不是就专门图慢呢？也不必。事情有它自身的规律，该快就快，该慢就慢，要顺着事情本身的性子来，不要另外规定一个什么速度。这就逍遥了，自在了。当快的时候快不起来，当慢的时候慢不下来，老是不紧不慢的温吞吞的好像很持重很稳当很老成很稳健似的，都不好。动如疾风，静如古松，那是功夫。欲速则不达，欲慢也不达，欲中速也不达。无欲则刚，无欲则无速，无速则可快可慢可中速，可以飚车，可以停车爬车，可以中速行车。上了车可以全力以赴参加拉力赛，停下来可以十年不摸方向盘，没有车瘾。你说我没有车开就要死要活啊，没有这回事儿。但是一上车呢，那就全神贯注，车就是我的命，上了车我就不要命啊。

贪小利也不容易说清楚。什么是小利？好像难以说清楚。温州人做生意，一分钱的利都赚，出了很多大生意人，财源通四海。积少成多，聚沙成塔。关键是不要贪小利。还是温州人，一分钱的生意都做，就是把许多利让给了别人，自己只赚一分钱的小利。这就是不贪小利而做成了大生意。他们做扣子生意，做打火机生意，就是这门生意经。凡是贪就不成，贪小固然不成，贪大也不成。贪大了也有垮得快的，有垮得惨的。小利不贪，大利也不贪，那也是儒商的功夫。为什么不贪？因为儒商自足，自己的明明德功夫天天练，仁者寿的功夫天天练，自娱自乐，这个利益是大是小？不好说。有商贾说：你们看我为公司为大伙儿搞得满身的毛病啊，什么糖尿病、高血压、甲肝、心肌梗死的什么都有啊，你们怎么就那么不努力呢？这种商贾就是没有做好自个儿的生意，把自己亏老了，无论小账大账都不会算。你说做生意弄出一身的病来，这是做的哪门子生意呢？儒商不做的，打死也不做的。赚了很多钱去抓药吃，但是晚期了来不及；赚了很多钱去买快乐，可就是买不来啊。怎么办呢？怎么办呢？这个交换交易关系，这个买卖关系，这个明细账目，虽然不知道怎么样才能搞懂，却是每个人都要遇到的。所以老子不贪大利，功成身退，是道商功夫。如来佛不贪大利，说"我不度众生，我没有功德，我不得阿耨多罗三藐三菩提"，甚至连"不贪"也不贪，是禅商功夫。

13.18 叶公语（yù）孔子曰："吾党有直躬者，其父攘羊，而子证之。"孔子曰："吾党之直者异于是，父为子隐，子为父隐。直在其中矣。"

试译 叶公对孔子说："我们这里有位直肠子，他父亲偷了羊，这儿子就去告发。"孔子说："我们那里的直肠子跟您这位不同：父亲替儿子隐瞒，儿子替父亲隐瞒——正直就在这里面。"

试注 叶公的叶，现代读为yè。党，周代以五百家为一党。直躬，直身，办事正直，立身正直。攘，这里是说偷。证，告发。

体会 叶公好龙，这里是否又来一个"叶公好直"？叶公好龙是好假龙，叶公好直，莫非就是喜好假正直？

《礼记·檀弓》区分了三种礼数："事亲有隐而无犯，左右就养无方，服勤至死，致丧三年。事君有犯而无隐，左右就养有方，服勤至死，方丧三年。事师无犯无隐，左右就养无方，服勤至死，心丧三年。"

侍奉亲人，要隐瞒长辈过失，不要犯颜直谏。对君王却可以犯颜直谏，不要隐瞒过失。对老师呢，不要犯颜直谏，也不要隐瞒过失。

孔子说的案例中，甚至父子相互隐瞒过失，这叫"亲亲相隐"，当然只是限于一般的过失。假如有大罪，那就不能隐了。后来汉朝、唐朝直至清朝的律法，基本上都规定"亲亲相隐"。

据有人研究：所有国家在法律上都允许不同程度的"子为父隐，父为子隐"，其功能在于保护社会最基本的组织和秩序。

至于本节的故事，《吕氏春秋·当务》篇可供参考。《当务》说：楚有直躬者，其父窃羊而谒之上，上执而将诛之。直躬（者）请代之。将诛矣，告吏曰："父窃羊而谒之，不亦信乎？父诛而代之，不亦孝乎？信且孝而诛之，国将有不诛者乎？"荆王闻之，乃不诛也。孔子闻之曰："异哉直躬之为信也！一父而载（再）取名焉！"故直躬之信，不若无信。

这个直肠子，凭一个父亲博得两个美名：一个"信"名，一个"孝"名。告发的虽是实情，算是有"信"，老实，但却是为了博取美名。这样沽名钓誉，还算真信吗？真的直肠子吗？真的老实吗？下文（13.20）孔子告诉子贡："言必信、行必果，也不错，也算个小小的好人了。"

13.19　樊迟问仁。子曰："居处恭，执事敬，与人忠。虽之夷狄，不可弃也。"

试译　樊迟问仁的含义。孔子说："就是在家恭顺，上班敬业，交友忠诚。即使到了蛮荒之地，也不要忘记这些。"

试注　与，相与，友好，交朋友。弃，放弃，忘记。

体会　在文明国度做到这三条，比较仁义，但还不够。要到蛮荒之地也这样仁义。在城里讲礼貌，到乡下就不讲礼貌了，那不行。在中原讲礼让，到边疆就不礼让了，也不行。要一视同仁，才行。仁，是一种平等，一种公正，一种公平。恭，敬，忠，到哪里都需要，到哪里都这样，仁通五洲，财通四海。WTO，国际贸易的最普遍规则，就是这样设计的。讨价还价，都是围绕这个原则来的。所谓最惠国待遇、国民待遇，就是这样。最惠国待遇是对外的，是一个国家给另一个国家的贸易优惠待遇，不得低于给任何第三国的贸易优惠待遇。我对小李好，对老张也要同样地好。国民待遇呢？是一个国家对内对外一视同仁。对国内企业实行优惠待遇，对外国企业也要这样优惠。我这样爱自己，也要这样爱别人。己欲立而立人，己欲达而达人，爱人如己，love others as self。这是儒商的国际贸易规则，孔夫子主张的。不要拉帮结伙，不要搞小圈子，不要一部分人勾结起来对付另一部分人，不要欺行霸市。要群而不党，和而不同，和各方搞好关系，谁也不怕，谁也不得罪，敢坚持原则，坚持礼让，坚持一视同仁，才能服众，生意才能做大做久做好。一班人抱成团，做些见不得人的规划，商业机密那么多，就小器了。君子不器，是大生意人的座右铭。大生意人不抱团，商业机密就少。机密多，一般就比较脆弱些，抗风险能力就差一些，成本也高一些。生意就是为大家服务嘛，有什么不好意思的，有什么需要保密的呢？保密费要尽可能节约下来。

13.20 子贡问曰："何如斯可谓之士矣？"子曰："行己有耻，使于四方，不辱君命，可谓士矣。"曰："敢问其次。"曰："宗族称孝焉，乡党称弟悌焉。"曰："敢问其次。"曰："言必信，行必果，硁硁（kēng kēng）然小人哉！抑亦可以为次矣。"曰："今之从政者何如？"子曰："噫！斗筲（dǒu shāo）之人，何足算也。"

试译 子贡问道："怎么样才能说是一个士？"孔子说："独自办事也有廉耻知道反省，出使四方能够不辜负君王的使命，可以称为士了。"子贡问："请问次一等的。"孔子说："宗族里头夸他孝顺，乡亲们夸他尊敬兄长。"子贡问："请问再次一等的。"孔子说："说话一定兑现，办事一定完成，愣头愣脑小人一个，也许可以算再次一等的士。"子贡问："如今从政的怎么样？"孔子说："噢，都是米桶大的人啊，怎么能算作士。"

试注 硁硁然，敲击石头的声音。抑，或许。斗，十升。筲，一斗二升。斗筲，一个斗、一个筲那样的量具。

体会 士，这里是孔夫子的定义，分了三等。

士的写法，下面是一，上头一个十。一是开头，十是圆满结束。从一到十，善始善终，会做事，就是士。所以说，"士，事也。"《说文》的这个说法，有点接近孔夫子的第三等士。会做事的男子，古人夸他为士。但是就孔夫子的看法，这第三等士不大会来事。遇到癌症晚期，说："唉，医生说你没救了啊！"遇到孩子出生，说："今后要死的啊。"比赛喝酒，一直喝到眼珠子翻白，不放杯。比赛吃辣椒，一直吃到胃穿孔，继续吃。说话不论对错，不看对象，不顾效果，尽是大实话，害人之心没有，慈悲之心也缺。办事不论好坏，不顾整体效果，不看多方面的联系，不看环境，不掂量自己的能力，不顾及人们的接受程度，脑子就一根筋到底，撞到南墙也不回头。不过这种人，也没有什么坏心眼，小忠小信的，勉强算个士。再往下，格局就更小了，一个斗一个筲那么点大的心眼，还从政，实在是不够档次了。也是，一斗二升的，如何管得了天下粮仓呢？一乡一村的库房也管不了啊。信义信义，相信道义才是真的大信。和道义不合的话，说了可以改口；和道义不符的事，做了可以停下来，可以转弯，转到正道上去。这才是大人，是君子。"君子义以为质，礼以行之，孙以出之，信以成之。君子哉！"（15.18）

13.21 子曰："不得中行而与（yǔ）之，必也狂狷（juàn）乎。狂者进取，狷者有所不为也。"

试译 孔子说："不能结识行中道的，那一定要同时结交狂放不羁的和谨小慎微的了。狂放不羁的什么都敢做，谨小慎微的呢，有些该做的事情也不敢做。"

试注 中行，中道而行。狂，狂放，狂傲，狂妄。狷，拘谨无为。

体会 狂放不羁的，如子路，胆大包天，在师父面前都敢翻脸。谨小慎微的，如冉有（冉求），比较拘谨，比较胆小，凡事先退三步。孔子的办法是："求也退，故进之；由也兼人，故退之。"（11.22）对疲沓的，多多点火；对冒失的，天天泼水。"执其两端，用其中于民。"（《礼记·中庸》）抓两头，带中间。抓两头的时候，中庸之道自在其中起作用。用两个极端调理两个极端，这就是中道。快的用文火，慢的用武火，你偏我也偏。你偏文，我就对你偏武；你偏武，我就对你偏文。总之是和你对着干，"中庸不可能也。"（《礼记·中庸》）不可能对你行中道。你说你偏武，我对你不文不武，那不行；你偏文，我对你不武不文，也不行。都不是中道。中道其实是在偏里头。你偏左，我就偏右，合起来我们就行中道了。车子偏左了，方向盘偏右打；车子偏右了呢，方向盘就偏左打。这车就上中道了。方向盘不能执中，要打偏。中道是零点，正负相抵，就是零。你用零去加负数，负数还是负数。用零去加正数呢，正数还是正数。杀人偿命，欠债还钱，就是中道。欠多少还多少，不多不少，就是中道。欠一元怎么还一元五分呢？还多了吗？不多。有五分利息，加起来是欠一元五分，所以还一元五分是中道。还一元六分就多了，还一元四分就少了。但是这五分利息怎么估出来的呢？准不准呢？不一定准，只是一个估价。中庸，刚好那么多，不多不少，几乎不可能。正中十环，难。你说我正中十环啊，不一定，把中间那十环再细分为小十环，试试看，能不能刚好正中靶心那个小十环？太难。中庸不可能也。我们总是和两端在一起，和边边角角在一起，和狂放不羁的子路、谨小慎微的冉求在一起，和有毛病的凡人在一起。事事中规中矩，尽善尽美，一点毛病没有，那是神仙。即便是圣人，也有做不到的地方："虽圣人亦有所不能焉。"（《礼记·中庸》）但是，一个狂放不羁的凡人，和一个谨小慎微的凡人在一起，他们的毛病就相互抵消了，世界就这样尽善尽美了，六亿神州尽舜尧了。公司找不到完美无缺的人才吗？孔家店的掌柜说："必也狂狷乎！"一定要让狂放不羁的和谨小慎微的在一起，让吃豹子胆的和吃柔顺嫩草的在一起，让一意孤行的和凡事好商量的在一起，让沉默寡言的和爱说爱笑的在一起，大圆满自在其中，毛润之无须用功。四野威武啊！东北虎。

13.22 子曰："南人有言曰：'人而无恒，不可以作巫医。'善夫！不恒其德，或承之羞。"子曰："不占而已矣。"

试译 孔子说："南方有人说，'人没有恒心，不可以当巫医。'说得好啊！不能恒久养德，恐怕要丢脸的。"孔子说："这种人就不必占卦了。"

试注 巫医，古代的医生，用咒语、符咒、草药、魔法治病。"不恒其德，或承之羞"，是《易经·恒卦》的话。承，承受。羞，羞辱。

体会 恒卦是《易经》第三十二卦，巽在下，震在上。巽为风，震为雷。下面刮风，天上打雷，就是恒卦。风雷激荡，运行不息，万事亨通，所以说，"恒，亨。"

孔夫子听到南方人有种说法，深表赞成，说是一个人要是没有恒心就不能当巫医。没有恒心，医术就不精，看病就看不准，开方开不准，下针也不准，念咒画符也不灵，被患者赶出来，没脸见人。人命关天，医德是首要的，不能恒久修养医德，这个巫医哪里还有什么口碑！医德是什么？德者，得也。得道名为德，得医道名为有医德。连医德都没有，这个巫医的结局如何，是明摆着的，哪里用得着占卜呢？不占也就罢了。"《象》曰：不恒其德，无所容也。"连容身之处都找不着了，只好卷起铺盖流落他乡去。流浪途中，露宿屋檐，凉风一来，连自己也病了。这病怎么得的，怎么治啊？恐怕要小巫见大巫了。

有的商家说，企业第一要身体好，就是说内部管理好。身体好，一定是懂点医术的。身体棒棒的，不吃药不去医院，这是上等医术，恒心一定有。有恒心，管理有方，效益就好，信用就有，自然就有面子，有口碑。可谓"能恒其德，或承之荣"了。企业如何能身体好？首先企业家、企业人身体要好。企业家企业人累得昏天黑地，心肝肺，脾胃肾，各种器官都坏了，睡觉睡不踏实，要吃安眠药才能睡踏实，说企业效益如何如何，企业管理如何如何，都是病中胡话，信不得的。多办这样的企业，需要多开多少家医院啊？反倒给社会添麻烦了，别说企业的社会责任了，连自己的本分都没有尽到。身体发肤，受之父母，不敢损伤——这是儒商的座右铭。身体好，人平安，是对父母最好的孝敬。也说明有齐家之力，然后才能谈到企业人的社会责任。

13.23 子曰："君子和而不同，小人同而不和。"

试译 孔子说："君子和气却不同伙，小人同伙却不和睦。"

试注 同，同伙，同党，党同伐异，是小同不是大同，是帮派同伙，哥们同伙，不是天下大同。

体会 1945年，毛主席到重庆去见蒋委员长。主席是抽惯了烟的，一天抽50来支是常事。到了重庆，见了委员长，得知委员长不抽烟。于是主席和委员长谈了半天，也不动一根烟。这就是和。和是一种力量，一种生气，一种生命力，一种精神。委员长震惊了，对身边秘书说："此人的决心和精神，不可小视啊！"主席到重庆是来和谈的，求大同的。

大同不是同伙：In human relationships, a gentleman seeks harmony but not uniformity.同伙最容易闹翻。兄弟姐妹几个伙同开一家店，好啊，放鞭炮，开业。没几个月就散伙了。乡里人一听奇怪："不是刚一起上北京吗？听说生意不错还要开新店吗？怎么几天就关张了呢？"不信。不信是有道理的，但闹翻也的确没办法。你说咱姐妹兄弟几个，就我结婚晚，现如今还没有接班人啊！他们几家，每家至少养一个，大姐家呢，超生游击队都有了。天天吃饭是全家老少齐上阵，锅碗瓢盆堆满桌，倒也罢了。但是你说那小不点还每人每餐俩鸡蛋，都吃成什么样了，这么小就减肥也不好吧。还不听劝，唉，我也是为你们好，为你们接班人好嘛。你的儿就是我的儿，你闺女就是我闺女嘛，怪心疼的我啊。可是不信，他们不信。说我小气。你来我往，你推我搡的，不就生分了吗？跟他们扯这个呢！不扯了，散伙。现如今，唉，都在人家店里刷碗。大姐在西城区东门街83号小小店刷碗，二妹在东城区西门街38号大大店刷碗，我呢，不好意思，就在散伙后这新店主开的店里刷碗，老地方新主子，名叫老新店。唉，也好，落个清净。新鲜的倒是那小小店、大大店，还有我打工的这老新店，怎么都挂上书法，写的什么"君子和而不同，小人同而不和"，我就看不明白，他们怎么都挂这一幅啊？我得打听打听去。

13.24 子贡问曰："乡人皆好（hào）之，何如？"子曰："未可也。""乡人皆恶（wù）之，何如？"子曰："未可也。不如乡人之善者好之，其不善者恶之。"

试译 子贡问道："全乡人都喜欢他，这人怎样？"孔子说："不能断言他好。""全乡人都讨厌他，这人怎样？"孔子说："不能断言他坏。不如乡里的好人喜欢他，坏人讨厌他（更容易下判断）。"

试注 乡，照周礼，一万二千五百家是一乡。可，可以（断定）。

体会 孔夫子这个态度富有代表性。多数人的意见很重要，全体人的看法更重要，但是不一定代表真理，代表善良。人见人爱，人见人烦，一般都要掂量一下，可能不是表面的那样。讨人人喜欢，招人人厌恶，也都不容易。光看人数不行，看善恶才是实质。民主制度的软肋在这里。这需要功夫：认识你自己，认识周围的人，洞察人性，分辨善恶。一个人头脑不清醒，和一万个人头脑不清醒，是一样的。大家都昏了头、迷失了良心、看不见本心的时候也有的，圣人心里有数。他要么出来教化，要么退隐山野，大隐于朝，大隐于市，独善其身，以待时机，而不会为了取得多数票而丢弃原则，同流合污。假如时代需要，他们也可以知其不可为而为之，在污泥浊水里做中流砥柱，和而不同，和而不流。人们鄙视为淤泥的，他们推崇为肥料；人们厌弃逃避的，他们顶礼伺候。他们的尊奉有了硕果，他们的顶礼开出了花朵。因为他们是"圣之时者"，一切以时代的需求为准，而置个人的生死于度外。该干什么就干什么，素位而行，这是中庸之道的本意。"天下国家可均也，白刃可蹈也，爵禄可辞也，中庸不可能也。"（《礼记·中庸》）很多人敢上刀山下火海，敢丢乌纱帽解甲归田，敢抛弃家产分给众人，可一旦看到中庸之道，却没有耐力坚守了。那些图一时快活、一时轻松、一时美名、一时轻闲、一时清高的活儿，比起中庸之道来，都成了小儿科，是不值一提的。敢不要全乡人的夸奖而坚守中道否？敢不顾全乡人的鄙弃而独行中道否？在这里，会看出儒商的耐力、定力和信仰。他们要创造一种美好的需求，回归一个美好的市场，而不会顺着市场一时的浮躁去随波逐流，不会美其名曰"顾客至上"、"客户第一"。他们明白：真正的"顾客至上"，乃是等同于"真善美至上"的。他们明白：人人有个明明德。他们懂得：顾客的真实需求，其实就是对于真善美的需求。这是儒商最基本的市场调研和客户评估，是他们对于顾客和市场毫无保留的尊重，贴心贴肺的理解。他们深知，顾客一时的偏好，并不是他们的真爱。一旦市场醒悟过来，美好的需求就占据上风了。而伟大的儒商们，就像年届七十的姜太公那样，为筹备、推动、等待美好市场需求终于苏醒的那一天，早已练就了如此高深、如此赤诚、如此纯真的精心伺候功夫。而他们一辈子的修炼，就是为了专门恭候那激动人心的时刻的到来。

13.25 子曰："君子易事而难说_悦也。说_悦之不以道，不说_悦也；及其使人也，器之。小人难事而易说_悦也。说_悦之虽不以道，说_悦也；及其使人也，求备焉。"

试译 孔子说："君子容易共事，却难以讨好他取悦他。不从正道让他欢喜，他不会欢喜的。但他用起人来，却会用人家的强处。小人难以共事，却容易讨他欢心。虽然不是从正道让他欢喜，他照样欢喜。但一旦用起人来，他就会求全责备，尽挑毛病。"

试注 器，器具，器材，有专门用途；专家，行家，有专长、特长。事，共事；伺候、侍奉、服务。

体会 君子不器，所以能见人就"器之"，看人看强处，用人用优点。自己不是个器，所以见了器就喜欢，就学习，就欣赏，什么器都想摸一下，瞻仰一下，试验一下，探索一下。

兼容术是儒商喜欢的。万花齐放，和而不同。死守善道，网开一面。守身如玉，开门捉贼。宁停三分，不抢一秒。新手上路，多多关照。不耻下问，和气生财。开个公司，不见围墙。这样从小器到大器，最后到不器，就是从小人到君子。君子是万能服务员，见人就想伺候一下。君子也是万象学员，不会服务的项目就请教，见什么都想学一下。所以和君子在一起，你可以显山露水，教教他，带带他，他欢喜得很，愿意"为您效劳"，愿意跟你学。久了，你就体会出君子好相处。君子大器大麻袋，装下几个大西瓜没问题，面带微笑。小人小器小纸袋，装几根小黄瓜都皱眉头，别撑破了我啊，拜托，你怎么那么占地方啊，破黄瓜一根以为自己是朵花啊？瞧你美的，让开点儿，让开点儿。党同伐异，同而不和，一大毛病是强求别人跟自己看齐，向自己靠拢，唯我独尊，清一色，眼里容不得沙子。或者故意委屈自己，有意见憋着不说，一团和气，好好先生，做铁哥们，一心求同，无原则退让，忍辱负重，心中不平。最后忍无可忍，是可忍孰不可忍，秋后算账，一分五厘钱的账都翻出来，伤了和气。万般无奈之下，只好眼泪一抹，披头散发，扑通一跪，举手向天，惨烈一呼，声音嘶哑，捶胸痛赋《楚辞》一首云：好端端的生意兮，任凭风吹雨打去；质本洁来还洁去兮，汨罗江里沉忠魂……

13.26 子曰："君子泰而不骄，小人骄而不泰。"

试译 孔子说："君子舒泰而不骄躁，小人骄躁而不舒泰。"

试注 泰，安泰，舒泰，舒展，轻松，舒坦。骄，骄躁，骄狂，骄慢，骄横，骄恣，骄纵。

体会 安安泰泰、舒舒坦坦，中和稳健，泰然自若。办什么事情都是一种历练、一种学习、一种享受，见什么事物都有一份敬重、一份理解、一份感动。见了泰而不骄的君子，是这样；见了骄而不泰的小人，也这样。总之是泰而不骄，胸有成竹。

止于至善才能成竹在胸。止于至善就是凡事包容，凡事理解，凡事感恩，凡事学习，凡事敬重，凡事放松。世上的事情，本来无所谓轻，无所谓重，就看我们如何看重，如何看轻，就看我们自身如何发力，如何使劲。敬重是举轻若重，放松是举重若轻。一轻一重，就是课程，就是老师。三人行必有我师，三人行尽为我师，事事物物都是老师，学而时习之不亦说乎，心情自然就舒坦了。心情舒坦，千金难买，这是儒商的主营业务，核心凝聚力。这种品牌值多少？无法估价。物有本末，事有终始，凡事高高兴兴开工，高高兴兴收工。骄躁的心情来了，高高兴兴；骄躁的心情走了，高高兴兴。见了骄躁就烦，那不是君子风度，不是泰而不骄，而是骄而不泰。容得下自己的骄躁，容得下别人的骄躁，就是君子了，就泰而不骄了。这样就聚神。聚精会神，就出核心凝聚力。有核心凝聚力，就聚人。聚人了，必定就聚主意、聚点子、聚干劲，自然也就聚财。聚人其实就是会聚众神，把一个人的精气神、七魂六魄聚在一起，把各路神仙聚在一起。谁是神仙？人人都是神仙，人人都是尧舜。杂念纷飞、六神无主的时候，尧舜是凡人。聚精会神的时候，凡人是尧舜。人一聚神，人就神了。一人聚神，则一人成仙，鸡犬升天。二人同心，则其利断金，干将莫邪齐飞。万众一心，则众志成城，无量寿佛大海会。

"是故君子有大道，必忠信以得之，骄泰以失之。"（《礼记·大学》）这个骄泰，不是骄和泰，不是骄躁和舒泰，而是骄躁，是骄纵、骄横、骄慢、骄狂、骄恣。

13.27　子曰："刚、毅、木、讷（nè）近仁。"

试译　孔子说："刚正，坚毅，朴实，嘴笨，是接近仁义的。"

试注　木，朴实，朴拙，朴厚。讷，不善言辞。

体会　《礼记·中庸》引了孔子的话："好学近乎知，知耻近乎勇，力行近乎仁。"好学不一定就学到了智慧，但是接近智慧，好比古希腊人说的"哲学就是爱智慧"。有廉耻心，见恶不敢为不齿为，虽然不等于见义勇为，但是接近见义勇为。力行，就是努力工作，老实修炼。如何努力工作、老实修炼？要性情刚正一点，意志坚定一点，为人厚道一点，嘴巴笨一点，做事踏实一点。埋头苦干，见贤思齐，见不贤而内自省，一句广告不做，向仁贾靠拢，向儒商贴近，便是刚毅木讷近仁。

13.28　子路问曰："何如斯可谓之士矣？"子曰："切切偲偲（sī sī），怡怡如也，可谓士矣。朋友切切偲偲，兄弟怡怡。"

试译　子路问道："怎样做才可以称为士？"孔子说："相互切磋，相互勉励；高高兴兴，和和美美，可以称为士了。朋友之间相互切磋，相互勉励，兄弟之间和和美美，高高兴兴。"

试注　切切，恳切。偲偲，切磋，勉励，监督。

体会　孔子对士有很多种说法，跟子贡谈士，举了三种（13.20），其中第二种讲到孝悌，和这里"兄弟怡怡"差不多。这里对子路说的话，也许是有针对性的，只谈了"切切偲偲，怡怡如也"，没谈"不辱君命"，没谈"言必信，行必果"，可能后两项对子路不难。子路鲁莽一点，孔子就从勉励、切磋、和美、和气方面提醒他，不要老是那么冲，那么多锋芒，气哼哼的。但朋友之间也不能一团和气就完了，还要切磋，还要提醒，只是和气一些就是了。是切磋，是提醒，是勉励，不是指责。兄弟之间是不是就不要提醒不要切磋？应该是要的，但是和美为主，和气为主，切磋提醒要更加委婉一些，勉励为主。家和万事兴，家里的事情有时候没那么多是非，高高兴兴的，勉励勉励，很多是非自然就没有了。创业离不开朋友，离不开家人。自己先敬一尺，先让一步，"躬自厚而薄责于人"，把感情关系理顺了，然后生意归生意。否则，先讲生意归生意，就生"分"了，没什么生"意"了。不讲生意归生意，也会把感情搞生了。生意生意，应该生机勃勃，生意盎然，生生不息。

13.29　子曰："善人教民七年，亦可以即戎矣。"子曰："以不教民战，是谓弃之。"

试译　孔子说："善人训练老百姓七年，也可以披挂上阵了。"孔子说："如果不搞军训就让老百姓仓促上阵，这叫做抛尸。"

试注　教，军训。即，披挂。戎，兵器。以，由于，因为。弃，抛弃。之，老百姓，百姓的性命。

体会　不教而杀，谓之虐（20.2）；不教而战，谓之弃。不进行道德教化和法制教育就动用法律条文进行处罚，是暴虐；不教人练就一身武艺就上阵，等于催人送命，等于往战场上扔尸体。一个善人办军校，学制需要七年。君子办军校需要几年？没说。应该短一些。孔子讲军事很少。不讲军事，说明武功太高了。最高的武功都在仁慈里面，仁义之师，得人心之师，人民子弟兵，全民皆兵，草木皆兵，谁能挡得住！孔夫子的标准像，是佩剑的。他教学生六门学科：礼、乐、射、御、书、数，其中两门属于军事，或者和军事关系密切：射箭、驾车。但还是以礼乐为先，仁义为重。"君子之德风，小人之德草。草上之风，必偃。"（12.19）仁德所至，望风披靡，不战而胜，都是大战略。所以周文王"三分天下有其二，以服事殷。周之德，其可谓至德也已矣。"（8.20）文王之后，武王取代殷朝而君临天下，也是靠仁德，不是靠军事。三分天下占到两分了，还对殷朝尽臣下之礼，不敢得势，不敢妄为。这样的仁德简直高不可及，天下归附是迟早的事情。

宪问第十四

14.1　宪问耻。子曰："邦有道，谷；邦无道，谷，耻也。""克、伐、怨、欲不行焉，可以为仁矣？"子曰："可以为难矣，仁则吾不知也。"

试译　原宪问什么算可耻，孔子说："国家治理有方，当官领薪；国家暗无天日，还当官领薪，多可耻。"原宪又问："逞能、夸口、怨愤、贪婪的毛病都没有，可以算仁吗？"孔子说："可以算难能可贵了。至于说仁啊，我就不知道了。"

试注　宪，原宪，孔子的弟子，姓原，名宪。谷，官员的俸禄。克，好胜。伐，自矜。怨，怨愤。欲，贪欲。

体会　对政府应该怎样？对君王应该怎样？不能愚忠。政府清明，就积极参政，帮助建设国家，吃口官饭。政治腐败，却掺和进去，捞口官饭吃，是助纣为虐，可耻。"天下有道则见，无道则隐。邦有道，贫且贱焉，耻也，邦无道，富且贵焉，耻也。"（8.13）一家企业也是这样，遵纪守法，管理有方，可以进去谋个位置，当个蓝领白领。如果企业坑蒙拐骗，管理混乱，我却进去拿高薪，那意味着什么？搞得不好自己也陷进去了，这样的教训不少。

14.2　子曰："士而怀居，不足以为士矣。"

试译　孔子说："一个士光想着小家，就不配做士。"

试注　怀，惦记着，盘算着，恋着。居，家居，小家庭生活。

体会　士，古有游士、侠士、谋士、儒士、道士、兵士，很多种。孔夫子说的士，有特定含义，在《论语》中有十来处提到。

大丈夫志在四方，安得广厦千万间。光想着老婆孩子热炕头，家里一亩三分地，不一定经营得多么好。一只羊是放，一群羊也是放，哪道工序都省不了，都得过一遍。有时候大气点，反而小事更加容易成。麻雀虽小，五脏俱全，小家和大家是通的。经营小家，需要大家气派。苏秦在家里读书，嫂子妻子不高兴了，怪他白吃饭，不经营家业。苏秦不管这一套，照样看书受白眼，练脾气，不生气。后来学成，游说四方，佩六国相印，妻子嫂子不敢正眼看他，跪着服侍他。大丈夫纵横天下，纵横家苏秦是不是大丈夫，可以不论，但他却不大像是怀居之人。至于孔子周游列国，更是现身说法了。"父母在，不远游。"（4.19）然而身居陋室，却可心系天下。不出户，可以见天下。不出朝廷，可以垂拱而治天下。不出网吧，可以游戏天下。

14.3 子曰："邦有道，危言危行；邦无道，危行言孙逊。"

试译 孔子说："国家有道，说话直白，办事正直。国家无道，办事正直，说话含蓄。"

试注 危，高，直。孙，逊，顺。

体会 "天下有道则见，无道则隐。"（8.13）为什么呢？"邦有道，贫且贱焉，耻也，邦无道，富且贵焉，耻也。"（8.13）不能发国难财，也不能给有道之国丢脸。

无道之国，敢怒不敢言的多。怒是"奴"隶的"心"，不好受啊，心里骂几句，嘴上不敢得罪。寄人篱下能不窝囊吗！人在屋檐下怎能不低头！受了一肚子的气，还不敢发，久了就捂臭了，生蛆了，变癌了。但是无道到极点，罄竹难书了，恶贯满盈了，是可忍孰不可忍了，危言危行的又多了，揭竿而起了。那么一个企业健康不健康，这也是一个衡量指标。大家直话直说，说明企业风气宽松健康。直话直说，不是怪话直说。大家满嘴怪话，口无遮拦，那也是末世气象。健康当然也不是纯而又纯，直话直说的占上风，怪话直说的有空间，这就很好。正气占上风，怪话有一点反而是好事，不必多虑。见怪不怪，其怪自败。给空间，不反应，是上策。像观世音菩萨，听着，观，观世音，不垢不净，不褒不贬，是上策。怪话都找老板来说，那是大好事。当老板的不干别的，专门听讲，听怪话，不评价，不指示，不处理，专门观，专门听。只带耳朵不带嘴巴，做耳朵老板，不做嘴巴老板，最好。人都有不舒服的时候，说点怪话，好比挑破脓包，身体就好了。不必闷在心里，变成癌症。所以，假如故意把"危"戏称为"危险"，那么危言危行了，反倒安全，是有道者所为。邦有道，企业有道，就是允许危言危行。

14.4 子曰："有德者必有言，有言者不必有德。仁者必有勇，勇者不必有仁。"

试译 孔子说："有美德的一定有美言，有美言的不一定有美德。仁慈的必定勇敢，勇敢的不一定仁慈。"

试注 德，美德。言，美言，善言，真言。

体会 真善美，这里单取美意。德是真德、善德、美德，言是真言、善言、美言。

人要真善美，也要仁慈，要勇敢。仁慈的必定勇敢，这话很重要。有一种误会，总以为仁慈就是懦弱无能，马善被人骑，人善被人欺。这是天大误会。比方做交易，我是喜欢真货、好货、美货，还是喜欢假货、烂货、丑货？不用说，喜欢前者。人同此心，真善美人见人爱，假恶丑最终是懦弱的，没有市场的。所以即使坏人，也要假装出真善美来，装出有信用来。即使明火执杖，也要说"明火执杖就是好！就是美！就是真！就是道！"即使我们糊涂，也只是把假恶丑误认为真善美罢了。一旦醒悟了，觉悟了，我们还是要选择"真的"真善美，抛弃"假的"、"看错了的"真善美。宽松一点看，所谓坏人，也就是没有觉悟没有醒悟的人，没有醒悟到自身的真善美，没有觉悟自己的明德美德的人。所以"大学之道，在明明德"（《礼记·大学》），在于做一个真正的人，善良的人，美好的人。也就是仁慈勇敢的人。仁慈必定勇敢，当仁不让于师，勇往直前。仁慈的人必定勇敢，敢搞"善"知识经济，他舍得。舍去很多假恶丑，得到很多真善美，这种交易简直无本万利。舍去很多假货烂苹果，得到很多真货好苹果，当然无本万利。这是"善"知识经济的交易，最划算的。是啊，卖掉一车垃圾，换回一车黄金，这就是"善"知识经济的交易公式，很像是坑蒙拐骗啊。尤其"吃亏是福"这一句，骗了多少坏人啊，因为过来人都知道，好人从来不会吃亏，而吃亏的绝对是坏人。所以这世道最终总是坑了坏人，利了好人。而且最有意思的是，这好人坏人，也就是我自己这一个人而已。所谓坑蒙拐骗，也就是告别旧我，走向新我而已，把自己从不合格产品改造成合格产品而已。所以《论语》、《老子》、《金刚经》并称"黄金三部曲"，做超级大生意的三部黄金宝典。是让每个人和自己做一笔大生意，如何将自己做成"真善美大品牌"的大生意。旧我是一定要告别的，新我是一定要诞生的。我的品牌一定是响当当的，货真价实的。

14.5　南宫适（kuò）问于孔子曰："羿（yì）善射，奡（áo）荡舟，俱不得其死然。禹、稷躬稼而有天下。"夫子不答。南宫适出，子曰："君子哉若人！尚德哉若人！"

试译　南宫适问孔子："羿擅长射箭，奡很会水战，都不得好死，而禹、稷亲自种庄稼却得了天下？"孔子不答话。南宫适出去后，孔子说："君子啊，这个人！好品德啊，这个人！"

试注　南宫适，南容，孔子弟子。羿，后羿，传说是夏代有穷国国王，箭术很好，他篡夺夏太康的王位，后来被自己的臣下寒浞（zhuó）所杀。奡，寒浞的儿子，力大无穷，很会开船打仗，甚至在陆地行船，后来被夏少康所杀。禹，夏代开国君主。稷，周代祖先。尚，上，顶好；崇尚。

体会　南容唱了白圭之歌，孔夫子就把侄女嫁给他（11.6）。孔夫子是追星族啊。

孔夫子没有兵法，他的《论语》就是最高的兵法，靠亲自种地，不战而胜。樊迟请问孔夫子如何种地，孔子说："我不如老农。"孔夫子推崇禹和稷那样的平治水土种庄稼。君子不器，不限于种地的技术，而深通种地的大道。像很多统帅，枪法不一定么准，调兵遣将的兵法却十分精通。如果道也通，术也通，自然更好。孔子说了，"如果生财有道，就是给人家赶马车，我也愿意啊！"（7.11）

14.6 子曰："君子而不仁者有矣夫，未有小人而仁者也。"

试译 孔子说："君子有时候可能不仁吗？不过没有哪个小人是仁的。"

试注 有，有这种情况，有可能。

体会 鹰有时飞得比鸡还低，但鸡永远飞不了鹰那么高：Sometimes an eagle flies lower than a chicken，but the chicken will never fly as high as the eagle.不过小鸡还是要有信心，可以脱胎换骨，变成雄鹰。

孔夫子这里好像认为仁者比君子还高。君子有时候也可能不仁，或者说有的君子不仁。那么这里的君子指什么？关键在这里。有人觉得应该指在位者，小人则指百姓。但是百姓就没有仁者吗？这个恐怕难以得到孔夫子首肯。因为孔夫子最推崇的尧舜，也曾经是百姓，他们正因为当百姓的时候很仁义，才被选为天子。

孔子不敢自称为"仁者"——"若圣与仁，则吾岂敢！"（7.33）说到圣明、仁义这样的品质，我孔丘哪里敢当，我还得努力。老板如此看待自己，也就不好对别人要求太高，也没有洁癖，这个企业那池子水，就不会太清，里面能养很多鱼，很多肥鱼。但是如果小事不注意，满池子肥鱼也会忽然翻白肚皮，浮上水来，不再游了。不知道是氧气不足，还是水里有毒啊。

14.7 子曰："爱之，能勿劳乎？忠焉，能勿诲乎？"

试译 爱一个人，能不辛苦他磨炼他吗？忠于他，能不提醒他劝慰他吗？

试注 劳，操劳，效劳，劳驾，辛劳，辛苦，锻炼，锤炼，磨炼，"择可劳而劳之，又谁怨？"（20.2）忠，忠信，"与国人交，言而有信。"焉，之，他。

体会 爱一个人，就要顺应他的爱好，让他发挥潜能和特长，使他劳而无怨。"子路问政。子曰：'先之，劳之。'请益。子曰：'无倦。'"（13.1）政，也就是正，干点正事。就是如何做正确的事情，如何正确地做好正确的事情。子路问如何把正事做正、好事做好，孔子告诉他："自己先做个样子，然后让别人做。"自己怎么做？肯定得拣自己擅长的最有潜能的做，否则会弄巧成拙，会砸锅的。擅长的事情做好了，不擅长的事情请教别人，请教擅长的人。擅长的人就会高高兴兴地发挥他的一技之长，就会"劳而无怨"。这就叫爱人。仁者爱人，就是让每个人做自己最擅长的事，让人爱动，爱劳动，任劳任怨；同时向专家请教自己不擅长的事，这样专家也会劳而无怨，诲人不倦。人人劳而无怨，人人发挥所长，人人诲人不倦，就是正义，就是干正事，就是柏拉图的理想国。东方西方的理，都是通的。

可见，劳的含义很丰富——"爱之，能勿劳乎？"爱一个人，能不为他效劳吗？能不劳驾他吗？能不让他发挥才能吗？能不磨炼他吗？生怕累着孩子了，这种爱还不广大，还不深厚，对孩子不利。

对人还要忠。忠，就要劝勉，劝慰，不能愚忠。忠，就是心态中正。心态中正，就是干正事，是为政，是治国。越是忠诚越是亲密，说话越是率真，越是多多提醒。越是困难的时候越是求助于亲密的人，关系比较疏远的，我们即使有困难，也会掂量掂量，不会轻易劳驾别人。亲密的人，我们比较了解，知道如何恰当地劳驾他们，知道如何"择其可劳而劳之"（20.2），知道如何事业留人、事业乐人、事业成人，知道如何爱惜亲朋好友的劳动。因为我们就是这样乐于为他们效劳的。这样做企业，做家族企业都无妨，因为越是亲密越是提醒，就比较保险，防患于未然。而且量才用人，不会碍于面子而把亲人安排到不合适的位置上，以致害了亲人，害了企业。

14.8 子曰："为命，裨谌（bì chén）草创之，世叔讨论之，行（xíng）人子羽修饰之，东里子产润色之。"

试译 孔子说："郑国外交文件的制定，是由裨谌起草，世叔斟酌，外交官子羽增删，东里人子产推敲润色的。"

试注 为命，遵王命君命起草外交文件。裨谌，郑国大夫。世叔，郑国大夫游吉。行人,外交官。子羽,鲁国大夫公孙挥,字子羽。东里,地名。子产,郑国大夫公孙侨,字子产。

体会 周总理眼里,外交无小事。事无巨细,总理都一一过问。郑国搞外交文件,则有四道工序,四位大夫把关。工序完整严格,不马虎。而且会用人,不自以为是。所以文件质量很高,面对诸侯,应付裕如。孔子是欣赏的。

企业也有对内对外文件,有合同,有协议,有发展规划,合作方略,市场调研,企业文化。大凡一份文件,会有四个要点——主旨明确、框架规范吗?经得起各方人士质疑吗?不多不少恰到好处吗?用词准确精练、通俗易懂吗?第一道工序,由业务主管负责;第二道工序,由律师、各类专家负责;第三道工序,由语法学家、逻辑学家负责;第四道工序,由文学家艺术家负责。这是做品牌的思路。

14.9 或问子产。子曰:"惠人也。"问子西。曰:"彼哉!彼哉!"问管仲。曰:"人也。夺伯氏骈邑三百,饭疏食,没齿无怨言。"

试译 有人问子产的为人,孔子说:"他待人实惠。"问子西怎么样,孔子说:"他啊,他啊!"问管仲怎么样,孔子说,"是个人物。夺走了伯氏的骈邑三百户,使伯氏吃粗粮却一辈子无怨言。"

试注 或,有人。子西,春秋有三个子西,郑国一个,公孙夏,子产的同宗兄弟。楚国两个,一个斗宜申,一个公子申。不知道这里指哪一个。管仲,名夷吾,字仲,齐国宰相。齐桓公把齐国大夫伯氏的三百户食邑赏赐给管仲,而伯氏却心甘情愿过清苦日子,至死不怨。骈邑,地名。没齿,终生,一辈子。没,尽,终。齿,年。

体会 管仲姓管,很会管理的,水平大概居中。"仲"有"中"的意思,比如"仲秋"、"仲夏",兄弟排行第二也是仲。管仲帮助齐国称霸诸侯,管理水平第二。称王的话就第一了。孔子的《论语》,是办千年老店用的,一流,素王气派。管仲的《管子》,二流,霸主气派,孔子也非常称道。但是管仲的"师父"、伯乐,很多人觉得更加伟大了。这个师父,就是鲍叔牙。如果没有鲍叔牙,管仲真不知哪根管子"肿"了爆了啊。他俩年轻时代交游时,鲍叔牙就知道管仲有才华了。管仲家境贫寒,占鲍叔牙便宜是常有的事,鲍叔牙也不见怪。他们一起做生意,分利时管仲总是多拿一些,鲍叔牙觉得他就该多拿,因为管仲家里穷嘛。管仲也替鲍叔牙办点事,可常常反而给添乱,鲍叔牙也不认为管仲没本事,而是认定管仲的运气还没到。管仲多次做官,多次被罢官,鲍叔牙也不认为管仲没有管理才能,而是时机未到。要是以成败论英雄,管仲这前段的狼狈经历实在是乏善可陈,没有什么拿得出来的东西,能够让哪位老板看中的。后来管仲又倒了一次大霉,几乎丧命的大霉,可恰恰就是这下大转机来了。股票跌到谷底,反弹的时刻到了。原来他们俩,一个伺候齐国的公子小白,一个伺候齐国的公子纠。可是到公子小白当了齐桓公的时候,公子纠的末日也就到了。公子纠被杀,管仲锒铛入狱,眼看就要呜呼哀哉。吉人自有天相,鲍叔牙及时向齐桓公推荐了管仲。这桓公好气量,居然赦免了这个大政敌和大仇人,还让他做了相国。桓公能够不计管仲的一箭之仇,这种霸气让管仲奉献了一身的文韬武略:霸术。管仲得以转祸为福,反败为胜,以舍为得,以与为取,九合诸侯,一匡天下。而鲍叔牙呢,甘愿居于管仲之下。所以鲍叔牙子孙世世代代在齐国享受俸禄,接受封地,位列大夫。司马迁在《管晏列传》中感叹说:天下人不称颂管仲的贤能,却称颂鲍叔牙慧眼识英雄。他看中的这个英雄,就是处事公正。所以桓公夺了伯氏的食邑三百户赐给管仲,伯氏却对管仲毫无怨言,心服口服。伯氏也了不起。

14.10 子曰:"贫而无怨难,富而无骄易。"

试译 孔子说:"贫穷而无怨气,难一些;富贵而无骄气,容易些。"

体会 管仲从《管子》里传出话来,说:"仓廪实而知礼节,衣食足而知荣辱。"和孔夫子这里的说法,有点接近。但孔子这一难一易,还是留有余地的,和管子的话不一样。管子开的是个小孔,孔子开的是个大管道,气象不同。

这一难一易,就保留了反面的情况。难,不等于没有;易,不等于总有。有些人，贫穷的时候倒没什么，一富贵，他就受不了了。没有福气，没有福相。受得了千般苦，享不了万般福。可以共患难，不可以共富贵。一富贵，就要闹分家了。企业如日中天的时候，分家的"谣言"就开始流传了。后来越传越像，越传越真，最后果然分了。所以百年老店还真的不容易有。创业之初就值得注意。人无远虑必有近忧（15.12），早做打算好，把种子选好了，地耕好了，底肥备足了，苗子育好了，日后可以少很多打药施肥功夫。作为公司，创业初期的理念定位，是个关键。理念就包含了对贫富的态度，先要明确了，不能稀里糊涂的。"啊，先赚了钱再说。贫富问题？搞哲学啊？我们不搞这个。哲学不能当饭吃的。我们讲能吃的。"糊涂。这一糊涂，种下了日后的祸根。哲学是为百年千年老店准备的。不搞哲学，只想几年工夫的风光，那也行。所以百年千年老店不多。

14.11 子曰："孟公绰为赵、魏老则优，不可以为滕、薛大夫。"

试译 孔子说："孟公绰要是做晋国赵氏、魏氏的家臣那是绰绰有余，但是不能去滕国、薛国这样的小地方做大夫。"

试注 孟公绰，鲁国大夫。老，大夫的家臣。优，充足。滕，诸侯国，在今山东滕县。薛，诸侯国，在今山东滕县东南。

体会 知人善任，很重要，否则浪费人才，委屈人才，毁灭人才，断了公司的财路。同样的人，用到不同的地方，效果就是不一样。天下的东西也是一样的，但是不同的用法就变出不同的产品。同样的产品，你买这些不买那些，这不同的买法，也就重组出了新产品。买回同样的产品，不同的用法又产生不同的新产品，这都是知物善用。如何知物善用？知物善用靠人，所以先是知人善任。知人善任，个个是人才。知物善用，物物是宝贝。搞企业就靠这两条。两条并作一条：知人善任。

子曰：不患人之不己知，患不知人也（1.16）。孔子了解孟公绰，夸他"清心寡欲"，见下节。

14.12　子路问成人。子曰："若臧武仲之知﹝智﹞，公绰之不欲，卞庄子之勇，冉求之艺，文之以礼乐，亦可以为成人矣。"曰："今之成人者何必然？见利思义，见危授命，久要﹝yāo﹞不忘平生之言，亦可以为成人矣。"

试译　子路问怎样才算一个完整的人，孔子说："像臧武仲那样有智慧，孟公绰那样清心寡欲，卞庄子那样勇猛，冉求那样多才多艺，再用礼乐熏陶熏陶文采，也可以算个完整的人。"又说："如今一个完整的人何必非得这样？见到好处先考虑道义，遇到危难敢献出生命，身处困境不论多久都不忘记平生诺言，也可以算个完整的人了。"

试注　成人，完整的人，也有人解释为全人，完人，全才。臧武仲，鲁国大夫。公绰，就是上一节那个孟公绰。卞庄子，鲁国卞邑大夫。久要：一说"旧约"；一说"久处穷苦"，"要"通"约"，穷困。

体会　完整的人和全人、完人、全才也许有不同。完整的人，作为一个人必备的素质品质他都有。全才、全人、完人，可能就锦上添花、多多益善、无所不备、十全十美。然而金无足赤，人无完人，就是圣人也有他的不足，也要好好学习天天向上。孔夫子这里讲的两种成人，看来都不是完美无缺，而是作为一个人、成为一个人、成人，所必备的素质品质。所谓必备，也有时空的限制。孔子讲过去的成人，要求就高一些，子路可能够不上。所以孔子话锋一转，子路就高兴了，后面一种成人，子路够得着，基本上都已经做到了，重道义，不怕死，守信用，都是子路的优点。子路"无宿诺"（12.12），承诺的事情不过夜的，连夜动手。子路还"唯恐有闻"（5.14），生怕又听到孔夫子新的教导，因为听到了而做不到，他会非常着急。看来孔夫子是怕子路着急，才话锋一转吧。但是前面的话也有用，向上一提，激他一下。

颜回也问过孔子"什么是成人的行为"。孔子说："懂得人性人情的道理，通晓各类事物的变化，知道日月运行的原委，明察魂气游变的根据，这样才可以称为成人。做了成人，再加上仁义和礼乐，就会有成人的行为。能够聚精会神通晓变化，那是大德啊。"（《孔子家语·颜回》）对颜回的要求很高。

14.13　子问公叔文子于公明贾（jiǎ）曰："信乎，夫子不言，不笑，不取乎？"公明贾对曰："以告者过也。夫子时然后言，人不厌其言；乐然后笑，人不厌其笑；义然后取，人不厌其取。"子曰："其然？岂其然乎？"

试译　孔子向公明贾打听公叔文子的为人，说："真的吗，先生不说不笑，不拿钱财？"公明贾答道："这是传话的传错了。先生该说的时候才说话，人家就不讨厌他的话；心中欢喜才笑，人家就不讨厌他笑；只有符合道义他才拿钱财，人家不讨厌他拿。"孔子说："是这样啊，难道真是这样吗？"

试注　公叔文子，卫国大夫公叔拔，"文子"是他的谥号，全称"贞惠文子"。公明贾，卫国人，姓公明，字贾。

体会　怎么算会说话？真是难说。"太会说话了"，往往是句批评。"不会说话"，也可能暗含了肯定。公叔文子怎么会说话呢？不好断定，因为这里没举例子。但是下一句说他的笑，是心里欢喜了才笑，不勉强自己笑，不装笑。有这份真诚，他笑，人家不起鸡皮疙瘩。其实服务员的笑是不需要培养的，让他们心情愉快就是了。否则的话，服务员心里不愉快，为了讨老板欢心，讨顾客欢喜，去苦练微笑的技术，那就怡笑大方了。"人而不仁，如乐何？"（3.3）这个乐，是音乐也是快乐。仁者爱人，喜欢人，乐于见到人家。心里不喜欢别人，装笑，反而更加不好。像公叔文子这样的服务员，心里欢喜才笑，那么看时机恰当了他才说话，也该是出于真诚，而不是心里打着小算盘，盯着顾客的腰包。他是符合道义，再拿钱财。

14.14　子曰："臧武仲以防求为后于鲁，虽曰不要（yāo）君，吾不信也。"

试译　孔子说："臧武仲凭借着防邑，向鲁君要求把自己的后代在鲁国立为卿大夫。虽说是不想要挟君主，我可不信。"

试注　防，臧武仲的封邑，在今山东费县东北。

体会　刚刚对子路夸奖了臧武仲智慧（14.12），这里却批评起来。一是一，二是二，功不抵过，瑜不掩瑕。

臧武仲是臧文仲的孙子，姓臧孙，名纥，是鲁国大夫。鲁襄公二十三年，臧武仲得罪了孟氏，背着罪名逃走，逃到了邾。后来从邾返回防邑，派他的异母兄臧为给鲁君送去礼物，请求鲁君看在他祖先有功的分上，将臧氏后人立为鲁国大夫，鲁君就立了臧为。然后武仲把防邑交给臧为，自己就逃到齐国去了。到了齐国，齐庄公打算送田亩给他，臧武仲料到齐国将有大难，就不敢接受这份礼物，结果证明武仲是对的。

起先，孔子要向老子学礼的时候，臧武仲感叹说："圣人的后代，虽然没有当朝做官，必定有明达之士，孔子年轻好礼，大概就是圣人的后代了！"他的手下就建议了："您一定要拜他为师！现在孔子要去周国观瞻先王的遗制，考察礼乐的标准，这是大事业啊！您何不送辆车帮帮孔子？可以让小臣我陪同孔子去。"臧武仲高兴了，说："好啊好啊！"于是送给孔子一辆车，两匹马，配上好车手，护送孔子去周国向老聃学礼。

有一次颜回问孔子，说："老师，文仲和武仲哪个贤？"孔子说，"武仲贤。"颜回不明白，说："武仲被世人称为圣贤却没有躲过国法，这不能说是智慧；喜欢谈兵论战，却在邾地败北，也不能说是智慧。文仲呢，虽然去世了，他的话却不朽，怎么反而不贤？"孔子说："人死了，话却不朽，所以称为文仲。但他还是有三大不仁、三大不智，所以不如武仲。"颜回说："可以告诉我吗？"孔子说："第一个不仁，对柳下惠这样有贤德的不重用；第二个不仁，在鲁国设置六关，向过关人收税；第三个不仁，让妻小编织蒲席与民争利。不智也有三件。第一不智，身为大夫，却在家里供着天子的守龟，叫做'设虚器'；第二不智，夏父弗綦违背礼法祭祀灶神，文仲却不制止，叫做'纵逆祀'；第三不智，海鸟飞到鲁国东门上，文仲不知海鸟是避难而来，却当做吉祥物让国人给海鸟建祠堂，叫做'祠海鸟'。"

按说颜回是最懂孔子话的。孔子曾经叹道："我和颜回谈一整天，他都不反对我，很笨的样子。但我看他独自一个人的时候也很能发明创造，颜回不笨。"（2.9）虽然如此，不明白的时候，颜回也是当面向老师提出自己的质疑。

14.15 子曰："晋文公谲（jué）而不正，齐桓公正而不谲。"

试译 孔子说："晋文公耍花招，不正派；齐桓公不耍花招，正派。"

试注 晋文公（公元前697~公元前628），姓姬，名重耳；重，读chóng。姬重耳做了晋文公后，成为春秋五霸之一。谲，狡猾，诡诈。齐桓公，春秋五霸中第一个称霸的。

体会 这里看来是从事业上肯定了齐桓公的霸业，属于正道（正），不是邪道（谲）。相比之下，晋文公未免小家子气了。

不过，晋文公很会打仗，"退避三舍"的成语，就出自他指挥的一个战例。他流亡在外的时候，楚国款待过他。楚成王在宴会上说："以后如何报答我啊？"姬重耳起来承诺："万一今后我们两国发生战争，我愿意命令晋军后退三舍。"三舍就是九十里，因为行军一舍是三十里。重耳当了晋文公后，果然与楚国兵戎相见。那是公元前633年，楚国军队将宋国都城商丘重重包围，晋文公发兵救宋。晋文公履行当年的诺言，命令部队后退九十里，在城濮设下埋伏，后发制人，大破楚军。现在山东还有濮县，城濮就在如今蒲县的南面。打完这一仗，晋文公就在践土与各国诸侯会盟，在第一霸主齐国衰落之后，成为第二个霸主。

齐桓公虽然靠"正而不谲"、不耍花招九合诸侯，一匡天下，成为第一霸主，但是晚节不保。当初桓公听鲍叔牙的推荐，用仇人用得好，用管仲一人而齐国称雄。可是成也管仲，败也管仲。管仲年富力强时，桓公听他的；管仲年老体衰时，桓公也"移情别恋"了。有管仲则齐国兴，无管仲则齐国衰，管仲莫非是功过相抵取其"中"，而名为管"仲"吗？桓公四十一年（公元前645年），管仲得了重病，不久人世了，桓公去看望他，问起群臣中哪个可以代管仲为相，管仲推辞说："过去微臣身体好的时候，都不能完全了解各位大臣，如今重病在身，哪里还能说什么！对各位臣子的了解，没有人比得上君主的。"桓公想用鲍叔牙，管仲说："鲍叔牙是个好人，可是善恶太分明，看到一个人有错，终生不忘。这是不能主政的。"桓公那时候很看重易牙的，就提示说："易牙怎么样？"管仲回答："易牙煮熟了自己的孩子来讨好君主您，人性都没有了，万万不可以的。"桓公又说："开方怎样？"管仲答道："卫公子开方？他父亲去世都不回去奔丧，如此背弃亲人来讨好君主，如何能真的忠于国君？太不合人情了。"桓公说："竖刁把自己都阉割了来侍奉我，他怎么样？"管仲回答："阉割自己来讨好君主，连自己的身体都不爱惜，不可信任啊。"桓公感到为难，管仲就推荐了隰（xí）朋，说："隰朋这个人，有理想，体恤下人，自愧不如黄帝，同情不如自己的人。对于国事，有些他不明白；对于万物，有些他也不懂；对于人才，有些他也发现不了。如果不苛求的话，隰朋是可以为相的。"管仲死后，齐桓公重用易牙、开方、竖刁三人，齐国气数已尽，乱相丛生。桓公四十三年（公元前643年），齐桓公在乱局中重病，继位者不明，五位公子大打出手，相互争位。不久齐桓公病死，五公子打作一团，齐国大乱。桓公尸体在床上放了67天，尸虫都从窗子里爬了出来，却没人收拾。

14.16　子路曰："桓公杀公子纠，召忽（shào hū）死之，管仲不死。"曰："未仁乎？"子曰："桓公九合诸侯，不以兵车，管仲之力也。如其仁！如其仁！"

试译　子路说："桓公杀了公子纠，召忽为此自杀，管仲却不去死。"又说："不能算是仁吧？"孔子说："桓公多次会盟诸侯，不用兵车战马，这都是靠管仲的努力。这就是他的仁！这就是他的仁！"

试注 召忽，和管仲（管夷吾）同为公子纠的辅臣。公子纠，齐僖公的三个儿子之一，老二。

体会 公元前674年，齐僖公死了，太子诸儿即位，就是齐襄公。太子诸儿人品不好，齐国老臣非常担心。当时，管仲辅佐齐僖公的二儿子公子纠，鲍叔牙辅佐三儿子公子小白。鲍叔牙对齐僖公让他辅佐公子小白这件事情很不高兴，常常称病不出。他觉得僖公知道小白将来没有希望继位，又以为他鲍叔牙无能，才让他辅佐小白。管仲却不这样看。他劝慰鲍叔牙说，据他了解，"国人因为讨厌公子纠的母亲，就不喜欢公子纠本人，反而同情小白没有母亲。将来统治齐国的，不是公子纠就是公子小白。小白虽然没有公子纠点子多，性子又急，但却深谋远虑。除了夷吾，没人理解公子小白的。公子纠就算今后把老兄废掉，自己做国君，也终将一事无成。到时候不是你鲍叔牙来安邦定国，还有谁呢？"鲍叔牙听了这样一番话，就欣然接受任命，尽心辅佐小白。后来他们预感齐国将要大乱，鲍叔牙就保护公子小白逃往莒国，管仲护卫公子纠跑到鲁国。

后来齐襄公被公孙无知杀了，无知当了齐国君主。不到一年，齐国贵族又把公孙无知杀了。齐国没了君主，乱了套。鲍叔牙和管仲看到机会到了，就各自协助公子小白和公子纠动身回国，抢占王位。结果在路上相遇，管仲带兵堵住莒国通往齐国的去路，一箭射中了公子小白。小白应声倒地，管仲以为小白死了，就比较放心，慢悠悠地护送公子纠回到齐国，结果六天后才到达，发现小白已经先入为主，做了齐君了。原来公子小白并没有毙命，管仲只是射中了小白衣带上的钩子，当时小白是装死倒下的。鲁庄公得知此事，慌忙派兵攻齐，想帮助公子纠夺回王位。两军交战，鲁国大败，管仲、召忽和公子纠随同庄公逃回鲁国。齐桓公乘胜追击，一直追到鲁国境内，修书一封，要鲁庄公杀掉公子纠，交出管仲和召忽，以绝后患；否则马上全面攻打鲁国。鲁国被迫杀死公子纠，抓住管仲和召忽，准备送回齐国。召忽得知事已至此，毅然自杀，死前对管仲说了一番话，意味深长。召忽说："我死了，公子纠可以说有一个拼命辅佐的死臣了。你活下去，建功立业，让齐国称霸诸侯吧！这样公子纠就有了一位生臣。死者完成德行，生者成就功名，我们各得其所，先生保重啊！"说完自刎而死。

其实，召忽早就抱定了死意。当初鲍叔牙不愿意辅佐小白的时候，和管仲、召忽有过一次对话。管仲认准了小白未来的政治前途，劝鲍叔牙坚定信心辅佐小白，召忽却没有这种见识，表达了为公子纠他可以以身殉职的决心。当时管仲的回答是："夷吾作为国君的辅臣，要领受君命主持宗庙，岂能为公子纠一个人而牺牲？夷吾如果要献身，那一定是国家灭了，宗庙倒了，祭祀绝了，只有那时候夷吾才去死。不是这三件事，夷吾就一定要活下去。夷吾活着对齐国有利，夷吾死了对齐国不利。"大有"天降大任于斯人"的洞见和承当。但是一般人没法理解，子路不理解，子贡也不理解，不如老师看得宽，看得高，看得深。下面一节又是一个例子。

14.17　子贡曰："管仲非仁者与欤？桓公杀公子纠，不能死，又相之。"子曰："管仲相桓公，霸诸侯，一匡天下，民到于今受其赐。微管仲，吾其被（pī）发左衽矣。岂若匹夫匹妇之为谅也，自经于沟渎而莫之知也。"

试译　子贡说："管仲不是仁者吧？桓公杀了公子纠，管仲不以身殉职，反而做了桓公的相国。"孔子说："管仲做桓公的相国，称霸诸侯，一匡天下，黎民百姓到如今都还在享受他带来的好处。要不是管仲，我们可能还是披头散发，衣襟朝左边开吧！怎么能像普通人一样只顾着为主子尽忠而忘了天下百姓，躲在山沟里自己吊死了，连鬼都不知道呢！"

试注　微，如果没有。衽，衣襟。左衽，衣襟朝左开，右边盖住左边，边远人的风俗。匹夫匹妇，平常人，一般的男子女子。谅，小节小信。经，上吊，自缢。渎，水沟。

体会　后人在安徽阜阳的管鲍祠有对联云："相齐桓公一匡天下，友鲍叔牙万古高风。"两笔点出了管夷吾两只龙眼，有冲天横飞之势。识大体，看大局，为了更多人民的根本利益，君子不器，不靠小恩小惠小忠小节，不固守一城一池，敢于丢掉坛坛罐罐，轻装前进，敢死敢活，敢背黑锅，不怕误会，人不知而不愠，管仲是好汉。绝处逢生，柳暗花明又一村。据《管子·大匡》记载，古人早就有评论说：召忽的死，比活着更贤；管仲的生，比殉死更贤。

豪哉召忽！壮哉夷吾！烈哉死臣！雄哉生臣！

14.18 公叔文子之臣大夫僎（zhuàn）与文子同升诸公。子闻之，曰："可以为'文'矣！"

试译 公叔文子的家臣大夫僎，和文子一同做了卫国的大夫。孔子听到后，说："将来可以谥号'文'了。"

试注 诸，于。公，公室。

体会 公叔文子和孔子是大致同时代的。孔子能够赞许文子这种行为，我们对"君君臣臣父父子子"的孔训会有新的体悟了。僎是文子的家臣，现在文子居然愿意和自己的家臣一同去做卫国的大夫，这上下关系怎么处呢？其实，还是"君君臣臣父父子子"，在哪个位置，就尽哪个位置的职责，而不是说位置是死的，不许动的。位置可以动，职务升降，量才取用，应该的。但一旦定了位置，就要履行那个位置的职责，不能君尽臣责，臣尽君责。儿子做了皇上，父母入朝也尽臣下之礼，尽臣下之责。皇上回家，照样尽孝。女儿做了老板，父母亲打工也可以，高兴，人尽其才。但是回到家里，女儿尽孝，父母也高兴，各尽其礼。父母跑到女儿的公司去，要女儿在业务上听自己的，那就乱套了。作为父母，也是没有尽到慈爱、呵护、教导的责任了，没有做出示范让女儿做个独当一面的好老板了。

14.19 子言卫灵公之无道也，康子曰："夫如是，奚而不丧(sàng)？"孔子曰："仲叔圉(yǔ)治宾客，祝鮀(tuó)治宗庙，王孙贾(jiǎ)治军旅。夫如是，奚其丧？"

试译 孔子说起卫灵公昏庸无道，季康子说："既然这样，为什么卫国不亡啊？"孔子说："卫国有仲叔圉管来宾接待，有祝鮀管宗庙祭祀，王孙贾管带兵打仗。这样一种阵势，怎么会亡国呢？"

试注 仲叔圉，就是孔文子；祝鮀姓祝，名鮀，字子鱼；王孙贾。这三位都是卫国大夫。

体会 子贡问："孔文子为什么称作'文'子啊？"孔子夸奖说："他聪明好学，不耻下问，所以称作'文'子。"（5.15）对于祝鮀，孔子也曾夸他口才好，话里略带批评："不有祝鮀之佞，而有宋朝之美，难乎免于今之世也。"（6.15）认为祝鮀有点太会说话了。王孙贾呢，也曾经试探孔子，问道："俗话说'与其讨好奥神，不如巴结灶神'，什么意思？"意思是说我王孙贾虽然不如国君有权，不比奥神尊贵，只是一个大夫，相当于一个灶神，但是俗话自有它的道理啊，县官不如现管啊，孔子您说是吗？与其巴结国君，不如巴结我啊。孔子说："不能那样说。违背了天理，就没法祈求上天保佑了。"（3.13）

季康子水平不低，他是季桓子的儿子，季桓子死后他接手了鲁国朝政。康子由于多次受到孔夫子的责备，下意识里或许有抬杠的冲动。这一回他就反问了："既然说卫灵公不会治国，昏庸无道，那卫国为什么不垮？"孔子举出三位能干的大夫，而三位能够受卫灵公重用，各主一事，也足见灵公的有道了。无道只是灵公的一个方面。不垮，这个要求也太低了。如果快要垮了，或者半死不活，那也是无道。要说用人，卫灵公也曾经对孔子动过心思，但是最后还是没有下定决心。

14.20 子曰："其言之不怍（zuò），则为之也难。"

试译 孔子说："看他大言不惭的，做起来可就难了。"

试注 其，他。怍，惭愧。

体会 很多人觉得东西方人的区别，这方面是一个。东方人谦逊、拘谨一些，西方人自信、傲气一些，各有优势。体育比赛，中国人说大话的少，多半留有余地，"争取"啊，"尽力而为"啊，这类话比较多。西方人不同，"冠军是我的了！""金牌非我莫属！"比较敢讲。不过现在趋同也很明显。中国的年轻人一代越来越敢讲了。不过很多时候，敢说是因为底气不足，说出来给自己壮胆，吓唬吓唬别人。不说的，则是因为底气太足，不说也罢。

14.21 陈成子弑简公。孔子沐浴而朝，告于哀公曰："陈恒弑其君，请讨之。"公曰："告夫三子。"孔子曰："以吾从大夫之后，不敢不告也。君曰'告夫三子'者。"之三子告，不可。孔子曰："以吾从大夫之后，不敢不告也。"

试译 陈成子杀了齐简公。孔子斋戒沐浴后上朝，报告鲁哀公说："陈恒杀了自己的国君，请发兵讨伐！"哀公说："把这事报告三位大夫吧！"孔子（出来后）对人说："因为我曾经做过大夫，所以不敢不来报告。君王却说'告诉三位大夫吧'。"于是报告了三位大夫，都不愿出兵。孔子说："因为我曾经做过大夫，所以不敢不报告。"

试注 陈成子，陈恒。齐简公，名壬。哀公，鲁哀公。三子，鲁国三位大夫，即孟孙、仲孙、季孙。"以吾从大夫之后，不敢不告也"，朱子说孔子那时候在鲁国做官。如果是这样，"以吾从大夫之后"一句，就要重新翻译。

体会 孔子曾经出任过鲁国司寇等职，这时候已经告老在家了。《左传·哀公十四年》记载：这一年，陈恒在舒州杀了他的国君齐简公。孔子于是斋戒三天，三次吁请哀公讨伐，却没得到哀公的重视。

看来，"不在其位，不谋其政"，这个谋，不是出谋划策的"谋"，而是"决策"之谋，是"主政"之谋。可以翻译为"不在其位，不主其政"，或者"不在其位，不断其政"。谋是决断，决策，谋断。不在其位却偏偏要断其政，那就是干预了。所以也可以翻译为"不在其位，不干其政"。

14.22 子路问事君。子曰："勿欺也，而犯之。"

试译 子路问如何侍奉君王。孔子说："不要欺君，要犯颜直谏。"

试注 犯，触犯，犯颜。

体会 子路做到这一点不难。不阳奉阴违，能直言相告，是子路的特点。子路甚至常常顶撞孔夫子。夫子说了，"当仁不让于师。"（15.36）对的事情，仁义的事情，不要退让、谦让，即便面对老师也不要退让谦让。对君王，也要直话直说，做个诤臣。不能当面不说，背后乱说。《荀子·臣道篇》说，"传曰：从道不从君。"仁义道义比君王还大，比老师还大，比父母还大。对父母不对的地方也要劝，"事父母几谏。"（4.18）和颜悦色轻言细语地劝，看父母心情好了再劝，顺着父母的真心劝。因为每个人都有一个明德、一个真心，那是大道，不可欺的，一切小道最终都要归入这大道的。归，就是顺，顺着人的本性，美好本性，明德，真心。这是谁也违抗不了的。对此应该有无限的信心，无限的耐心。用通俗的说法是等你一万年，此心不改。用佛家的话说是等你恒河沙数劫，此愿不变。所以也不必着急。劝几次不听，就停一停，不要老是劝，把人劝烦了。《礼记·曲礼》说："为人臣之礼，不显谏。三谏而不听，则逃之。子之事亲也，三谏而不听，则号泣而随之。"逃之倒不一定，可以停一停，等一等。顺着本性，难免触犯一点面子；顺着人们的根本利益，难免触犯他们一点表面利益。不要触犯大了，就行。把握好节奏就行。劝人是一种艺术，是音乐，讲究节奏，讲究恰当利用休止符。按照禅宗，有时候大喝一声，当头一棒，也有必要。不能让人家死要面子活受罪。

14.23　子曰："君子上达，小人下达。"

试译　孔子说："君子向上走，小人往下走。"

试注　达，通达。上，理想，高远，道，形而上。下，现实，浅近，器，形而下。

体会　"形而上者谓之道，形而下者谓之器。"（《周易·系辞》）君子不器（2.12），君子不是一个器具，也不被某一个器具框住。君子通道，是大器，法器，道器。比如通了兵道，可以变成各种"兵器"，弹指是镖，扬眉是剑，杀尽自心妄想；可以化出各种"武器"，草木皆兵，欣借东风，荡尽十方不平。其实，是万物相互制约，相互矛盾，相互打拼，相互抵消，也就自我荡平了，太平了，什么都不是武器。

向上走，没有顶；向下走，没有底，上下就通了。向下走把地钻穿了钻通了，下面原是一片天，有仙山琼阁，玉楼天宫。向上走把天顶破了顶穿了，原来顶上别有洞天，别有福地，别有天上人间。企业上通下达，就顶天立地，纵横自在，游刃有余了。上下本来是通的，有上必有下，有下必有上。随意取一段木棍，举起来，分个上下。中间那一点，没有上下。上面的说中点是下，下面的说中点是上。其实任意取一点，都是它上面的说它是下，它下面的说它是上。再将这段木棍无限延长，问哪一处是上，哪一处是下？可以处处是上，处处是下，可以处处不是上，处处不是下。所以庄子说：道在瓦砾，在屎尿（《庄子·知北游》）。君子上达，小人下达，这个世界才完备。先小人，后君子，上下与天地同流。

14.24　子曰："古之学者为己，今之学者为人。"

试译　孔子说："古人学习是为提高自身学养，今人学习是为博得别人认可。"

试注　学者，学习者，学生。己，真我，自己的真实需要。人，人家的赞誉，认可。

体会 学而时习之不亦说乎，那是为自己学。学而时辍之不亦苦乎，那是为别人学，为爸爸妈妈学，为老师学，为职称学，为名利学，为考试学，学得非常勉强非常苦，学海无涯苦作舟。如果风气转了，大家都说"读书无用"，那我一定是不学了。别人都说"读书无用，赚钱有用"，那我一定不读书，一定去赚钱，即便我对生意一窍不通，也一定扑通一声下海。风向转到"读书没用，赚钱没用，做官有用"，那我一定不读书不赚钱，一心琢磨当官的门道，即便我对当官一点兴趣也没有。总之是随着舆论走，随着别人的评价走。大家夸我随和。

但有时候也没法随和，因为我是布里丹的驴子。有一天我饿极了，恰好遇到了两筐子草，狂喜啊我！但是这两筐草一样多，离我一样远，我先吃哪一筐呢？东家说应该先吃西边的那筐，西家说应该先吃东边的那筐。结果犹豫好几天，打不定主意，直到我饿得昏死过去。后来怎么抢救过来的，不好意思说了。

过了几天，主人带着孙子，让我驮货去卖。货卖了，孙子骑着我，主人徒步，一起往回走。走到张家店，路人就批评说："这小子不懂事，让爷爷走路，自己骑驴！"他们听了，觉得不妥，孙子就下来，主人骑上来。走到李家庄，又有路人说："这老爷子真忍心啊，让小孩子屁颠屁颠跟着！"他们又感到不妥，就让小孩子也骑上来。走到王家村，又有人指指点点，说："这爷俩怎么这样狠心啊！两个活人欺负一头畜生！"他们一听慌了神，就一齐下来，牵着我走。走到赵家屯，又有人笑话了："哈哈，瞧这俩呆子！有驴不骑！有驴不骑！"他们就将我五花大绑起来，抬着我回去了。唉，究竟我是驴呢？还是我的主人是驴？真搞不懂啊。也不知道这布里丹集团的老板能否给我一句准话。

14.25 蘧(qú)伯玉使人于孔子，孔子与之坐而问焉，曰："夫子何为？"对曰："夫子欲寡其过而未能也。"使者出，子曰："使乎！使乎！"

试译 蘧伯玉派人去看望孔子。孔子请来人坐下，慰问道："他老先生最近忙什么呢？"来人答道："老先生想减少自己的过错，但还没有如愿。"来者出去后，孔子感叹说："是个使者啊！是个使者啊！"

试注 蘧伯玉，卫国大夫，名瑗。

体会 蘧伯玉五十岁的时候，醒悟到自己前四十九年错在哪里（《淮南子·原道训》）。孔子年高之时还希望老天多借几年阳寿，让他最终能够潜心学《易》，以免有大的过失（7.16）。蘧伯玉和孔夫子要求自己都很严，所以孔子到卫国多次，常住在蘧伯玉家里，交情很好。一个希望自己没有大过失，一个希望减少过失，都没说希望自己"无过失"。人非圣贤，孰能无过？看来二位都没把自己当圣贤看待。

14.26 子曰："不在其位，不谋其政。"曾子曰："君子思不出其位。"

试译 孔子说："不在那个岗位，不插手那个岗位的事情。"曾子说："君子思考问题不越出自己的岗位。"

试注 位，职位，岗位，定位。谋，插手，干预。

体会 如果不在其位也谋其政的话，就是狗拿耗子多管闲事。一个人守本分是最好的，《礼记·中庸》叫"素位而行"。各人自扫门前雪，别管他人瓦上霜。人家瓦上霜觉得挺美的，是个装饰。一年遇不上几回，人家特珍惜。我哼哧哼哧去扫，也不打招呼，有病啊我。一不小心从屋上跌下来，人家还急着送我去医院，搅得人家鸡犬不宁。我们有时候可能自己本职工作都没做好，天天学雷锋去了，帮这个插花，帮那个修车，唯独自家锅碗瓢盆没洗。也许有苦衷，我们实在不喜欢自己这个位置，这份工作。人要在自己热爱的岗位上，才能愉快，才能发挥最大的作用。这是个定位问题，最重要的一个问题。《礼记·大学》讲"知止而后有定"，只有知道止在哪里，才能定准了，定稳了。企业要知止，才能定位。个人也要知止，才能定位。定准了，就能定稳，否则定不稳，人在岗上，心不在岗上，身在曹营心在汉，想问题总要出位的。所以首先是定位准确，然后才可以坐稳位置，然后才可以思考问题不出位，不越位，各司其职，各负其责，各尽其能，各得其所，各得其乐。学雷锋，先学这个，干一行，爱一行。

这里有几个难点，比较伤脑筋的。一是岗位职位不一定划分得那么清楚，难免有模模糊糊的地方，难免有相互搭界的地方，难免相互开窗，你在我这里开个窗，我在你那里开个窗。二是干一行爱一行，不一定人人都能够做到，不一定经常能够做到，兴趣爱好可能会变化。

对于前一个困难，有人的办法是设置"不管部"、"不管部长"，什么定位定不下来的，不管部都管了。但是这样的全能部门，也不容易设，因为全才不容易找到。

对于后一个困难，一是培养兴趣，二是准备转岗。培养兴趣是上策，挑战自我，看看能不能干一行爱一行，开发开发自己。万一不行，再考虑转岗。

14.27　子曰："君子耻其言而过其行。"

试译　孔子说："君子觉得可耻的是说得多，做得少。"

试注　耻，以……为耻。其，自己。过，超过。

体会　企业做广告的，先默诵这一句，或者大声朗诵这一句，或者把这句作为广告词，那是最好。

做广告的最应该读读《易经·系辞》，其中引用了"中孚卦"的九二卦辞，说：

鸣鹤在阴，其子和之。

我有好爵，吾与尔靡之。

翻译出来就是：

树荫中仙鹤一唱，枝头上童声一和。

我这里好酒一坛，愿与君开怀一乐。

对于这段"中孚卦"辞，孔子大发感慨："君子住在家里，说的话在理，千里之外都会响应，何况身边人呢？在家里说话不注意，千里之外都会抗议，何况身边人呢？言谈从嘴里出来，传遍天下；行动从脚下开始，震动十方。不慎重其事，行吗！"

像仙鹤那样一唱一和，像酒仙那样与人同乐，那是广告的高境界，是艺术境界，自在境界。这已经不是什么广告，而是自己快乐，大家快乐，和顾客不分彼此了，相忘于江湖了。歌手搔首弄姿，想博取听众掌声，那是勾引。只有自己唱得陶醉了，大家才会跟着我一唱一和，一同陶醉。

14.28　子曰："君子道者三，我无能焉：仁者不忧，知者不惑，勇者不惧。"子贡曰："夫子自道也。"

试译　孔子说："君子有三样，是我做不到的：仁慈无忧，明智无疑，勇敢无畏。"子贡说："这正是老人家说他自己啊。"

试注　道，第一个道指道行；第二个道指描述。者，可表示"……的"、"……的人"、"……的事物"等等，如"勇者"，可表示"勇敢的人"。也可以放在定语后面表示停顿，如"勇者"，则仅仅是"勇敢"，又如"君子道者"，就是"君子之道"，"者"没有实际意义。

体会　仁、智、勇，孔夫子认为是行天下大道的三个达德。什么是仁、智、勇？孔子说："好学近乎知，力行近乎仁，知耻近乎勇。"（《礼记·中庸》）谈的是近乎，不是达到。本节讲仁者不忧、智者不惑、勇者不惧，是讲仁智勇不是什么，而不是讲仁智勇是什么。夫子自称学而不厌，自称学而知之，不是生而知之，不敢自称智者，也不敢自称仁者。子贡却敢夸老师。

14.29　子贡方人。子曰："赐也，贤乎哉？夫我则不暇。"

试译　子贡对人说三道四。孔子说："赐啊，你自己就那么好吗？我可没那闲工夫。"

试注　方，比较；指责、讥评；也通"谤"。

体会　孔子的弟子中，子贡最会做生意。要是再宽厚一点，少指责别人，生意也许更加兴隆。孔子注意修炼自己的核心竞争力、核心合作力，"见不贤而内自省"（4.17），没有闲工夫指责别人。对别人说三道四的时候，就是自己少练功夫的时候，生意经上一算是亏的。

14.30　子曰："不患人之不己知，患其不能也。"

试译　孔子说："不担心别人不知道我，只担心自己没本事。"

试注　己知，知己，知道自己。其，自己。

体会　哈默博士生意大获成功，特别得益于林肯的忠告。博士在办公室放了一面镜框，镶着林肯总统的语录："要是我把所有攻击我的言论都看上一遍，更不用说一一答复了，那么，我们最好什么都不用干了。我竭尽自己的力量去做，而且我要这样坚持下去，直至最后。如果最后证明我对了，那么，一切攻击我的话都不值一提；而如果我错了，那么十位天使的辩护词也毫无用处。"

14.31　子曰："不逆诈，不亿﹝臆﹞不信，抑亦先觉者，是贤乎！"

试译　孔子说："不狐疑别人欺诈，不凭空猜测人家不守信，却也能够事先识破各种诈骗和失信，算是贤达吧！"

试注　逆，猜测，臆断，揣摩。抑，不过，但是。

体会　不疑神疑鬼，不心怀鬼胎去揣摩人，不以小人之心度君子之腹，不张口闭口"无商不奸"，不"见人且说三分话"，是仁厚。能事先识破，是智慧。搞企业有这种素质，是儒商的特长，孔家店的看家本领。

仁厚就是智慧，没有仁厚就没有智慧，只有小聪明小算盘，只有奸诈，只有狐疑，只有草木皆兵，只有防不胜防，只有下赌注，只有冒死一搏，只有患得患失。仁厚是不偏心的。《尚书·洪范》说："无偏无党，王道荡荡；无党无偏，王道平平。"只有不偏心，才会养成王者风范，才能胸怀天下，看清全局。只有看清全局才能把握全局，只有把握全局才有企业方略可言，不受蝇头小利、眼前利益、表面利益的诱惑，才有定力，才不会被各种情报搞昏了头，弄不清哪是真的哪是假的。都说人是自私的，也许对吧。但是凡事用自己的眼睛去看，怎么能看到别人眼中的事情呢？不能看到别人眼中的事情，不能知彼，怎么和别人做生意呢？为了生意，光靠自己那点私意是远远不够的，哪怕一点点公意却是完全必要的。多一点公意，少一点私意，也就多一点生意了。只有自己的公意多了，社会责任感强了，对利益相关者考虑多了，自己的先觉才多，生意才会好起来。

14.32 微生亩谓孔子曰："丘何为是栖栖（xī xī）者与欤？无乃为佞乎？"孔子曰："非敢为佞也，疾固也。"

试译 微生亩对孔子说："丘，为什么这样忙忙碌碌呢？不会是显示口才吧？"孔子说："不敢显示口才啊，是心里太难受了，欲罢不能啊。"

试注 微生亩，鲁国人，姓微生，名亩。栖栖，忙碌不安。无乃，不是，难道，莫非，岂不是。佞，耍嘴皮。疾，忧虑。固，根深蒂固。

体会 一个人辛苦一世，理解他的可能也没几个。人家不理解我，我心里也不烦。但是我自强不息，心忧天下，欲罢不能。周埕安先生把疾理解为忧虑和痛苦，固理解为顽固。忧虑什么？忧虑自己不够圆满，忧虑众人不够圆满。君子有终生之忧，挥之不去；又乐天知命，随遇而安。

14.33 子曰："骥不称（chēng）其力，称其德也！"

试译 孔子说："千里马称为骥，不是称颂它的力量，而是称颂它的德能。"

试注 骥，千里马，好马。称，依据……而称名、命名，这里也有"称颂"的意思。

体会 德行不好，日行千里，行到哪里去了呢？南辕北辙。宁可老实一点，规矩一点，事情少做一点，做的都是好事，正事，do the right thing。宁可力气小一点，腿脚慢一点，走的都是正道。

14.34 或曰："以德报怨，何如？"子曰："何以报德？以直报怨，以德报德。"

试译 有人问："以德报怨，怎么样？"孔子说："那用什么报德呢？还是以直报怨，以德报德吧。"

试注 或，有人。

体会 《中庸》引了孔子和子路的一段对话：子路问什么是刚强？孔子反问说：你是问哪一种刚强啊？是问南方的刚强？还是问北方的刚强？要说南方的刚强，那就是"宽柔以教，不报无道"，这是君子的处世之道。《礼记·表记》也值得注意："子言之：'仁者，天下之表也；义者，天下之制也；报者，天下之利也。'子曰：'以德报德，则民有所劝；以怨报怨，则民有所惩。'《诗》曰：'无言不雠，无德不报。'《太甲》曰：'民非后，无能胥以宁；后非民，无以辟四方。'子曰：'以德报怨，则宽身之仁也；以怨报德，则刑戮之民也。'"可见孔子也主张以德报怨，但对一般百姓，要求他们做到以德报德，以怨报怨，讲究个对等，也不错。

以直报怨大概就是以怨报怨，怨和怨相抵，就是直。德者，直也，悳（德的繁体字）也，直心为德，以直报怨也就有某种以德报怨的含义了。大概是为了防止有人利用仁者的以德报怨，孔子才说"以直报怨，以德报德"。这个"或曰"的或，值得研究，这个人提的问题也许在孔子看来还不适合于用"以德报怨"去解决。仁是什么？不同的人来问，孔子的回答都不同。如何报怨？孔子也是看人说话的，"无可无不可"（18.8），视情况而定，要"……可与权"（9.30），通权达变。

14.35 子曰："莫我知也夫！"子贡曰："何为其莫如知子也？"子曰："不怨天，不尤人，下学而上达。知我者其天乎！"

试译 孔子说："没人知道我啊！"子贡问："怎么说别人不知道先生呢？"孔子说："不怨老天，不怪别人，下学人事，上达天命。知道我的，就是老天吧。"

试注 "莫我知"，莫知我。第一个其，指代别人。第二个其，大概，应该是，就是。尤，责备，责怪。

体会 老是唉声叹气，怨天尤人，人缘就不会好。因为一般人不会那么宽容，那么喜欢我们埋三怨四，一副天下人都对不起我，唯有我对得起天下人的样子，一副倒霉相，一副没福气的相，看什么都皱眉头，撅嘴巴，谈生意肯定情绪不高，总怀疑遇到奸商，总抱怨用户是刁民，总哀叹生不逢时。不如达观一些，通达一些。

达是通达，了解，明白，懂得，但是如果和"下学"的"学"联系起来看，达也是求索、求达，而不是已达。天命和人事一样难懂，唯有性格所造成的命运，唯有人类本性习性造成的时代趋势、天命气运，最难知道。既然人事还要学，天命也就还得求索。这样下学上达，没人知道，连弟子们也不知道，只有天知道了。

14.36 公伯寮愬诉子路于季孙。子服景伯以告，曰："夫子固有惑志于公伯寮，吾力犹能肆诸市朝。"子曰："道之将行也与欤，命也；道之将废也与欤，命也。公伯寮其如命何！"

试译 公伯寮到季孙那里乱告子路的状。子服景伯将这事告诉孔子，说："他老先生本来就让公伯寮给忽悠了，不过我却有把握取他性命，陈尸示众。"孔子说："大道要兴行了吗？那是天命。大道要衰落了吗？也是天命。公伯寮能奈何天命吗！"

试注　公伯寮，姓公伯，名寮，字子周，孔子的弟子，做过季氏的家臣。子服景伯，鲁国大夫，姓子服，名何，字伯，"景"是谥号。夫子，季孙。肆，处以死刑然后陈尸示众；或说是杀掉之后陈尸示众。诸，之于。市朝，街市和朝廷。

体会　"天命之谓性"（《礼记·中庸》），天人合一，天命和人事不可分割，性格决定命运。知天命，也就知人事了。下学人事，上达天命，最后是一回事。尽人事，"待"天命，尽人事也就"尽"天命了，哪里还有什么待？

《孔子家语·仪解》记载了鲁哀公和孔子关于天命的对话。哀公感叹说："国家的存亡祸福，的确是有天命的，不是人力奈何得了的。"孔子不同意，说："存亡祸福都是自己招的，天灾地妖都改变不了。"哀公说："好！先生这话，真有其事吗？"孔子就举例子，说："过去殷朝纣王时代，有小雀在城角生大鸟，占卜的就说：'小的生大的，国家必然兴旺，名声一定显扬。'于是纣王就仗着小雀的德行，荒废了国政，残暴得无以复加，大臣们都无力挽救，最后引来了外寇，殷商因此灭亡。这是由于自己乱来，逆天时而动，求福反而招祸。相反的例子也有，比如殷朝的先王太戊，道德沦丧，法制废弛，以致妖孽降临，桑、谷在朝堂上发芽，七天就长成两手一掐那么大。占卜的说：'桑谷本是在田野中的，不该长到朝堂上来，可见国家要灭亡了！'太戊听了极为恐慌，赶紧修身养性，恢复先王的德政，改善百姓的生活，三年之后，远方仰慕道义前来归附的有十六国。这就是由于自己努力，逆天时而动，转祸为福。所以，天灾地妖，是警示人主的；梦见怪事，是警示人臣的。天灾地妖敌不过善政，梦中怪事敌不过善行。能知道这个的，那是最高善政的典范，唯有明王才能明白这一点。"哀公不由得感慨系之，说："寡人要不是如此鄙陋，也就听不到先生如是一番教导了！"

14.37 子曰："贤者辟_避世，其次辟_避地，其次辟_避色，其次辟_避言。"子曰："作者七人矣。"

试译 孔子说："贤人会躲避乱世，有人则躲避乱地，还有人躲避脸色，还有人躲避说法。孔子说："这样做的有七位了。"

试注 辟，躲避，逃避，避开，远离。世，乱世。其次，又一种，或者。地，是非之地；危邦，险象环生的国家。色，难看的脸色。言，难听的话。七人，有人说是伯夷、叔齐、虞仲、夷逸、朱张、柳下惠、少连，都是所谓"逸民"（18.8）；但可能也不必拘泥。

体会 给人脸色看，给人难听话听的，咱惹不起，总躲得起吧？躲开这个人，回自个儿家里去，可以了。辟色又辟言，这叫"辟人"。如果辟人还不够，那就只好"辟地"了，整个躲开这一方水土，挪窝了，出国了。但如果天下大乱，像东周列国那样国际战争不断，还想躲，就只好整个躲开这个时代了，这叫"辟世"。避世是比较彻底的，向一个时代朝代世代整体告别，隐居去了。避地，顶多告别一个国家，转向另一个国家。避色，是看脸色行事，看见人家脸色不好，赶紧躲，识相点。避言，就是连脸色都不看，非要等人家丑话都出来了，才走人。看来，与其跟从"辟人"之士，不如跟从"辟世"之士（18.6），全身而退，明哲保身，养精蓄锐，以待时机。但是孔夫子倒是随意，可以避世，也可以不避世（18.8）。所以虽然他选择了知其不可而为之，心里头对于避世的隐士、逸民却格外尊重，格外推崇，比如当时著名的七位：伯夷、叔齐、虞仲、夷逸、朱张、柳下惠、少连（18.8）。

14.38 子路宿于石门。晨门曰："奚自？"子路曰："自孔氏。"曰："是知其不可而为之者与_欤？"

试译 子路在石门住了一夜。第二天一早，看门的问他："哪里来的？"子路说："孔家来的。"看门的又问："是明知不可能却硬要做的那位吧？"

试注 石门，鲁国城的外门。奚自，自奚；奚，哪里；自，从。氏，就是姓，这里姓、氏不分。

体会 明知不可能却偏要去做，是不是违抗天命呢？孔子自称五十而知天命（2.4），这天命里头是否包含了"明知不可能却还是要做"？如果是，就没有违抗天命，而是顺天命而行。好比耶稣，明知他的道没几个信，弟子就那么十几个，最后还得被人冤枉，送上十字架，被人钉死。这些耶稣早就预见到了，并且预言了。但是他还是要去，因为这是天命。以身殉道，杀身成仁，这样的知命之士，东西方都有。所以他们的道传播久远。那些怕死的，传不了这么久。"不知命，无以为君子也。"（20.3）怕死的那里，道行不足，底气不足，中气不足，传着传着就断气了。百年千年老店，靠这些是接不上气的。要不怕死不怕活的才行。不怕死的，比如召忽，不怕活的，比如管仲。"桓公杀公子纠，召忽死之，管仲不死。"（14.16）他俩一个死臣，一个生臣，一不怕死，二不怕活，他们那里有道。

14.39　子击磬（qìng）于卫，有荷蒉（hè kuì）而过孔氏之门者，曰："有心哉，击磬乎！"既而曰："鄙哉，硁硁（kēng kēng）乎，莫己知也，斯己而已矣。'深则厉，浅则揭（qì）。'"子曰："果哉！末之难矣。"

试译 孔子在卫国，有一天他敲磬奏乐，一个挑草筐的路过门前，说："有心事啊，这样子敲磬！"过一会儿又说："档次太低，叮叮当当的，没人懂自己，敲给自己听就得了嘛。'河水深，索性直接走过去；河水浅，撩起裤腿蹚过去。'"孔子说："干脆！什么也难不倒他。"

试注 磬，一种打击乐器，用玉、石雕成。蒉，草筐。既而，一会儿。硁硁，敲击磬的乐音。厉，连着（衣服）。揭，提起（衣服）。果，果决，果断。末，无，没有。之难，难之，难倒他。

体会 这个挑草筐的是个音乐家，民间艺人，原生态的，知音，有道之士，隐士，可以从演奏听出人的心态、人品。孔子佩服他。

14.40 子张曰："《书》云，'高宗谅阴，三年不言。'何谓也？"子曰："何必高宗，古之人皆然。君薨（hōng），百官总已以听于冢（zhǒng）宰三年。"

试译 子张问："《尚书》讲的'殷高宗守孝，三年不说话'，什么意思？"孔子回答说："何止是高宗，古代的人都这样。君主去世，朝廷百官都听宰相的吩咐，继任国君三年不问朝政。"

试注 高宗，殷代的武丁，殷代中兴之主，是个贤王，所以死后大得推崇，谥号高宗。谅阴，又作"亮阴"，就是守孝的房子。薨，这里指君主去世，后来多指诸侯去世。冢，大，地位高。冢宰，宰相。

体会 江山社稷大，还是父母子女小家大？国家国家，国大还是家大？要江山还是要美人？要江山还是要父母？要事业还是要生活？要企业还是要家庭？都是生活给人们出的好辩题，值得斟酌，值得掂量，值得一辩。中国古人有个办法，就是由小到大，先小家后大家，先父母兄弟妻儿，再江山社稷四海。现在有的企业招人，或者发奖金，定待遇，就是先看孝敬不孝敬，传承了古风。古人修身齐家治国平天下，是一步一步来的。就是当了君王，也还得从家庭做起，从孝敬父母做起，这是古来的规矩。殷代的武丁，就是这样做的。武丁的前任是父王小乙。小乙去世后，武丁继任，三年不说话，不理政，躲在"谅阴"专心守孝。结果武丁"三年不言，一言兴邦"，把殷代推到鼎盛之世。

14.41 子曰："上好礼，则民易使也。"

试译 孔子说："上面的彬彬有礼，老百姓就容易推动了。"
试注 上，在上位的，上级，官员，俗话说"上头"，"上面"。使，驱使，推动。
体会 "君子求诸己"（15.21），要改成"君主求诸己"了。当君主真容易啊，懂礼就可以了。凡人都是"立于礼"，有礼就站得正，站得住，站得稳，大山一样。百姓有礼，也是一个君主，主宰自己，所以稳。自己站不正站不稳，要找靠山，找扶手，要人搀着扶着，总不是长久之计。自己站得正站得稳，不需要别人扶，君主就省份心。人人自己站正了站稳了，君主就无事可做。记者问老百姓："你们认为君主好不好啊？"老百姓很诧异，说："不知道啊，君主在哪里啊？我怎么没看见？"记者就想起《老子·十七章》——"太上，不知有之"，写下感想，发表了。感想里说："君主不要把自己当做君主，不要想着驱使人民，那样很费劲，不容易驱使得动。君主把自己当做普通百姓，学会礼敬人，就可以了。礼敬人，是自己用功，不要求别人用功，比较轻松。君主自己用功，对自己有好处。好处是自己成为一个有礼貌的人。见人彬彬有礼，见人就拱手：'你好你好！'见人就两手抱拳，向上一举：'How are you?'那人人都是尧舜，都是黄帝，垂拱而天下治了。"不用去推动，人人自己就动起来了。

我敬人一寸，人家敬我一尺，赚了九寸。这是礼貌生意，90％的利润，礼润。尝到甜头了，下次我敬人一丈。哎呀，还是心不诚，所以得到的回敬总是有限的。隔壁的买买提，就不求回报不求回敬，他赚的礼润不计其数了。如何修到他那个水平，我心里没数。我去打听秘方，他告诉我：

不求回敬，是真敬；不求还礼，是真礼。来而无往非礼也，真的有礼，必有还的。"真还"是自己还，当下就还。因为敬人家是敬自己，使自己成为一个自重自尊自敬的人。所以我敬人家，当下我就自重自敬了。自敬是别人拿不走的，靠得住。别人敬我，我并没有得到什么，但是那个敬我的，他自己得了真敬了，得到自敬了，这是真收获。拜菩萨，菩萨不需要我们拜。但是我们放下万缘倒头一拜，我们就有救了。不是菩萨救了我，是我救自己了，成为一个有礼貌会敬礼的人了。敬礼敬礼，无敬不成礼。两手抱拳，心里感到可惜，希求回报，心里有傲气、怨气，还不如无礼。来而无往非礼也。我们有礼，人家还是无礼，怎么办？大礼不拘小节，不在乎一个拱手，一句你好。大礼贵在于敬，心敬，我们的责任就尽到了。人家无礼，人家动手动脚动刀动枪的，我们还是敬，这一点不能改。一改，火气上来，就不敬了，无礼了。要心平气和，换个方法。其中的一个方法，就是先礼后兵。这个兵，礼还在其中的。兵也不一定就是刀枪就是棍棒，假装发火，也是兵。因为治病救人，用药必须对症。这个没礼貌，是种心病，给以重大的心理冲击常常是必要的。骂不还口、打不还手，有时候会造成极大的心灵震撼，使人复归礼的本性。而雷霆之怒，狂飙之愤，也是医师、禅师惯用的手法。只要用得恰当，敢于一激，不怕得罪于一时，只求得人于一世。那就拜托了，我代表我们王小二签字，拜托了！你就给他一个当头棒喝吧！小二病得不轻，神经兮兮张牙舞爪的生怕人家欺负他了，下药狠一点。其实小二对我特有礼，特信任我。对别人无礼是因为他坎坷太多受凌辱太多，对人的信任几乎崩溃了。其实很多凌辱也是自己招来的，因为老是怕受欺负怕失去尊严怕遭人奚落，往往先下手为强，出言不逊嘛。我呢，从不跟小二计较这个，所以他跟我铁。但是除了我，几乎人人都说他蛮横无理不可救药。这个我不信。为什么？他跟我铁，这我最清楚啊。我们小二是最懂礼的。哎呀，我是不是说得太多了？无语法师？

　　说到这里，在场的无语禅师转过头来，冲我一笑。这时候我才猛然发现：原来这里还坐着一位高人，一言不发。我的敬意油然而生，当时忘了拱手。

　　14.42　子路问君子。子曰："修己以敬。"曰："如斯而已乎？"曰："修己以安人。"曰："如斯而已乎？"曰："修己以安百姓。修己以安百姓，尧、舜其犹病诸。"

　　试译　子路问怎样做君子，孔子说："好好安顿自己，做到恭恭敬敬。"又问："这样就够了吗？"孔子说："好好安顿自己，这样去安顿百官。"又问："这样就够了吗？"孔子说："好好安顿自己，这样去安顿天下百姓。靠安顿自己而安顿百姓，就连尧舜大概也感到力不从心吧！"

　　试注　修，修养，安养，安顿，安排，安定，安稳，安正，安平，安好。人，百官，干部。其，大概，可能。病，疲倦，劳累。诸，之，它，这件事。

　　体会　天安门，地安门，都有一个安。为什么没有"人安门"，"心安门"？修己以敬，可以看做孔家店的"心安门工程"。

神光去拜见达摩，站在雪地里，自己砍掉一只胳膊，恳求说："我心不安，求师父给我安心啊！"达摩说："把心拿来，我给你安。"神光到处找心，找了好久，只好坦白："找不着。"达摩说："好，我给你安好了。"神光豁然大悟。这是佛家店的"心安门工程"。

神光请达摩给自己安心，达摩叫神光把心拿来。这是心理学的全部问题，全部消解，全部运作，全部安顿。外面的世界好精彩。子路急着朝外走，急着到外面创一番事业。孔子拉住他，说："回来回来。"这就是功夫。为什么忙于去安顿天下？因为心里有点烦：人心怎么这个样子，天下怎么这般不安啊？烦。说明自己没有安心，但是以为是别人是天下人档次低，跟不上自己的步伐，追不上自己的品位。如何检验自己心安不心安呢？往外走是必要的，安人安百姓是必要的。以为自己心安了，好，安顿一下干部吧，啊，这个干部不听话，烦人。心里不安，检测出来了。再去安顿一下天下百姓，啊，有点累，我三天没睡觉。尧舜也难免打哈欠。大概只有观音，才会时时刻刻静观世音，不打瞌睡，有求必应吧！

14.43 原壤夷俟。子曰："幼而不孙弟_{逊悌}，长而无述焉，老而不死，是为贼。"以杖叩其胫。

试译 原壤两腿叉开等孔子来。孔子见了说："打小就不孝顺，大了没一点出息，老来还一副老不死的样子，我打你个老贼！"说着就操起棍子轻轻敲他的小腿。

试注 原壤，孔子的老朋友，鲁国人。夷，箕踞，两腿张开坐着，是没礼貌的姿势。俟，等候。述，可陈述的，可称道的。叩，敲。胫，小腿。

体会 孔子老是劝他的弟子交朋友要慎重，要交三种益友，不要交三种损友（16.4）。但是孔夫子自己，却有原壤这样的老朋友。原壤跟孔夫子结交这么多年，有没有什么长进？是不是认孔夫子为益友呢？孔夫子是把原壤视为损友，还是益友呢？孔子能够见人一点闪光就忘掉他一百个不是，"见人之一善而忘其百非"（《孔子家语·六本》），待人厚道，朋友多，三教九流都有，不知道黑道朋友有没有。不过这位原壤，不说黑道，也够肆无忌惮了。但是孔夫子和他相安无事，拿棍子敲打一下，也是关系铁，否则孔夫子不会敲他。劝朋友多了，朋友会烦的，"朋友数，斯疏矣。"（4.26）这一点孔夫子自己肯定会注意的。所以原壤有时候做些没边的事情，孔夫子也就睁只眼闭只眼，不唠叨。这里有个故事，在《孔子家语·屈节解》里。说是原壤老母死了，孔夫子去帮忙整理棺材。子路就问："从前老师提醒我们，'不要交不如自己的人做朋友，错了就不要怕改正。'老师害怕了吗？还是不要去吧！"孔子回答说："凡是人家有丧事，都要恭恭敬敬趴到地上去帮忙，何况是个老相识，也不算是老朋友吧？我还是去。"去了，帮助把棺材收拾好。原壤高兴地说："好久没唱歌了啊！"就开口唱起来："棺木真漂亮啊，花纹像狸头；心里真欢喜啊，握住君的手。"孔子装作没听见。子路愤愤不平，说："老师不讲气节到了这个地步，对朋友真不负责任！您难道不可以制止他吗？"孔子说："我听说亲骨肉究竟是亲骨肉，老相识究竟是老相识。"孔子莫非是遇到庄子一样的道士了，一位原壤道士？鼓盆而歌？

"老而不死，是为贼。"据说冰心前辈晚年时，把这几个字刻成一个印章，说：孔子说，老而不死，是为贼。

一片冰心。

14.44 阙党童子将命。或问之曰："益者与欤？"子曰："吾见其居于位也，见其与先生并行也，非求益者也，欲速成者也。"

试译 阙党的一个少年在传话。有人向孔子打听，说："是个上进的孩子吧？"孔子说："我看见他坐在成年人的位置上，看见他同长辈并肩走路，看来不是求上进的，是想快点出名的。"

试注 阙党，孔子的家乡阙里。童子，未成年人，不满20岁。将命，在宾主之间传话。或，有人。先生，长辈。

体会　年轻气浮，急于有所作为，急于表现，急于和名人长者平起平坐，还没有气沉丹田，没有定住。开会的时候，不够我忙的，到处有我的声音，到处有我的影子。人人都知道我，我这么年轻，就如此知名了。但是长此下去怎么办？我也累。

卫灵公第十五

15.1　卫灵公问陈_阵于孔子。孔子对曰："俎（zǔ）豆之事，则尝闻之矣；军旅之事，未之学也。"明日遂行。

试译　卫灵公问孔子如何排兵布阵，孔子说："祭祀的礼仪，我还听说过一点；部队的事情，可从来没学过。"第二天就离开了卫国。

试注　陈，阵，兵阵。俎豆，祭祀的器皿，这里指礼仪。

体会　先礼后兵，不战而胜，是兵法上策。礼没学到手，好使枪弄棒，会把自己弄伤的。都说商场如战场，但战场止戈为武，无欲则刚。孔子是不是太过斯文呢？腐儒啊！学富五车手无缚鸡之力！不过，孔夫子的标准像，好像比较公认的是唐代吴道子画的，气宇轩昂，腰间佩剑，却彬彬有礼，威而不猛，温而厉，恭而安。古代的学问，特别是儒家，有礼、乐、射、御、书、数六艺。射就是射箭，是武功；御就是骑马驾车，体能要好，太斯文了不行。

15.2　在陈绝粮，从者病，莫能兴。子路愠（yùn）见曰："君子亦有穷乎？"子曰："君子固穷，小人穷斯滥矣。"

试译　孔子一行在陈国被围困，直到把粮食吃光。随行弟子病倒了，都爬不起来。子路带着一肚子的不满来见孔子，问道："君子也有倒大霉的时候吗？"孔子说："君子倒霉，信念更加坚定。小人倒霉，就霉得一塌糊涂。"

试注　陈，陈国。穷，穷途末路。

体会　先请参究下一节。

15.3　子曰："赐也，女_汝以予为多学而识_志之者与_欤？"对曰："然，非与_欤？"曰："非也，予一以贯之。"

试译　孔子说："赐啊，你以为我是博学多闻的人吗？"子贡说："对啊，不是吗？"孔子说："不是的，我是靠一个原则贯串始终的。"

试注 识读zhì，即志，记忆。这里的背景，是孔子在陈蔡走霉运，子贡信心动摇。孔子却提醒说：书读得再多，记忆力再好，如果办事没原则，遇事不能坚持信念，随风倒，那算什么知识！

体会 如何理解"一以贯之"的"一"？这个"一"，孔子跟曾子说过，现在又跟子贡说。《史记·孔子世家》描述了这段话的来龙去脉：

孔子在蔡国待到第三年，吴国进攻陈国。楚国出兵救援陈国，将兵马驻扎在城父。听说孔子在陈、蔡之间，楚国就派人来聘请孔子。孔子正想前往答谢，陈国、蔡国的大夫却谋划开了："孔子是个贤人，讥讽都正中诸侯的毛病。如今在陈、蔡之间久留，诸位大夫所作所为都不合仲尼的理想。楚国如今是个大国，居然来聘请孔子。孔子要是前往应聘了，陈、蔡两国在任的大夫就坐不稳了！"于是派人把孔子包围在旷野中。孔子一行没法动弹，直到把粮食吃光。随行弟子病倒了，爬不起来。孔子依然讲课、诵诗、弹琴、唱歌不止。子路带着一肚子的不满来见孔子，问道："君子也有倒大霉的时候吗？"孔子说："君子倒霉，信念越发坚定。小人倒霉，就霉得一塌糊涂。"

这时候子贡脸色也很难看。孔子就问："赐啊，你以为我是博闻强识的人吗？"子贡说："对啊，不是吗？"孔子纠正他说："错了。我是一以贯之的。"

孔子知道弟子们心中愤愤不平，就把子路叫来，问："《诗》上说，'不是犀牛，不是猛虎，为何而今，游步旷野。'我们的主张不对吗？我们为什么到今天这个样子？"子路说："恐怕是我们的仁德还不够吧？所以人家不相信我们。也许我们的智慧还不够吧？因此人家不放我们过去。"孔子说："是这样吗？由啊，假如仁者一定得到信任，怎么还会有伯夷、叔齐饿死在首阳山？假如智者一定畅行无阻，哪里还会有王子比干被剖心？"

子路走后，子贡进来见老师。孔子问："赐啊，《诗》上说：'匪兕匪虎，率彼旷野。'我们的主张错了吗？为什么落到今天这个地步？"子贡说："夫子的主张太大了，因此天下没有能容得下夫子的。夫子大概可以稍许缩小一点。"孔子说："赐啊，好农夫会种地，却不能保证好收成；好工匠手艺精湛，却没法处处令人满意。君子能勤奋修道，制定纲纪，统理大事，却不一定被人人所容。如今你不去好好修你的道，却希望人家都容纳你。赐啊，你志向欠远大啊！"

子贡出去后，颜回进来见夫子。孔子问："回啊，《诗经》上说：'匪兕匪虎，率彼旷野。'我们的主张错了吗？为什么落到今天这个地步？"颜回说："夫子的学问太大了，因此天下没有能容得下的。虽然如此，夫子照样推行自己的主张，人家不容有什么关系？人家不容，才显示我们的君子本色！要是治国之道提不出来，是我们的耻辱。现在治国之道我们早已胸有成竹，人家不用，那是当权者的耻辱。人家不容有什么关系？不容才显出君子本色！"孔子欣慰地笑了，说："是这样啊！颜家的好小子！你要是发了大财，我给你当账房先生！"

于是让子贡出使楚国。楚昭王派兵来迎接孔子，危险得以解除。

15.4 子曰："由，知德者鲜矣。"

试译 孔子说："由，明白德的人很少啊。"

试注 由，子路。

体会 道德沦丧的时候，明白道德的少。偶尔遇到一个有德之人，大家觉得他有病。谁要学雷锋，一定怀疑他另有图谋。在车站帮别人提东西，千万注意，人家不让。这就是道德沦丧了，谁都不相信谁了，因为的确有人假装学雷锋图谋坑人的，有人上过当。眼看前面帮我提包的提着提着，忽然后面的一挤，哎呀，这人哪里去啦？挤走了，满世界喊，喊不应，找，找不着。从此汲取教训，得出一个结论：这世界上没好人。总结出一个定理：道德几块钱一斤。知德，明"德"，明白"美德"，明"明德"，在这样的关头见功夫。做生意被人坑过一回，从此明白了生意经，坑起人来比别人还狠。你咬我一口，我咬你两口。你咬我耳朵，我咬你喉咙。最后都咬死了。人都说"我聪明"，可是被人赶进陷阱里还以为进了宫殿。"人皆曰'予知'，驱而纳诸罟擭陷阱之中，而莫之知辟也。"（《礼记·中庸》）人都说"我聪明"，但是对于美德是死活不信。

15.5　子曰："无为而治者，其舜也与_欤？夫何为哉？恭己正南面而已矣。"

试译　孔子说："无为而治的，大概就是舜吧？有什么可操心的呢？自己诚诚恳恳、堂堂正正坐在朝廷上就是了。"

试注　恭己，自己恭恭敬敬，正心诚意。正南面，端端正正地坐在朝廷上。南面，坐北朝南，是尊位，君位，南面为王。

体会　道家儒家都提倡无为而治。无为而治的实质，是自我管理。一个人管好自己，就够了。管好自己，恭恭敬敬，堂堂正正，一身正气，不用说话，就有威信；不用动步，功被十方。老板管好自己，是关键。

15.6　子张问行。子曰："言忠信，行笃敬，虽蛮貊（mò）之邦行矣。言不忠信，行不笃敬，虽州里行乎哉？立，则见其参（cān）于前也；在舆，则见其倚于衡也，夫然后行。"子张书诸绅。

试译　子张问如何才能通行无碍，孔子说："说话老实守信，办事勤恳恭敬，即使远到蛮夷之地也通行无阻。说话没信用，办事不地道，即使近在本乡本土也吃不开。只要一站，总是看见'忠信笃敬'几个字显在眼前；只要上车，总是看见这几个字刻在辕前横木上。这样子，才可以通行无碍。"子张听了，就把这几个字写在腰带上。

试注　蛮貊（mò），蛮夷边远之地。州里，五家为邻，五邻为里，二十里为党，五党为州。参，照，显示。衡，车辕前面的横木。绅，贵族的宽腰带。

体会　信用是财务的灵魂。有信会用，名为信用。

人人都有信，但不一定会用。自己有信不用、有信不会用，是因为不信，因为不自信。不自信，则自家之信为人所用，为物所迷，名为迷信。对自己的信力心中无数，迷失了自信，而其实人家也不用我，外物也不迷我。信用的原理其实简单，就是全力以赴做好一件事情，这是人人可以明白却不一定相信，人人可以做到却不一定倾情去做的。原因是贪。贪大，贪多，贪高，贪快。其实事情无大小，无多寡，无高低，无快慢，无劳逸，有信用则成，无信用则毁。大哉虞舜！舜何许人也？尧去世后，舜仰慕三年，坐下，就看见尧在墙上；吃饭，就看见尧在羹里。大哉虞舜！如是成就千秋大业！佛云："制心一处，无事不办。"老子云："道生一，一生二，二生三，三生万物。"《礼记·中庸》云："人一能之己百之，人十能之己千之。"《礼记·大学》云："知止而后有定。"知止者知足，知足者富有一切。一切即是道，道即是一切，即是至诚，即是全心全意，即是舍得一身剐。竭尽全力，做成一件鸡毛蒜皮的小事，即是成就大业。倾一切心力、一切人力、一切物力、一切财力干一件事，任何事情都会成就，名为道生一，名为至诚如神，名为创世纪，名为开天辟地，名为奇迹，名为大自然，名为大自在，名为本地风光，名为本来面目，名为天生我才，名为大信不约，名为大信自约，名为无约而无不约，名为大信，名为人人有信，名为物物有信，名为事事有信，名为时时有信，名为处处有信，名为信者吾信之、不信者吾亦信之、而集天下信者之信、与不信者之信以用之，名为万物皆备于我而一无所有，名为无为而治者其舜也欤，名为恭己正南面而已矣，名为得心应手，名为自得其乐，名为君子求诸己，名为古之学者为己，名为天得一以清，名为地得一以宁，名为神得一以灵，名为万物得一以生，名为生而不有，名为为而不恃，名为不争之德，名为成人之美，名为成天地之美，名为成道之美，名为诚信之美，名为信言不美，名为多言数穷不如守中，名为致中和天地位焉万物育焉，名为真信息，名为恍兮惚兮其中有信，名为信者万物本有之力，名为信者人人本有之德，名为信息时代，名为集中绝对优势财力办好一件事情，名为以十元的财力成就一元的项目，名为以成就一元的项目增添百元的信用，名为办事以十当一，名为增信以一当百，名为广告费用为零，名为酒香不怕巷子深，名为闭嘴即广告，名为两手两脚即嘴巴，名为沉默是金，名为不言而信，名为一口价，名为交易成本为零，名为不算，名为天算，名为满眼是宝，名为触手是钱，名为动步是财，名为事事可心，名为物物可学，名为人人可敬，名为念念不忘不念而念，名为全神贯注无所用心，名为一心不二胸怀大千，名为一无所求精益求精，名为圣人无心以百姓心为心，名为万法归一一归何处。

15.7 子曰："直哉史鱼！邦有道，如矢；邦无道，如矢。君子哉蘧(qú)伯玉！邦有道，则仕；邦无道，则可卷而怀之。"

试译 孔子说："耿直啊，史鱼！国家有道，像箭一样直；国家无道，还像箭一样直。君子啊，蘧伯玉！国家有道，就出来当官；国家无道，就把本领珍藏起来！"

试注 史鱼，名鳅，字子鱼，卫国大夫。蘧伯玉，姓蘧，名瑗，卫国大夫。

体会 卷而怀之，和"怀才不遇"不同。怀才不遇，不免有怨气，有委屈，有不平。卷而怀之，是比较自得，比较放达的。卷起来，很好地珍藏起来，会有使用的一天。

《孔子家语》记载，卫灵公时代，蘧伯玉贤达却不被任用，弥子瑕不肖却得到重用。卫国大夫史鳅非常担忧这一点，多次力谏，灵公就是不听。史鳅重病后，临死前对儿子说："我要死了，到时候就在内室治丧吧。我不能成功举荐蘧伯玉，不能成功罢免弥子瑕，说明我不能纠正君王。生不能正君，死了就不应当在正堂办丧礼，这种处理对我已经足够了。"史鳅死后，灵公去吊唁，看见没在正堂治丧，就询问其中缘故。史鳅的儿子就一五一十地把父亲的遗言告诉了灵公。灵公一听，脸色刷的变了，当即叹道："是寡人错了啊！先生在世时就一心想推举贤才、罢免不肖，去世后还不懈怠，竟然尸谏，真可以说是忠贞不渝啊！"说完马上把蘧伯玉升为国卿，罢免弥子瑕，把史鳅的灵位迁到正堂，办完丧礼，这才离开。卫国因此得以大治。可见灵公虽然昏庸"无道"（14.19），却也有"知错就改"的大勇大道。蘧伯玉呢？先前不得任用，是国家无道之时，灵公昏庸之际，他抱着自己的美玉独善其身。等到君王醒悟，国家有道了，他也愿意出山献玉。但是如果没有史鳅的耿直，蘧伯玉也难以有出山的一天。甚至需要有人做烈士，才有后来成功的英雄。蘧伯玉姓蘧，蘧是惊喜，哇塞，这么美的宝玉！蘧也通遽（jù），意思是急迫，快快起用这块宝玉啊，史鳅大喊。

15.8　子曰："可与言而不与言，失人；不可与言而与之言，失言。知_智者不失人，亦不失言。"

试译　孔子说："可以对人说却不对人说，是失人；不可对人说却对人说，是失言。智者不失人，也不失言。"

体会　该说就说，不该说就不说，恰到好处，是一种中道。语默的艺术，有所谓沉默是金，"悠兮其贵言"（十七章），"言多必失"。但是当说的不说，虽然没有失言，却失了人。适时、中肯的建议、谏言、提醒，是不该错过机会的，否则耽误了大事，会失去朋友、亲人、领导、同事的信任，失去人心。怕得罪人，结果恰恰得罪了人。患得患失，最容易失人。但是如果太冒失，不该说的也说，那就失言了。失言也是一种失人，因为说话冒失，不看场合，不看对象，说出话来也会伤人，害人，也就会失人。如何把握这个分寸？孔夫子没有说，或者说了，这里却没有记载下来。在其他地方，孔夫子或他的弟子曾经说过要直言相劝，但是不可太过唠叨——"子游曰：事君数，斯辱矣；朋友数，斯疏矣。"（4.26）或者提醒我们嘴要笨一些，动作要敏捷一些——"子曰：君子欲讷于言而敏于行。"（4.24）又如"仁者其言也讱"（12.3）。或者提示我们先取得信任，然后再提建议，否则容易被人误解为攻击他——"信而后谏。未信，则以为谤己也。"（19.10）很多本领，是靠生活的历练，通过体验而慢慢成就的。

15.9　子曰："志士仁人，无求生以害仁，有杀身以成仁。

试译　孔子说："有志之士，仁义之人，绝不会苟且偷生去损害仁义，他可以舍生忘死成就仁义。"

体会　菩萨心肠，慈悲心肠，有时候好像很软弱，傻里巴叽的。这里孔夫子把"志士仁人"拢到一起讲，比我们翻译的其实更好，更提气，中气十足。翻译有时候画蛇添足，显得拖沓、絮叨，不如原文精准、洗练、明了。

仁者不懦弱——"当仁不让于师"（15.36），一马当先。"君子无终食之间违仁，造次必于是，颠沛必于是。"（4.5）不管环境如何险恶，仁义不能丢。"仁者先难而后获。"（6.21）不怕困难，先解决难题，先不讲报酬，这种员工有勇气。所以"仁者必有勇，勇者不必有仁。"（14.4）"仁者乐山……仁者寿。"（6.22）快乐又长寿，懦弱者没这福气的。"宰我问曰：'仁者，虽告之曰，"井有仁焉。"其从之也？'子曰：'何为其然也？君子可逝也，不可陷也；可欺也，不可罔也。'"（6.25）人家骗我说"井里面有仁（人）"，我就往下跳啊？不会，仁者没那么傻，你骗不了他。仁者是可以舍命，但要值得，要真的"当仁"，才能"不让"。一个人就是做到"刚毅木讷"了，也只是"近仁"。仁者不但敢死，还敢活，不会害怕生存的艰难而自杀。所以桓公杀了公子纠，召忽为此自刎，做了"死臣"，管仲却勇敢地生存下来，以较少的武力、较多的仁义帮助桓公成就了霸业，做了"生臣"。（14.16）

15.10　子贡问为仁。子曰："工欲善其事，必先利其器。居是邦也，事其大夫之贤者，友其士之仁者。"

试译　子贡问如何做到仁厚。孔子说："工人要做好工作，一定先备好工具。住在一个国家，就要好好侍奉国中大夫的贤明者，结交国中士人的仁厚者。"

试注　为，实行，落实。是，这个。

体会　从这句看，大夫比士人地位高。对大夫，讲侍奉（事）；对士人，讲结交（友）。侍奉贤大夫，结交仁士，这是为仁的方法、措施、手段、工具、利器。物以类聚，人以群分，近朱者赤，近墨者黑。亲近良师益友，是为人、成人的最重要的外缘和方法。亲近善知识，是为佛、成佛的最重要外缘和渠道。亲近贤大夫亲近仁士，是为仁、成仁的最重要外缘和利器。搞企业，先找标杆企业，找仁义的有社会责任感的企业，向它们学习，和它们合作，这样进步快，经营风险也小。和乌七八糟的企业搅到一起，免不了相互设套，越套越牢。力量不大的时候，最好离它们远点。企业在人。好企业里贤达多，厚道人多。

15.11　颜渊问为邦。子曰："行夏之时，乘殷之辂（lù），服周之冕，乐则《韶》《舞》。放郑声，远佞人，郑声淫，佞人殆。"

试译　颜渊问如何治国。孔子说："用夏代的历法，坐商代的车子，戴周代的帽子，音乐就用《韶》乐《舞》乐，不用郑国音乐，疏远花言巧语的人。因为郑国音乐淫秽，花言巧语的坏事。"

试注　《韶》乐，孔子赞它尽善尽美；《舞》，就是《武》乐，孔子说它尽善不尽美（3.25）。

体会　颜渊克己复礼，内功很深，大道理通了，企业精神足了，孔夫子这里给他补点外功，告诉他如何做事，就谈了企业文化的几个要素：业务日程，车马，服饰，音乐，人员。

排业务日程，要切合天时、季节。看来孔子欣赏夏代的历法，更加自然，更切合农事，所以也叫农历，直到今天我们还这么叫。顺应天时，什么季节干什么，很重要，不仅农事企业如此，一切行业都是如此，不能违背天时、节令。节令像音乐一样，有起伏，有节奏，有旋律，有主题，有天地正气的运行。《吕氏春秋》是企业文化宝典，其中的十二纪，每一纪的前面都是月令，这个月干什么那个月干什么，清清楚楚，这是非常严密系统的企业文化框架，上应天时，下通人事，美妙而自然。天时节令，就是天地的音乐。企业搞音乐，第一就是顺天时，顺节令，顺人体生物钟，人心情绪钟、情理钟。这两个一配，天人合奏，企业就活了，精神了。办事像奏乐一样，休止符恰当运用，又注意配器，就出味道。不顺天时不顺人心，邪气上升，身体会得病，心情也不好，企业没精打采，尽是怨天尤人的歌曲，萎靡不振，像郑国音乐那样，一听就知道气数已尽。把音乐变成看得见的东西，就是服饰，就是车间办公室，就是厂房，这都是凝固的音乐。还有车马，放在那里，是凝固的音乐；动起来，是流动的音乐。服饰也是音乐，有节奏有旋律的，"黄帝、尧、舜垂衣裳而天下治，盖取诸《乾》、《坤》。"（《周易·系辞》）服装的艺术要体现天地的精神，自强不息如天，厚德载物如地，让人看上去眼睛一亮。服装服饰设计得好，穿得合体，合身份，合年龄，合季节，合场合，那是"垂衣裳"。华夏华夏，衣帽服饰漂亮是"华"，国大是"夏"。华夏是以服饰文化著名的。黄帝、尧、舜深通企业文化，他们抓住服饰这一项，使天下林林总总的企业赏心悦目，心花怒放，意气风发。

15.12　子曰："人无远虑，必有近忧。"

试译　孔子说："人没有远见，必定穷于应付眼前的事变。"

试注　虑，见识；忧，麻烦事，烦心事。

体会　长寿的店子靠大方略，未雨绸缪防患未然，芝麻开花节节高；短命的行当靠小聪明，头痛医头、脚痛医脚，按倒葫芦起了瓢。

我们常想：百年千年万年后的事情我哪里管得了，我只管今天的事情。我们也常说，人要活在当下。真的活在当下靠什么呢？

不知道未来的风向变化，哪来今天的喜借东风？对未来没有把握，对眼前的事变必定穷于应付。不谋万世者，不足以谋一时；不谋全局者，不足以谋一域。以为一时比万世现实，一域比全局现实，这样就总是为时局所困，为潮流所卷，任凭风吹雨打去。下一步会发生什么？根本没有心理准备，事来了只好疲于奔命。有远见卓识的人，眼前的事情也看得清楚，他由近及远看过了，所以能够真的活在当下，没有近忧。九九八十一难，哪个时候哪个地方必有一难，心里有数，那是神仙，我们可能连想都不敢想。唐僧一行西天取经，过了八十难，欢天喜地挑着经书，以为任务完成了。不想过河之时，竟被老龟掀翻到水里。原来菩萨设计了这最后一关，以满足八十一。菩萨也不是刻意设计，而是因缘未了，随缘而设。可见这八十一难本身就是经典，还到哪里取经去呢？所以过程必须完成，功课必须学完，才能毕业。

15.13　子曰："已矣乎！吾未见好德如好色者也。"

试译　孔子说："算了吧，我没见过喜欢美德如同喜欢美色的。"

试注　已，完结。9.18和这句类似。

体会　"未见……"，不可以从字面体会。还是见过的，比如颜渊。藕益禅师读这句话，觉得圣人恰好没有绝望。

孔子在卫国住了一个多月，卫灵公曾经和夫人南子同车逛街，让孔夫子的车子跟在后面。孔子就感叹了："唉，这么好色，要是好才好德像这样就好了。"这感叹里，是存有希望的，没有绝望。

灵公作为老板，没有把头号人才请到头驾车里。可是今天要是没有《论语》，还有几个人能够知道卫灵公？

15.14　子曰："臧文仲其窃位者与欤，知柳下惠之贤而不与立也。"

试译　孔子说："臧文仲是个偷官位的吧？明知柳下惠是个贤才，却不举荐人家和自己同朝做事。"

试注　臧文仲，鲁国大夫。柳下惠，姓展，名获，字禽，食邑柳下，谥号惠，鲁国大夫。

体会　当官的一大职责，是举荐贤才，而不是光顾自己那一份业务。一些企业规定：一个干部，能干好工作，是合格干部；能举荐人才，是优秀干部；能培养人才，是卓越干部。尤其是举荐的人才比自己还强，那更加了不起，像鲍叔牙推荐管仲那样。培养人才超过自己水平，那更加值得嘉奖。但是孔夫子更加严格，看到臧文仲做官却不举荐柳下惠，就斥责他简直是窃取官位，似乎没及格。

15.15　子曰："躬自厚而薄责于人，则远怨矣。"

试译　孔子说："多责备自己，少责备人家，就少遭怨恨。"

试注 躬，亲。自，自责。厚：多，深，重，快。薄：少，浅，轻，慢。

体会 责备人家轻一点，责备自己重一点。责备人家慢一点，责备自己快一点。责备人家浅一点，责备自己深一点。责备人家少一点，责备自己多一点。这几点，数周总理做得好。所以怨恨周总理的，少而又少。很多政敌都十分钦佩他。

15.16 子曰："不曰'如之何，如之何'者，吾末如之何也已矣！"

试译 孔子说："不问'怎么办怎么办'的，我也不能拿他怎么办了。"

试注 末，无，不能。

体会 遇事就问"怎么办怎么办"。在太庙里，每件事都问（10.12）。"我有知识吗？没有知识。即便没文化的人问我问题，我都脑袋空空答不上来，只好跟他一起上下左右里外多多推敲才能明白过来。"（9.8）这是孔夫子。自己不问，别人怎么好告诉我？好为人师的，没学问。《礼记·曲礼》讲"礼闻来学，不闻往教"，中国人讲"学问"。我自己不问，人家不好开讲。看佛经，里头总是弟子发问，佛才开讲。这是礼数，也是真诚，也是尊重。问，就是需要，顾客需要，我们就生产。学问家是商家，所以我佛、仲尼搞市场经济最在行，产品适销对路。

刘邦遇事也总是没个主意，口头禅就是"如之奈何如之奈何"。于是左右搜肠刮肚给他出主意，最后居然得了天下。而事事有办法、"事事不问怎么办怎么办"的项羽，居然自刎乌江，孔夫子拿他也没办法。君子不器，君子没专业没技术，只好事事请教专家行家。

不过有个问题，领导似乎躲不过：那么多专家，藏龙卧虎的，各有各的一套，谁也不服谁，相互吵起来打起来怎么办？如之奈何？

其实，这个问题，领导还是无须考虑，还是请教专家"怎么办怎么办"。专家争论三天，最后肯定吵到厂长办公室："请厂长最后裁决。"最后裁决，是怎么也躲不过的。不过各位专家大家搞清楚了，不是不才要最后裁决，是各位请不才最后裁决，唉，勉为其难。全部风险最后集中到这一点。险！总裁不好当啊。

15.17　子曰："群居终日，言不及义，好行小慧，难矣哉！"

试译　孔子说："大家整天待在一起，没说一句识大体的话，尽耍小聪明，难成气候啊！"

试注　义，道义，仁义。小慧，小聪明。

体会　聚在一起喊喊喳喳，东家长李家短的，公司文化弄成这样，的确难成什么气候。

15.18　子曰："君子义以为质，礼以行之，孙逊以出之，信以成之。君子哉！"

试译　孔子说："君子以道义为本，用礼仪实践道义，靠谦和表达道义，凭信用成就道义。这就是君子！"

试注　质，本质，根本。孙，逊，逊让。

体会　《子路》一章里孔子说，"言必信，行必果，硁硁然小人哉！"（13.20）也算一个较次等的士了，但算不上君子。君子是道义至上，礼仪、谦让、诚信都是围着道义转的，所以孔子又说"君子义以为上"（17.23）。

15.19　子曰："君子病无能焉，不病人之不己知也。"

试译　孔子说："君子担心自己无能，不担心别人不了解自己的才华。"

试注　《论语》开篇的最后一句是："不患人之不己知，患不知人也。"（1.16）和这句差不多。

体会　这话还要和下一句连起来读，可以看出内涵的一致性。

15.20 子曰："君子疾没世而名不称（chèng）焉。"

试译 孔子说："君子最担心一辈子名不副实。"

试注 疾，担心。没世，一辈子，终其一生。称，相称，配得上。

体会 这一句也有这么翻译的：君子最担心死后没留下好名声。

如果参照前面的"不患人之不己知，患不知人也"（1.16）、"君子病无能焉，不病人之不己知也"（15.19），后面的"君子求诸己，小人求诸人"（15.21），有人就主张把"称"看做"相称"，而不是"称赞"；把"名不称"译为"名不副实"，而不是"没留下美名"。当然，希望留下美名，也不是图虚名，也需要实实在在做事，才会赢得后世美名。两种译法，可能都不违背孔子的精神。只是这里前后几句联系紧密，好像都在说明一个大致的取向。因此，像蕅益大师那样，把"称"读为chèng，理解为"相称"，可能更好。

《史记·孔子世家》记载了这句话的背景——孔子曾经叹息："不行啊不行啊！君子最担心的是一辈子名不副实。我的主张现在推行不了，我该给后人做点什么实实在在的贡献呢？"于是依据鲁国的史记做了《春秋》一书，从鲁隐公一直记到鲁哀公十四年。《春秋》的道理传播开后，乱臣贼子都非常害怕。

15.21 子曰："君子求诸己，小人求诸人。"

试译 孔子说："君子要求自己，小人要求别人。"

试注 求，要求，求助。诸，之于。

体会 "只要求自己，不要求别人"，体现在方方面面。名气也是这样，不要求别人赞誉，只求自己做好，只怕名实不符，不怕没有名气："君子疾没世而名不称焉。"（15.20）

《吕氏春秋·必己》有个故事，很好玩。说是孔子走路走累了，在路边歇息。马就到处乱跑，吃了人家的庄稼，野人就把马抓起来。子贡去请求劝说野人，好话说尽，野人就是不听。有个初来跟从孔子的边远人，这时请求前往，对野人说："您不在东海种地，我不在西海种地，我的马怎么能不吃您的庄稼呢？！"野人一听就乐了，相互称赞说："说话要都像这样那才叫口才，哪像刚才那个人！"就把马放了，还给他。吕不韦感叹了：说话如此不讲究居然中听，外物哪有什么定准啊？因此，君子要求自己尊敬人而不一定受人尊敬，爱护人而不一定受人爱护。爱护人，尊敬人，是自己的事；被人爱护、被人尊敬，是别人的事。君子只要求自己，不要求别人。严格要求自己，就没有跟谁合不来的。

这就比一句西方谚语更为深刻了，那句谚语说："Respect yourself, or no one else will respect you."意思是要人尊敬，必须自重。这种意思的话，中国也有，也没错。加上吕不韦的那种体认就更好了。

求如果是求助，那么君子向自己求助，小人向别人求助。藕益禅师说：认识了自己，就会求助于自己了。不能求诸己，是因为没有认识自己有多么美好多么强大。在创业过程中，求诸己的多，第一笔资金，创业资金，大多来自创业者自己的款项，无论中国外国，基本如此。这有好处。创业条件太好，锻炼人的作用就不大。既然说"创"业，就要多多自己创，外界条件就不要太好。条件那么好了，还创什么？要做君子，就要创业，凭自己本事吃饭。祖宗有遗产，不要，自己要创业，要做君子。自己有财产，不留给子女，要子女创业去，做君子去。创业是最锻炼人的，迫使人发挥自己最大的潜能，做一个君子。君子开始没有钱创业，没地方借，不要紧的，可以给人打工。打工是学做老板的第一课。不想打工的老板不是好老板。打工仔和老板，都是人生圆满所必需，他们也相互成就。讲到创业就想到做老板，那是缺了一条腿。缺一条腿，如何创业？需要另一条腿恢复力量，养好伤。老板是搞管理的。管理就是管自己。管理自己，从打工开始，从主动学习受人管理开始。主动受人管理，就是一种自我管理。老板的功课，一半在打工中学。打工的功夫，一半在当老板的时候练。都可以求诸己。所以搞合资的，不会学，也不让学，永远受人控制，永远学不到手。搞自主品牌的，最会学。自主创新是最好的学习方式，最快乐的学习方式。君子求诸己，所以君子最会求诸人，最会向别人学习。

15.22　子曰："君子矜而不争，群而不党。"

试译　孔子说："君子自尊，不爱争面子；君子合群，不拉帮结派。"

试注　矜，矜严，矜庄，自尊，自重，庄重。争，和矜相对，和自尊相对，就是不自尊或者过分自尊，自然去争面子。党，结党营私，和群众对着干。

体会　自尊过分，就爱争斗。合群过分，就爱抱团。

面子长在自己脸上，自己硬是不要，别人怎么能给我们面子？觉得自己在外面受奚落、受欺负、受凌辱丢了面子的时候，回家对镜子一照，啊！原来面子长在自己脸上，没丢啊？怪了去了！

抱团的，都是向外争面子的，所以抱团总是抱不紧，最后总要内讧，总要散架。为什么？本来人人都是争面子的，都怕丢面子。

做生意，千万不能争面子。争面子，等于承认自己没面子。自己都承认没脸见人，一副害怕鬼敲门的相，一副没自信没信用的相，谁和我们做生意呢？谁能给我们面子呢？不如珍惜自己本来面目，矜而不争，群而不党，周而不比（2.14），和而不同（13.23）。自己的本来面目是什么？自己本来有脸面，有眼睛，有良心，有心眼，这叫本来面目。拿自己的眼睛，看自己的脸面，拿自己的心眼，看自己的良心，就知道自己本来有面目。这样就有自信，有信用。没有才争，有，还争什么？

15.23　子曰："君子不以言举人，不以人废言。"

试译　孔子说："君子不因为一个人话说得好就认为人也好，不因为人不好就认为他的话也一定不好。"

试注　举，推崇，推举。废，废弃，丢弃。

体会　"A liar is not believed when he speaks the truth." 说谎者即使讲真话也没人相信。可见"不以人废言"很难。《吕氏春秋》这么好的书，就因为总编辑吕不韦干了些坏事，历史上没几个人敢大力推荐这本集先秦思想之大成的经典。当然很多人也不是真的因人废言，他们虽然不便把《吕氏春秋》堂而皇之放在书架上，但是他们悄悄翻着看，在被窝里打开手电筒看。

一家戏院正在演戏，不巧后台起火了。小丑心急火燎出来通知观众。大家听了哄堂大笑，齐声鼓掌。小丑急不可耐，再次声明这是真的，绝非玩笑，观众听了更加乐不可支，最后笑得肚子都疼了。结果"羽扇纶巾，谈笑间，剧场灰飞烟灭"。

放牛娃经常大喊狼来了，其实狼一次都没来。后来有一次狼真的来了，放牛娃再怎么喊，捶胸顿足，声嘶力竭，大家再也不信了。

以言举人也是常有的。说漂亮话，长久无法识破，也是因为漂亮话有市场需求，讨人喜欢。我们可能有意无意中爱听漂亮话，我们愿意被人骗，折射出我们心中乐意自我欺骗。当后来"真的"被人骗了，我们就一副老实人受人欺负的样子，一副无辜的样子，可以博得人们同情，而把自己的自我欺骗深深地隐藏起来。

我们还喜欢说生意不好做，人心坏。其实，只要我们不自欺，谁能欺骗我们？

15.24 子贡问曰："有一言而可以终身行之者乎？"子曰："其恕乎！己所不欲，勿施于人。"

试译 子贡问道："有没有一个字可以终生去做的呢？"孔子说："应该是'恕'吧。自己不乐意的，就不要强加于人。"

试注 言，字。恕，宽恕，饶恕，忠恕。

体会 恕字如心。人心如我心，我心如人心。人同此心，将心比心。所以子贡说，我不喜欢人家强加于我，我也不喜欢强加于人。不过孔子听了却摇头，说："赐啊，你还做不到。"（5.12）这里孔子再一次送子贡一个"恕"字，也是送给天下生意人的。子贡是个生意人。

我们经常埋怨假货多，次品多，经常吃亏。那么我们自己做的东西，有没有假？有没有次品？这样一反省，是儒商的心态。埋怨世道，埋怨别人，不是儒商心态。"仁者不忧。"（9.29）儒商是欢迎困难的。困难是锻炼人的，锻炼核心竞争力、核心合作力、核心创造力的。我们也经常埋怨对手狠，对手黑。但是有人发现，虎狼在有修行的禅师面前，都规规矩矩、服服帖帖、和和气气的。老子说："善于养生的，走路遇不到猛虎，打仗不会被刀斧所伤。老虎爪子没处抓他，刀斧没处砍他。为什么？因为不贪生，不怕死，不跟老虎作对，不跟刀斧作对。"（五十章）道士也有练这等功夫的。远在尧舜时代，就有凤凰来仪，百兽起舞，那是令人神往的，生态经济。

15.25 子曰："吾之于人也，谁毁谁誉。如有所誉者，其有所试矣。斯民也，三代之所以直道而行也。"

试译 孔子说："我对人家，诋毁谁？称赞谁？即便是要称赞哪个，也是有所验证的。夏商周三代人，都是这样直来直去。"

试注 于，对于，对待。谁毁，毁谁，诋毁谁。其，那，那是。试，试验，验证，考验。三代，夏、商、周三个朝代。

体会 该讲就讲，不该讲就不讲。该不该，看事实。直接照事实讲，直接照事实不讲。实事求是最难。我们对事实总有修饰，总有添加，总有遗漏，总有割裂，总有联想，总有歪曲，不是直接看到事实，直接陈述事实，直接处理事实。不走直道，总要走歪一点。

批评，赞誉，喜怒哀乐在心里没表达，是"中"，该不讲就不讲。批评，赞誉，喜怒哀乐都表达了，表达得恰如其分，是"和"（《礼记·中庸》），该讲就讲。中和就是直道，就是中庸。中是笔直的，最有用的。一个人中气足，站得笔直，坐得笔直，走得笔直，想得笔直。是什么就是什么，不加一点，不减一点，直接就那样。你看那个美人，尽善尽美，耳垂、眼睛、手指，关怀、体贴，都恰到好处，添一毫嫌多，去一丝嫌少。不能动，不要碰，就直接照这样，自然而然，最好。什么是直？宇宙在哪里都是直的。画个圆也是直的。画圆就直接画圆，绕弯就直接绕弯。大直若圆，大直若曲。直道最圆满，弯道最直捷。

15.26 子曰："吾犹及史之阙文也。有马者借人乘之，今亡无矣夫！"

试译 孔子说："我还可以看到史籍的缺字存疑处。好比有马不会驯养，就先借给会驯养的骑。如今没有这样的人了！"

试注 史，史籍，史官。阙，缺。文，字。

体会 史官要做史记，认字最多。但古代的史官也有不认识的字，各国自造的字，各国的史官也认不全。秦始皇统一文字，也不知道"全部"统一了没有，很可能没有。孔子时代，列国文字还没有统一，史官经常遇到不认识的字，为慎重起见，就空在那里，等高人指点。好比自己有马，但是不会骑，不会驯养，先借给骑士，借给驯马人骑，自己跟着学习，体会，训练。

这个阙，有得一说。孔子家住"阙里"。要整理文化，阙的精神很关键。孔子说："夏礼，我能够讲一讲，只是杞国的不足以验证；殷礼，我能够说一说，只是宋国的不足以验证。原因是典籍和贤人不够。典籍够、贤人够，我就可以验证它们。"（3.9）典籍是死的，贤人是活的，都可以请教，可惜当时都不够。即使文贤够，还是不能盲信。孔子提醒子张"多听，没把握的先存疑，以为有把握的，说话还是要慎重，就会少出错；多看，没把握的先放下，有把握的，做起来还是要谨慎，就会少后悔。"（2.18）还有一个子路，比较敢说，也比较冒失，不懂的也敢说。卫国的君王等着孔子去管理政务，子路就问老师打算先干什么？孔子说："必须先正名！"子路说："有这样做的吗？先生绕弯了吧！怎么正啊？"孔子说："冒失啊，仲由！君子对自己不明白的，会暂且放到一边，不下断语。"（13.3）所以孔子希望子路懂得一个道理：知道就是知道，不知道就是不知道，这才是真的知道。（2.17）

虚怀若谷，空空如也，心如宫阙，身如城阙。

15.27 子曰："巧言乱德。小不忍，则乱大谋。"

试译 孔子说："花言巧语，会搞乱心态。小事忍不了，会坏了大事。"

试注 德，心态，操守。谋，谋略，做事情。

体会 鸡毛蒜皮的小事，天天吵，最后离婚。离了之后，又感到可惜。人家问"怎么离了啊"，自己也讲不出几句道理来。无非是我要吃饺子，他要吃米饭，我要放酱油，他要加醋。清官难断家务事。公司也好比一个家。没凑到一起还好，凑到一起了，天天见面的，脾气癖好都很关键。老是看不顺眼，"惹不起还躲不起吗"，那就没法共事。那好，忍着吧，说点好话，恭维恭维，将就将就。还是不行，"巧言乱德"，不是真话人家听得出来。以前不会说的时候，人家还只是说我鲁莽，如今学乖了，人家反而说我阴险，岂不更糟！忍也不行，说好话也不行，怎么办呢？忽然翻到佛家的《华严经》，讲七地菩萨的"无生法忍"，没有多少体会。好像是说世上本来无事，也就没什么要忍的。

15.28 子曰："众恶（wù）之，必察焉；众好（hào）之，必察焉。"

试译 孔子说："大家讨厌的，一定要考察；大家喜欢的，一定要考察。"

试注 察，考察，检验。

体会 庄子对舆论看得透，说："全世界夸奖我我也不会更高兴些，全世界批评我我也不会更难过些。内心和外界要分开，荣辱要看透，那就可以了。"（《庄子·逍遥游》）

舆论有局限，投票有局限，需要慎重，需要多多考察，多多验证。道理有时候在少数人手里，少数人的权力要多加保护，少数人的意见要多加留意。市场也有舆论，消费者不一定都正确，常常随风倒。不看多数，不看少数，只看事实，只认真理，这很不容易做到。做不到，没把握，不妨效法股神巴菲特，只做自己了解的业务。他在股市上的神通，全在于老实。不了解的股票，再怎么赚钱，人家再怎么看好、再怎么鼓动，都不动心。多闻阙疑（2.18），多多听，不跟风，没把握的先存疑，先研究。有把握的，人家再怎么阻拦、怎么泼冷水，都不改初衷。有决断，不独断；爱怀疑，不狐疑。人心都是偏的，都长在左边。可贵的是一个公心，一个平心，不偏心。公心不只是对别人好，对自己也好。公心是考虑全局考虑大家的，自己那一份也在里面。公就是把一切的私整合在一起。整合不是凑合，不是混合。整合的结果是齐心，万众一心。齐家就是齐心，否则没法齐。所以"公"字下面只有一个"厶"，没有两个厶，三个厶。只有一个大家都能得好处没有坏处的私，关系大家根本利益的私，这个私保留下来，就能繁荣起来。其他的私，破坏别人利益的私，都放弃了。没把握的，公私不明的，先存疑了，办个研究所研究去。一个人公心了，就能顾念大家，大家就爱跟他走，爱帮他进步，爱给他出主意，所以他个人最能得到发展。大家不齐心，各想各的，也只是私心的大杂烩。个人的看法可能出自公心，众人的意见可能出自私心。领导要搞公司方略，征求各部门意见，结果各个部门都从自己部门利益出发，公司总体方略出不来。征求每个人的意见，结果每个人都从个人立场出发，公司总体思路还是没有。公心是领导者的心态，全局心态。谁有公心，谁就是领导。公司领导、家庭领导、部门领导、市场领袖、国家领袖、世界领袖都靠公心，否则名不副实，等着退位等着倒台。谁的公心大，领导的事业就大。修身是领导自己，齐家是领导家庭……领导不一定有名分，有职位。非正式领导也可以，有时候更好。大家都不知道有这位领导，但事情都办成了："太上，不知有之。"（十七章）那是境界，领导于无形，不图领导的名望名分，有公心。不过，对自己有公心，是基础，最重要。对自己有公心，就不要对自己行霸道，不做自己的霸主，不奴役自己，糟践自己。市场领袖和市场霸主也是不一样的。市场霸主是市场垄断者，主要靠核心竞争力，凡事从自己企业的利益出发，你死我活。市场领袖要带领大家发展，主要靠核心合作力，你好我好他也好，竞争是良性的。带领不是跟风，所以要有远见卓识，全局胸怀，社会责任，要敢作敢当。

15.29 子曰："人能弘道，非道弘人。"

试译 孔子说："人能开路走路，不是路开人走人。"

试注 弘，推广，推行，行走，开拓。道，人道，天道，仁道，路。

体会 经营之道，随人而变；"苟非其人，道不虚行。"（《易经·系辞下》）如果不是那号人，《经营之道》、《赚钱秘方》是不会自动起作用的。兵道兵书，《孙子兵法》，不会保证军人打胜仗。是孙武、孙膑打仗，打出了兵法兵道。是人打仗，不是仗打人。是人用兵道，不是兵道用人。是人总结兵法，不是兵法总结人。是人写兵书，不是兵书写人。是人用兵书，不是兵书用人。是人走商道，不是商道走人。大商家吕不韦写了《吕氏春秋》，我们学《吕氏春秋》亏了血本，那不能怪《吕氏春秋》。有人用《论语》赚了大钱，有人用《论语》一贫如洗。《论语》是生意经吗？那要看人，看是谁在学《论语》，用《论语》。子贡是孔子的门生，得意门生，得了生意。可也有人不得生意，死抠文句，死在句子里。会做生意，鸦片是药材，治病的，来财的。不会做生意，鸦片是毒品，蹲监狱的，要命的。

15.30　子曰："过而不改，是谓过矣。"

试译　孔子说："错了不改，这就叫做错。"

试注　过，错。是，这。

体会　做产品，搞服务，总会有错误。没有最好，只有更好，错了就改，改了就好。这种精神，比做广告自吹好。做生意可以不做广告，但可以广征意见，广学十方。广告是说自己好，自己产品好，服务好。好不好，应该消费者说了算，自己说了不算。广学十方，是看到自己差距，希望知过改错。这两件事情，都要花钱，花精力。省下广告费，变成学费，是上策。学习型社会，广告费变成学费，广告部变成学习部，广告部长变成学长，值得尝试。《老子·二十二章》有深刻提示——"曲则全，枉则直，洼则盈，敝则新，少则得，多则惑。是以圣人抱一为天下式。不自见故明；不自是故彰；不自伐故有功；不自矜故长；夫唯不争，故天下莫能与之争。古之所谓'曲则全'者，岂虚言哉！诚，全而归之。"有的商家历来不做广告，完全是靠口碑支撑起来的。消费者成了广告员，而且自觉自愿，不发工资，不支付设计费，不消耗器材，不担心虚假广告官司，这是在外。在内，公司员工永远谦虚谨慎，永远看到差距，永远精益求精，永远拜消费者为师，对错误也看得开，视为正常，视为下一步业务瞄准的目标，视为新的市场机遇，所以天天有希望，时时见商机。A公司的学习部，消费者挤破了门，参与产品设计的，参观产品制造工序流程的，查账的……多了去了。消费者自告奋勇自己掏钱来，A公司广告费省了，消费者还免费挑出这么多毛病，免费提供这么多主意，免费口碑宣传了这么多公司好处。这样亲身经历几年之后，A公司就正式改名为S公司了，改成Study，改成学习公司了。

15.31 子曰："吾尝终日不食，终夜不寝，以思，无益，不如学也。"

试译 孔子说："我曾经整天不吃，整夜不睡，一天到晚想啊想，发现没什么长进，不如学点东西。"

试注 尝，曾经。

体会 这是孔夫子的实验。很多人都有同感。思维就像一张网，一张蛛网，总要有什么撞到上面，才会激动起来。一门心思琢磨，不学点什么，结果什么也琢磨不了，空的，没着落，没着力处。但是有人想问题，或者我们自己有时候想问题，确实可以想好几天，不用学什么，光想，后来想出了办法。黑格尔曾经站在雨中想老半天，一动不动，全身湿透了，没有发觉。那是出灵感的。这可能是生活中遇到很多难题，没明白，产生了疑惑，提出了问题，需要解决，所以集中精神想很久。这是边学边想，学了再想。也可能是苍蝇已经撞到网上了，甚至自己发出气味，引来苍蝇了；甚至自己突发奇想，构思了苍蝇变形金刚，正在网上玩抓苍蝇游戏呢。

遇到难题就学，是学"问"。想了很久还是没有解决，继续学，继续质疑、提问，继续学"问"，继续想，这又循环了。学问学问，先学后问，先问后学，边学边问，边学边想，想了再学，学了再想，不断循环。只是学习，不动脑筋，不质疑，不思考，会糊涂的；光凭自己的脑筋琢磨事儿，不参究别人的思路，不借鉴他人的经历，会栽跟斗——"学而不思则罔，思而不学则殆。"（2.15）搞学习型公司，最好把工作、生活的实际问题和学习结合起来，工作变成学习，学习变成工作，打成一片。在学校读书的，最好参与创业，参与社会实践，参与各种实验。这样一加一，肯定大于二。

15.32　子曰："君子谋道不谋食。耕也，馁在其中矣；学也，禄在其中矣。君子忧道不忧贫。"

试译　孔子说："君子考虑道行问题，不考虑饭碗问题。耕地的不学道，也没饭吃，学道的却有俸禄。君子担心道行不足，不担心钱财不够。"

试注　馁，饥饿。

体会　当今之世，比起工业来，几乎全世界的农业都更需要保护，要多多补贴才能维持。世贸组织谈判，农业问题最难谈成。这和孔夫子的话关系不大，却也不是毫无关系。种地的，很可能没饭吃，最容易没饭吃。其实种地孔夫子他也会，也乐意种，他称颂"禹稷躬稼而有天下"（14.5），很推崇大禹、后稷那样的种地能手，大庄稼人，亲自领导人民种地。种地让大禹成了天下大君王，让后稷成了农师、农官，死后尊为农神。

孔夫子这里讲道啊吃饭啊，可能主要是比较道和器。有道就能做器用器，没有道就没法做器用器。单纯去看，农业工业都是器。单纯去做，都难以做好。因为没有整体考虑，难免相互冲突，相互抵消。道就是路。在农业和工业之间开路，打开通路，就是致富门道。要想富，先修路。这是道，也是理。要谋这个道，这个理。道哪里都有，哪里都可以开道。农业里有农业之道，工业里有工业之道，工业之道和农业之道相通。不通，那不是道。一切产业行业都各有各的道，这些道相互通了才好，联网才好。否则道行不足。孔夫子操心这个，所以他老人家提倡互联网。儒商热衷于网络经济。光是种地，不和工业、商业、服务业、信息业、金融业等等联网，不上信息高速车道，种地的反而饿肚子。所以现代农民上网的劲头很足。上网就是上道，网络也是田地。我们赤脚走在田埂上，田埂就是道。没有田埂，我们下不了田，种不了庄稼。庄稼，比如稻谷麦子，里头也有叶脉啊，那都是道，输送养分的。道无所不在。研究叶脉这个道道，可以增加产量，比如叶面施肥。树叶干了后，剩下叶脉，透明的，像网络一样，其实就是网络。网络经济是天然的。菩提叶子非常漂亮，干了后那些叶脉的网络也很漂亮。印度人经常用来做礼物，送给中国人。

"学也，禄在其中矣。"联合国的报告也有这样的命题，这样的标题——Learning：the treasure within——这是联合国教科文组织21世纪教育委员会1996年的报告。一般人把这个题目翻译为《学习：财富蕴涵其中》，或者《教育：财富蕴涵其中》。如果用孔夫子的话来翻，就是《学也，禄在其中矣》。其中讲的学会共处（learning to live together），学会认知（Learning to know），学会做事（Learning to do），学会做人（Learning to be），都和孔夫子的学道相通。

修道做学问，也不是单单为了求官做、得俸禄。孔子曾经感叹："多年做学问，却始终对俸禄不动心，这个不容易做到。"（8.12）

15.33 子曰："知_智及之，仁不能守之，虽得之，必失之。知_智及之，仁能守之，不庄以莅之，则民不敬。知_智及之，仁能守之，庄以莅之，动之不以礼，未善也。"

试译 孔子说："才华够了，爱心不够，虽然得位，也必定失去。才华够了，爱心够了，办事不严肃，百姓就不会恭敬。才华够了，爱心够了，办事严肃了，举手投足不合礼仪，那还是没完全到位。"

试注 及，抵达，足够。之，位置，职位，官位；朱子认为是"理"。莅，到位，处理，办事。

体会 搞管理，要四种素质：一是才华，二是爱心，三是严肃，四是礼貌。

第一是才华。没有金刚钻，不揽瓷器活。要有手头硬功夫，把家业创起来。家业大了，库房大了，谷米多了，老鼠也多了，尽往自己地洞里挪东西，挪着挪着家业就挪没了。老鼠爱地洞，不爱这份家业。为什么？这不是老鼠的家，是东家的家。东家是大老鼠，我们是小老鼠。这是关键。所以第二讲爱心。才华创业，爱心守业。第三是工作作风，是严肃认真。要严肃认真，不要溺爱。有爱心，不严肃，规章制度没有，有了也不执行，等于没有。都是好好先生。严肃敬业，这是第三。太严肃了，人会拘谨，所以还需礼节和业。"礼之用，和为贵"（1.12），用礼节融洽各方关系，算是尽善尽美了。当然万事总有个度，礼节过分了，也烦。

才华创业，爱心守业，严肃敬业，礼节和业。业换成位，就更合孔夫子原话了：才华得位，爱心守位，严肃敬位，礼节和位——和和美美。

位是大宝贝。各就各位，各守其位，是管理的秘方。靠什么守位？靠爱心——"天地之大德曰生，圣人之大宝曰位。何以守位？曰仁。"（《易经·系辞》）"德薄而位尊"（《易经·系辞》），小人居高位，椅子坐不稳。靠什么敬位？靠严肃——"危者，安其位也。"（《易经·系辞》）在位办事，不能图安逸，要居安思危。最危险的是安于现状，所以"君子安而不忘危"（《易经·系辞》），有忧患意识，做事一丝不苟。靠什么和位？靠礼节——"贵而无位，高而无民，贤人在下位而无辅，是以动而有悔也。"（《易经·系辞》）各就各位，各尽其礼，贵人得位，高官得民，贤人在下位也有人帮他上进，这样就和谐了，否则一动就出问题。

15.34　子曰："君子不可小知而可大受也；小人不可大受而可小知也。"

试译　孔子说："君子不可用什么固定的尺子去衡量，却可以授予大任。小人不可授予大任，却可以用尺子衡量。"

试注　小知，用一定的框框、套路、尺度去了解人。受，授。大受，即受大，授大，授予大任务。

体会　毛主席主张大事清楚些，小事糊涂些。"诸葛一生惟谨慎，吕端大事不糊涂"，是毛主席赞扬叶剑英元帅的。吕端是宋代人。宋太宗想让吕端做宰相。有人说："吕端为人糊涂。"太宗说："吕端小事糊涂，大事不糊涂。"最后还是立吕端为相。吕端什么事情糊涂呢？也许赵普的话说对地方了。赵普做中书令的时候，对吕端有个评价说："我看吕公上朝奏事，得嘉奖赏赐他不欢喜，遇挫折压制他不害怕。也不见他多话，真是台辅之器啊！"有人以为糊涂，大概也包括对毁誉不大在意吧。台辅就是高官，需要大器量，斤斤计较可不行。

小本事也不可轻视。子夏说："即使是小本事，也一定有值得欣赏之处。不过靠小本事做大事可能就施展不开，所以君子不靠小本事吃饭。"（19.4）因为"君子不是个器具"（2.12），不是只会一两种小本事，而是各种大小本事都为君子所用。小本事在君子那里得到活用，得到大用，很多时候是借用别人的。可见小本事不一定小，要看谁在用。那么大本事也不一定大。君子不可测度不可思议，他们可能一副小人样子，我们看不出来，我们会用小人之心度君子之腹。像观世音，可以现三十二相。我们适合见帝王而明白道理，他就现帝王身给我们看。我们适合见叫花子而明白道理，他就现乞丐身给我们看。君子是演员，菩萨是表演大师，演戏教育我们，开发我们的智慧。但是我们如果小肚鸡肠，满眼看见的都是虫子，菩萨心肠我们就搞不懂，大事就做不来，摆个小摊也摇摇晃晃的，一会儿让一阵风给掀翻了，一会儿让一场雨给浇了，回家数钱，总是亏。

15.35　子曰："民之于仁也，甚于水火。水火，吾见蹈而死者矣，未见蹈仁而死者也！"

试译　孔子说："民众对于仁道，比需要水火还急迫。水火，我见过有跳进去送命的，却没见过踩到仁道上死去的。"

试注　蹈，踩，踏，跳进去。

体会　金木水火土，五行，人身的养分，生存的需要。人体主要成分是水，占80%～90%，由肾脏主管。火，人体的温度，由心脏主管。土，食物，由脾脏主管。金，呼吸，由肺脏主管。木，生血液的，解毒的，由肝脏主管。五行配合不好，会得病。人身上五行要配合，身外的五行也要配合，生态环境，太热太冷太干太湿，都有问题。南极北极的冰融化多了，人也要遭难。水火生人，水火无情，都有规律。这里面有个灵魂，就是仁爱。仁者爱人（12.22），有爱心，金木水火土就可以相互协调，良性循环，内外和谐。否则，为了一己之利你死我活，所谓商场如战场，一整套的兵法，机关算尽，会陷入水深火热之中不能自拔，命丧黄泉。"人都说自己聪明，但是像野兽一样被人围猎驱赶到陷阱里，都不知道躲一躲。"（《礼记·中庸》）其实是自己心甘情愿，利令智昏，自投罗网，至死不悟，抛尸商场。与其这样毫无价值、极其可怜地送掉小命，不如为了小家和大家的和和美美，作点贡献，必要的时候，甚至杀身成仁。没见过踩到仁道上死去的吗？敢于杀身成仁的，的确活得美滋滋的。仁者不忧（14.28），敢作敢当，生命价值高，生活质量高，个人理财精。孔夫子说得没错。仁爱很好的，大家都喜欢笑脸。搞服务的懂得这个，就是装也得装笑啊，都想装得像一点。但是将心比心，我们不愿意见到凶神恶煞、青面獠牙的，也不乐意遇到笑面虎，皮笑肉不笑的。己所不欲，勿施于人（12.2），我们既然愿意看到真心喜欢我们的，真心微笑的，人家对我们，自然也是这样的要求。既然大家真心都有这样的要求，就说明市场真正需要的是这个。识时务者为俊杰，了解市场需要的，是明白人。

15.36 子曰："当仁，不让于师。"

试译 孔子说："仁义当前，对老师也不要谦让。"

试注 师，老师。不是师旅，不是众人。

体会 藕益禅师说："见过于师，方堪传授。"见识要比老师高明，老师才能传法给你（《论语点睛》）。这是逼着学生勇猛。仁者必有勇（14.4）。温良恭俭让（1.10），是勇；当仁不让，也是勇。温良恭俭让，当仁不让，都是仁者的大勇。

温和为什么是勇？凶人恶人都胆小，怕人家欺负，所以凶一点；怕吃亏，所以恶一点，都在吓唬人。这是最软弱的。稍微胆大一点的，就温和一些，但笑得勉强，搞不好就变成笑面虎。最大胆的是仁者，不怕吃亏，不怕欺负。你坑他，他和和气气，你损他，他也和和气气。他一身是胆，底气十足。越是胆小的，越是凶。看看庄子说的鹓鹐，凶得很。庄子去看惠子，有人打小报告说："惠子惠子，庄子要来抢你的相位了！"因为那时候惠子在梁国做宰相。惠子一听慌了神，怎么办呢？就集合警察在梁国搜捕了三天三夜。结果还是庄子自己去见惠子，说了个寓言给惠子听。说是南方有一种鸟，名叫凤凰，从南海起飞横绝北海，不是梧桐它不歇脚，不是竹子果实它不吃，不是醴泉它不喝。飞行途中，一只鹞鹰捡到了一只腐烂的老鼠，正想美餐一顿。这时候凤凰恰好从鹞鹰头顶飞过，鹞鹰就伸长脖子、鼓起腮帮、瞪起双眼、张开尖嘴朝凤凰大叫一声："呵！"想把凤凰吓走。庄子说：惠兄，您也想用您的梁国来吓唬我吗？

《庄子》里，这样的寓言还有很多，都戏剧化了生活的真相。上面这个鹞鹰吓唬凤凰的故事，在《庄子·秋水》里。温和是大勇，凤凰有大勇。善良，恭敬，俭朴，谦让，都是大勇。当仁不让，也是大勇。不和鹞鹰"抢"腐鼠，就是仁，就是温良恭俭让。也是不让，不让腐鼠坏了自己胃口，不让鹞鹰脆弱的心灵再受惊吓。

15.37　子曰："君子贞而不谅。"

试译　孔子说："君子一身正气，但不死板。"

试注　贞，正心诚意，至诚至信，深明大义。谅，固执，拘泥小信用。

体会　孔子曾经告诉子贡，不要把管仲看扁了。管仲不是匹夫匹妇守着小信坏了大事的，他识大体，帮助齐桓公一匡天下，老百姓因此都过上了好日子，如今精神文明和物质文明都有进步，连服饰都文明多了，头发不再披散，衣襟也不朝左开了（14.17）。就因为他当初敢活，不怕人家说他怕死，说他背叛公子纠，心里只想着大业，走自己的路，随别人去说。大业是造福大多数人的。忠心耿耿干大事业，矢志不渝，这份忠信，乃是大忠大信，是"贞"。否则，为了个人气节让人称颂，不惜毁掉大事业，让更多人的幸福付诸东流，那是"谅"。一个人要堂堂正正，又不死板，不清高，才是儒商气量。

子路也向孔子问过管仲，师徒问答更为详细。《孔子家语·致思》叙述道：

子路问孔子："管仲为人怎么样？"孔子说："仁义。"

子路说："从前管仲去游说齐襄公，襄公不采纳，说明管仲没有辩才；想立公子纠却没能成功，是没有智慧；自己一家在齐国受苦，面无忧色，是不慈爱；被铐起来锁在囚车里，毫无惭愧之心，是不知羞耻；辅佐自己所射杀的君王，是不坚贞；召忽（shào hū）服侍公子纠失败，自刎而死，管仲服侍公子纠失败，却不敢死，是不忠诚。仁人之道，难道是这样的吗？"

孔子说："管仲游说襄公，襄公不采纳，是襄公糊涂；想立公子纠而没成功，是时机没成熟；自己一家在齐国受苦而面无忧色，是知道变通命运；坐在囚车里毫不惭愧，是自我审判了；辅佐自己射杀的君王，是通权达变；不为公子纠献身，是懂得利弊轻重。公子纠并没有做国君，管仲也没有做臣子，管仲的才华足够担当道义，管仲身陷囹圄不求一死，脱牢而出，建功立业，不可以谴责的。召忽虽然自杀献身，却过于拘泥于仁道，不值得颂扬。"

15.38　子曰："事君，敬其事而后其食。"

试译　孔子说："给君王办事，敬业最要紧，待遇是次要的。"

试注　事，辅佐。食，食禄，俸禄。

体会　给老板打工，首先要敬业，然后再谈报酬。一分耕耘一分收获，"先事后得"（12.21）。应聘的时候，也应该先考虑自己是否胜任工作，能够给招聘机构带来什么好处，然后再考虑自己的待遇。做生意，也是先考虑给客户、用户带来什么好处，然后再考虑企业在其中有多少利润。这是起码的，最低要求，否则就是非分之想了。这基本上是市场通例，人们通常都是这样做的，虽然心里不一定这么想。但是市场为什么推着人们这样去做去想，是值得深思的，不是一点礼貌，一点面子。其实道理也很朴素，就是种瓜得瓜，种豆得豆，没有免费的午餐。

高一点的要求，比如《圣经》里面，耶稣劝导人们要有信仰，要追求正义，追求天国——"所以不要忧虑，说，吃什么？喝什么？穿什么？这都是外邦人所求的。你们需用的这一切东西，你们的天父是知道的。你们要先求他的国和他的义。这些东西都要加给你们了。所以不要为明天忧虑。因为明天自有明天的忧虑。一天的难处一天当就够了。"(《新约·马太福音》)美国的感恩节，多少也包含了这种感恩天父的情结。

15.39　子曰："有教无类。"

试译　孔子说："谁都可以教育，不管什么人。"

试注　类，人的类型，类别。

体会　大学精神，学习型社会，"自天子以至于庶人，一是皆以修身为本。"(《礼记·大学》)谁都需要学习，谁都可以教育。孔子来者不拒，去者不留，生源很杂，各色人等都有。据《荀子·法行》记载，南郭惠子曾经就此问过子贡，讥笑说："夫子的门中为何这么多杂七杂八的弟子啊？"子贡说："君子自己诚意正心，想来的不拒绝，想走的不阻拦。就像好医生门中病人多，好木匠身边弯木多，所以很杂。"

但孔门没有女弟子，可能女子不敢报名。一个企业要是谁都可以教育，这个企业真是太伟大了。

孔夫子曾经说"我不是生来就有知识的"（7.19），看来自认为"学而知之者"。那么"生而知之者"是不是就真的不需要学习了呢？也不是，因为即使圣人，也有不懂的，不会的——"君子之道，广大无边而又精微莫测——普通的男女即便不聪明，也能懂，但是说到最深处，虽然是圣人也有不明白的；普通男女即便能力差的，也做得到，但是做到最难处，虽然是圣人也有做不到的。"（《礼记·中庸》）不过"性相近也，习相远也"（17.2），通过环境、经历的熏染能够改变人的习性。虽然最灵的和最笨的好像不可改变，"惟上智与下愚不移"（17.3），但那可能不是不可移，只是最难移。上智者，信念最坚定，最难动摇。是不是一点都不动摇呢？佛家说，菩萨要修行到七地，才能信念毫不动摇。往高处说，就是十地菩萨也不能说修行圆满，他们还有困惑，还有无明，还有糊涂的地方。那么成佛之后呢？可能需要研究《金刚经》了，佛在《金刚经》

里说：佛不会说自己是佛的，不会说自己有觉悟的。《六祖坛经》也讲"法门无量誓愿学"，就是永远学下去，无穷无尽，没个头。当然，若说佛没觉悟，也不是的。至于下智人，最顽固，最难学好，有时候我们就说气话，你个死鬼啊，真是厕所里的石头又臭又硬啊。气话也不一定真的有气。气话有两种，一种是真的，一种是装的。如来就装气，破口大骂那些恶贯满盈的家伙，说：这些坏家伙，永远没有出头之日的！他们休想成佛！为什么这么说呢？做父母的，遇到一个软硬不吃死活不改的孩子，有时候也会说这种气话，心里并不信。如来佛，自然也不气，只是想气一下这些十恶不赦的家伙，让他们激灵一下，出一身大汗，生起悔过之心。所以如来佛在另外的场合，又说坏透顶的家伙，也可以学好。孔夫子说"那最笨的，永远改不了了"，可能也是在那种场合，该这么说，非得反面激励一下不可，不能老是和颜悦色的。他老人家心里想的，其实还是"不管什么人，都可以教育，有教无类"。所以子路、子贡、子夏啊，脾气躁的、元气弱的、做生意的、做官的，甚至做强盗的颜涿聚，都收为弟子。还有父子同学的，如颜路、颜回、曾点、曾参。"只要他自己带点干肉来，我就教他。"（7.7）先谈待遇，再谈工作，啊，这回不是"先事后得"（12.21），不是"辅佐君王，敬业最要紧，待遇在其次"（15.38）了。笑话说到这里，想起知人、知心、知音，真难啊。"不患人之不己知，患不知人也。"（1.16）

15.40 子曰："道不同，不相为谋。"

试译 孔子说："价值观不同，不要在一起共事。"

试注 道，态度，理想，信念，价值观，做人的原则。

体会 价值观是企业文化的核心。经营之道，90%～99%在价值观里面，甚至100%在价值观里面。价值观不同，实在没法共事。

韦尔奇特别重视价值观，用价值观取舍经理。为了推行"无边界组织"的价值观，他把经理分成四种。第一种，业绩好，价值观符合通用电器的要求。第二种，业绩不好，价值观不符合通用的要求。第三种，业绩不好，价值观符合通用的要求。第四种，业绩好，价值观不符合通用的要求。

如何对待这四种经理呢？第一种好办，重用。第二种也好办，辞退。光是这两种，还是看不出价值观在韦尔奇心中的分量。第三种，看出来了，韦尔奇的态度是给机会。但最后一种最能看出韦尔奇的干部管理特色，他说这种人最令人头痛，因为他业绩好啊，可就是价值观和通用的不合。韦尔奇在这里是选择业绩还是价值观？选择价值观。不是说，你能赚到钱，就不敢动你。一流企业的见地，就是不同，看长远，看大局。道，价值观，态度，是管长远、管大局的。态度决定一切，价值观决定一切，道决定一切。你给通用大把赚钱，但是你霸王作风，强迫大家工作，不是相信人、热爱人、鼓舞人，而是把人当奴隶用，一门心思钻在钱眼里，老子天下第一，员工个个是懒鬼，需要你舞棒子甩棍子抽鞭子。这种态度，完全不是开放的、无边界组织的态度，而是自我封闭、刚愎自用的态度。韦尔奇感到，这种人，已经不是通用人了。通用通用，就是通行无阻，怎么可以专断呢？在通用这个无边界组织里，人人都应该成为主人，大家都要相互开放，相互尊重，相互学习，互通有无，同享智慧、快乐和幸福。所以那种独裁者，必须卷铺盖走人。和这种刚愎自用的人，没法通用，这就是通用的局限性，不通用处。这种人走了后，可能猛醒，通用了，因为辞退是个重大刺激。这就是通用的大道，没局限的。

15.41　子曰："辞达而已矣。"

试译　孔子说："说明白，就行了。"

试注　辞，言辞。

体会　人们发现，《圣经》的语言最朴实，不加修饰，纯出天然，像村里的老乡，像没上过学的娃娃，没读过其他学生的优秀作文、范文，天真得很。《圣经》这么流行，它无比朴素的说话方式，无比的忠厚，是一个大原因。"你们的话，是，就说是，不是，就说不是。若再多说，就是出于那恶者。"（《新约·马太福音》）

15.42 师冕见，及阶，子曰："阶也。"及席，子曰："席也。"皆坐，子告之曰："某在斯，某在斯。"师冕出，子张问曰："与师言之道与欤?"子曰："然，固相师之道也。"

试译 冕乐师来了，走到台阶边，孔子提醒他："这是台阶。"到座席边，孔子提醒说："这是座席。"都坐下了，孔子告诉他："这位是某某，这位是某某。"冕乐师走后，子张问道："跟乐师谈话，就是这种方式吗?"孔子说："是的，本来就是帮助乐师的方式。"

试注 师：乐师，是个盲人，古代乐师大多是盲人。冕：乐师的名字。见，来见孔子。相：帮助。

体会 孔子对盲人十分礼貌。哪怕这位盲人年纪小，孔子也一定恭恭敬敬站起来，"虽少必作。"（9.10）盲有两种，一种肉眼看不见，一种心眼看不见。对心眼看不见的，孔子也是这样，恭恭敬敬，循循善诱，及时点拨。他爱人，菩萨心肠，有教无类。

季氏第十六

16.1 季氏将伐颛臾（zhuān yú）。冉有、季路见于孔子曰："季氏将有事于颛臾。"孔子曰："求，无乃尔是过与欤？夫颛臾，昔者先王以为东蒙主，且在邦域之中矣，是社稷之臣也。何以伐为？"冉有曰："夫子欲之，吾二臣者皆不欲也。"孔子曰："求，周任（rén）有言曰：'陈力就列，不能者止。'危而不持，颠而不扶，则将焉用彼相（xiàng）矣？且尔言过矣，虎兕（sì）出于柙（xiá），龟玉毁于椟（dú）中，是谁之过与欤？"冉有曰："今夫颛臾，固而近于费（bì）郑，今不取，后世必为子孙忧。"孔子曰："求，君子疾夫舍曰欲之而必为之辞。丘也闻，有国有家者，不患寡而患不均，不患贫而患不安。盖均无贫，和无寡，安无倾。夫如是，故远人不服，则修文德以来之；既来之，则安之。今由与求也，相（xiàng）夫子，远人不服，而不能来也；邦分崩离析，而不能守也；而谋动干戈于邦内。吾恐季孙之忧，不在颛臾，而在萧墙之内也。"

试译 季氏要攻打颛臾。冉有、子路去报告孔子说："季氏要对颛臾动武了。"孔子说："冉求啊，这不是你的过失吗？颛臾的祖先，曾经被先王封为东蒙山的主祭，而且疆土早就在我们的国境里面，是我们鲁国的臣属，为什么要去攻打呢？"冉有说："是先生他要去打，我们两位家臣都不愿意打的。"孔子说："冉求啊，周任有句话说，'做事尽职尽责，实在不行就辞职。'遭难了不帮一把，要倒了不扶一把，那还要助手干什么呢？况且你的话也不对啊，猛虎犀牛冲出笼子，龟甲美玉碎在柜里，是谁的失职啊？"冉有说："如今的颛臾，城防坚固，紧靠季氏的费（郑）地，这次不打下来，对往后的子子孙孙一定是个麻烦。"孔子说："冉求！君子最讨厌的，就是嘴上说无所求，却尽找借口。我听说，不管是诸侯国还是大夫家，都不担心财富少而担心分配不公，不担心人口少而担心不安定。大意是说财富分配公平了，就没有穷人；社会和谐了，就不会缺人；人心安定了，就不会翻天。这样做下去，如果远方的人还不是心悦诚服，就自己好好修身养性，把人家吸引过来。吸引过来后，就让他们安居乐业。而如今子路、冉求你们两个辅佐季先生，远方的人不归附，你们却引不来；国家四分五裂，你们也拢不住；心里盘算的竟然是在国内大动干戈。我担心季孙的麻烦不在颛臾，而在鲁君吧。"

试注 颛臾（zhuān yú），鲁国的附属国，在今天山东费县西。求，冉有，冉求。季路，子路。东蒙，蒙山，在山东蒙阴县南部，也叫东山，孔子"登东山而小鲁"，是山东第二高峰，名为"亚岱"；而孔子"登泰山而小天下"，泰山（岱宗）是山东第一高峰。主，主持祭祀的人。夫子，先生，指季氏（季康子），鲁国大夫。周任，人名，周代的一个史官。陈力就列：陈，陈列，摆设，施展；力，能力；就列，就位，尽职。相，帮助，辅助。兕（sì），雌性犀牛。柙（xiá），兽笼。椟（dú），柜子，匣子。费，季氏的采邑，在今山东费县。盖，大概。寡、贫，一般认为应该倒过来，成为贫、寡。均，是公平，不是平均。萧墙，面对国君宫门的小墙，又叫"塞门"、"屏"。臣子走到这里，会肃然起敬；萧通"肃"，萧墙就是肃墙。

体会 如果我们改说"不患贫而患不均，不患寡而患不安"，就更容易发现原文的"不患寡而患不均，不患贫而患不安"，和后文不搭配。后文有"均无贫，和无寡，安无倾"。有人认为，均、贫是对财产而言，寡、安是对人而言，所以说"均无贫，和无寡，安无倾"，前文也该说"不患贫而患不均，不患寡而患不安"，才顺。古人抄书的时候，可能抄错了。

"不患贫而患不均"，好像中国人不图富贵，只求平均主义，所以中国历来穷，于是后来就有宁要社会主义的草，不要资本主义的苗，穷得不像样子。实际上，和当时的外国比较，中国历史上富贵的时候多。富贵靠什么呢？靠正义，靠公平。不正义不公平，有钱也会玩完。又正义又公平，没钱也会创造出来。就是说，"钱"是喜欢正义的，喜欢公平的，"人"是亲近道义的，亲近公正的。均无贫，均不是平均主义，是主张发道义财，只要有道义有公平，就不愁不富贵。和无寡呢，也是主张，只要和平和谐和睦，那就人丁兴旺了。不和，天天打，人都打死了，要人没人，寡；要钱没钱，穷。谋富贵，先谋正义，先谋公平，财富取之有道，不能衣食足了才谈荣辱，仓廪实了才谈礼节。要一开始就谈好，同时来，公平正义就在财富里头，不分家。

季孙氏在鲁国权势很大，横征暴敛，不把鲁君放在眼里。这次想借鲁国国家利益的名义，兼并颛臾，威胁鲁君的权位。那时候冉求、子路都给季孙氏当家臣，想协助季氏动武。于是孔夫子联系实际讲课，最后一语点破。案例教学，管理学案例，这是一个。孔子的学生好多都是官员，商人，光是翻书讲课，嘴上功夫，没劲，不解决实际问题。季氏要打颛臾了，做家臣的学生跑到老师那里请求支持，指导，这就是案例，学而时习之。学生的看法可以随便说，不服就不服，不能压服，要耐心说服。说服一靠理由，二靠事实。事实胜于雄辩，生活胜于课堂。儒学是生活的学问，实践的功夫。如今要开这样的学堂，那一定是非常"超前"，非常"后现代"，非常新颖的"先进文化"。孔夫子随身佩剑，武功高强，又修文德以来之，把子路这样的猛士收为弟子，斯文之力也。否则的话，遇到子路那样一身武艺的，岂不斯文扫地！

16.2 孔子曰："天下有道，则礼乐征伐自天子出；天下无道，则礼乐征伐自诸侯出。自诸侯出，盖十世希^稀不失矣；自大夫出，五世希^稀不失矣；陪臣执国命，三世希^稀不失矣。天下有道，则政不在大夫；天下有道，则庶人不议。"

试译　孔子说："天下走正道，礼乐和军事都由天子管；天下不走正道，礼乐和军事都由诸侯管。天下大事由诸侯管，大概十代就少有不完蛋的；邦国大事由大夫管，传到五代少有不完蛋的；邦国大事由陪臣管，传到三代少有不完蛋的。天下走正道，邦国大权就不会落入大夫手中。天下走正道，老百姓就不会非议政府。"

试注　出，制定方略，发出命令。希，少有。陪臣，大夫的家臣。"孔子曰"，这一章都是"孔子曰"，不是"子曰"，看来编辑换人了。

体会　这一节是讲道理，事实在下面一节。孔子颂扬尧舜无为而治，但是叹息天子大权旁落。他亲眼看到春秋时代政权更替，走马灯似的，传不了几代就完了。可见无为而治，是大权在握之后的升华。大权，起码有礼乐，有军事，有外交。不是天子，不能制定礼乐。不是天子，不能出兵讨伐。这是天下正道。一个企业，它的文化，它的核心业务，公关，也要由高层定。高层没有定力，模棱两可，朝令夕改，说话没人听，下面各行其是，离公司散伙也就差不远了。高层不用说话，不用费劲，下面自动化运行，走的都是正道，都符合公司文化，企业精神，那是无为而治。企业要长寿，就要走正道，传大道。否则，可能富不过三代。

　　大乱也是机遇。文武、商汤也是从诸侯起步的。天下无道，礼乐征伐从诸侯出，从文武商汤出，文武商汤把握了机遇，让礼乐征伐重归大道，成为新天下的新天子。企业破产，新企业的机遇来了。诸侯（部门经理）管企业文化（礼乐）和市场运营（征伐），传到十代的少有，文武少有，商汤少有，百年老店少有。经理经理，是用经典来统理，是用经典讲道理，是用礼乐经典讲礼乐道理。

16.3 孔子曰："禄之去公室五世矣，政逮于大夫四世矣，故夫三桓之子孙微矣。"

试译 孔子说："鲁君失去政权已经五代了，政权落在大夫手中已经四代了，所以三桓的子孙也有气无力了。"

试注 禄，俸禄，官禄。去，离开，停止。公室，国家政权。逮，到达。五世，鲁国的宣公、成公、襄公、昭公、定公五代。四世，鲁国季孙氏文子、武子、平子、桓子四代。三桓，鲁国的仲孙（后来改称孟孙）、叔孙、季孙三位大夫，都出于鲁桓公，所以叫三桓。三桓的子孙后来受陪臣阳货控制，阳货也没风光几天。

体会 上一节讲道理，这一节摆事实。"禄之去公室"，官府管不了官员任免和俸禄予夺，国君失去人事大权。国家大事，一是制定政策，一是任免官员。由官员执行政策，检验政策，讨论政策，完善政策，最后拍板是国君，是总统。

企业大事，一是方略，一是干部，由老板管。方略定了，干部定了，日常事情由干部做去，老板处理例外事情就可以了。

16.4 孔子曰："益者三友，损者三友。友直，友谅，友多闻，益矣。友便辟（pián pì），友善柔，友便（pián）佞，损矣。"

试译 孔子说："好朋友三种，坏朋友三种。结交正直、守信、见多识广的朋友，有好处。结交邪恶、伪善、巧舌如簧的朋友，有坏处。"

试注 益，增益，受益，使人进步。损，减损，损害，使人退步。友，交友，朋友。谅，守信。便辟，邪恶。善柔，伪善。便佞，花言巧语。

体会 性相近，习相远（17.2）。跟什么人，学什么样。近朱者赤，近墨者黑。不细究的话，这些说法都很有道理，案例多得是。但是为什么荷花出淤泥而不染？油落水中而不湿？跟什么人，学什么样，是，但是谁跟谁呢？物以类聚，人以群分。我之所以跟什么人学什么样，是因为我自己身上也有那些东西。"故凡学，非能益也，达天性也。"（《吕氏春秋·尊师》）凡是学习，都不是从外面学到什么，而是开发了天性中本有的东西。"天命之谓性，率性之谓道，修道之谓教。"（《礼记·中庸》）人在一起，总是相互影响，最后看谁影响谁大。"惟上知与下愚不移。"（17.3）自己一点不受影响，专门影响别人，那也许是佛，是圣人，要么就是疯子，植物人。但是上智下愚，说到底，还是受影响的，还是可以改变的。问题是受什么影响，如何改变。"圣人无常心，以百姓心为心。"（四十九章）是老子受百姓影响，心系天下。"以一切众生病，是故我病。"（《维摩诘所说经》）是维摩诘居士无缘大慈，同体大悲，感同身受。"易，无思也，无为也，寂然不动，感而遂通天下之故。"（《易经·系辞》）也是圣人情怀，时刻把百姓的希望放在心上。这些人，交一些坏朋友，坏朋友都跟着他们学好。《吕氏春秋·尊师》举例说——子张，鲁国的小人，跟着孔子学好；颜涿聚，梁父地方的大强盗，跟着孔子学好；段木干，晋国的大掮客，跟着子夏学好；高何、县子石，齐国的大恶棍，跟着墨子学好；索卢参，东方的大骗子，跟着禽滑黎学好。

16.5　孔子曰："益者三乐，损者三乐。乐节礼乐（yuè），乐道人之善，乐多贤友，益矣。乐骄乐，乐佚游，乐宴乐，损矣。"

试译　孔子说："三种快乐有好处，三种快乐有害处。乐意用礼乐调理自己，乐意称赞别人的优点，乐意结交贤德之士，有好处。乐意目空一切，乐意游手好闲，乐意大吃大喝，有害处。"

试注　节，调节。

体会　人都求个快乐。快乐和快乐不一样：有的快乐，昙花一现；有的快乐，久则生厌；有的快乐，乐极生悲；有的快乐，多多益善；有的快乐，历久弥新；有的快乐，靠外面刺激；有的快乐，油然而生。

谈生意，好啊，先洗脚，请。先用便饭，请。先按摩，请。先抽支那个，请。先给回扣，请……都很刺激。前头熏块大肉，把我往兽笼里引，我一直很快乐，一溜烟儿往里冲啊，铆足了劲儿。前头放盘臭鸡蛋，好香啊，嗡嗡嗡嗡苍蝇国大王我今天美餐一顿了。

16.6　孔子曰："侍于君子有三愆（qiān）：言未及之而言谓之躁，言及之而不言谓之隐，未见颜色而言谓之瞽。"

试译　孔子说："陪君子说话，有三种过失要注意：话题还没谈到的，就先说了，叫做急躁；话题已经谈到了，却不说，叫做隐瞒；不注意脸色，张口就说，叫做盲目。"

试注　愆，过失。瞽，目盲。

体会　这是陪君子说话，君子是引导话题的，陪伴是配合的，身份要清楚。如果自己是话题引导者，那就要善于引出话题，引申话题，结束话题，转移话题，那身份就不同了。

陪人说话，第一种过失，有抢话头的，出风头的，沉不住气的，多种情况。我们有时候心里只想着自己的话题，别人说什么听不进去。别人说东，我们说西，抢着说，不看谈话的主人是谁。一场谈话，定位是最重要的，谁是主人，谁是配合的，陪伴的，必须搞清楚。如果没有主人，那就随便些。

第二种过失相反，让人起疑心，不放心。觉得我这个人不爽快，有什么事情要瞒着。君子呢，当然不会再深入谈下去，但也不会责怪我吧，可能会在适当时候提醒我注意。孔子这里一定在提醒谁，可惜我们不知道。就当做提醒我吧。

一个急着说，一个隐瞒不说，取中道很不容易。于是谨小慎微，左顾右盼，话到嘴边又吞回去，说了一半又打住。这就犯了"第四种"过失，游移。和第三种过失相反，和盲目相反，盲目是不看脸色，游移是太看脸色了。太看脸色了，诚惶诚恐，察言观色，没有定力，也很累。与其这样，还不如放开些，说错几句也没关系，君子不会见怪的，会给我指出来的。指出来，我就改。陪君子说话是愉快的，能学到东西的。陪君子说话，是可以定住的，就定在一个"学"字上。那么礼貌有了，胆量也有了。

16.7 孔子曰："君子有三戒：少之时，血气未定，戒之在色；及其壮也，血气方刚，戒之在斗；及其老也，血气既衰，戒之在得。"

试译 孔子说："君子有三点要避免：少年时代，血气未定，要避免迷恋情色；到了壮年，血气方刚，要避免争强好胜；等到老了，血气衰弱了，要避免倚老卖老，什么都伸手要。"

试注 色，情色，情欲。戒，警戒，戒备，应避免。得，占有。

体会 人生每个阶段，各有各的主调。第一个阶段，少年维特之烦恼，柔情如水，佳期如梦，金风玉露一相逢，就唱情歌。第二个阶段，壮怀激烈，英雄不问出处，该出手时就出手，奏军队进行曲。第三个阶段，廉颇老矣，尚能饭否？快上酸菜，哼几句老歌。都很好。

孔子提醒的，是不要过分了。"关关雎鸠，在河之州；窈窕淑女，君子好述。"孔夫子整理《诗经》，第一首就是情歌。

16.8 孔子曰："君子有三畏：畏天命，畏大人，畏圣人之言。小人不知天命而不畏也，狎大人，侮圣人之言。"

试译 孔子说："君子有三点敬畏：敬畏天命，敬畏大人，敬畏圣人的话。小人不知天命，所以不敬畏天命，戏弄大人，轻视圣人的话。"

试注 大人，大德，伟人，圣人，长者，好官。狎，戏弄，侮辱。侮，轻视，不敬重。

体会 戏弄，轻视，都是不敬不畏。为什么不敬畏？因为不明白真相。所以耶稣原谅那些给他钉十字架的，说："父啊，赦免他们。因为他们所作的，他们不晓得。"（《新约·路加福音》）"伟人也是人，英雄也是人"，这是我经常给自己宽心的话。发现伟人的缺点，英雄的弱点，是我的乐事。我欢喜：啊，原来和我一样，差不多。庸人眼中无英雄，我习惯了用小人之心度君子之腹。但是圣人眼中，人人都有佛性，人人都有良知、明德，"自天子以至于庶人，一是皆以修身为本"（《礼记·大学》），都可以学好，"人皆可以为尧舜"（《孟子·告子下》），强将手下无弱兵，兵熊熊一人，将熊熊一窝，所以"万方有罪，罪在我身……百姓有过，在我一人"（20.1）。圣人不小看小人，他们自己也是从小长大的。受小人戏弄，是长大成人的必修课，必须感恩小人，为他们祈祷。

耶稣也遭到小人的戏弄。《新约·马太福音》说：

巡抚的兵就把耶稣带进衙门，叫全营的兵都聚集在他那里。他们给他脱了衣服，穿上一件朱红色袍子。用荆棘编作冠冕，戴在他头上，拿一根苇子放在他右手里。跪在他面前戏弄他说，恭喜犹太人的王啊。又吐唾沫在他脸上，拿苇子打他的头。戏弄完了，就给他脱了袍子，仍穿上他自己的衣服，带他出去，要钉十字架。……兵丁拿苦胆调和的酒，给耶稣喝。他尝了，就不肯喝。他们既将他钉在十字架上，就拈阄分他的衣服。又坐在那里看守他。在他头以上，安一个牌子，写着他的罪状，说，这是犹太人的王耶稣。当时，有两个强盗，和他同钉十字架，一个在右边，一个在左边。从那里经过的人，讥诮他，摇着头说，你这拆毁圣殿，三日又建造起来的，可以救自己吧。你如果是神的儿子，就从十字架上下来吧。祭司长和文士并长老，也是这样戏弄他，说，他救了别人，不能救自己。他是以色列的王，现在可以从十字架上下来，我们就信他。他倚靠神，神若喜悦他，现在可以救他。因为他曾说，我是神的儿子。那和他同钉的强盗，也是这样的讥诮他。

16.9　孔子曰："生而知之者，上也；学而知之者，次也；困而学之，又其次也；困而不学，民斯为下矣。"

试译　孔子说："天生就知道的，属于上等；学了才知道的，次一等；遇到困难才学习，又次一等；遇到困难还是不学，这种人就等而下之了。"

试注　民，人。

体会　四种人，孔子已经分开了。现在可以看看每个人本身，是否也可能有这四种情况。让我们假定：有，四种情况在每个人身上都有。

生而知之——人人都有天生知道的东西，生而知之，每个人都有份，都理解一点，一点阳明，一点明德，一点良知，知冷知热，知饱知饿，多少知道一点，否则活不成。学了才知道的，虽然也多，但是经常和生来就知道的难解难分。再说天生和后天，要看我们如何定义。把"天生"定义在受精，还是分娩？身体的智慧，不可思议。那么小个娃娃，刚生下来，就知道哭，知道找奶吃，知道拉屎撒尿，腿脚乱蹬。肠胃也知道消化，知道吸收，自动化工作，像个熟练工。但是受精的时候，小东西也有很多知识，至少知道细胞分裂，那个本事极大，我们老来也学不会，人家天生的。

学而知之——凭靠这些天生的本事，我们可能乐于学习，乐于探索，明白更多的事情。小孩子喜欢玩游戏，就是最初的乐学。他们大量的知识从游戏中来。子曰：学而时习之，不亦说乎（1.1）。孔夫子一辈子喜欢学习，"发愤忘食，乐以忘忧，不知老之将至"（7.18）。老子更是乐于练习"复归于婴儿"（二十八章）的本事。这两个老顽童，小家伙，小东西，小人儿。

困而学之——刚生下来，嘴巴不会喊，护士"啪"一巴掌，小家伙"哇"的一声叫了。几秒钟学会喊叫，学会哭，靠这一巴掌。妈妈不敢的，护士敢。医生护士常常比母亲还伟大，敢设置困境。西天取经，天字第一号留学生，玄奘大师，就是困而学之的典范。他琢磨一些问题，老是琢磨不透：人本来有佛性吗？心性本净吗？人人的佛性都完全一样吗？众生的佛性和如来的佛性一样吗？具备同样的圆满功德吗？琢磨不透，就下定决心，到天竺取经去。结果学得比天竺人还好，回国创办了法相宗，成为第一大翻译家。一路上的艰难险阻，在《西游记》里，成了诸佛菩萨设计好的课程，考卷。这种写法很精辟，鼓励我们困而学之，甚至主动学习，迎接考试，迎接考验，挑战自我。

困而不学——人生遇到的困难多了去了，有些东西，可能打死也不学的。你要我学，我宁可跳楼。少年毛泽东对绘画不感兴趣，随便画个圈就叫做鸡蛋，交了考卷。他曾用李白的诗给自己的绘画试卷命题：半壁见海日。诗画同源，毛泽东喜欢诗歌，应该喜欢图画吧？喜欢。但是喜欢欣赏，不一定喜欢动手去画。所以他就一笔画条横线，一笔画个半圆，对付了这次考试。不及格。还有一些课程，比如数学、自然科学也经常对付了事。困而不学，等而下之的，毛主席有，我们也有。君子有所为有所不为。不过毛主席后来发奋补习了自然科学，还鼓励、安排他的卫士们学习这些学科。可见今天困而不学，明天可能困而学之。这辈子困而不学，下辈子可能困而学之，甚至乐学不厌，法门无量誓愿学，不遇到困难也学，像玩游戏一样，上瘾。不过困而不学，还有一解：打死我也不学坏。这种人是猛士，属于上等。

16.10 孔子曰："君子有九思：视思明，听思聪，色思温，貌思恭，言思忠，事思敬，疑思问，忿思难，见得思义。"

试译 孔子说："君子有九个问题要想到：一看，就想到要看清楚；一听，就想到要听真切；一动脸色，就想到要温和；一举手一投足，就想到要谦恭；一开口，就想到要实话实说；一做事，就想到要敬业；一有疑惑，就想到虚心请教；一冲动，就想到后患无穷；一见到名利，就想到道义在我心中。"

试注 思，想到，明明白白意识到。得，获得，占有，名利。

体会 这是一套极好的老板行为修炼方法，员工行为训练方法，围棋九段。比如"疑思问"，老板想不明白的，去问员工，问顾客，问下属，问孩子，问教授，问行家，问市场，问天地，问圣人，问自心，问良心。问多了，各方都得到尊重，是礼；各方的智慧都喷涌出来，是智；自己的面子也敢于放下来，是勇。

16.11 孔子曰："见善如不及，见不善如探汤。吾见其人矣，吾闻其语矣。隐居以求其志，行义以达其道。吾闻其语矣，未见其人也。"

试译 孔子说："见到好榜样，好像唯恐追不上；见到坏样子，好像害怕把手伸进开水里——我见过这种人，也听过这种话。隐居起来磨砺意志、厘清思路，依靠道义推行主张、造福天下——我听过这种话，却没见过这种人。"

试注 汤，开水。求，追求。志，心志，理想。

体会 第二种人很像夫子自道。这种人可以隐居，也可以显达，说起来容易，做起来就难了。抛开杂务，隐居起来，锤炼内功，领悟商道，这样做的，有号称经营之神的松下幸之助。每到大事临头，他总要把自己关在禅房里，拿一个草垫，专心打坐。一旦开悟，就拿出来实施。2000年，松下总裁换成中村邦夫，不想他也有这种习惯。每当公司遇到重大问题需要个人定夺时，他就走到京都的寺院里，在一块空地上找一个草垫子，坐下来禅定，等待灵感的到来。

上帝创世，工作六天，第七天休息，安息。后来犹太教、基督教都有安息日，可能在周五日落之后到周六日落，或者在周日。安息日不能工作，可以行善，学习，祈祷。安息日摆脱俗务，提升精神境界，类似于隐居。

16.12 齐景公有马千驷，死之日，民无德而称焉。伯夷、叔齐饿于首阳之下，民到于今称之。其斯之谓与欤？

试译 齐景公有马四千匹，到死那天，老百姓没有谁说他好的。伯夷、叔齐在首阳山下挨饿，老百姓至今都夸他好。就是说的这个吧。

试注 驷，四匹马，四匹马拉的一驾车。齐景公，姓姜，名杵臼，灵公的儿子，庄公的弟弟；在位五十八年，谥号景公。

体会 这一节最后一句历来不好解释，好像和前文接不上。

孔子去拜访齐景公，景公请教一番后很高兴，就想把孔子安排到一个富庶的采邑供养起来。孔子坚决推辞了，回来对弟子说："我听说君子有功才受赏。今天我只是向齐君提了建议，齐君还没有采纳实施，就赏赐采邑给我，对我也太不了解了。"于是赶紧离开了齐国。（《孔子家语·六本》）景公后来还是没采用孔子的主意。

伯夷、叔齐在首阳山挨饿还是饿死？这里只是说挨饿。而且没有"子曰"，不知是否孔子所言。一种说法是——伯夷、叔齐是殷代孤竹君的儿子，兄弟相互谦让国君的位置，隐居到首阳山。到周武王伐纣，伯夷、叔齐拦住武王的战马力谏，说臣下不可以攻打君王。武王左右想杀掉他们，被姜太公劝住，放伯夷、叔齐走了。武王伐纣成功，建立周朝之后，伯夷、叔齐感到莫大的耻辱，就不吃周朝的东西，跑到首阳山采野豌豆吃。后来有人说：这野豌豆也是周家所有的啊。伯夷、叔齐听了，野豌豆也不吃了，绝食七天饿死。气节可嘉。

邓新文博士赞同朱熹《论语集注》这个地方的注解。朱子认为要把12.10那节的"成不以富，亦只以异"调到这里来，调到"其斯之谓与"前面，这样就通顺了。

看来，孔子不接受景公给的采邑，伯夷叔齐不吃周家的野豌豆，都是一种气节，卓异的气节。和老百姓一样，富裕没法让他们动心，看重的是气节卓异："成不以富，亦只以异。"《诗经·小雅·鸿雁之什·我行其野》朱子认为，这句话用到这里，很贴切。那么，这句就要改为：齐景公有马千驷，死之日，民无德而称焉。伯夷、叔齐饿于首阳之下，民到于今称之。孔子曰："'成不以富，亦只以异。'其斯之谓与（欤）？"这样，本节的缺口就补上了。这个补丁究竟如何？不知道。看是好看，是不是原来那块布？不知道。

翻译出来就是——齐景公有马四千匹，到死那天，老百姓没有谁说他好的。伯夷、叔齐在首阳山下挨饿，老百姓至今都夸他们好。孔子说："'真的不看富，只看气节高。'就是说的这个吧。"

这样——12.10 子张问崇德辨惑。子曰："主忠信，徙义，崇德也。爱之欲其生，恶之欲其死。既欲其生，又欲其死，是惑也。'诚不以富，亦只以异。'"——那节的最后八个字就要切掉，补到16.12这一节来。这样一动，可见孔子在化用《诗经》。熟能生巧，《诗经》倒背如流，神用无方，和背得《诗经》三百首却办不成一件事情的、死在句下的，大不一样。难怪孔子说："《诗》背得三百首，给他一个国家却治理不了，派他出国也不能完成使命，背那么多，有什么用？"（13.5）

16.13　陈亢（gāng）问于伯鱼曰："子亦有异闻乎？"对曰："未也。尝独立，鲤趋而过庭，曰：'学诗乎？'对曰：'未也。''不学诗，无以言。'鲤退而学诗。他日又独立，鲤趋而过庭，曰：'学礼乎？'对曰：'未也。''不学礼，无以立。'鲤退而学礼。闻斯二者。"陈亢退而喜曰："问一得三，闻诗、闻礼，又闻君子之远其子也。"

试译　陈亢问伯鱼，说："您也曾得到什么秘传吗？"伯鱼回答说："没有。有一次，老师一个人站在庭中，鲤快步走过去，老师就问：'学《诗》了吗？'鲤回答说：'没有。'老师说：'不学《诗》，就不会说话。'鲤回去就赶紧学《诗》。有一天老师又独自站在庭中，鲤快步走过去，老师又问：'学《礼》了吗？'鲤回答说：'没有。'老师说：'不学《礼》，就没法立脚。'鲤回去就赶紧学《礼》。鲤听到的教导是这两句。"陈亢回去后心中很欢喜，说："问他一句，竟得到三个道理：知道要学《诗》，知道要学《礼》，知道君子教育子女时要保持一点距离。"

试注 陈亢，陈子禽，陈国人，字子禽，也字子亢，孔子的弟子，比孔子小40岁。曰，师曰，夫子曰。鲤，孔子的儿子伯鱼，字鲤。趋，快步走上前去，表示对面前的长者、师长有礼貌，看看有什么吩咐，有什么需要照料。远，离开一点距离，不让父子关系妨碍师生关系。立：站立，立身行世。

体会 《汉书·艺文志》称：古时候诸侯卿大夫在外交场合，总是温文尔雅，相互揖让，引用《诗》中的句子表达态度，以便区分人的贤与不肖，观察一国的盛与衰。所以孔子说"不学《诗》，无以言"。春秋之后，周道周礼衰落了，列国诸侯不懂《诗》的越来越多，学《诗》的都散落在布衣中了。

孔鲤，孔伯鱼，是孔子的儿子。父子关系加师生关系，怎么处理？这个曰，是老师曰，还是父亲曰？原文没有主语，只说"曰"。根据后文的"远"字，君子远其子，君子教育子女的时候，要远一点，不要还是在家里那样亲密，要和其他同学一样，在学堂维持师生关系。入门问禁，家门、校门、厂门、店门，各有各的禁忌。在学校里，忌讳把家庭关系掺和进来。回到家里，忌讳把上下级关系、师生关系掺和进来。各有各的一套礼仪。孔鲤很懂得礼貌的，在学校看见家父或老师，快步走过去，听候吩咐。那么这个曰，可能理解为"师曰"为好，"父曰"就过分亲密了，不符合"远其子"的做法。孔门师生其实也很亲密的，孔子讲学，弟子们和孔子关系很融洽，这在《论语》中有多处描写。那么这里所谓"远"，不是师生关系疏远了，而是疏远了父子关系，转为亲密的师生关系。没学《礼》之前，孔鲤已经懂得"趋而过庭"这样的礼节，生活本身教会了他。所以师父一点就透，马上自学礼仪去了。"君子求诸己，小人求诸人。"（15.21）学习是学生自己的事情，孔门不搞满堂灌。孔子喜欢"独立"，别人来问，才发表"宣言"，孔子这里发表了两篇"独立宣言"。

16.14　邦君之妻，君称之曰夫人，夫人自称曰小童；邦人称之曰君夫人，称诸异邦曰寡小君；异邦人称之亦曰君夫人。

试译　诸侯的妻子，国君尊称她为"夫人"，夫人自己谦称"小童"。本国人尊称她为"君夫人"，本国人对外国则谦称她"寡小君"。外国人称呼她，也是尊称"君夫人"。

试注　"称诸异邦曰"，也可以解释为"对诸异邦自称之为"，即对外国君王她就自称"寡小君"。参考《礼记·曲礼下》：诸侯的配偶在天子面前自称"老妇"，在其他诸侯面前自称"寡小君"，在自己国君面前，自称"小童"。

体会　先是国君夫人对其他诸侯自称"寡小君"，后来本国人对外国人也这样谦称自己的国君夫人为"寡小君"。

现在，夫人的称呼比较普及了，但还是非常雅敬的称呼，自己可以说"我夫人"，别人也可以直呼她"夫人"。现代总统夫人，大家称为第一夫人，好比中国古代的"君夫人"。诸侯王也自称"寡人"、"孤"、"不谷"，都是自谦。称妻子为"老婆"，有民间味道。"我家那口子"，没有性别区分，也亲切。"孩子他妈"，借着孩子称呼，迂回一下，不好意思，"孩子他爸"也一样。"爱人"，比较现代，也没有性别区分，在中国大陆，体现男女平等，以爱情为基础的婚姻。"内人"，女主内，和"外人"对称，外人就是自己的丈夫，体现古代家庭的性别角色。"老板"、"领导"，中国大陆的丈夫对妻子这么称呼，20世纪末21世纪初开始流行。从前国君的妻子自称小童，从前国君称自己妻子为夫人。夫人夫人，丈夫的人，归属于丈夫的那个女人，比得上老板，比得上领导吗？

阳货第十七

17.1　阳货欲见孔子，孔子不见，归（kuì）馈孔子豚。孔子时（sì）伺其亡也，而往拜之。遇诸涂途。谓孔子曰："来！予与尔言。"曰："怀其宝而迷其邦，可谓仁乎？"曰："不可！""好从事而亟失时，可谓知智乎？"曰："不可！""日月逝矣，岁不我与（yǔ）。"孔子曰："诺，吾将仕矣。"

试译　阳货希望孔子去拜访他，孔子不去，阳货就送给孔子一只小猪。孔子趁阳货不在家的时候前往拜谢，不巧在路上相遇了。阳货对孔子说："过来，我有话对你说。"就开口问道："怀里藏着宝器，却不亮出来给国家指点迷津，可以说是爱国吗？"说完就自己答道："不可以！"接着又问："一心想做大事却一再错失良机，可以叫做聪明吗？"说完又自己答道："不可以！"接着又说："日子一天天过去，年岁不等人啊！"孔子说："好的，我要出来做官了。"

试注　阳货，也叫阳虎，鲁国大夫季氏的陪臣（家臣）。豚，小猪，据说阳虎送的是煮熟了的小猪。时，伺机。归，馈赠。涂，途。予，我。"岁不我与"，岁不与我，岁不给我，年岁过去了老天就不再送回给我；与，也有翻译为"等待"的，年岁不等人啊。亟（qì），多次。

体会　这里最后才是"孔子曰"，看来前面都像是阳货曰。

阳虎长得像孔子，他们有缘。《史记·孔子世家》说，孔子早年吃过阳货的闭门羹，现在阳货请他，他也不去，隐隐有一种"天道好还"的轮回。当年孔子风华正茂，不到十七岁，遇上季氏设宴招待鲁国士人，孔子也去了。不想被季氏的家臣阳虎拦住，说："季氏宴请士人，可不敢招待先生您啊！"孔子只好往回走。

多年后，季桓子的宠臣仲梁怀，跟阳虎不和。阳虎想赶走仲梁怀，被季氏的管家公孙不狃（niǔ）制止了。到了秋天，仲梁怀更加不可一世，阳虎就把他抓起来。季桓子大光其火，阳虎就把桓子也关起来。桓子只好和阳虎结盟联手，阳虎就把桓子放了。由此阳虎就更加不把季氏放在眼里了。季氏干预鲁国朝政，让阳虎之类的陪臣掌握国家大权，鲁国大夫以下的人都胡作非为，孔子对鲁国朝政很失望，就离开政界，专心修订礼乐诗书，培养弟子，各国都有来求学的。阳虎这样子，还想鼓动孔夫子出来当官。孔夫子看不下去，惹不起总躲得起吧，"好吧好吧，我要当官去了。"不想和阳虎啰唆。孔子五十知天命，这时候也快五十了，看得比较准。阳虎后来果然不妙。鲁定公八年（公元前502），公孙不狃失去季氏宠信，转而伙同阳虎造反，想废掉季孙、叔孙、孟孙这三桓的嫡系长子，改立阳虎平素喜欢的庶子。于是就把季桓子抓起来。桓子用计逃脱。定公九年（公元前501），阳虎捣乱失败，逃到齐国。这一年，孔子五十岁。（《史记·孔子世家》）

17.2 子曰："性相近也，习相远也。"

试译 孔子说："人的天性是接近的，后天习性却拉开了距离。"

试注 性，天性。习，习惯，习性，习染。

体会 看孔子和阳货，样子长得很像。然而性相近也，习相远也，渐渐分化，可能话不投机。生物界这种情况是普遍的，人也不例外。

人越小，差别越小。怀孕的时候，开始看不出生男生女，就是第一性征还没有出现。大概到12周，外生殖器开始出现，才可以分辨男孩女孩。再往前推，胎儿还可能有"尾巴"，有"毛"，整个形象还不大像人，倒是跟动物更接近，更像鱼啊虾啊，然后是像兔像猴。后来"尾巴"消失，胎儿越来越像个"人"。出生以后，不看外生殖器，还是难以分辨男女，模样、嗓音都没有性别差异，外人一见面，还要问："男孩女孩啊？""公子还是千金啊？"因为一眼看不出来。到了青春期，第二性征发育，男的长胡须，喉结突出来，声音变粗，女的长乳房，声音变细。生理解剖上的这些异同、变化，和环境、习染也有关系。有些地方的水土缺乏某些微量元素，人体发育就会出现畸形，引起各种疾病，习性也随之变化。天性习性除了自然环境的影响，还有社会环境、家庭环境、校园环境等等的影响。

校园也是体现"性相近，习相远"的。到幼儿园，学的科目比较全，比较齐，同学们之间的差别很小。老师家长一般也不提倡过早偏科，鼓励全面发展，甚至均衡发展。这是符合幼儿发展需要的。到小学，差别大一点了，在城市里，课外的特长班也比较流行，得到认可。中学生个性差异进一步发展，为日后考哪种专业、从事哪种行业做准备了。尤其高中生，个人差异的发展进入了自我设计阶段，以后考什么专业，就业做什么工作，非常重视。但是比起大学来，中学的科目还是很趋同的，国家规定的学习内容占绝大部分。大学就不同，这所大学以理工见长，那所大学以文科显优……甚至理工大学里面，有的大学是原子物理、汽车制造最具特色，有的却是船舶制造、软件编程引领潮流。不过，就大学本身来讲，它仍然体现"性相近，习相远"的发展轨迹，大一大二偏重基础课，大三大四偏重专业课。再往后，硕士生又比大学生更专，博士生又比硕士生更专。脾性、气质、学养、人格，都有这样的发展趋势。天性和习染相互作用相互渗透，在比较接近的天性中，某些天性得到环境的诱导、鼓励、扶助、激发，步步壮大起来；某些天性受到环境的打压、抑制、围堵、冷遇，慢慢潜伏下来，隐居起来。习性也就多姿多彩了。企业对人才也有这样的培养方式，新人进来，先让他们熟悉企业的各个部门，到处看一看，试一试，慢慢定下往后的岗位。也不是完全走直线，过几年还可能来一个岗位轮换，原路返回。时时注意返回天性，复归于婴儿，那是年轻的标志。但是"性相近"，不是性相同，天性本来就有个人差异，加上习染的强化弱化，甚至可能上智下愚，难以改变——

17.3　子曰："唯上知智与下愚不移。"

试译　只有上等的智者和下等的愚人不可改变。

试注　知，智者。愚，愚人。

体会　孔夫子"有教无类"（15.39），谁都可以教育，谁都可以学好。"下愚不移"，只是某个场合的方便话。好比如来佛在《金刚经》中说："所谓凡夫，也就不是凡夫，所以名叫凡夫。"为什么也不是凡夫呢？因为他也有佛性，跟圣人一样，人人都有佛性。正如孔子说的："最笨的人，也可以学习。但是到了最高处，就是圣人也有不懂的。天地这么大，人却还不满足。所以君子说一个大的，天下没有什么东西能够装下它；说一个小的，天下没有什么东西能够钻破它。"（《礼记·中庸》）可见最聪明的，上等智慧的，也还要继续学习，还可以改变。所以有的大佛，就变作菩萨，变作普贤菩萨，天天力争上游，学个不停。这样学习下去，就是虚空界尽了，众生界尽了，众生业尽了，众生烦恼尽了，我这样跟随佛陀学习，还是没有穷尽，念念相续，没有间断，勇猛精进，不知疲倦。

性相近也，习相远也。习性相差太远了，有可能重新走近来。天才和疯子只差一步，神仙和呆子都不动脑子。大智若愚，上等的智者看起来很蠢，像个愚公，但是移山填海，这么大的事业，惊天动地的伟业，要靠愚公。靠愚公也就是靠神仙。神仙是愚公，愚公是神仙，他们移来移去，我们的肉眼看不见。愚公移山，哑巴开口，铁树开花，狼孩说话，都有可能。愚公移山，移风易俗，是很难，所以黄帝尧舜也没有什么好计策，只好请教大家"怎么办怎么办"。大家就一起出主意，三个臭皮匠，胜过一个诸葛亮。一群傻瓜，胜过一个聪明人。一个愚公，带着一家子愚婆愚子，胜过一个智叟。像尧舜这样上等的智者，知道自己没有什么智慧，相信群众是真正的英雄，凡事都请教众人"如之奈何如之奈何"。没有比这更蠢的了，这种愚蠢是不可改变的了。没有比这更神的了，这种智慧是不可改变的了。天天过愚人节，真正聪明人的节日。蠢人去请教智者："我真的不可救药了吗？"智者斩钉截铁，大喝一声："只有上等的智者和下等的愚人永远不可改变！"呆子听了不禁浑身一抖，恍然大悟。

一阐提不能成佛，阿罗汉名为无学。佛经上也有这话。

一阐提可以成佛，阿罗汉还要学习。佛经上还有这话。

只知道移就是移，不知道不移就是移，只知道神就是神，不知道不神就是神，那是不是愚了点？只知道不移是不移，不神是不神，不知道移就是不移，不知道神就是不神，是不是蠢了点？愚公办成了那么大的事，智叟是不明白的。不移，智叟不移。智叟太聪明了，就傻了，移了。

17.4 子之武城，闻弦歌之声。夫子莞尔而笑，曰："割鸡焉用牛刀？"子游对曰："昔者偃也闻诸夫子曰：'君子学道则爱人，小人学道则易使也。'"子曰："二三子！偃之言是也。前言戏之耳。"

试译 孔子到武城，听到传来弹琴唱歌的声音，就莞尔一笑，说："杀鸡哪里用得着牛刀？"子游回答说："起先言偃听老师说过：'君子学道就爱护人，小人学道就好管理。'"孔子说："同学们！言偃的话在理啊。刚才我那话是开玩笑的。"

试注 武城，鲁国一个小县城，子游当时任武城宰。偃，姓言，名偃，吴国人，子游是言偃的字。

体会 宰，宰牛，宰鸡；宰相，宰武城；宰我，做自己的主宰。一个宰字，在这里起大作用。后来秦汉时候有个陈平，当初在村里负责宰祭肉，分肉分得非常均匀。父老乡亲都夸他说："行！陈家小伙子宰肉行！"陈平听后叹道："咳，就是让我宰天下，也会像宰这肉一样均匀！"陈平"陈述"了他"平治天下"的一番雄心后，陈平的名字也就刻在历史上了。而一个"宰"字，既然就是平治的意思，我们记住陈平就可以了。陈平后来六出奇计，辅佐刘邦，果然成了平治天下的一代宰相，陈丞相。司马迁有《陈丞相世家》一卷。

平治天下和平治一个小小县城、小小村落是一样的。管理之道是平的，不论大小，管道都是通的，有标准的。杀鸡固然不必用牛刀，然而杀鸡要用刀，这是通的。四通八达的管道，就是管理之道。子游管理武城一个小地方，也用得着礼乐诗书，把这里调理得歌舞升平，引得老师都高兴得开起玩笑来了。《诗经》里面几百首诗，孔夫子都能够弹奏出来，演唱出来。看来言偃也学会了不少，而且用来搞管理，学以致用。用到企业文化上，也应该可以。

17.5 公山弗扰以费（bi）鄪畔叛，召，子欲往。子路不说悦，曰："末之也已，何必公山氏之之也？"子曰："夫召我者，而岂徒哉？如有用我者，吾其为东周乎！"

试译 公山弗扰凭借费（鄪）地谋反，请孔子去帮忙。孔子想去，子路不高兴了，说："没地方去也就罢了，何必非要去公山氏那里呢？"孔子说："既然召我去，岂能没事做呢？如果谁能用我，我就到那块地方复兴周代文化去。"

试注 公山弗扰，有人说和公山不狃是同一个人。召，召请，延请。末之，没有地方去；之，去。已，止，罢了。"之之也"，第一个之，是"的"，第二个之，是去、到。

体会 公山弗扰，公山不狃，听起来像同一个人的姓名。毛泽东，毛润之，名泽东，字润之。泽、润，相互呼应；东、之，相互呼应。孔子有个弟子宰予，姓宰名予，字子我，也简称宰我。予、我，是相互呼应的，予就是我。还有一个弟子冉耕，冉伯牛，耕是名，伯牛是字，耕、牛相互呼应。还有一个司马耕，司马子牛，也是孔子弟子，耕为名、子牛为字，相互呼应。公山弗扰，弗扰弗扰，不要打扰，不要捣乱，结果他偏偏捣乱，"里命"有这一步，名字起警告作用。狃是习惯，常道。不狃，不走常道，要捣乱的。是不是同一个人？历史上有争论。

《孔子家语·相鲁》说到孔子建议鲁定公堕三都，费地的公山弗扰就发兵袭击鲁国，孔子帮助定公打败了费人。这段故事早在《左传》中就有记载，而公山弗扰造反、召孔子，却查无史记。所以有人认为《论语》这段话不是史实。不过，就是公山弗扰召孔子去，孔子想去，子路也不见得知道老师心里究竟怎么想。仅仅从这部《论语》看，子路误会孔子的地方，非常多。下面（17.7）一节，佛肸召孔子，就是这样。

17.6　子张问仁于孔子。孔子曰："能行五者于天下为仁矣。"　请问之。曰："恭、宽、信、敏、惠。恭则不侮，宽则得众，信则人任焉，敏则有功，惠则足以使人。"

试译　子张问孔子什么是仁。孔子说："能在天下推行五种美德，就是仁。"子张问哪五种，孔子说："就是恭敬、宽厚、诚信、勤敏、仁惠。恭敬就不侮辱人，宽厚就大家喜欢，诚信就给人依靠，勤敏就能够成事，仁惠就能够用人。"

试注　"请问之"，子张继续请教孔子。侮：笔者先翻译为"受侮辱"，邓新文博士说，可能翻译为"侮辱人"更好。任：起先翻译为"受人任用"，邓新文博士说，不如按朱子的注解，作"倚仗"更好。

体会　这里讲的，也许可以看做一种理想状态，或者一种大致情况，或者总量平衡。尊敬别人，别人也就尊敬我们，敬人者人恒敬之。但很多时候好像不一定。有时候我们敬人，人家也不敬我们；人家敬我们，我们却不敬人家。但是长此以往，坚持下去，尊敬还是赢得尊敬的。那就有先敬一步的，后敬一步的。先敬后敬，有个时间差，于是敬人的，不一定总能时时处处也得到别人的尊敬。耶稣那么尊敬人，最后还是被人侮辱了。但是几千年过去了，赢得最大尊敬的，是耶稣，而不是那些侮辱他的人。敬人如果想换回尊敬，那还是靠不住。耶稣敬人，没有希图人家敬他，他早就知道他要受侮辱，上十字架。敬人，是耶稣的一种自敬。他希望这种自敬能够唤起人们的自敬。一个人自敬，别人怎么侮辱都没有用，都不可能破坏他的尊严。不尊重别人的人，别人不一定吃亏，反而可能受锻炼，提高素养和胸怀，提高定力。反而是不自尊的那个人自己，失去了自尊。假如敬人者不一定人恒敬之，那么敬人者却永远自尊。

宽厚的，大家喜欢。太挑剔了，人家不敢跟我们好，害怕。宽也包含了敬意，总是看到人家的优点，人家的进步，不是事不关己高高挂起。宽里面也有诚信，自己守信，别人放心，敢用我们，我们才有为别人效劳的机会。有时候我一腔热情帮人家，人家并不领情，说"就不麻烦了"，可能就因为我做事不守信，热情有余而信用不足。不帮还好，一帮反而给人添麻烦，帮忙帮忙，越帮越忙。能够让人用，也是一种福气，说明我还有用。很多事人家不用我，就因为我的"粗心"。粗心是借口，其实就是我不把人家放在心上，诚心不够，以为忙忙乎乎热热闹闹就了不起了，就糊弄了。也不够勤敏，办事虎头蛇尾。也不够仁惠，舍不得给人好处。最舍不得的就是让人家自谋前途，独立自主，自力更生。总想着给人小恩小惠，好让人家感谢自己，永远靠着自己，听自己使唤。其实，一个不能自主的人，怎么好使唤呢？惠而不费（20.2），那才是大仁大惠，好处都是人家自己凭本事挣来的。这是真正的会用人，让人家自己用自己。一个国家，要是自己独立自主，也希望别国独立自主，那是一个了不起的国家。一个企业也是如此。如果一个企业老是希望其他企业依赖自己，希望消费者依赖自己，起码就证明这个企业还没有找到自我，还没有自立能力，还希望别人靠在自己身上，才知道自己有力量。就如一家医院，总希望病人多，门庭若市，才知道自己医术高明，才有自己的饭碗。也如一家律师事务所，总希望上门打官司的络绎不绝，才知道自己法术高明，才有自己的饭碗。这样的医院，这样的律师事务所，根本还没有自信和自尊，也不能自立和自足。为了医院关门、律师事务所关门，才去开医院开律师事务所，那是懂得医术，懂得法术了。

17.7 佛肸（bì xī）召，子欲往。子路曰："昔者由也闻诸夫子曰：'亲于其身为不善者，君子不入也。'佛肸以中牟畔^版，子之往也，如之何？"子曰："然，有是言也。不曰坚乎，磨而不磷；不曰白乎，涅而不缁。吾岂匏（páo）瓜也哉？焉能系而不食？"

试译 佛肸召请孔子，孔子想去。子路说："从前我听老师说：'动手干坏事的人那里，君子不去入伙的。'佛肸在中牟谋反，老师到那里去，干什么呢？"孔子说："对啊，是有这话。可是，我不也说了'坚硬无比，磨也磨不薄'吗？不也说了'洁白无瑕，染也染不黑'吗？我难道是匏瓜吗？怎么能白白挂在那里不让人吃呢？"

试注 佛肸，晋国大夫范氏的家臣，在晋国的中牟邑当长官。诸，于，从（夫子那里听到）。"亲于其身"，亲自动手。磷（lìn），薄。涅，一种染料，用来染白。缁，黑色。匏瓜（páo guā），一种葫芦，味道苦，不能食用。系（jì），拴。

体会 性相近也，习相远也（17.2）。但是习染也染不了的，那一份随缘不变的纯真天性，原本天真，是最珍贵的，也是人人俱足的。君子不到亲手干坏事的家伙那里去，这话是有，那是对子路说的，对定力不够的弟子说的，对容易受环境污染的弟子说的。这种弟子，需要多和好人交往，"友直，友谅，友多闻"（16.4），"无友不如己者"（1.8），才能少受干扰，天天向上。好比重病号，经不起暴晒、暴风暴雨。但是可以种点牛痘，淋点小雨，吹点轻风，晒点早晨傍晚的太阳。医生却不同，需要多和病人相处，才能救治他们。这里所说的医生，是身心健康的，不是抱病给人治病的那种。抱病给人治病，也经不起折腾，也需要扶正祛邪，调理身心，需要救治，需要少和病人接触。

17.8 子曰："由也，女汝闻六言六蔽矣乎？"对曰："未也。""居，吾语(yù)女汝。好仁不好学，其蔽也愚；好知智不好学，其蔽也荡；好信不好学，其蔽也贼；好直不好学，其蔽也绞；好勇不好学，其蔽也乱；好刚不好学，其蔽也狂。"

试译 孔子说："仲由啊，你听说六句六弊没有？"子路回答说："没有。"孔子说："坐好，我告诉你。爱仁慈不爱学养，毛病是受人愚弄；爱谋划不爱学养，毛病是不成体统；爱诚实不爱学养，毛病是为人死板；爱耿直不爱学养，毛病是出口伤人；爱勇猛不爱学养，毛病是办事莽撞；爱刚强不爱学养，毛病是狂妄自大。"

试注 由，仲由，子路。六言，（1）六个字（词），代表六种美德：仁，智，信，直，勇，刚；（2）或者六句话，表达六种行为，如"好仁不好学"，这一句表达一种行为。居，坐。语（yù），告诉。学，学养，特指礼仪方面的学养，修养。愚，愚钝，受愚弄。荡，随心所欲，没有规矩，行为放肆。贼，危害。绞，冲撞，对抗，出言不逊，拧着干。

体会 子曰："恭而无礼则劳；慎而无礼则葸（xǐ）；勇而无礼则乱；直而无礼则绞。"（8.2）后两句和这一节的"好直不好学，其弊也绞；好勇不好学，其弊也乱"是完全对应的。可见"好学"是指"好礼"，喜好学礼，喜好礼仪的学问学养。学问是体现在行为上的，是学养，是礼仪，所以孔子在这个地方说"（好）学"，在另一个地方说"（无）礼"，都是言行一致、知行合一的。学问就是行为，行为就是学问，不分家的。把《论语》背熟了，说话没礼貌，企业也破产了，那不算有学问。孔子说："《诗》背得三百首，给他一个国家却治理不了，派他出国也不能完成使命，背那么多，有什么用？"（13.5）仁，智，信，直，勇，刚，都是美德，如果片面理解了，也坏事，也是毒药，服了会死人的。

17.9 子曰："小子何莫学夫诗？诗，可以兴，可以观，可以群，可以怨。迩之事父，远之事君。多识于鸟兽草木之名。"

试译 孔子说："年轻人何不学点《诗》？学点《诗》，可以激发联想，可以锻炼眼力，可以扩大交际，可以抒发不满。近一点，可以用来孝敬父母；远一点，可以用来侍奉君王。还可以多多记住鸟兽草木的名称。"

试注 夫，语助词。迩（ěr），近。兴，作诗的一种方法，由一个事物兴发、引发另一个事物。识，认识；如果读zhì，是"记忆"的意思。

体会 企业文化把诗歌引进来，就有诗意。尤其后面一条，"可以怨"，发泄发泄不满，像在家里一样。君子"不怨天不尤人"（14.35），所以对怨天尤人没怨气，很理解，很尊重，给出口。"喜怒哀乐之未发谓之中，发而皆中节谓之和。"（《礼记·中庸》）一些企业专门设计"发火屋"，谁有火了，进去大发一通，拳打脚踢，鬼哭狼嚎，呼天抢地，愤怒出诗人。有怨气，发了就没了，不硬堵。大家都让我发怨气，久了我自己也觉得没意思，对不起大家，就没有怨气了。出门很有礼貌，在家里发泄一下怨气，多好。

也不是专门发怨气，还"可以群"，以文会友，以诗交友，企业内外一团和气，不是锱铢必较。把生意作成诗——生产是作诗，销售是诗歌朗诵，交换是诗歌诵读比赛，甚至现场作诗比赛，消费是诗歌欣赏，市场调研是读诗——整个流程变成了"欢乐颂"。

17.10 子谓伯鱼曰："女_汝为《周南》、《召南》矣乎？人而不为《周南》、《召南》，其犹正墙面而立也与_软！"

试译 孔子对伯鱼说："你学《周南》、《召南》了吗？一个人不学《周南》、《召南》，好比正对墙壁站着。"

试注 伯鱼，孔子的儿子孔鲤。女，通汝，你。为，学习，包括朗读、颂唱、演奏。《召南》（shào nán），和《周南》一样，都是《诗》三百里面的一种，各有十几首，都属于"国风"，都可以吟诵、演唱、演奏。正墙面而立，正对墙壁站立。

体会 《诗经·周南》第一首是《关雎》，开头就是鸟叫："关关雎鸠，在河之州；窈窕淑女，君子好逑。"

《诗经·召南》第一首是《鹊巢》，开头也是鸟儿："维鹊有巢，维鸠居之；之子于归，百两御之。"——大喜鹊搭个巢，布谷鸟住里头；大姑娘嫁过来，百辆车摆摆摇。

这样好听的诗歌不哼哼，岂不是正对墙壁站着，太近了，什么也看不见，一步也动不得。与其这样僵持下去，不如退一步海阔天空，让距离生出一番美意来。工作和生活好比正对墙壁站着，太近了，反而看不清；太功利了，就觉得工作真是没劲，觉得工作狂真是冤枉真不知享受生活。不如后退一步，倒是感觉舒服些，看得也清楚些。这就是诗歌的妙处，源于生活，高于生活。后退是超越，是提升，是审美，是品味，是开路，是前进。天天忙于业务，连日头云彩清风晓月都忘记欣赏了，岂不亏哉。于百忙中忽然哼出几首诗来，业务流程马上变成史诗。

把生活变成诗，创造诗一般的生活，这是企业家的顶级追求。

17.11 子曰："礼云礼云，玉帛云乎哉？乐云乐云，钟鼓云乎哉？"

试译 孔子说："礼节礼节，就是说玉帛迎来送往吗？音乐音乐，就是指钟鼓敲敲打打吗？"

试注 云，说。玉帛，代表礼尚往来。乐，音乐。钟鼓，代表器乐演奏。

体会 心里不敬，金牛银马玉器丝帛也是白搭，也是摆设。真情不到，玉管铜箫金钟银鼓也是干吼，也是胡闹。有道是千里送鹅毛，礼轻情意重；有道是高山流水觅知音。为了生意上的好处，打点，怎么也打点不过来；献乐，怎么也高兴不起来。大放血了，生意还是不如意。

印度诗人泰戈尔，曾经写了一首《无上布施》，揭示了送礼、献礼的实质。他说，给孤独长者以佛陀的名义，亲自作乞丐，求大家布施。富贵人家都纷纷出来献出他们的金银财宝，锦绣衣裙，礼敬佛陀，给孤独长者却一件不收，依旧手托空空的钵盂，说："世人们，注意！福佑我们的是众比丘的主人——释迦牟尼！你们要布施最好的！"达官贵人富商巨贾听了，都很惭愧，转身走了。给孤独长者走出城市，走到一片树林旁边，看见有位赤贫的妇人躺在地上，"身上裹着一件褴褛的破衣。她走过来跪在比丘莲花足前，双手接足顶礼。"然后，"妇人躲进树林，从身上脱掉那件唯一的破布衣，伸出手来，毫不顾惜地把它抛出林际。"这一下给孤独长者满意了，将这件破衣捧了回去，敬献在释迦牟尼光辉的脚下。

17.12 子曰："色厉而内荏（rěn），譬诸小人，其犹穿窬（yú）之盗也与欤！"

试译 孔子说："样子很凶，心里很怕，如果拿小人打比方，那就像个在墙上打洞的小偷吧。"

试注 色，脸色，外貌。厉，严厉，威严。荏，怯弱，柔弱。穿，打穿，洞穿。窬，小洞，钻洞。

体会 偷东西怕人看见，样子就要凶一点，最好蒙面，让人看不见自己的恐慌。"老子宰了你！"说着一边挥拳头，一边往后退。报复心重，也是因为胆子小，因为人家稍微触犯我一下，我就觉得仿佛是末日来临了，非常恐惧，为了自卫，就大肆进攻，报复起来不择手段，唯恐留下祸根。甚至先下手为强，捕风捉影，在"因果报应银行"大量透支报复。希特勒是极端胆小的典型例子，一点亏也吃不得，凶神恶煞，最后连尸首都怕人家看见。所以强身健体是根本。强健了，外界来点风寒，正好锻炼了体魄。强者欢喜大风大浪，欢喜奇峰峻岭——"暮色苍茫看劲松，乱云飞渡仍从容。天生一个仙人洞，无限风光在险峰。"（毛泽东《七绝·为李进同志题所摄庐山仙人洞照》）

17.13　子曰："乡原_愿，德之贼也。"

试译 孔子说："乡里的老好人，是败坏道德的老贼。"

试注 乡愿，一乡一村的老好人，伪君子。

体会 《孟子·尽心下》引了孔子的话，解释了"乡原"（乡愿）。孔子说："到我门前了，却不进我的里屋，我并不遗憾。我遗憾的，唯有乡里的老好人。乡里的老好人，是败坏道德的老贼。"什么叫乡里的老好人呢？这种人，他们认为"狂者太进取了，狷者太谨慎了，都不好。狂者张口就引经据典，古人怎么说怎么说，背诵了古人的话自己又做不到，何必呢？何必口出狂言呢？狷者呢又太迟疑不决，畏首畏尾。其实啊，生在当世，就要顺从当世的习俗，这就挺好了"。孔子认为，这就是媚俗媚世，是乡里的老好人。万章不大明白孔子的意思，就问孟子："一乡人都夸他大好人，随便走到哪里都是大好人，孔子却认为是败德之贼，为什么？"孟子说："这种人，要批评吧，没有什么可批评的；要揍他吧，没有下手处。他人在江湖，顺流而下，行为举止好像很忠信、很廉洁似的。大家都喜欢他，他自己也觉得蛮对头的。其实他并不能给人们尧舜之道，所以叫做败坏道德的老贼。孔子也说了：'讨厌似是而非——讨厌稗子，担心它假装好苗子；讨厌巧舌如簧，担心他假装正派；讨厌信誓旦旦，担心他假装有信用；讨厌郑国的淫秽音乐，担心它混在高雅音乐里；讨厌紫色，担心它混在红色中；讨厌乡里的老好人，担心他败坏道德。'君子只求回到阳关大道上来。"

阳关大道就是孔孟的中庸之道，乡愿则是俗话说的中庸之道。

17.14 子曰："道听而涂_途说，德之弃也。"

试译 孔子说："把半路上听来的话到处乱传，有修养的人不会这样做。"

试注 涂，路途。德，美德，有德之人。弃，厌弃。

体会 《百喻经》第66个故事，叫做"口诵乘船法而不解用喻"，说是从前有个大长者子，和商人们一起商定下海采宝。这个长者子背熟了下海开船的方法，诸如下海后遇到漩涡遇到激流，应当这样掌舵这样定向这样抛锚。对众人说："下海的方法，我全都知道。"众人听后深信不疑。到了海中，没过多久，船师发病，忽然死了。这时候，长者子就代为开船。遇到漩涡了，长者子背诵说："应当这样开船这样定向。"但是大船在原处打着圈子就是不能前进，怎么也无法抵达藏宝之处，直到船上的商人全部淹死。

真传一句话，假传万卷书。扪心自问：我读《论语》，得了孔子真传没有？是不是道听途说啊？所以只敢试译试注，谈点体会，就教方家。道听途说，没有试验过修炼过检验过，没有得真传，没有真功夫，害死人。管理学和创业课程，如果也是这样，难免翻船，落水而死。

17.15 子曰："鄙夫可与事君也与_欤哉？其未得之也，患得之；既得之，患失之；苟患失之，无所不至矣。"

试译 孔子说："患得患失的人，可以和他同朝共事吗？这种人，未得手之

前唯恐得不到，一旦得手又唯恐丢掉。一旦他担心丢掉的话，就什么事情都做得
出来。"

试注 鄙夫，在不同场合有不同含义，这里理解为"患得患失的人"。与，
与……一起共事，同事。事君，辅佐君王。其，他，鄙夫。

体会 物以类聚，人以群分。一群一类，各有各的氛围。一群人有了正气，
个别人搅局搅不动，还可能受点正气的熏陶，朝正道上靠靠。正气主要靠核心人
物、领导班子带头，像孟子那样，养浩然之气。患得患失工于心计的，进领导班
子会坏大事。鄙夫不可与事君也。

17.16 子曰："古者民有三疾，今也或是之亡无也。古之狂也肆，
今之狂也荡；古之矜也廉，今之矜也忿戾；古之愚也直，今之愚也诈而
已矣。"

试译 孔子说："古代人有三种毛病，今人有些已经没有了。古人张狂是志
大才疏，今人张狂却放荡不羁；古人自傲是棱角分明，今人自傲却蛮不讲理；古
人愚钝是直来直去，今人愚钝却不过装样子蒙人罢了。"

试注 或，有些。亡，无。矜，自夸，自傲。廉，棱角。忿戾，怒气冲天，
傲慢无礼。

体会 古人的毛病还可以容忍，今人的毛病简直令人发指，好像是厚古薄
今。看看今天，这两种毛病也都有。志大才疏的张狂，放荡不羁的张狂，等等，
今天都有。

17.17 子曰："巧言令色，鲜矣仁。"

试译 孔子说："花言巧语满脸堆笑，缺德啊！"

试注 和（1.3）重复了。

体会 参见（1.3）。

17.18 子曰："恶（wù）紫之夺朱也，恶（wù）郑声之乱雅乐也，恶（wù）利口之覆邦家者。"

试译 孔子说："讨厌用紫色盖过朱色，讨厌用郑国的淫声搅乱雅乐，讨厌靠伶牙俐齿颠覆国家。"

试注 恶，厌恶。

体会 青、白、红、黑、黄，被古人看做正色。朱色是正红色，紫就太红了点，红得发紫。紫是杂色，是红色夹杂了蓝色，被认为不正。《说苑·反质》说：孔子曾经占得贲卦，感叹不吉利。子张问道："我听说贲卦是吉利的一卦，老师怎么不高兴呢？"孔子说："贲（bì），不是正色，颜色驳杂，所以我感叹啊。我考虑颜色的性质，白就要正白，黑就要正黑。"搞企业文化，颜色、音乐、言谈，都要十分讲究。弄不好就俗了，要么就板了。一俗一雅，一板一活，往往就差那么一点点。

17.19 子曰："予欲无言。"子贡曰："子如不言，则小子何述焉？"子曰："天何言哉？四时行焉，百物生焉，天何言哉？"

试译 孔子说："我不想说话了。"子贡说："老师不说话，那么弟子传述什么呢？"孔子说："天说了什么呢？四季运行，万物生长，天说了什么呢？"

试注 予，我。述，传述，传播。

体会 最高的经典是生活。邓新文博士说，《庄子·天道》中桓公和轮匠老扁的一场对话很值得放在这里演播一下——桓公在堂上读书，老扁在堂下砍凿轮子，累了，放下椎子凿子，走上堂来，问桓公说："恕为臣冒昧，请问桓公，读的是哪家之言？"桓公说："圣人之言。"老扁说："那位圣人还在吗？"桓公说："已经死了。"老扁说："噢，原来国君所读的，是古人的糟粕啊。"桓公说："寡人读书，轮匠怎么敢说三道四？要说就说点道道出来，说不出道道来叫你死在这里！"老扁说："为臣是从为臣的手头功夫来体会的。砍凿轮子，慢慢做，比较松散，轮子不结实。快点做，比较紧巴，功夫进不了木头心。不紧不慢，得心应手，嘴里说不出来，但是功夫的妙处就在其中。为臣没法把这个奥妙告诉为臣的儿子，儿子也没法从为臣这里听明白其中的奥妙，所以七十岁了，为臣还是独自一个人在这里当轮匠老扁。古人和他们那些不可言传的东西都一同死去了，那么国君所读的，不就是古人的糟粕吗？"

生活是无字天书，不言之教。生活本身是大慈大悲的，完全公平的，只要我们把一切看做因果，看做锻炼，看做磨炼，看做课程，看做学校，看做老师，看做菩萨，看做医师，看做经典，看做作业，看做书籍——无字天书。明白这一点，创业精神就出来了。埋怨创业环境不好，就毫无必要了。

17.20　**孺悲欲见孔子，孔子辞以疾。将命者出户，取瑟而歌，使之闻之。**

试译　孺悲来了，想见孔子，孔子托病不出来。传话的刚出门，孔子就取出瑟来边弹边唱，故意让孺悲听到。

试注　孺悲，鲁国人。将命，传话。户，门。瑟，古代的弦乐器，像琴。

体会　孺悲是见过孔子的。有一回，"恤由去世了，要办丧礼，哀公派孺悲到孔子那里学士丧礼，《士丧礼》从此记载下来。"（《礼记·杂记下》）这一次为什么孔子不见，却要故意弹瑟唱歌让孺悲听见？可能尽在不言中吧。"天何言哉"（17.19），老天说了什么呢？然而万物生长，四季运行，什么都办成了。瑟也是一张嘴，闻其声，如见其人。

17.21　宰我问："三年之丧，期已久矣。君子三年不为礼，礼必坏；三年不为乐，乐必崩。旧谷既没，新谷既升，钻燧改火，期（jī）可已矣。"子曰："食夫稻，衣（yì）夫锦，于女汝安乎？"曰："安！""女汝安则为之。夫君子之居丧，食旨不甘，闻乐（yuè）不乐，居处不安，故不为也。今女汝安，则为之。"宰我出。子曰："予之不仁也！子生三年，然后免于父母之怀。夫三年之丧，天下之通丧也。予也有三年之爱于其父母乎？"

试译　宰我问："父母去世，守丧三年，为期太长。君子三年不行礼，礼仪肯定废了；三年不奏乐，音乐肯定荒了。旧谷子割掉了，新谷子长起来，钻木取火的木头也轮用了一遍，一年期限也就够了。"孔子说："吃香白米饭，穿绫罗绸缎，你心安吗？"宰我说："心安。"孔子说："你心安，就做嘛。君子守孝，好饭好菜，尝了也没味道；名歌金曲，听到也不快乐；大床软被，睡着也不踏实，所以不那样做。现在你既然心安，你就做嘛。"宰我就出去了。孔子说："这个宰我，真没良心。孩子出生三年，才能离开父母怀抱。这三年的守孝，是天下通行的。宰我对父母也能付出三年的爱心吗？"

试注　"钻燧改火"，钻木取火，用钻子钻木头，靠摩擦生火；有很多种钻法，钻火用的木头各种各样，轮用一遍为期一年。"期可已矣"，期（jī）是一周年，已是停止。衣（yì），穿衣服。予，宰我，宰予。

体会　礼乐主要靠心诚。心诚就有礼，就有乐。"礼节礼节，难道就是迎送玉帛吗？音乐音乐，难道就是敲敲钟鼓吗？"（17.11）"人要是没良心，礼尚往来有什么用？人要是没良心，钟鼓齐鸣有什么用？"（3.3）所以说"大礼必简"，不一定多么繁琐，重在一个心诚。宰我说守丧三年不行礼，礼就废了，其实守丧就是行丧礼，怎么废了呢？应该是兴了。又说三年不奏乐，音乐也荒了，这也不对。守丧三年，可以奏哀乐，兴哀乐。当然主要在心哀，在心孝。"大乐必易，大礼必简"（《礼记·乐记》），大音希声（四十一章）。

17.22 子曰："饱食终日，无所用心，难矣哉！不有博弈者乎？为之，犹贤乎已。"

试译 孔子说："整天吃得饱饱的，什么也不想也不做，难熬啊。不是有棋牌吗？玩玩棋牌，总比干待着好。"

试注 博弈，各种棋牌游戏。

体会 成天不吃不睡，专门想问题，孔夫子做过实验，觉得没什么好处，不如学点东西（15.31）。吃饱了成天干待着，什么也不想也不做，也很难待得下去。无为无为，无为并不是不想不做，而是无为而无所不为，心态轻松，做很多事。不然，无为就会变成无聊，一事无成。尤其老龄化社会，这个工作量很大。企业和非营利机构都可以动动脑筋，看如何把退休人员、老年人的生活搞得丰富多彩。如今的人，身体也好，年寿也长，可能就是心灵的需求比较难以满足。既然有需求，那就大有可为。心灵的需求和物质的需求很不相同的一点，就是物质需求小得多，心灵的需求简直无边无际，真是天大地大不如心大。这个产业不可思议，创业者大有用武之地。

17.23 子路曰："君子尚勇乎？"子曰："君子义以为上。君子有勇而无义为乱；小人有勇而无义为盗。"

试译 子路问："君子看重勇武吗？"孔子说："君子最讲道义。君子光有勇武不讲道义，就会造反；小人光有勇武不讲道义，就会抢劫。"

试注 尚，上，都是崇尚，看重。

体会 这是专门针对子路讲的。子路的问题也有个性，他自己勇武，就问勇武。孔夫子看准子路的弱点，把道义抬出来，放到勇武之上，压住子路的蛮勇。就是说，无论你做君子还是做小人，都不能蛮勇，都要先讲道义，再讲勇武。要勇于道义，勇于仁义。勇气应该表现在当仁不让，当道不让，当义不让。看来君子也有蛮勇的时候。君子蛮勇起来，造反去了，也不得了。如果道义为上，就会像文王武王那样，高举义旗，号令天下，讨伐暴君了。那就不是造反了，而是革命，是孔夫子赞成的。

17.24 子贡曰："君子亦有恶（wù）乎？"子曰："有恶（wù）：恶（wù）称人之恶者，恶（wù）居下流而讪上者，恶（wù）勇而无礼者，恶（wù）果敢而窒者。"曰："赐也，亦有恶（wù）乎？""恶（wù）徼（jiāo）以为知智者，恶（wù）不孙逊以为勇者，恶（wù）讦（jié）以为直者。"

试译 子贡问："君子也有讨厌的事情吗？"孔子说："有啊——讨厌专门说别人的不好，讨厌在下位谩骂上司，讨厌蛮勇无礼，讨厌刚愎自用顽固不化。"然后问："赐啊，你也有讨厌的事情吗？"子贡说："我讨厌剽窃还自以为聪明，讨厌桀骜不驯还自以为勇敢，讨厌揭人短处还自以为直率。"

试注 恶（wù），厌恶，本节除了"恶者"的"恶"读è外，其余十个"恶"都是厌恶，都读wù。居，在。下流，下位，下级。讪，诽谤，谩骂。窒，堵塞不通，思路不通，想不明白。赐，端木赐，子贡。徼，抄袭，剽窃。孙，逊，驯顺，谦让。讦，攻讦，揭短。

体会 稍一不慎，这些毛病自己身上都有，惭愧，惭愧。剽窃同行的经营秘诀，得意得很；和同行对着干，对骂、对打，认为自己敢于竞争，不受欺负；揭同行的短处，以为自己在打抱不平，在主持正义。很需要换位思考。

17.25 子曰："唯女子与小人，为难养也，近之则不孙逊，远之则怨。"

试译 孔子说："让女子去伺候小人，难啊！亲近一点，小人就没礼貌；疏远一点，小人就抱怨。"

试注 唯，句子前面的助词，没有实际意义。与，交往，相处。养，伺候，调养。

体会 服务行业，女服务员对此体会很深。某些顾客，不论男女，是不好伺候的。

孔子删定《诗经》，总的选取原则是"思无邪"，思无邪的第一首就是情诗："关关雎鸠，在河之州；窈窕淑女，君子好逑。"对女子十分称颂。

舜靠五位大臣就天下大治。武王说："我有治臣十人。"孔子说："人才难得，不就是这样吗？唐尧、虞舜的时代，也是这样人气旺。武王的大臣，有一个还是女的，男的九个而已。当时三分天下，文王占了两分，仍然向殷商称臣。周代的德行，真可以说至高无上了！"（8.20）这位女大臣，有人说是文王夫人太姒，称为文母；有人说是武王夫人邑姜，是主内的一把好手。孔夫子在这里第一个就提到她，女子优先。

孔子解释《易经》，第一是乾卦，第二是坤卦。本来是天在上地在下，但是就卦象说，天在上，地在下，却组成否卦，大事不好。地在上，天在下，反而好，组成泰卦。当做运动来看更好些。天在上，需要下沉；地在下，需要上升，天地相交，地气上升天气下沉，泰。这样组成一卦叫做天地泰。那么妇女主外，男子主内，也很好。所以阴阳之道也是变化的，正位在于正心。正心了，一切位置都是正的。

哀公曾经问孔子说："大礼是怎么回事？君子讲礼，怎么如此的尊贵啊？"孔子说："丘是个小人，没资格讲礼。"哀公还是请求孔子讲，孔子就提到："从前夏商周三代明王主政，一定尊敬妻儿，有一套方法。妻室，是一家的主妇，怎么敢不尊敬呢？儿女，是一家的后代，怎么敢不尊敬呢？君子没有不尊敬的，但是尊敬自身最重要。因为自己的身体，是父母亲这棵树发出的枝丫，怎么敢不尊敬呢？不能尊敬自己的身体，就是伤害了父母亲，伤害父母亲，就是伤害根本，伤害了根本，枝枝丫丫也就死了。这三点，要为百姓做出榜样。自己尊敬身体，百姓就尊敬身体；自己尊敬子女，百姓就尊敬子女；自己尊敬妻室，百姓就尊敬妻室。君王做到这三点，就能通行天下了。大王您如果这样做，国家也就顺当了。"（《礼记·哀公问》）

女子，有人注解为"汝子"——你们这些人。那就是另一种解释了。

17.26 子曰："年四十而见恶（wù）焉，其终也已。"

试译 孔子说："到四十岁了还让人讨嫌，往后也就没戏了。"

试注 见，被。恶。厌恶。其，这人。终，完结，这一辈子。已，罢了，到此为止。

体会 相信这种话都是有针对性的。"有教无类"（15.39），什么时候学习都不晚，什么时候醒悟都不晚。为了促动一个人醒悟，有时候可以搞点激将法，骂他说："都四十岁的人了，还这副德行！你啊，这一辈子算完了！"其实呢，心里未必这么想。孔子说："我没见过爱美德像爱美色一样的。"（9.18）真的没见过？未必。是夸张一下，强调一下。

微子第十八

18.1　微子去之，箕子为之奴，比干（gàn）谏而死。孔子曰："殷有三仁焉。"

试译　微子启离开纣王，逃走了，箕子做了纣王的奴隶，比干力谏纣王，丢了命。孔子说："殷代末年有三位大好人。"

试注　微子，封国为微，爵位为子，名启，纣王的老兄、卿士。看到纣王荒淫无道，极力劝阻无效，就出走了。后来周武王灭掉纣王，周公平息殷商逸民的叛乱，把微子启封在宋国。箕子，纣王的叔父，任太师，封在箕，据说是围棋的创始人。他对纣王的奢靡残暴很不满，多次强谏，纣王不听，有人就劝箕子离开。箕子说："做臣子的，劝谏君王，不听就走人，那是暴露君王的过失，自己去取悦大众，我不忍心这样做。"于是披散头发，假装癫狂，做了奴隶。比干，也是纣王的亲属，竭力劝谏纣王，纣王大怒，骂道："我听说圣人心有七窍，是不是真的！"就命令剖开比干的心脏来验证。

体会　三位大好人，做法却各有千秋。武王除灭殷商，去拜访箕子，求教治国良方，箕子就提出九种大法，《尚书·洪范》记载了这件事。"箕子"发明"棋子"，也说得过去，也许围棋的棋子最先是竹子做的呢。

18.2　柳下惠为士师，三黜。人曰："子未可以去乎？"曰："直道而事人，焉往而不三黜？枉道而事人，何必去父母之邦？"

试译　柳下惠做法官，三次被撤职。有人说："先生不可以离开鲁国吗？"柳下惠说："正经八百为人做事，怎么不会多次罢官呢？靠邪门歪道为人做事，又何必离开祖国呢？"

试注　柳下惠，姓姬（或姓展），名获，又名离（或字禽），封在柳下，谥号惠。士师，法官，典狱长。黜，罢官。

体会　当时世道很乱，到哪里都要走关系，保官位，离开鲁国也是白搭。走正道，那就等着撤职，这很正常。所以柳下惠觉得，无论走正道还是走歪道，在哪里都可以，不必离开祖国了。孔夫子很赞赏柳下惠，但是自己却离开鲁国，周游列国，和柳下惠做法不同。无可无不可，这是孔夫子的态度。各人有各人的具体情况，各有各的追求。

18.3 齐景公待孔子曰："若季氏，则吾不能。"以季、孟之间待之。曰："吾老矣，不能用也。"孔子行。

试译 齐景公给孔子定待遇，说："要是照鲁君给季孙氏的待遇，我给不起。"于是把待遇水平定在季孙氏、孟孙氏之间。又解释说："我老了，没力气重用您了。"孔子就离开了齐国。

试注 待，对待，给待遇。

体会 孔子这次在齐国，三十五岁了。齐景公讨教了很多问题，比较高兴。像"君君臣臣父父子子"（12.11）啊，"政在节财"（《史记·孔子世家》）啊，景公听了都颇为心动，要封孔子一块地。后来景公的大臣晏婴一番话，说得景公不敢重用孔子。晏婴瞧不起儒者，认为他们能说会道，循规蹈矩；倨傲自大，不甘人下；破产厚葬，难以推广；到处游说，不可主政。周公之后，礼崩乐坏。如今孔子礼服盛装，礼节繁多，我们几辈子都学不完，一辈子都搞不懂。要在齐国用这些教化普通百姓那是很难的——这样一说，齐景公就心里打鼓了。虽然对孔子客客气气，但是不再问礼仪方面的事情了。终于有一天，景公摊牌了："照鲁君给季氏的待遇，我给不起。"于是给孔子的待遇介于上卿季孙氏和下卿孟孙氏之间。齐国大夫还想加害孔子，消息传到孔子那里。景公也说："我老了，不能重用您了。"孔子一听，就告别景公回鲁国去了。

孔子走人，主要的可能还是治国方略没有被采纳。齐景公问怎么治国，孔子说治国靠节财。孔子刚刚说了节财，齐景公接着就要封孔子一片地，不就破费了吗？等于不听孔子的建议，孔子当然要走，因为齐景公治国，爱奢侈，爱浪费，孔子说话是对症下药的。另外有人来问如何治国，孔子的回答就变了，搞得子贡很疑惑，问道："从前齐景公问老师如何治国，老师说：'治国靠精打细算，不大手大脚。'鲁君问如何治国，老师说：'治国靠选用贤臣。'叶公问如何治国，老师却说：'治国靠身边人欢喜，远方人归附。'三个人问同一个问题，老师的回答都不一样，治国莫非没有一定之规吗？"孔子说："国情不同嘛。齐君治国，楼台亭榭那么奢靡，王家园林那么阔气，天天享乐，一刻不停，一个早上赏赐千驾马车的就有三家，所以我说治国靠节财。鲁君呢，有三位大臣，孟孙、叔孙、季孙，这么三位，在鲁国朝野结党营私，对各国诸侯封锁消息掩人耳目，这样来蒙蔽鲁君，所以说治国靠选用贤人。楚国土地辽阔，国都狭小，百姓离心离德，不能安居，所以说要让身边人高兴，让远方人来投奔。这是根据国情不同，采用三种不同的治国办法。"——《孔子家语·辩政》中说了这件事。

18.4　齐人归（kuì）^馈女乐（yuè），季桓子受之，三日不朝，孔子行。

试译　齐国人赠送了一批歌女，季桓子接受了，三天不上朝，孔子就离开了。

试注　归，馈，馈赠。季桓子，鲁国宰相。

体会　按《史记·孔子世家》，背景是这样的——五十五岁那年，孔子献策，帮助鲁定公堕三都。理由是季孙、孟孙、叔孙三位大夫封地的城墙比国君的城墙还气派。五十六岁那年，孔子又当了鲁国大司寇，严明法纪，诛杀乱政者少正卯；推行礼仪，整顿市价，男女有别，路不拾遗，各方来客有事都不用找官员送礼，都能得到很好的照顾，宾至如归。齐国人听到这种情况，非常担忧，说："孔子管理鲁国，必定称霸天下。我们齐国离得近，首先被吞并的就是我们。何不送块地给鲁国？"后来一商议，还是先送歌女吧。送歌女如果还不行，再送土地不迟。于是选了八十名歌女到鲁国。季桓子偷偷看了三次，想收下歌女，就对鲁君说："我想到各地巡视去。"其实是借此成天观看歌女表演，不理政事。子路看到这种情况，就对孔子说："老师可以走了。"孔子说："等等，鲁国现在要去郊外祭祀，如果祭祀后能够按照礼法把烤肉分给大夫们，那我还可以不走。"结果季桓子不但全部收下了女子乐团，三天不听政，又在郊外祭祀后不分烤肉给大夫。孔子感到鲁国没有希望了，就辞了职，到卫国去了。

18.5　楚狂接舆歌而过孔子曰："凤兮凤兮，何德之衰？往者不可谏，来者犹可追。已而，已而！今之从政者殆而！"孔子下，欲与之言，趋而辟_避之，不得与之言。

试译　楚国的狂人接舆从孔子车驾旁边走过，嘴里唱道："凤凰啊凤凰，为何这样凄惨？过去没法再劝，未来还可补救。算了吧算了，如今朝廷完了！"孔子就下了车，想和他谈谈，他却赶紧躲开了，没有接上话。

试注　狂接舆，有好几种说法，比如这个狂人姓接，名舆；或者这个狂人接孔子的车；或者这个狂人叫接舆，从孔子门前走过（《庄子·人间世》）。趋，快走。辟，避开。

体会　孔子说："君子之道费而隐。"（《礼记·中庸》）无边无际，神妙莫测。君子有"隐"的一面，有时候积极入世反而是更大的隐世。这位狂人不一定比孔子隐得深，从口气看，与其说他叹息孔子，不如说更加叹息当时的从政者，有眼不识泰山。藕益大师说这是孔子的又一个知音。这个故事在《庄子·人间世》里稍微详细些，记录狂接舆的话多一些。

楚国这位隐士叫什么？可能当时就没有记载。人家一见面就急匆匆躲了，话头都没接上，来不及请问尊姓大名。杨伯峻先生采用清代曹之升的说法，认为《论语》中那些隐士，都用事情命名。比如守门人就叫做"晨门"，挂拐杖的就叫做"丈人"，在渡口的叫做"长沮"、"桀溺"。狂人接孔子的车，顺便就取名接舆。隐士隐士，名字好像也是"隐私"。好比老子的道，"大音希声，大象无形，道隐无名。"（四十一章）"吾不知其名，强字之曰道，强名之曰大。"（二十五章）

孔子积极入世，大隐于朝，对隐士很尊重。下面又遇见两位。

18.6　长沮（cháng jū）、桀溺耦而耕，孔子过之，使子路问津焉。长沮曰："夫执舆者为谁？"子路曰："为孔丘。"曰："是鲁孔丘与钦？"曰："是也。"曰："是知津矣。"问于桀溺。桀溺曰："子为谁？"曰："为仲由。"曰："是鲁孔丘之徒与钦？"对曰："然。"曰："滔滔者天下皆是也，而谁以易之？且而尔与其从辟避人之士也，岂若从辟避世之士哉！"耰（yōu）而不辍。子路行以告。夫子怃（wǔ）然曰："鸟兽不可与同群，吾非斯人之徒与而谁与？天下有道，丘不与易也。"

试译　长沮、桀溺一起耕地，孔子路过，派子路去问渡口。长沮说："那位拿着缰绳的是谁？"子路说："是孔丘。"长沮问："是鲁国的孔丘吗？"子路说："是啊。"长沮说："他知道渡口在哪里。"子路又问桀溺，桀溺说："您是谁呢？"子路说："是仲由。"桀溺说："是鲁国孔丘的门徒吗？"子路回答说："是的。"桀溺说："天下大势，如江河滔滔，泥沙俱下，谁能够改变呢？您与其跟从躲避坏人的，还不如跟从躲避恶世的啊！"说着继续耕地。子路回来如实汇报。孔子心有感触，叹道："不能躲进山林和鸟兽在一起嘛！我不和你们这些人在一起，那和谁在一起呢？天下如果太平了，丘就不出来和你们一起搞改革了。"

试注　长沮、桀溺，都是隐士的名字，随事而取的，这里的事情就是问津，津、沮、溺，都和水有关，而且故意用不大吉利的词，沮啊，溺啊，在渡口要小心了。耦，两人同耕。执舆，执辔（pèi），辔是缰绳。且而，这个而是尔，是你。辟，避；辟人，避人，避开坏人；辟世，避世，躲开恶世。耰，用耰平整土地，耰是松土的农具，这里做动词用。怃然，不高兴。易，变易，改革。

体会　据《史记·孔子世家》，鲁哀公五年，孔子六十二岁，从楚国的叶地返回蔡国去，在路上遇见长沮、桀溺。从这里的对话看，长沮如果认为孔子心里有数，无须自己给孔子指点迷津，那就是孔子的知音了。隐不隐，只是一个形式，彼此心照不宣。"贤者辟世"（14.37），孔子是尊重的。桀溺认为孔子是辟人者，辟人之士，专门躲避坏人的，但是不躲避恶世，还不彻底。躲避淤泥，洁身自爱，很好的。出淤泥而不染，可能更好。淤泥不是淤泥，是肥料，多来点淤泥吧我要开花，那就成道了吧。从心所欲不逾矩（2.4），既不避世，也不避人，是孔夫子。

18.7　子路从而后，遇丈人，以杖荷（hè）蓧（diào）。子路问曰："子见夫子乎？"丈人曰："四体不勤，五谷不分，孰为夫子？"植其杖而芸耘。子路拱而立。止子路宿，杀鸡为黍而食之，见其二子焉。明日，子路行，以告。子曰："隐者也。"使子路反返见之。至，则行矣。子路曰："不仕无义。长幼之节，不可废也；君臣之义，如之何其废之？欲洁其身，而乱大伦。君子之仕也，行其义也。道之不行，已知之矣。"

试译　子路跟着孔子出门，不知不觉跟丢了，遇到一个老丈，用拐杖挑着蓧子。子路问："先生看见我老师了吗？"丈人说："四体不勤，五谷不分，哪个是你老师？"说着就竖起拐杖，用蓧子锄草。子路打拱行礼，站到一边。然后老丈留子路住下来，杀鸡煮黄米饭款待他，让两个孩子出来相见。第二天，子路找到孔子，如实相告。孔子说："是位隐士。"就派子路回去拜访。到了那里，老丈已经走了。子路说："有本事却不做官，是不道义的。尊老爱幼的礼节既然不可以废除，忠君礼臣的礼义又怎么可以废掉呢？本想洁身自爱，却搞乱了人间大伦。君子做官是实践道义。当今之世，道义行不通，从这件事可见一斑。"

试注　蓧：古代一种除草工具，筱。植，树立，竖立。黍，黄米，比当时的主食小米产量低，更贵些。食（sì），给人吃东西。

体会　和上一节一样，还是鲁哀公五年，孔子六十二岁，从楚国的叶地返回蔡国去，先是在路上遇见长沮、桀溺，后来有一天，子路掉队了，遇到老丈，有了这一番经历。老丈用好饭好菜款待子路，还让孩子出来见过子路，礼遇很厚。子路也有礼在先，老丈开头不大搭理，子路却彬彬有礼，打个拱，站在一边。尊老爱幼，君子和而不同，双方客客气气，却各有各的主张，各行其是，互不妨碍。那么，"四体不勤，五谷不分"是说谁呢？是老丈说自己，还是老丈责备子路？

18.8　逸民：伯夷、叔齐、虞仲、夷逸、朱张、柳下惠、少（shào）连。子曰："不降（jiàng）其志，不辱其身，伯夷、叔齐与软！"谓："柳下惠、少连，降（jiàng）志辱身矣。言中（zhòng）伦，行中（zhòng）虑，其斯而已矣。"谓："虞仲、夷逸，隐居放言，身中（zhòng）清，废中（zhòng）权。我则异于是，无可无不可。"

试译　遗民隐士，有伯夷、叔齐、虞仲、夷逸、朱张、柳下惠、少连。孔子说："不降低志向，不辱没自身，是伯夷、叔齐的优点。"又说："柳下惠、少连降低了志向，辱没了自己。不过说话合乎人伦，做事合乎情理，也就是这个样子"。再说："虞仲、夷逸隐居起来，放胆说话，一身清白，不做官也是一种权变。我和他们都不同，我没有什么可以，没有什么不可以。"

试注　逸民，包括隐士和遗民，遗民是改朝换代后仍然效忠前朝的人。中（zhòng），切中，打中，中靶，符合。

体会　无可无不可，夫子的人生哲学。能进能出，能屈能伸，比《逍遥游》还要逍遥，还要洒脱。为什么？《逍遥游》还不能入世，孔子却可以出世，大隐于市。

伯夷、叔齐的故事比较有名，虞仲、夷逸、朱张、少连的情况，很少见。柳下惠的故事还有几个，其中比较出名的一个，是坐怀不乱。与此相关的故事，《孔子家语·好生》里说到一个。说是鲁国有个人独居，他的邻居是个寡妇，也是独居。一天下大暴雨，寡妇的房子漏水，没法住了，就跑去敲鲁人的门想寄宿一晚。鲁人把门紧紧关住，不让进来。寡妇说："怎么这样没良心啊，不让我进屋？！"鲁人说："我听说男女不到六十岁不能同居，如今您年轻我也年轻，所以不敢请您进来。"寡妇说："先生何不学习柳下惠？用自己的身体暖和了受冻的陌生女子，全国没有谁说他不好。"鲁人说："柳下惠可以那样，我不可以那样。我用自己的不可以，学习柳下惠的可以。"孔子听说后称赞道："好啊！想学柳下惠的很多，还没有这样学的。学他的至善情怀，却不照葫芦画瓢，真是睿智。"

18.9 太师挚适齐，亚饭干（gān）适楚，三饭缭适蔡，四饭缺适秦，鼓方叔入于河，播鼗（táo）武入于汉，少师阳、击磬襄入于海。

试译 太师挚去了齐国，二饭乐师干去了楚国，三饭乐师缭去了蔡国，四饭乐师缺去了秦国，击鼓乐师方叔去了黄河边，摇拨浪鼓的武去了汉水边，少师阳和击磬的襄都去了海边。

试注 太师，大师，鲁国乐师的长官，第一乐师，名挚。后面依次是二饭（亚饭）、三饭、四饭乐师。适，去。磬（qìng），一种打击乐器，有石器的，有玉器的，挂起来敲打。鼗，小鼓，拨浪鼓。

体会 乐师都跑了，鲁国没戏了。音乐是艺术之魂，数学是科学之魂，逻辑是一切学问之魂。二饭三饭四饭乐师跑了，元气大伤。太师跑了，简直要命。没戏看，日子过着还有什么意思！很多人赚钱，发财，都是图一乐，拿着大把钞票去找乐子。如果有乐师在旁边，奏着小夜曲，我们像奶牛一样吃草，也能产出好奶来。因为工作就变成乐事了。乐师不能走啊！

18.10 周公谓鲁公曰："君子不施（chí）其亲，不使大臣怨乎不以。故旧无大过，则不弃也。无求备于一人。"

试译 周公告诉鲁公说："君子不疏远亲人，不让大臣抱怨得不到重用。老友老臣没有大的过失，就不要丢了。不要求全责备一个人。"

试注 周公，周公旦，周武王的弟弟，采邑在周，称为周公。鲁公是周公的儿子伯禽，封在鲁国，称为鲁公。施（chí），弛，废弛，怠慢，疏远。以，用。故旧，老友老臣。

体会 比较难的是如何把握一个度。不忘老朋友老臣子，没有大过失就不要抛弃，但是如果他们不求无功但求无过，怎么办？吃大锅饭会吃垮人民公社，最后也害了老朋友老干部。所以周公说不要丢了老朋友老干部，并没有说一定委以重任。像小平同志搞改革，七十多岁了，思维很超前，许多年轻人都跟不上，那么老干部就是一关。小平同志想了个好办法：搞顾问委员会。老干部高兴，新干部也高兴。有的企业，对创业元老也有这种安置办法，发挥余热，支持年轻人创业。

18.11 周有八士：伯达、伯适（kuò）、仲突、仲忽、叔夜、叔夏、季随、季骐（guā）。

试译 周代有八个士：伯达、伯适、仲突、仲忽、叔夜、叔夏、季随、季骐。

试注 适（kuò），读"扩"。骐（guā），本是黑嘴的黄马，这里是人名。

体会 两伯、两仲、两叔、两季，都是排行：伯、仲、叔、季。至于八人究竟是谁，不知道了。士，也是很难翻译的。那时候，士的意思很多，只好不翻译。伯仲叔季为什么排得这样好、这样顺、这样齐呢？这八位是一家子吗？奇！莫非是周家有这八个士？奇！或者这八士结拜为兄弟？奇！结拜为兄弟为何成双成对？奇！都是一对一对双生子？奇！八士为何放到本篇最后才说？有何奥妙？奇！

本篇开首就是微子等三位仁士，然后有狂接舆等隐士四位，逸民七位，太师挚为首的乐师八位，最后是周的八士。中间还提到齐景公、季桓子，对孔子都不理解，礼遇不够。孔子对他们的态度，令人深思。从这些人身上，折射出孔子的形象。从微子启开头，每个人都微而足道，微妙难测，微微有所启发……

子张第十九

19.1 子张曰："士见危致命，见得思义，祭思敬，丧思哀，其可已矣。"

试译 子张说："士人见到危难奋不顾身，见到好处心存道义，祭祀充满敬意，丧礼充满哀伤，那就到位了。"

试注 士，不好翻译，就译为士人，不局限某个意思。思，不仅仅是考虑，而是做到了，我思故我在，"我欲仁，斯仁至矣"（7.29），想什么就是什么，知行合一的。

体会 见到危险奋不顾身，放在第一位，其余就不难了。

19.2 子张曰："执德不弘，信道不笃，焉能为有，焉能为亡无。"

试译 子张说："养德不弘深，信道不坚定，怎么能说有德? 怎么能说不信道?"

试注 为，当做，认作，说是（信道）。亡，无，没有。

体会 有，有德，有信仰（信道）。无，无德，无信仰（不信道）。翻译的时候，先是蒙后省略，把"怎么能说有德、信道"简化为"怎么能说有德"；然后承前省略，把"怎么能说无德、不信道"简化为"怎么能说不信道"。

子张做事很投入的，奋不顾身，中气足。中气是中庸之道养出的浩然之气，凡事都想精益求精，不偏不倚正中靶心，不多不少切中要害。不能半途而废，不能差不多就行了，不能比上不足比下有余就满足了，不能吃不得苦中苦享不了福中福，不能小富即安，不能大富大贵睡不着觉，大穷大困抬不起头，不能执德不弘信道不笃，一副老于世故、游刃有余的样子，什么事情也提不起，什么事情也放不下，凡事马马虎虎，吞吞吐吐，态度模糊，谁也不得罪，谁也不相信，四面讨好，八面玲珑，坏事不做绝，好事不到顶，自以为恪守中道，幻想着左右逢源，到头来一身的三角债，一觉醒来发现原来早就套牢了，比我猴精的多了去了，悔之晚矣。

19.3　子夏之门人问交于子张。子张曰："子夏云何？"对曰："子夏曰：'可者与之，其不可者拒之。'"子张曰："异乎吾所闻：君子尊贤而容众，嘉善而矜不能。我之大贤与欤，于人何所不容？我之不贤与欤，人将拒我，如之何其拒人也？"

试译　子夏的门徒问子张如何交际。子张说："子夏怎么讲的？"那门徒答道："子夏说，'可以交往的就交往，不可交往的就拒绝。'"子张说："和我听到的这句不同：'君子尊重贤者，宽容大家，赞美好人，体恤弱者。'我是大贤人吗？那还有什么人我不能包容的？我不是贤人吗？那人家就会拒绝我了，哪里用得着我去拒绝人家呢？"

试注　子曰："师也过，商也不及。"（11.16）说子张有点猛，子夏有点弱，却也各得其所，各人的性情不同，这也是一种包容。虽然如此，过些日子，或者到下辈子，下下辈子，子夏的性子可能也会更加包容一些。因为他抗干扰的能力强了，有了凝聚力，坏人也乐意向他靠拢，向他学习，而不是他受坏人干扰了。子夏心胸很广的，"四海之内皆兄弟也"（12.5），就是他的名言，做到大肚容众不难。

19.4　子夏曰："虽小道，必有可观者焉，致远恐泥，是以君子不为也！"

试译　子夏说："即便是小招数，也一定有可圈可点之处，但是用到宏图大略上恐怕就打不开局面了，所以君子不依赖小招数。"

试注　泥：拘泥，不通。

体会　小道通大道。君子并不是不通小道，而是不靠小道，不迷小道，不死在小道上。君子不器，器就是小道。一切小道都通了，就是大道。大道无形，在一切小道之中。墙上有微细小道，肉眼看不见，人过不去，牛过不去，蚂蚁也过不去，但是细菌过得去，超流体过得去，声波过得去，电磁波过得去，觉得很宽敞。堵在小道口进不去，迷在小道中出不来，小道就是陷阱、就是牢狱、就是

"此路不通闲人止步"了，什么道道也没有了。迷，大道就很窄；不迷，小路都很宽。

19.5 子夏曰："日知其所亡无，月无忘其所能，可谓好学也已矣。"

试译 子夏说："天天检查自己的不足，月月不忘学过的东西，可以说是好学了。"

试注 其，不定代词，代指某个人，本人。

体会 天天检查，月月复习，说来容易，难以做到。

邓新文博士说，"此'无'字或属衍文。从句式看，从义理看，甚有可能。子夏文学第一，决不为此佶屈聱牙之语。盖传抄者以己意加之亦未可知。孔子曰：'知不务多而务审其所知，行不务多而务审其所由，言不务多而务审其所谓。'（《大戴礼》卷四十《哀公问五义》）马一浮先生说：'知识是从闻见得来的，不能无所遗；才能是从气质生就的，不能无所偏。今所谓专家属前一类，所谓天才属后一类。学问却要自心体验而后得，不专恃闻见；要变化气质而后成，不偏重才能。知识、才能是学问之资藉，不即是学问之成就。唯尽知可至于盛德，乃是得之于己；尽能可以为大业，亦必有赖于修。如此，故学问之事起焉。'（《马一浮集》第一册，《释学问》）'日知其所亡'，老子所谓'为学日益'者也；'月忘其所能'，老子所谓'为道日损'者也。损益结合，方可与其好学矣！加'无'字，未免因务求多知多能而患忘患失之嫌。纵符子夏之实德，却不似子夏之高谈。"

邓博士这样看，令我震撼。

19.6 子夏曰："博学而笃志，切问而近思，仁在其中矣。"

试译 子夏说："多多学习，砥砺意志，准确提问，实事求是，仁道就在其中了。"

试注 笃，狠下工夫。志，意志，求道之志；如果和"识（zhì）"相通，就是记忆，笃志就是牢牢记住。切，恰切。近，切近，切合，合理。

体会 切、近，这两个词比较"切近"。近思，合理思考，如实思考，实事求是。近思难，切问更难。问题提对了，等于解决了一大半。问题之所以存在，大多因为没有提对，把人都转晕了。机器出了毛病，在哪里？工程师这里敲敲那里敲敲，就知道了："问题在这里！"就拧扳手。身体出了毛病，大夫这里看看那里听听，就知道了："问题在这里！"就开出方子来。企业的毛病在哪里？老板要有感觉才行，能够切近问题，感同身受，你身体有病，我有感觉。女儿肚子一痛，亲爹腹中就疼，同体大悲，准得很。

19.7 子夏曰："百工居肆以成其事，君子学以致其道。"

试译 子夏说："工匠靠作坊做成器具，君子靠学养成就道行。"

试注 百工，各种工匠。肆，作坊。事，物，器。致：极致，成就。

体会 成其事，就是成其器。"工欲善其事，必先利其器"（15.10），所以器和事也是通的，器也是道，道也是器，器不离道，道不离器。百工也是君子，君子也是百工。孔子"多能鄙事"（9.6），会很多小本事。

19.8 子夏曰："小人之过也，必文。"

试译 子夏说："小人有了过失，肯定要掩饰的。"

试注 文，文饰。

体会 可见小人也希望做好人，至少看起来像个好人。

19.9 子夏曰："君子有三变：望之俨然，即之也温，听其言也厉。"

试译 子夏说："君子有三点非凡：远远望去有威严，亲近起来很温和，听他说话很严谨。"

试注 变，不同点，非凡之处。

体会 有些君子，也可能远远望去，很温和，走近一坐一聊一共事，其实很威严。

19.10 子夏曰："君子信而后劳其民；未信，则以为厉己也。信而后谏；未信，则以为谤己也。"

试译 子夏说："君子先取得信任再让人干活。还没有得到信任就要我干活，就会觉得是在整我。也要有了信任再提意见。信任都没有就来批评我，会觉得是在骂我。"

试注 谏，不一定是对君主提意见，好心对别人提意见，都是谏，所以有"谏友"。

体会 我不怕干活，就怕老板整我。我不怕批评，就怕顾客骂我。信任了，骂我也乐意，还嫌骂得不过瘾。不信任，表扬也认为不怀好意，是不是另有所图啊？是不是拍我马屁啊？是不是榨我油水啊？士为知己者死，信任出奇迹。

19.11 子夏曰："大德不逾闲，小德出入可也。"

试译 子夏说："大节上不越雷池，小节上有点出入，可以的。"

试注 闲，栅栏，界限。

体会 大事清楚些，小事糊涂些。但最难的是不知道哪是小事小节，哪是大事大节。难得糊涂，难得糊涂是在小事上，名利上，身外之物上。大事一点不能含糊，工程计算，一个小标点，一个小记号，都不能含糊。含糊就可能丢人性命，像飞船升空，含糊不得。耕耘是大事，收获是小事，因为耕耘就是收获，收获了智慧，收获了意志，收获了快乐。耕耘是快乐的，长智慧的，锻炼意志的。其他的收获，自然跟着来，不必在意。其实耕耘中的那种快乐、意志锻炼、智慧增长也是跟着来到，不必在意的。一在意，收获就小了。打小主意总是吃亏。

19.12　子游曰："子夏之门人小子，当洒扫应对进退，则可矣，抑末也。本之则无，如之何？"子夏闻之，曰："噫！言游过矣！君子之道，孰先传焉？孰后倦焉？譬诸草木，区以别矣。君子之道，焉可诬也？有始有卒者，其惟圣人乎！"

试译　子游说："子夏的门徒，打扫卫生、接茬答话、迎送客人还可以，但都是些小事，根本大事却不会，怎么办？"子夏听后说："啊，言游说得不对。君子之道，哪一种先教，哪一种后学？譬如草木，是有区别的。君子之道，怎么可以乱说呢？善始善终的，恐怕只有圣人吧。"

试注　言游，言偃，子游，姓言，名偃，字子游，这里合称言游了。应对，对答。进退，去留，举止，迎送。倦，诲人不倦。

体会　打扫卫生、接茬答话、接待客人，处处见精神，处处见功夫，处处见大道。抓住根本，末也是本。抓不住根本，本也是末。废品到大师手上，就是神器。神器到外行手上，就是废品。这东西究竟是什么？答道：不是东西。股神专靠垃圾股发财，人家不看好的他看好。孔子去世后，子夏自己开门讲学，从擦桌子椅子、洗锅碗瓢盆开始教起。

19.13　子夏曰："仕而优则学，学而优则仕。"

试译　子夏说："做得好，就赶紧学；学得好，就赶紧做。"

试注　优，有余，富足。仕，事，做事，做官，做文人，等等。仕也是学，学也是仕，相通的。

体会　做事做得好，赶紧学，会做得更好，做得更多。学习学得好，赶紧实践，会学得更好更多。知行合一。现代的学习型组织，就是把工作和学习融为一体。在这里做得好，在别处不一定做得好；今天做得好，明天不一定做得好；和这个人搭配做得好，和那个人搭配不一定做得好；这件事做得好，那件事不一定做得好……所以需要学习，实干家可能变成经验主义，以为自己的经验到处都可以用。学了不能用，也不行。

19.14　子游曰："丧致乎哀而止。"

试译　子游说："丧礼充满哀伤就可以了。"

试注　致，极致，充满，竭尽。如"事君，能致其身"（1.7），"见危致命"（19.1）。

体会　子游关注根本。丧礼的本质，子游认为是哀伤。这和孔子的看法一样。外在的形式，则可以根据条件、能力、习俗来定，不必拘泥。老板发了大财，遇到丧礼，取笔大款寄去，礼数到了，哀伤没有到，还是不领情。那个没钱的孝子，守在爹娘身边，直到送终，直到入土，寸步不离。爹娘，我为你们哭泣。

19.15　子游曰："吾友张也，为难能也，然而未仁。"

试译　子游说："我的朋友子张，难能可贵！虽然还没有达到仁。"

试注　张，子张。

体会　朋友之间，坦荡相见，有一说一，有二说二。"信而后谏。不信，则以为谤己也。"（19.10）交了朋友，深为钦佩，再提出希望，也不吹捧，也不诽谤。朋友如果不是相互批评，关系就不够铁。和而不同（13.23），不同的看法都可以说出来，做个诤友。但是说多了也不行，也有点自以为是，对朋友不够尊重，不够有耐心，对发展潜力看得不够。所以"朋友数，斯疏矣。"（4.26）劝个不停，朋友关系可能就淡了，远了。

19.16　曾子曰："堂堂乎张也，难与并为仁矣。"

试译　曾子说："堂而皇之啊子张！很难和他共行仁道。"

试注　堂堂，堂而皇之，有点图名；开头译为堂堂正正，后经邓新文博士提醒，改为堂而皇之。

体会　子张的性情比较激进。虽然他自己说比较容人，不拒绝别人和他交朋友，除非别人拒绝他（19.3），但是他的勇猛，可能还是会吓退一些人。《孝经》说："士有诤友，则身不离于令名。"子张有曾子这样的诤友，子张美名传世，是自然的。

子张曾经问夫子，一个士怎样才能叫做达？孔子就问子张自己怎么想。子张的答复是："在家必闻，在邦必闻。"孔子说：这只是闻，不是达。闻，就是表面上仁义，行动上不仁义，求个仁义的名气罢了。这可能就是子张的毛病了（12.20）。这样子，别人可能就难以和他共行仁道。什么是仁道呢？子张问过孔子，孔子说："要做到恭、宽、信、敏、惠，做到这五点，就是仁道。"（17.6）子张可能就缺乏这五点。另外，子张还问过孔子"怎么从政"，孔子说："要尊行五美，丢掉四恶，才可以从政。"（20.2）都是针对子张来的。当然，子张也说："士见危致命，见得思义，祭思敬，丧思哀，其可已矣。"（19.1）又说："执德不弘，信道不笃，焉能为有，焉能为亡无。"（19.2）志向还是挺大的。

19.17　曾子曰："吾闻诸夫子：人未有自致者也，必也亲丧乎！"

试译　曾子说："我听老师说过：人一般不会无缘无故倾情宣泄，肯定要到父母过世的时候吧！"

试注　致：感情爆发，比如致哀。自致，哀痛的感情自动宣泄。

体会　平时平平淡淡，还可能磕磕碰碰，埋三怨四，离开几天却怪想的，是真情。一旦过世，再也看不到她老人家给我煮饭了，听她对我唠唠叨叨了，心里那个痛啊，别提了。也顾不得面子了，一把鼻涕一把泪的，当众就抹开了。男儿有泪不轻弹，只因未到伤心处。到了伤心处，想要控制，这感情的闸门还是控制不住，它自己冲开了。

19.18　曾子曰："吾闻诸夫子，孟庄子之孝也，其他可能也；其不改父之臣与父之政，是难能也。"

试译　曾子说："我听老师说过：孟庄子的孝道，其他各项都不难做到；但他不换掉父亲的好臣子和父亲的好政策，这一点难能可贵。"

试注　孟庄子，孟孙速，是鲁国大夫孟献子的儿子。

体会　"子曰：父在，观其志；父没，观其行。三年无改于父之道，可谓孝矣。"（1.11）父亲在，有父亲约束着，自己当然跟着做好，至少样子得摆出来，所以这时候要注重内心修养，内观其志。父亲过世了，儿女心里怎么想虽然也重要，但是由于父亲不在，儿女可以放胆做事，看这一点，比较好判别。不过最重要的，可能始终是内心。行为上不换掉父亲的老臣，不修改父亲的政策，这里有个基础：必须是好臣子好政策，这一点心里要有数，不能含糊，否则才真的对不起父亲在天之灵，传承不了父业。在世的时候，也是一样，道义为先，道义面前父子平等，那时候儿女也是诤子，对得起道义，也就对得起父亲大人。像孔子说的："父有诤子，则身不陷于不义。则子不可以不争于父，臣不可以不争于君。故当不义，则争之。从父之令，又焉得为孝乎！"（《孝经》）什么都听父亲的，不一定是孝子。

19.19　孟氏使阳肤为士师，问于曾子。曾子曰："上失其道，民散久矣。如得其情，则哀矜而勿喜。"

试译　孟家任命阳肤做法官，阳肤就去请教曾子。曾子说："当官的不走正道，民心涣散很久了。要是真的查清了案情，还望多加怜悯，不要沾沾自喜。"

试注 孟氏，孟家，不明白是哪个孟家。阳肤，曾子的门徒。士师，法官。散，散乱，不守法。情，实情。哀矜，体恤，同情。喜，自鸣得意，以为自己明察秋毫，有破案本领。

体会 民心散了，责任主要在政府。对为官的要求严，对老百姓多加体恤，是儒家的正道。政者，正也。先正自己，再正别人。破案的要有责己之心，破了很多案子，心里格外难受，感到自己工作没做好，让那么多人铤而走险。好比老子，仗打赢了，从来不庆功，"战胜以丧礼处之"（三十一章），当做丧礼来办，想哭，高兴不起来。

19.20　子贡曰："纣之不善，不如是之甚也。是以君子恶（wù）居下流，天下之恶皆归焉。"

试译　子贡说："纣王不干好事，但并没有后人说的那么严重。所以君子不甘堕落，一堕落，天下的坏事都记在他的账上。"

试注　纣王，商朝末代君主，暴君。归，归于，归罪。恶，忌讳。

体会　一坏，就没有一点好，一好，就不能有一点坏。这是形而上学、求全责备吗？那么我们就只有不好不坏，也好也坏？求全责备是不是也有好的一面？因为是希望尽善尽美。《礼记·中庸》正是这么说的，要我们做事情全心全意，毫无杂念。全心全意就是至诚，"至诚如神"（《礼记·中庸》）。那么，又要全心全意，又要有耐心，不希图一步登天，可能比较好？那这是不是还是有点"中庸"，有点不求上进，有点不够心诚呢？我怎么就敢断言自己不能放下屠刀立地成佛呢？

19.21　子贡曰："君子之过也，如日月之食焉：过也，人皆见之；更也，人皆仰之。"

试译　子贡说："君子的过失，好比日食月食：缺了，人人都看见；圆了，人人都景仰。"

试注 过,过失,过错,日月地球相互"经过"一个区域形成日食月食。更,更新,更始,更生,在月食日食中,就是月相日相缺了之后重新圆了。

体会 "过"字很妙。日食的时候,月球转到地球和太阳之间,遮住太阳,然后又逐步错开,放出太阳,相互"错过"。月食的时候,地球转到太阳和月球之间,地球挡住了太阳,阳光照射不到月球,形成月食,然后又慢慢错开,月球上又有阳光了。这一"经过"、错开、"错过"的现象,都用一个"过",妙。既是错过,也是过错。同样是抬头看,一个用"见"字,一个用"仰"字,又妙。

子贡人富贵,文采也富贵,气象宏伟,正大光明。

19.22 卫公孙朝(cháo)问于子贡曰:"仲尼焉学?"子贡曰:"文武之道,未坠于地,在人。贤者识_志其大者,不贤者识_志其小者,莫不有文武之道焉,夫子焉不学,而亦何常师之有?"

试译 卫国的公孙朝问子贡说:"仲尼的道行跟谁学的?"子贡说:"文王武王的道统,并没有掉在地上,在人心里。贤明的懂得其中的大道理,不贤明的懂得其中的小道理,都是文武道统。我们老师哪一点不学呢?又哪里有确定不变的师承呢?"

试注 公孙朝,卫国大夫。焉,哪里,谁。识(zhì),记得,懂得。

体会 万世师表是最好的学生。学为人师,行为世范,作出了最好的好学的榜样。世界上的学问,就是万事万物。有物学物,有事学事。有物,就有物理学,有心,就有心理学,有昆虫,就有昆虫学,有电就有电学。也就是学电,学昆虫,学心,学物,学事,学人。董事改成学事,董事会改成学事会,董事长改成学事长,经理改成学长,知识经济走向善知识经济,广告费改成学费。一个时代正在来临,一种精神正在回归。"学而时习之,不亦说乎,有朋自远方来,不亦乐乎!"(1.1)

19.23　叔孙武叔语（yù）大夫于朝（cháo）曰："子贡贤于仲尼。"子服景伯以告子贡。子贡曰："譬之宫墙，赐之墙也及肩，窥见室家之好。夫子之墙数仞，不得其门而入，不见宗庙之美，百官之富。得其门者或寡矣。夫子之云，不亦宜乎！"

试译　叔孙武叔在朝廷对大夫们说："子贡比孔子贤明。"子服景伯把这话告诉了子贡。子贡说："用围墙打比方，赐的围墙只有肩膀高，在外面就看得见里面院子漂亮。老师的围墙却有几丈高，不从庙门进去，就看不到宗庙大殿的宏大壮美，百官公署的富丽堂皇。找得到庙门的，可能不多吧。武叔先生那句话，不也情有可原吗！"

试注　叔孙武叔，鲁国大夫，名州仇。子服景伯，鲁国大夫，姓子服，名何，字伯，"景"是谥号。语（yù），告诉。宫，室，房屋。仞，周代一仞为八尺。宗庙，把孔子比为素王，房子像朝廷的宗庙宫殿。百官，也是比孔子为素王，拥有百官，和一切办公机关。夫子，叔孙武叔。不亦宜乎，原先译为"不也很在理吗"，后改用邓新文博士的翻译："不也情有可原吗？"

体会　好弟子，如此仰视恩师，一切学问从这里出来。仰视仰视，格调自然高了。"君子有三畏"（16.8），其一是畏天命，其二是畏大人，其三是畏圣人之言。畏大人也就是敬畏圣人，因为后面要说"畏圣人之言"（16.8），不便重复，就先说"畏大人"（16.8）。敬畏圣人，自有高格。敬人就是敬己，敬畏圣人就是敬畏自身的神圣天赋，尧舜本性。这就是"畏天命"（16.8）。"天命之谓性"（《礼记·中庸》），畏天命就是敬畏自己的伟大天性。老是仰视，自己就长高了。做企业，先瞄准一流企业，仰视几年，自己的企业就上去了。

19.24 叔孙武叔毁仲尼。子贡曰："无以为也！仲尼不可毁也。他人之贤者，丘陵也，犹可逾也；仲尼，日月也，无得而逾焉。人虽欲自绝，其何伤于日月乎？多见其不知量也。"

试译 叔孙武叔诋毁仲尼。子贡说："没有用的！仲尼诋毁不了的。别人的贤明，好比崇山峻岭，咬紧牙加把劲儿还可以翻越过去。仲尼却是太阳月亮，没法超越。一个人就是想自杀，能对日月有什么伤害呢？只能说明他多么不知天高地厚。"

试注 丘，丘岳。陵，山陵。丘陵：不是现代所谓丘陵，而是崇山峻岭，才可能梦想与天上日月一比高低，所谓"山舞银蛇，原驰蜡象，欲与天公试比高"（毛泽东《沁园春·雪》）。多，只是。

体会 捧弟子，打师父，弟子是不干的。好比捧儿子，打老子，儿子怎么会答应？师父师父，一日为师，终生为父。孔子去世后，弟子都"心丧"三年才离开。心丧就是心中悼念，不穿丧服。唯有子贡在墓地盖了房子专心守了六年，才离开。

19.25 陈子禽谓子贡曰："子为恭也，仲尼岂贤于子乎？"子贡曰："君子一言以为知_智，一言以为不知_智，言不可不慎也！夫子之不可及也，犹天之不可阶而升也。夫子之得邦家者，所谓立之斯立，道_导之斯行，绥之斯来，动之斯和。其生也荣，其死也哀，如之何其可及也？"

试译 陈子禽对子贡说："先生谦让了，仲尼岂能比先生您还贤明呢？"子贡说："君子一句话见智慧，一句话见糊涂，说话不能不慎重啊！老师高不可及，好比天宫不可能在地上搭个梯子爬上去。老师要是做了诸侯做了大夫，可以说他'一站稳，别人就能站稳；一指路，别人就能上道；一安顿，别人就来投奔，一鼓动，别人就来响应。生前声望高，死后让人想'。怎么可以比得上呢？"

试注 陈子禽：陈亢，孔子弟子。知，智。邦，诸侯国。家，大夫家。立，自立，己欲立而立人（6.29）。道（dǎo），导，导引，教化。绥，安抚。和（hè），应和，唱和。

体会 子禽听到子贡那样景仰孔师，还是不大相信，以为子贡谦让了。可见当时子贡名气何等之大，又可见圣人何等"孤独"，可见知音何等难遇，可见肉眼凡胎何等无用，可见用功弟子何等有福，可见夫子事业何等宏大久远，乃至创业垂统数千年而不绝，乃至代代玉成举世旷古之绝大奇迹也。

还是这位子禽，曾经问过子贡："夫子至于是邦也，必闻其政，求之与？抑与之与？"子贡说："夫子温、良、恭、俭、让以得之。夫子之求之也，其诸异乎人之求之与！"（1.10）看来子禽对子贡特别看好，喜欢向子贡请教，对孔夫子还没有多少感觉。

尧曰第二十

20.1 尧曰："咨！尔舜！天之历数在尔躬，允执其中。四海困穷，天禄永终。"舜亦以命禹。曰："予小子履，敢用玄牡，敢昭告于皇皇后帝：有罪不敢赦。帝臣不蔽，简在帝心。朕躬有罪，无以万方；万方有罪，罪在朕躬。"周有大赉(lài)，善人是富。"虽有周亲，不如仁人。百姓有过，在予一人。"谨权量，审法度，修废官，四方之政行焉。兴灭国，继绝世，举逸民，天下之民归心焉。所重：民、食、丧、祭。宽则得众，信则民任焉，敏则有功，公则说悦。

试译 传位的时候，尧说："好啊，你这个舜！上天的使命都在你身上了，要好好把握这个中道。四海百姓如果日子不好过，上天的赏赐你就再也得不到了。"大舜传位时也用这话告诫大禹。商汤则祷告说："我这个小人物，履，谨用黑公牛献祭，明白禀报皇天上帝：有罪的人，我都不敢赦免。上帝臣仆的罪过，我也不敢隐瞒，上帝之心普照无余。我本人如果有罪，决不推卸给天下百姓。天下百姓有错，由我一个人承当。"周朝赏封诸侯，好人都富贵了，武王说："虽然有周室亲人，不如有仁德之士。百姓若有过失，都归我来承当。"谨慎校对度量衡器，仔细审定法律制度，小心起用庸官闲职，四方政令就通行无阻了。复兴灭亡的国度，延续中断的世系，推举散落的遗民，普天大众就心悦诚服了。重要的工作有人民、粮食、丧礼、祭祀。宽厚就必得人心，守信就受人任用，勤敏就建功立业，公道就天下欢喜。

试注 尧曰，就是尧禅让帝位，跟舜说的话。咨，赞叹词。允，真诚，诚信。予小子，我这个小人物。人间君主面对上帝，这样谦称自己。履，商汤的名字。敢，不敢，冒昧。玄牡，玄，玄是黑色，牡是公牛。简，阅，知道，明白。朕，我，帝王自称。赉(lài)，赏赐。周亲，周室亲人。权量，权，秤锤，衡量轻重的标准；量，斗斛，量容积的标准。法度，法律制度；一说是量长度的标准。废官，闲职，空位，有名无实的官位。

体会 万方有罪，罪在朕躬。百姓有过，在我一人。受国之垢，是谓社稷主

（七十八章）。众人有罪，在我耶稣。众生有罪，罪在如来。我不下地狱，谁下地狱。中外圣人，都有替人担当罪过的大勇气、体同感、责任感和慈悲心。伟大的有圣者风采的老板，也会用八个字警策自己——员工有错，错在老板。

君子求诸己，天下为己任。整部《论语》，就在"尧曰"一章，就在"万方有罪，罪在朕躬"八个字，在"百姓有过，在我一人"八个字。"天下兴亡，匹夫有责"，这种天下己任的责任感，要在"万方有罪，罪在朕躬"的自省中，才能真正到位。有了这样的责任心，就是一个真人，真正归位在位的人，就是尧舜，就是君主，就是孔子那样的素王，无冕之王，人皆可以为尧舜的那种素王，就是一个真正的普通老百姓。"众人皆醉我独醒，天下皆错，就我正确，我来救你们，你们还不知道，还打击我，恩将仇报，让我怀才不遇……"那就不行，我还是满肚子委屈，还不能救自己。"真认自己错，莫论他人非；他非即我非，同体名大悲。"人人承当责任，人人自省自救自信自强，就有希望了。法制要指向这一个目标，才能"必也，使无讼乎"（12.13），才能官司越打越少，人心越来越厚道。不想做圣人的百姓不是好百姓，每个百姓自己都这么想，就是主人翁精神，为人分忧，为国分忧，其实是为自己分忧。

"是以圣人云：受国之垢是谓社稷主。受国不祥是谓天下王。正言若反。"（七十八章）耶稣为人办事，最后被人钉上十字架，还不忘替人祈祷，为他们的未来觉醒而祝福。

20.2　子张问于孔子曰："何如斯可以从政矣？"子曰："尊五美，屏四恶，斯可以从政矣。"子张曰："何谓五美？"子曰："君子惠而不费，劳而不怨，欲而不贪，泰而不骄，威而不猛。"子张曰："何谓惠而不费？"子曰："因民之所利而利之，斯不亦惠而不费乎？择可劳而劳之，又谁怨？欲仁而得仁，又焉贪？君子无众寡，无小大，无敢慢，斯不亦泰而不骄乎？君子正其衣冠，尊其瞻视，俨然人望而畏之，斯不亦威而不猛乎？"子张曰："何谓四恶？"子曰："不教而杀谓之虐；不戒视成谓之暴；慢令致期谓之贼；犹之与人也，出纳之吝谓之有司。"

试译　子张问孔子，说："怎样才可以理顺政务？"孔子说："遵行五种美德，杜绝四种恶行，就可以理顺政务。"子张说："哪五种美德啊？"孔子说："君子让人多得实惠而不用自己施舍，让人勤奋工作却毫无怨言，自己充满希望却不贪婪，泰然自若而不骄慢，神情威严而不凶猛。"子张问："惠而不费怎么讲？"孔子说："对老百姓有好处的，就放手让老百姓去为此奋斗，不是让人多得实惠而不用自己施舍吗？一个人擅长什么工作，就让他干什么工作，不是让人勤奋工作而毫无怨言吗？真心热爱仁慈，就变得仁慈了，还贪求什么呢？君子无论人多势众还是势单力薄，事无巨细，都不敢怠慢，不是泰然自若而不骄慢吗？君子衣冠端正，目不斜视，别人一看就心生敬畏，不是威严而不凶猛吗？"子张问："四种恶行怎么讲？"孔子说："不经教养教化就动用刑法，叫做虐待；不经告诫培训就苛求成功，叫做粗暴；下令时漫不经心却突然限期完成，叫做贼害；给人好处的时候犹犹豫豫，出手吝啬，叫做小气。"

试注　瞻视，眼光，眼神。戒，告诫，训导。慢，怠慢，缓慢，散漫，不严肃。致，到，限定。期，日期，期限。因，顺应。犹，犹豫；《老子》："豫兮若冬涉川，犹兮若畏四邻。"与，给与。出纳，侧重出手，给予，纳入是陪衬的。有司，官员，管具体事务的小官。

体会　关于"惠而不费"：老百姓大得实惠，政府却不花一分钱，靠什么？

靠得人心的政策，靠"圣人无常心，以百姓心为心"。（四十九章）孔子赞扬子产"养民也惠"，也是子产的政策好，譬如老百姓能够自养。子产还会养鱼，凡有人送鱼来，他都不忍心吃，就放到水池里养着。子产曾经让路人搭自己的车过河，大家就此夸子产仁爱。孟子不以为然，说："子产对人有仁爱，可惜不懂得治国。十一月在河上搭木头，大家就可以过河了。再过一个月，就可以扩大规模，造一座桥，车马就可以通行无阻了。靠子产那样小恩小惠，总不能用自己的车把每个人渡过去吧？"就这一点说，孟子讲的也是惠而不费的道理。

关于"不教而杀"，《孔子家语·始诛》讲了个故事：孔子在鲁国当大司寇，有一父一子相互打官司，孔夫子把他们下到同一个牢狱，三个月不审理。和儿子在牢里蹲了三个月后，做父亲的就请求撤销诉讼了。孔夫子于是放了他们。季孙听到后很不高兴，说："司寇欺骗我啊，他从前告诉我说，国家一定要先推行孝道，如今我想杀一个不孝之子，来教育百姓懂得孝敬，不也可以吗？如今却赦免了他，为什么呢？"冉有把这话告诉了孔子，孔子长叹一声："唉！当官的不守正道，却捕杀下面的人，不合道理啊。不教孝道，却审理不孝敬的案子，这是滥杀无辜。三军大败，不可斩士兵。牢狱本身乱来，不可对百姓用刑。为什么？上面的教化不搞，罪不在百姓啊。法令宽松，诛杀严酷，是贼。征税敛财，不看时节，是暴。不先试验，强令成功，是虐。治国没有这三项乱政，然后才可以执行刑法。《尚书》说：'先要公布法律，然后酌情用法，慎用死刑，不要滥用以图自己快意，却借口什么顺天意，那是不可能顺心的。'说的是必须先教育，后用刑。先要以德服人。如果不服，就推举贤人做出榜样。还不服，就等一等。还不服，就用刑罚警告他们。这样实行三年，百姓就走正道了。剩下顽固不化的，就动用刑罚，大家就知道什么是犯罪了。《诗》歌唱道：'伊尹辅佐天子，提高百姓觉悟。'所以有权威而不动，有刑罚而不用。当今之世却不同，教化乱套了，刑罚多极了，老百姓迷迷瞪瞪就触犯了法条，然后不管三七二十一加以严惩，所以刑罚越来越繁杂，盗贼越来越猖狂。那三尺高的地方，驾驶空车都上不去，为什么？太陡了。百丈高山，载重车马却畅行无阻，为什么？坡度缓啊。如今的世道，坡度缓了好久了，就是有刑法，百姓能绕不过去吗？"

20.3 孔子曰："不知命，无以为君子也；不知礼，无以立也；不知言，无以知人也。"

试译 孔子说："不懂天命，不能做君子；不懂礼仪，不能立身；不懂言谈，不能理解人。"

试注 知，就是行，是落实在行动中的真知。命，命运，天命。言，即言谈举止，言行。

体会 孔子五十而知天命。性格决定命运，孔子五十对自己性格完全把握了，所以能够准确定位，知其不可为而为之，卓尔不群，和而不同，引领时代，成为旷代文化导师；对别人性格也洞察入微了，所以能够有教无类、因材施教。做生意，搞文化产业，如果能够进入孔家店水准，那是天福。至于佛家，则有宿命通，别人的宿命，一切众生的宿命，自己的宿命，都知道。

为什么知即是行？因为知道了却做不到，等于不知道。我明明知道醉酒不好啊，但是照样醉。可见还是明明不知道。还需要醉生梦死几次，才能体验到，感悟到，才能断然戒酒。所以知就是行。

《论语》开幕三句，谢幕三句，大有深意，值得背诵，值得回味，值得落实。

开幕三句：子曰：学而时习之，不亦说乎？有朋自远方来，不亦乐乎？人不知而不愠，不亦君子乎？

谢幕三句：不知命，无以为君子也；不知礼，无以立也；不知言，无以知人也。

一部《论语》，背诵这六句，也就差不多了，全部内容都在里面了。精髓是提倡学习，体验快乐，推崇知识，搞善知识经济。六六大顺，背得六句的有福了，行得六句的有福了。

六句创业宝训。六句《论语》走天下。